Gewerbliche Prozessfinanzierung und Staatliche Prozesskostenhilfe – Am Beispiel der Prozessführung durch Insolvenzverwalter –

Inaugural-Dissertation

Zur Erlangung der Doktorwürde
der Rechtswissenschaftlichen Fakultät der
Christian-Albrechts-Universität zu Kiel

Vorgelegt
von

Dirk Böttger aus Meißen

Tag der mündlichen Prüfung: 12. 9. 2007
Dekan: Prof. Dr. Andreas Hoyer
Erstberichterstatter: Prof. Dr. Stefan Smid
Zweitberichterstatter: Prof. Dr. Werner Schubert

Lebenslauf

Dirk Böttger, geboren am 15. 7. 1966 in Meißen, wuchs in Halle/S. auf. Nach bestandenem Abitur im Jahre 1985 und absolviertem Wehrdienst erfolgte zunächst die Aufnahme eines Jurastudiums an der Humboldt-Universität Berlin, verbunden mit einer studienbegleitenden Ausbildung/Tätigkeit beim Kreis- bzw. Amtsgericht Halle/S. als Gerichtssekretär/Rechtspfleger. Diese Ausbildungszeit wurde 1991, durch den Umzug nach München, zunächst beendet und nach 1 1/2-jähriger Berufstätigkeit in einer Münchner Anwaltskanzlei im Jahre 1993 durch den vollständigen Neubeginn eines Studiums der Rechtswissenschaften an der LMU München wieder fortgesetzt. Bereits während des Studiums bis zum 1. Staatsexamen im Jahre 1997 und auch in der Referendarzeit bis zum 2. Staatsexamen im Jahre 1999, beide Examina wurden an der LMU München abgelegt, erfolgte eine studienbegleitende Tätigkeit in einer Münchner Anwaltskanzlei, in der Dirk Böttger von 1999 bis 2001 zunächst als angestellter Rechtsanwalt tätig war. Seit 2002 ist Dirk Böttger selbständiger Rechtsanwalt in München.

Dirk Böttger
Gewerbliche Prozessfinanzierung
und Staatliche Prozesskostenhilfe

Schriften zum deutschen,
europäischen und internationalen
Insolvenzrecht

S-INSO Band 12

Schriften zum deutschen,
europäischen und internationalen
Insolvenzrecht

Herausgegeben von

Professor Dr. Stefan Smid, Kiel
Rechtsanwalt Dr. Mark Zeuner, Hamburg
Rechtsanwalt Michael Schmidt, Berlin

S-INSO Band 12

De Gruyter Recht · Berlin

Dirk Böttger

Gewerbliche Prozessfinanzierung und Staatliche Prozesskostenhilfe

Am Beispiel der Prozessführung durch Insolvenzverwalter

De Gruyter Recht · Berlin

Dr. iur. *Dirk Böttger*, München

♾ Gedruckt auf säurefreiem Papier,
das die US-ANSI-Norm über Haltbarkeit erfüllt.

ISBN 978-3-89949-469-3

Bibliografische Information der Deutschen Nationalbibliothek

Die Deutsche Nationalbibliothek verzeichnet diese Publikation in der Deutschen Nationalbibliografie; detaillierte bibliografische Daten sind im Internet über http://dnb.d-nb.de abrufbar.

Printed in Germany
Umschlaggestaltung: Christopher Schneider, Berlin
Datenkonvertierung/Satz: jürgen ullrich typosatz, Nördlingen
Druck und Bindung: Hubert & Co., Göttingen

Vorwort

Diese Arbeit widme ich meinen Eltern, die es mir vor 24 Jahren durch besonnenen Rat in politisch schwierigen Zeiten ermöglicht haben, die Hochschulreife zu erlangen. Dass ich meine akademische Laufbahn nunmehr mit dieser Arbeit abrunde, dürfte meine Mutter und meinen Vater daher besonders freuen. Sie haben mich bei meinem Promotionsvorhaben von Anfang an sowohl psychisch als auch finanziell reichlich unterstützt, wofür ich beiden sehr herzlich danke.

Besonders möchte ich mich auch bei meiner Frau für ihr Verständnis bedanken. Sie hat schon während meines Studiums und nun erneut in der Entstehungszeit dieser Arbeit sehr viele Entbehrungen auf sich genommen, insbesondere auch deshalb, da ich Studium und Promotion jeweils neben einem Vollzeitjob realisiert habe, der die familiären Freiräume zusätzlich begrenzte.

Meiner Tochter soll diese Arbeit in ihrem bevorstehenden Studium Ansporn sein, es mir gleich zu tun; eine gehörige Portion meiner Gene hat sie ja mitbekommen.

Die Arbeit selbst, die im Frühjahr 2007 als Dissertation der Juristischen Fakultät der Christian-Albrechts-Universität zu Kiel vorgelegt wurde, befasst sich ausschließlich mit juristisch noch ungelösten Problemen, die sich im Zusammenspiel des Insolvenzverwalters mit der gewerblichen Prozessfinanzierung und der staatlichen Prozesskostenhilfe ergeben. Sie soll all denjenigen Verfahrensbeteiligten eine sinnvolle Hilfe sein, die in der täglichen Praxis mit den aufgezeigten Problemen konfrontiert werden.

Dass die Arbeit überhaupt in dieser Form entstehen konnte, verdanke ich jedoch insbesondere meinem Doktorvater Prof. Dr. Stefan Smid. Er war es, der mich über die Jahre hinweg mit einer Vielzahl von Anregungen und Ratschlägen aber auch wertvoller Kritik ständig begleitete und mich mit dem gebotenen Druck zur Fertigstellung dieser Arbeit immer aufs Neue ermunterte. Seine aktive Betreuung und sein unermüdlicher Beistand waren für das Gelingen der Arbeit unverzichtbar. Ihm bin ich zu tiefstem Dank verpflichtet.

Ferner gilt mein Dank Herrn Prof. Dr. Werner Schubert für die Erstellung des Zweitgutachtens.

Last but not least möchte ich auch meinem Freund und Kollegen Max Klessinger danken, der sich nicht nur als Lektor im Korrekturlesen bestens bewährt hat, sondern mir auch in fachlicher Hinsicht stets als hilfreicher Gesprächspartner zur Seite stand.

München im September 2007 *Dirk Böttger*

Inhaltsverzeichnis

Literaturverzeichnis

Balz/Landfermann, Die neuen Insolvenzgesetze, 2. Aufl., 1999

Bamberger/Roth, Kommentar zum Bürgerlichen Gesetzbuch, Bd. 1, 2003 (zit.: Bamberger/Roth-*Bearbeiter*)

Bauer, Günter, Zu den Voraussetzungen für die Bewilligung von Prozeßkostenhilfe, Anmerkung zu BGH v. 16.9.87, Az. IV a ZR 76/86, VersR 1988, 176

Baumbach/Lauterbach/Albers/Hartmann, Kommentar Zivilprozessordnung mit Gerichtsverfassungsgesetz und Nebengesetzen, 65. Aufl., 2007 (zit.: Baumbach/Lauterbach/Albers/Hartmann-*Bearbeiter*)

Borgmann, Brigitte, Die Rechtsprechung des BGH zum Anwaltshaftungsrecht in der Zeit von Mitte 2002 bis Ende 2004, NJW 2005, 22

Bork, Reinhard, Die Unabhängigkeit des Insolvenzverwalters – ein hohes Gut, ZIP 2006, 58

Braun, Kommentar zur Insolvenzordnung, 2. Aufl., 2004

Braun, Eberhard, Zur Unabhängigkeit des Verwalters; Stellungnahme zum INDat-Beitrag von Graeber, ZInsO 2002, 964

Braun, Wilfried, Die Unabtretbarkeit konkursrechtlicher Anfechtungsansprüche – ein unverrückbares Dogma?, ZIP 1985, 786

Bräuer, Jaqueline, Rechtsanwalt und Prozessfinanzierer, AnwBl. 2001, 112

Bruns, Alexander, Das Verbot der quota litis und die erfolgshonorierte Prozessfinanzierung, JZ 2000, 232

Bühren van, Hubert W., Rechtsschutzversicherungen und alternative Prozessfinanzierungen, AnwBl. 2001, 537

Dethloff, Nina, Verträge zur Prozessfinanzierung gegen Erfolgsbeteiligung, NJW 2000, 2225

Dimde, Moritz, Rechtsschutzzugang und Prozessfinanzierung im Zivilprozess, Diss., 2003

Eckert, Hans-Georg, Masseverbindlichkeiten, vorläufiger Verwalter, Zustimmungsvorbehalt, Ermächtigung des vorläufigen Verwalters; Anm. zu OLG Köln v. 29.6.01, Az. 19 U 199/00, ZIP 2001, 1422, EWiR 2001, 1011

Eckhardt, Dietrich, Zur Abtretbarkeit anfechtungsrechtlich begründeter Ansprüche im Konkurs, KTS 1993, 585

Ehricke, Ulrich, Beschlüsse einer Gläubigerversammlung bei mangelnder Teilnahme der Gläubiger, NZI 2000, 57

Eickmann/Flessner/Irschlinger/Kirchhof/Kreft/Landfermann/Marotzke, Heidelberger Kommentar zur Insolvenzordnung, 4. Aufl., 2006 (zit.: HK-*Bearbeiter*)

Eickmann, Dieter, Gläubigerausschuß, Vergütung, Vorschuß; Anm. zu AG Ansbach, Beschl. v. 12.12.89, Az. N 36/88, EWiR 1990, 723

Erman, Handkommentar zum Bürgerlichen Gesetzbuch, 10. Aufl., 2000 (zit.: Erman-*Bearbeiter*)

Feuerich/Braun, Kommentar zur Bundesrechtsanwaltsordnung: Recht für Anwälte aus dem Gebiet der europäischen Union, 6. Aufl., 2003 (zit.: Feuerich/Braun-*Bearbeiter*)

Frechen, Fabian/Kochheim, Martin, Fremdfinanzierung von Prozessen gegen Erfolgsbeteiligung, NJW 2004, 1213

Frege, Michael, Die Rechtsstellung des Gläubigerausschusses nach der Insolvenzordnung, NZG 1999, 478

Frenzel, Volkhard/Schmidt, Nikolaus/Gundlach, Ulf, Die Gewährung von Prozesskostenhilfe an den Insolvenzverwalter, NJW 2003, 2412

Fritzsche, Jörg/Schmidt, Steffen, Eine neue Form der Versicherung?, NJW 1999, 2998

Gerhardt, Walter, Verfügungsbeschränkungen in der Eröffnungsphase und nach Verfahrenseröffnung in Kölner Schrift zur InsO, hrsg. vom Arbeitskreis für Insolvenz- und Schiedsgerichtswesen, 2. Aufl. 2000 (zit.: *Autor*, in: Kölner Schrift)

Gerold/Schmidt/v.Eicken/Madert, Kommentar zur Bundesgebührenordnung für Rechtsanwälte, 17. Aufl., 2006 (zit.: Gerold/Schmidt/v. Eicken/Madert-*Bearbeiter*)

Gierke von, Klaus, Die Dritthaftung des Rechtsanwalts – Eine rechtsvergleichende Untersuchung zum amerikanischen und deutschen Recht unter Berücksichtigung der Rechtslage in England, Diss., 1983

Gottwald, Insolvenzrechts-Handbuch, 3. Aufl., 2006 (zit.: Gottwald-*Bearbeiter*)

Graeber, Thorsten, Die Unabhängigkeit des Insolvenzverwalters gegenüber Gläubigern und Schuldner – Eine „fundamentale" Anforderung an Verwalter fremden Vermögens, NZI 2002, 345

Graf-Schlicker, Kommentar zur Insolvenzordnung, 2007 (zit.: *Bearbeiter* in Graf-Schlicker)

Greißinger, Georg, Beratungshilfe, Prozesskostenhilfe und anwaltliche Aufklärungspflicht, AnwBl. 1982, 288

Grub, Volker, Der Regierungsentwurf der Insolvenzordnung ist sanierungsfeindlich!, ZIP 1993, 393

Grunewald, Barbara, Prozessfinanzierungsvertrag mit gewerbsmäßigem Prozessfinanzierer – ein Gesellschaftsvertrag, BB 2000, 729

Grunewald, Barbara, Vortrag zur Zulässigkeit und rechtlichen Konstruktion der Prozessfinanzierung gegen Erfolgsbeteiligung anlässlich des 52. Deutschen Anwaltstages in Bremen am 17. Mai 2001 auf einer Veranstaltung der Arbeitsgemeinschaft Versicherungsrecht zum Thema Rechtsschutzversicherungen und alternative Prozessfinanzierungen, AnwBl. 2001, 540

Haarmeyer/Wutzke/Förster, Handbuch zur Insolvenzordnung, 4. Aufl., 2004

Haarmeyer, Hans, Abweisung der Verfahrenseröffnung mangels Kostendeckung nach § 26 InsO, ZInsO 2001, 103

Hamacher, Peter, Das Rechtsdienstleistungsgesetz (RDG): Qualität und Liberalität, AnwBl. 2006, 788

Harms, Rüdiger, Keine Prozesskostenhilfe für den Insolvenzverwalter?, InVo 2000, 41

Henssler/Prütting, Kommentar zur Bundesrechtsanwaltsordnung, 2. Aufl. 2004 (zit.: Henssler/Prütting-*Bearbeiter*)

Hess/Weis/Wienberg, Kommentar zur Insolvenzordnung, 2. Aufl. 2001 (zit.: Hess/Weis/Wienberg-*Bearbeiter*)

Hill, Norbert, Die Unabhängigkeit des Insolvenzverwalters, ZInsO 2005, 1289

Hörmann, Martin, Die zivilrechtliche Haftungssituation des Rechtsanwalts, Diss., 1998

Jaeger/Henckel, Kommentar zur Konkursordnung, 9. Aufl., 1.–4. Lfg., 1997 ff. (zit.: Jaeger/Henckel, KO)

Jaeger/Weber, Kommentar zur Konkursordnung, Bd. II, 1. u. 2. Halbb., 8. Aufl., 1985 (zit.: Jaeger/Weber, KO)

Jaskolla, Jürgen, Prozessfinanzierung gegen Erfolgsbeteiligung, Diss., 2004

Jessnitzer/Blumberg, Kommentar zur Bundesrechtsanwaltsordnung, 9. Aufl., 2000 (zit.: Jessnitzer/Blumberg)

Kilger/K. Schmidt, Kurzkommentar KO/VglO/GesO, 16. Aufl., 1993

Kilian, Matthias, Erfolgshonorare: Annäherung an die „contingent fee" – ein missverstandenes Phänomen des US-amerikanischen Rechts, VersR 2006, 751

Kirchhof, Hans-Peter, Masseverwertung durch den vorläufigen Insolvenzverwalter, ZInsO 1999, 436

Kleine-Cosack, Kommentar zur Bundesrechtsanwaltsordnung, 4. Aufl., 2003

Kleine-Cosack, Kommentar zum Rechtsberatungsgesetz, 1. Aufl., 2004

Kochheim, Martin, Die gewerbliche Prozessfinanzierung, Diss., 2003

Kollhosser, Helmut, Prozesskostenhilfe als Sozialhilfe in besonderen Lebenslagen, ZRP 1979, 297

Kölner Schrift zur Insolvenzordnung, hrsg. vom Arbeitskreis für Insolvenz- und Schiedsgerichtswesen, 2. Aufl., 2000 (zit.: *Autor*, in: Kölner Schrift)

Kuhn/Uhlenbruck, Kommentar zur Konkursordnung, 11. Aufl., 1994, fortgeführt als Uhlenbruck, Kommentar zur Insolvenzordnung, 12. Aufl., 2003 (zit.: Kuhn/Uhlenbruck)

Kübler/Prütting, Loseblatt-Kommentar zur Insolvenzordnung, Stand 08/06 (zit.: Kübler/Prütting-*Bearbeiter*)

Larenz/Canaris, Lehrbuch des Schuldrechts, Bd. 2, Besonderer Teil, 2. Halbb., 13. Aufl., München, 1994 (zit.: Larenz/Canaris: Schuldrecht II/2)

Mansel/Budzikiewicz, Das neue Verjährungsrecht, 2002

Mansel/Budzikiewicz, BGB-Anwaltskommentar, 2005

Maubach, Norbert, Gewerbliche Prozessfinanzierung gegen Erfolgsbeteiligung, Diss., 2002

Merz, Franz, Konkurs, Prozeßkostenhilfe, Allgemeininteresse, Arbeitnehmer, Sozialversicherungsträger; Anm. zu BGH v. 27.9.90, Az. IX ZR 250/89, ZIP 1990, 1490, EWiR 1990, 1243

Meyer-Stolte, Klaus, Buchbesprechung zu Zöller, ZPO-Kommentar mit GVG und Einführungsgesetzen, Rpfleger 82, 43

Mitlehner, Stephan, Prozesskostenhilfe für den Insolvenzverwalter, NZI, 2001, 617

Musielak, Kommentar zur Zivilprozessordnung, 5. Aufl., 2007 (zit.: Musielak-*Bearbeiter*)

Münchener Kommentar zum Bürgerlichen Gesetzbuch, Rebmann/Säcker (Hrsg.), Bd. 1a, 4. Aufl., 2000 (zit.: MüKo-BGB-*Bearbeiter*)

Münchener Kommentar zur Insolvenzordnung, Kirchhof/Lwowski/Stürner (Hrsg.), 1. Aufl., 2001 (zit. MüKo-InsO-*Bearbeiter*)

Münchener Kommentar zur Zivilprozessordnung mit Gerichtsverfassungsgesetz und Nebengesetzen, Lüke/Wax (Hrsg.), Bd. 1, 2. Aufl., 2000 (zit.: MüKo-ZPO-*Bearbeiter*)

Nerlich/Römermann, Loseblatt-Kommentar zur Insolvenzordnung, Stand 04/06 (zit.: Nerlich/Römermann-*Bearbeiter*)

Obermüller, Manfred, Auswirkungen der Insolvenzrechtsreform auf Kreditgeschäft und Kreditsicherheiten, WM 1994, 1836

Obermüller, Manfred, Insolvenzrechtsreform und Kreditgeschäft, ZBB 1992, 208

Palandt, Kommentar zum Bürgerlichen Gesetzbuch mit EGBGB, 66. Aufl., 2007 (zit.: Palandt-*Bearbeiter*)

Pape, Gerhard, Die Gläubigerautonomie in der Insolvenzordnung, ZInsO 1999, 305

Pape, Gerhard, Gläubigerversammlung, Genehmigung von Geschäften des Konkursverwalters, Übertragung auf das Konkursgericht, Bekanntmachung; Anm. zu OLG Celle, Beschl. v. 4.10. 93, Az. 4 W 272/93, EWiR 1993, 1101

Pape, Gerhard, Konkursverwalter, Prozessführung, persönliche Haftung, Erfolgsaussichten; Anm. zu BGH v. 26.6.01, Az. IX ZR 209/98, ZIP 2001, 1376, EWiR 2001, 823

Pape, Gerhard, Zur Prozeßkostenhilfebewilligung für Konkursverwalter, ZIP 1990, 1529

Pape, Gerhard, Freistellung des Steuerfiskus vom Prozeßkostenvorschuss für Konkursverwalter nur bei Unzumutbarkeit; Anm. zu BGH ZIP 1998, 788, ZIP 1998, 791

Peters, Frank, Der Antrag auf Gewährung von Prozesskostenhilfe und die Hemmung der Verjährung, JR 2004, 137

Prütting, Hanns, Die Abwahl des Insolvenzverwalters: Von der Gläubigerautonomie zur Groß-Gläubigerautonomie?, in Bork/Kübler (Hrsg.), Insolvenzrecht, 2000, RWS-Forum 18, 2001

Prütting, Hanns, Die Unabhängigkeit des Insolvenzverwalters, ZIP 2002, 1965

Riedemann, Susanne, Zur Entwicklung des Konkursrechts seit Inkrafttreten der Konkursordnung unter dem Aspekt der Gläubigerautonomie, Diss., 2004
Riggert, Rainer, Die Unabhängigkeit des Insolvenzverwalters gegenüber Gläubigern – Erwiderung auf Graeber, NZI 2002, 345
Ringstmeier, Andreas/Homann, Stefan, Prozesskostenhilfe für Insolvenzverwalter, ZIP 2005, 284
Rollmann, Christian, FORIS finanziert Prozesse, BRAK-Mitt. 1998, 203
Römermann, Volker, Rechtsdienstleistungsgesetz – Die (un)heimliche Revolution in der Rechtsberatungsbranche, NJW 2006, 3025

Schepke, Jan, Das Erfolgshonorar des Rechtsanwalts: Gegenläufige Gesetzgebung in England und Deutschland; Studien zum ausländischen und internationalen Privatrecht, Bd. 62, Tübingen 1998
Schneider, Egon, Kostenfestsetzung ad calendas graecas, MDR 1991, 124
Sinz, Ralf, Masseprozess des Konkursverwalters, Prozesskostenhilfe, Vorschusspflicht des Finanzamtes; Anm. zu OLG Stuttgart, Beschl. v. 28.5.97, Az. 9 W 33/97, EWiR 1997, 861
Smid, Stefan, Struktur und systematischer Gehalt des deutschen Insolvenzrechts in der Judikatur des IX. Zivilsenats des Bundesgerichtshofs (IV), DZWIR 2006, 1
Smid, Stefan, Zumutbarkeit der Prozessfinanzierung durch Massegläubiger, jurisPR-InsR 2/2006, Anm. 4, S. 62
Smid, Kommentar zur Insolvenzordnung, 2. Aufl., 2001 (zit.: Smid-*Bearbeiter*)
Smid, Rechtsprechung zur Unterscheidung von Rechtsfürsorge und Prozeß, 1998
Smid, Stefan, Die Haftung des Insolvenzverwalters in der Insolvenzordnung – Kontinuität und Diskontinuität des Rechts der Haftung des Insolvenzverwalters, in: Kölner Schrift zur InsO, hrsg. vom Arbeitskreis für Insolvenz- und Schiedsgerichtswesen, 2. Aufl. 2000 (zit.: *Autor,* in: Kölner Schrift)
Staudinger von, Großkommentar zum Bürgerlichen Gesetzbuch mit Einführungsgesetz und Nebengesetzen, 14. Bearbeitung, 1993 ff. (zit.: Staudinger-*Bearbeiter*)
Steenbuck, Michael, Die Gewährung von Prozesskostenhilfe an den Insolvenzverwalter, MDR 2004, 1155
Stein/Jonas, Kommentar zur Zivilprozessordnung, Bd. 2, 22. Aufl., 2002 ff. (zit.: Stein/Jonas-*Bearbeiter*)
Ströbel, Peter, FORIS Beteiligungs AG, BRAK-Mitt. 1998, 263
Ströbel, Peter, Neue Bedenken in Sachen FORIS, BRAK-Mitt. 1999, 205
Sturm, Karsten, Zivilrechtliche, prozessuale und anwaltliche Probleme der gewerblichen Prozessfinanzierung, Diss., 2004

Tetzlaff, Christian, Anm. zu BGH v. 3.4.03, Az. IX ZR 101/02, EWiR 2003, 651
Teubner, Ernst, Teubners satirisches Rechtswörterbuch, 2. Aufl., 1992
Thomas/Putzo, Kommentar zur Zivilprozessordnung, 29. Aufl., 2007 (zit.: Thomas/Putzo-*Bearbeiter*)

Uhlenbruck, Kommentar zur Insolvenzordnung, 12. Aufl., 2003
Uhlenbruck, Wilhelm, Gesetzwidrige Verweigerung der Prozeßkostenhilfe an Konkursverwalter, KTS 1988, 437
Uhlenbruck, Wilhelm, Neukredite in einem künftigen reformierten Insolvenzverfahren, ZBB 1992, 284
Uhlenbruck, Wilhelm, Zur Rechtsstellung des vorläufigen Insolvenzverwalters, NZI 2000, 289
Ulmer/Brandner/Hensen, Kommentar zum Gesetz zur Regelung des Rechts der Allgemeinen Geschäftsbedingungen (AGBG), 9. Aufl., 2000 (zit.: Ulmer/Brandner/Hensen-*Bearbeiter*)

Vallender, Heinz, Die Anordnung der vorläufigen Insolvenzverwaltung, DZWIR 1999, 270
Vollkommer, Max, Anwaltshaftungsrecht, NJW-Schriftenreihe (Schriftenreihe der Neuen Juristischen Wochenschrift), Heft 50, geb. Ausgabe 1999
Völtz, Jürgen, § 49 b BRAO – Eine vergessene Reform?, BRAK-Mitt. 3/2004, 103

Wieczorek/Schütze, Kommentar zur Zivilprozessordnung, Bd. 1, 3. Aufl., 1994 (zit.: Wieczorek/Schütze-*Bearbeiter*)
Wimmer, Frankfurter Kommentar zur Insolvenzordnung, 4. Aufl., 2006 (zit.: FK-*Bearbeiter*)
Wimmer, Lexikon des Insolvenzrechts, 2. Aufl., 1999
Wolf/Horn/Lindacher, Kommentar zum Gesetz zur Regelung des Rechts der Allgemeinen Geschäftsbedingungen (AGBG), 4. Aufl., 1999 (zit.: Wolf/Horn/Lindacher-*Bearbeiter*)

Zöller, Kommentar zur Zivilprozessordnung mit Gerichtsverfassungsgesetz und Einführungsgesetzen, 26. Aufl., 2007 (zit.: Zöller-*Bearbeiter*)
Zugehör, Horst, Handbuch der Anwaltshaftung, 1999 (zit.: Zugehör bzw. *Bearbeiter* in Handbuch der Anwaltshaftung)

Abkürzungsverzeichnis

a.A.	anderer Ansicht
a.a.O.	am angegebenen Ort
abgedr.	abgedruckt
Abs.	Absatz
a.E.	am Ende
a.F.	alte Fassung
AG	Aktiengesellschaft oder Amtsgericht
AGB	Allgemeine Geschäftsbedingungen
AGBG	Gesetz zur Regelung des Rechts der Allgemeinen Geschäftsbedingungen
AktG	Aktiengesetz
Alt.	Alternative
amtl.	amtlich
Anh.	Anhang
Anm.	Anmerkung
AnwBl.	Anwaltsblatt
Art.	Artikel
Aufl.	Auflage
Az.	Aktenzeichen
BAG	Bundesarbeitsgericht
BayObLG	Bayerisches Oberstes Landesgericht
BB	Zeitschrift „Der Betriebsberater"
Bd.	Band
Begr.	Begründung
BerufsO	Berufsordnung
Beschl. v.	Beschluss vom
BFH	Bundesfinanzhof
BGB	Bürgerliches Gesetzbuch
BGBl. I, II, III	Bundesgesetzblatt Teil I, Teil II oder Teil III
BGH	Bundesgerichtshof
BGHSt	Entscheidungen des Bundesgerichtshofes in Strafsachen
BGHZ	Entscheidungen des Bundesgerichtshofes in Zivilsachen
BMJ	Bundesjustizministerium
BO	Kommentar zur Bundesrechtsanwaltsordnung
BORA	Berufsordnung für Rechtsanwälte
BRAGO	Bundesrechtsanwaltsgebührenordnung
BRAK-Mitt.	Amtliche Mitteilungen der Bundesrechtsanwaltskammer
BRAO	Bundesrechtsanwaltsordnung
BR-Drucks.	Bundesrats-Drucksache
BT-Drucks.	Bundestags-Drucksache
BVerfG	Bundesverfassungsgericht
BVerfGE	Entscheidungssammlung des Bundesverfassungsgerichts
BVerwG	Bundesverwaltungsgericht
BVerwGE	Entscheidungssammlung des Bundesverwaltungsgerichts
bzgl.	bezüglich

bzw.	beziehungsweise
Ch	Schweiz
c.i.c.	culpa in contrahendo
D.A.S.	Deutscher Automobilschutz
ders.	derselbe
d.h.	das heißt
Diss.	Dissertation
DZWIR	Deutsche Zeitschrift für Wirtschafts- und Insolvenzrecht
EGBGB	Einführungsgesetz zum Bürgerlichen Gesetzbuch
EGZPO	Einführungsgesetz zur Zivilprozessordnung
EWiR	Zeitschrift „Entscheidungen zum Wirtschaftsrecht“
FamRZ	Zeitschrift für das gesamte Familienrecht
f(f.)	(fort)folgende
FG	Finanzgericht
FGG	Gesetz über die Angelegenheiten der freiwilligen Gerichtsbarkeit
FK-InsO	Frankfurter Kommentar zur Insolvenzordnung
Fn.	Fußnote
gem.	gemäß
GesO	Gesamtvollstreckungsordnung
GG	Grundgesetz
ggf.	gegebenenfalls
GKG	Gerichtskostengesetz
GmbH	Gesellschaft mit beschränkter Haftung
GmbHG	GmbH-Gesetz
GVG	Gerichtsverfassungsgesetz
Halbb.	Halbband
HGB	Handelsgesetzbuch
HK-InsO	Heidelberger Kommentar zur Insolvenzordnung
h.M.	herrschende Meinung
Hrsg.	Herausgeber
HS	Halbsatz
i.d.R.	in der Regel
i.E.	im Ergebnis
i.H.v.	in Höhe von
InsO	Insolvenzordnung
InsVV	Insolvenzrechtliche Vergütungsordnung
InVo	Zeitschrift „Insolvenz und Vollstreckung“
i.S.d.	im Sinne der/des
i.S.e.	im Sinne einer
i.S.v.	im Sinne von
i.V.m.	in Verbindung mit
JR	Zeitschrift „Die juristische Rundschau“
JurBüro	Zeitschrift „Das juristische Büro“
jurisPR-InsO	Schriftenreihe „Juris Praxisreport-Insolvenzrecht“
JZ	Juristenzeitung
JW	Juristische Wochenschrift
Kap.	Kapitel
KG	Kammergericht
KO	Konkursordnung
KonkursR	Konkursrecht
KostRMoG	Kostenrechtsmodernisierungsgesetz
KostRspr.	Kostenrechtsprechung (Nachschlagewerk)

KTS	Zeitschrift für Insolvenzrecht – Konkurs/Treuhand/Sanierung
LAG	Landesarbeitsgericht
LG	Landgericht
m. Anm.	mit Anmerkung
m. a. W.	mit anderen Worten
MDR	Monatsschrift für Deutsches Recht
MüKo	Münchner Kommentar
m. w. Bsp.	mit weiteren Beispielen
m. w. N.	mit weiteren Nachweisen
n. F.	neue Fassung
NJW	Neue Juristische Wochenschrift
NJW-RR	Neue Juristische Wochenschrift – Rechtsprechungs-Report Zivilrecht
Nr.	Nummer
NVwZ	Neue Zeitschrift für Verwaltungsrecht
NZG	Neue Zeitschrift für Gesellschaftsrecht
NZI	Neue Zeitschrift für das Recht der Insolvenz und Sanierung
OLG	Oberlandesgericht
OLGR	OLG-Report (getrennt für jedes OLG)
OLGZ	Entscheidungen der Oberlandesgerichte in Zivilsachen einschließlich der freiwilligen Gerichtsbarkeit
PKH	Prozesskostenhilfe
PKHÄndG	Prozesskostenhilfeänderungsgesetz
PKHBegrenzG	Prozesskostenhilfebegrenzungsgesetz
RA	Rechtsanwalt
RBerG	Rechtsberatungsgesetz
RDG	Rechtsdienstleistungsgesetz
RDG-E	Entwurf zum Rechtsdienstleistungsgesetz
RegE	Regierungsentwurf
RG	Reichsgericht
RGZ	Entscheidungssammlung des Reichsgerichts in Zivilsachen
Rn.	Randnummer
Rpfleger	Zeitschrift „Der deutsche Rechtspfleger“
RVG	Rechtsanwaltsvergütungsgesetz
S.	Satz oder Seite
SGB	Sozialgesetzbuch
sog.	sogenannter
u. a.	unter anderem
u. ä.	und ähnlichem
u. s. w.	und so weiter
v.	vom
VerBAV	Veröffentlichungen des Bundesaufsichtsamtes für das Versicherungswesen
VersR	Zeitschrift „Versicherungsrecht“
vgl.	vergleiche
VglO	Vergleichsordnung
VV	Vergütungsverzeichnis
WM	Zeitschrift für Wirtschaft und Bankrecht, Wertpapiermitteilungen
www.	world wide web
z. B.	zum Beispiel
ZBB	Zeitschrift für Bankrecht und Bankwirtschaft
Ziff.	Ziffer
ZInsO	Zeitschrift für das gesamte Insolvenzrecht
ZIP	Zeitschrift für Wirtschaftsrecht

Abkürzungsverzeichnis

zit.	zitiert
ZPO	Zivilprozessordnung
ZRP	Zeitschrift für Rechtspolitik
z.T.	zum Teil
zzgl.	zuzüglich

Teil A. Einleitung

Ein erklärtes Ziel der Neuregelungen der Insolvenzordnung war es, die Anfechtungsmöglichkeiten i.S.d. neuen Ordnungsfunktion des Insolvenzrechts auszuweiten, nachdem die Regelungen der Konkursordnung hierzu teilweise als unvollständig und als zu eng empfunden worden sind[1]. Damit einhergehend sollten zugunsten der Gläubiger vermehrt Ansprüche zur Masse gezogen werden, die von den Insolvenzverwaltern zum großen Teil gerichtlich durchgesetzt werden müssen. Aufgrund fehlender Liquidität durch unzulängliche Massen sind die Insolvenzverwalter jedoch überwiegend auf eine Fremdfinanzierung der angestrebten Prozesse angewiesen. Die Fremdfinanzierungsmöglichkeiten erschöpften sich dabei bisher in der Möglichkeit einer Gewährung von staatlicher PKH bzw. bei Ablehnung derselbigen in der Finanzierungsbereitschaft der Insolvenzgläubiger. Letztere Variante erweist sich bis heute in den meisten Fällen lediglich als unrealistische Hoffnung. Somit blieb für den Insolvenzverwalter aufgrund dieser unbefriedigenden Zwangssituation nur noch die letzte Möglichkeit, das Verfahren auf eigene Kosten und eigenes Risiko zu führen und damit in unzulässiger Weise privates Vermögen mit dem Insolvenzverfahren zu verbinden, also unter Riskierung seiner zwingenden Unabhängigkeit[2].

Diese Finanzierungsvariante ist aber nicht mehr erforderlich, seitdem es die Möglichkeit der Prozessfinanzierung durch gewerbliche Prozessfinanzierer gibt[3]. Diese haben sich seit der Jahrtausendwende auf dem Markt etabliert und stellen gerade für Insolvenzverwalter eine sinnvolle Alternative zur Finanzierung ihrer Prozesse dar, nachdem die Bewilligung von PKH durch die Gerichte nur sehr zurückhaltend erfolgt und die Gläubiger auch nur in Ausnahmefällen gegenüber dem Insolvenzverwalter Finanzierungsbereitschaft signalisieren.

Die Entscheidung des Insolvenzverwalters, den in der Regel erfolglosen Weg zur Erlangung von PKH zu beschreiten, wird zusätzlich noch durch eine Vielzahl weiterer Risiken und Probleme erschwert, die möglicherweise ein Verhalten des Insol-

---

1 BGH v. 9.10.03, Az. IX ZR 28/03, ZIP 2003, 2370, 2371 f.; BGH v. 22.7.04, Az. IX ZR 270/03, ZIP 2004, 1912, 1913; *Kexel* in Graf-Schlicker, InsO, § 1 Rn. 5.

2 Zur Unabhängigkeit des Insolvenzverwalters vgl. *Bork*, ZIP 2006, 58; *Braun*, ZInsO 2002, 964; *Graeber*, NZI 2002, 345; *Hill*, ZInsO 2005, 1289; *Prütting*, ZIP 2002, 1965; *Riggert*, NZI 2002, 352.

3 Das erste Prozessfinanzierungsunternehmen in Deutschland war die FORIS AG, nach eigenen Angaben „Erfinder der Prozessfinanzierung", vgl. Angaben unter www.foris.de (Stichwort „Prozessfinanzierung"). Zwischenzeitlich haben sich im deutschsprachigen Raum eine Vielzahl weitere Prozessfinanzierungsunternehmen gegründet: D.A.S. Prozessfinanzierung AG, Roland ProzessFinanz AG, Allianz Prozessfinanz GmbH, Proxx AG, Acivo AG, Juragent AG, ProzessGarant GmbH, Rima AG, Gloria GmbH, ProFin Prozessfinanzierung, Juratec, ExActor Forderungsmanagement AG, Jurecon AG, AdvoFin (A), Prozessfinanz (Ch).

venzverwalters künftig rechtfertigen, PKH in Insolvenzverfahren gänzlich unberücksichtigt lassen zu können, zumindest in Klageverfahren im höheren Streitwertbereich.

So bleibt beispielsweise derjenige Antragsteller, dem PKH bewilligt wird, auch im Unterliegensfalle den Kostenerstattungsansprüchen der Gegenseite gem. § 123 ZPO ausgesetzt[4]. Dieses Risiko vernachlässigen die meisten Insolvenzverwalter bzw. deren Prozessanwälte. Zudem ist die Prozessführung in Verfahren mit höheren Streitwerten im Falle einer ausnahmsweise erlangten PKH-Bewilligung für den Insolvenzverwalter bzw. seinen beigeordneten Prozessanwalt mit erheblichen wirtschaftlichen Belastungen verbunden. Denn der Insolvenzverwalter wird in aller Regel seinem Prozessanwalt in großem Umfang zuzuarbeiten haben, um einen Erfolg der Prozessführung sicherzustellen. Hierfür erhält er keine Vergütung. Die Prozessgebühren des ihm beigeordneten Rechtsanwalts sind ab einem Streitwert von € 30.000,00 in jeder Instanz auf € 391,00 pro Gebühr gedeckelt[5]. Das ist nun wahrlich weder ein hinreichender Anreiz, hochkomplexe Sachverhalte aufzuarbeiten, noch ist diese Gebührenreduzierung wirtschaftlich darstellbar.

Es ist deshalb durchaus die Frage berechtigt, ob nicht allein schon diese Risiken und Einschränkungen in Verfahren mit höheren Streitwerten die Beantragung von PKH dem Insolvenzverwalter aus wirtschaftlichen Erwägungen heraus grundsätzlich unzumutbar sein könnte. Eine Antwort hierauf wird im Teil B. gegeben.

Wie die Praxis zeigt, bestehen des Weiteren seit der Schuldrechtsreform nunmehr Verjährungsrisiken trotz Einreichung des PKH-Antrages innerhalb der laufenden Verjährungsfrist. Die Gefahr eines Verjährungseintritts besteht insbesondere dann, wenn der PKH-Antrag vom Gericht, entgegen § 204 Abs. 1 Nr. 14 BGB, der Gegenseite nicht bekannt gemacht und die Hemmung dadurch nicht in Lauf gesetzt wird[6]. Es wird deshalb im Teil B. des Weiteren untersucht, inwieweit dieses unbillige Ergebnis im Interesse des Insolvenzverwalters und der Gläubiger korrigiert und dieses Risiko zumindest minimiert werden kann.

Im Übrigen sind die PKH-Verfahren für die Verwalter auch selbst sehr zeit- und arbeitsintensiv, da sie das Hauptsacheverfahren in Form von Anhörungen und Stellungnahmen durch den Antragsgegner bereits praktisch vorwegnehmen. Die Entscheidungen der Gerichte ergehen erst nach Monaten. Soweit hiergegen dann noch Rechtsmittel eingelegt werden, erlangt der Insolvenzverwalter erst nach Jahren eine zweitinstanzliche Entscheidung, nach der in der Regel durch Bestätigung der erstinstanzlichen Entscheidung die beantragte PKH ebenfalls versagt bleibt[7].

---

4 Die Bewilligung der PKH hat auf den Kostenerstattungsanspruch des Gegners und damit auf das Kostenfestsetzungsverfahren gem. §§ 103 ff. ZPO auf Antrag des obsiegenden Gegners keinen Einfluss, vgl. hierzu auch OLG Celle, NJW 1973, 521. Dies ist eine im Schrifttum stark kritisierte Regelung, vgl. z.B. *Kollhosser*, ZRP 1979, 297.

5 Gem. § 49 RVG werden anstelle der normalen Gebühren nach § 13 Abs. 1 RVG lediglich € 391,00 vergütet, soweit der Gegenstandswert € 30.000,00 übersteigt.

6 OLG Hamburg v. 5.10.2006, Az. 6 U 91/06 (unveröffentlicht, vgl. Abdruck Anhang 3, Revision beim BGH anhängig unter Az. IX ZR 195/06).

7 *Frenzel/Schmidt/Gundlach*, NJW 2003, 2412.

Fraglich ist daher, ob dieser erhebliche Zeitverlust für den Insolvenzverwalter auch Grund genug sein kann, sich einer Antragstellung für PKH gänzlich zu verwehren. Möglicherweise ergeben sich aufgrund bestehender Pflichten des Insolvenzverwalters im Ergebnis nur noch eingeschränkte Handlungsalternativen, die ihn mehr oder weniger zwingen, gewerbliche Prozessfinanzierung in bestimmten Fällen in Anspruch nehmen zu müssen.

Wie bereits erwähnt, ist die Erlangung von PKH in der Praxis für Insolvenzverwalter durch die Vorgaben der Rechtsprechung zur Ausnahme geworden.

Der BGH hat bereits am 9.7.1998[8] entschieden, dass im Rahmen der Bedürftigkeitsprüfung gemäß § 116 ZPO auf die wirtschaftlich Beteiligten, hier die Gläubiger, abzustellen ist. Soweit diese bei voraussichtlichem Klageerfolg mit einer entsprechenden Quote rechnen können, sei diesen die Zahlung der Prozesskosten und die Übernahme des Kostenrisikos zumutbar[9]. Die Zumutbarkeit für den Gläubiger hängt damit von der Höhe seiner zu erwartenden Quote im Verhältnis der von ihm (auch anteilig) zu tragenden Prozesskosten ab. Die hierzu bisher ergangene obergerichtliche Rechtsprechung ist aufgrund der vom BGH kreierten unklaren und praktisch kaum greifbaren Kriterien gänzlich uneinheitlich.

Die Gewährung von PKH für den Insolvenzverwalter ist daher zwischenzeitlich in der Praxis zur unkalkulierbaren Zufalls- bzw. Glücksfrage geworden. Hinzu kommt die Tatsache leerer Länderkassen. Allein aufgrund dieser fiskal-politischen Erwägungen ergehen zwischenzeitlich auch Gerichtsentscheidungen, die die PKH-Gewährung sogar von einer vorherigen Anfrage bei einem gewerblichen Prozessfinanzierer abhängig machen[10] und Nachweise zur wirtschaftlichen Durchsetzbarkeit der einzuklagenden Forderung verlangen, andernfalls der PKH-Antrag wegen Mutwilligkeit i. S. d. § 114 ZPO zurückgewiesen wird[11]. Diese auf den ersten Blick überzogenen Anforderungen der Gerichte zu Lasten der Insolvenzverwalter relativieren sich jedoch möglicherweise, wenn man, wie nachfolgend im Teil B. erfolgt, diese Entscheidungsgründe auf dogmatische Ansätze näher untersucht und im Vorfeld der PKH-Beantragung die von der Rechtsprechung entwickelten Kriterien zur Bedürftigkeit und Zumutbarkeit strukturiert und anschließend auf den Einzelfall anwendet.

Hierbei sollen Handlungsstrategien des Verwalters aufgezeigt werden, die ihm ermöglichen, die Wahrscheinlichkeit einer PKH-Gewährung bereits im Vorfeld auszuloten, um sich gegebenenfalls unter Auslassung eines PKH-Verfahrens unverzüglich für den direkten Weg der Inanspruchnahme einer gewerblichen Prozessfinanzierung zu entscheiden.

Die Tendenz der Insolvenzverwalter geht daher aufgrund der restriktiven PKH-Gewährung und den damit verbundenen Unwägbarkeiten, der zusätzlichen Risi-

---

8 BGH, MDR 1998, 1248 = NJW 1998, 1868.

9 Vgl. insoweit auch BGH NJW 1999, 1404, OLG Düsseldorf, NZI 2002, 661; OLG Köln, MDR 2000, 51, OLG Koblenz, MDR 2000, 1396; OLG Hamburg, NZI 2002, 662.

10 LG Stendal, Beschl. v. 13.9.05, Az. 22 T 36/05 (unveröffentlicht, vgl. Abdruck im Anhang 3); LG Freiburg, Beschl. v. 13.12.06, Az. 6 O 299/05 (unveröffentlicht, vgl. Abdruck im Anhang 3).

11 OLG Köln, MDR 1990, 1921; OLG Düsseldorf, NJW-RR 1998, 503; a. A. OLG Hamm, ZIP 1997, 248.

ken und wirtschaftlichen Erwägungen künftig ganz klar in Richtung gewerblicher Prozessfinanzierung, da die Prozessfinanzierer im Unterliegensfalle grundsätzlich das gesamte Kostenrisiko, also auch das der Gegenseite, übernehmen und die Verfahrenskosten des Insolvenzverwalters bzw. seines Prozessanwalts gerade nicht beschränken[12].

Vielmehr tritt der Prozessfinanzierer mit den Verfahrenskosten in Vorlage[13] und trifft auch zeitnahe Finanzierungsentscheidungen[14], dies alles jedoch zum Preis einer prozentualen Erfolgsbeteiligung am erstrittenen und liquidierten Erlös zu Lasten der Masse und damit zu Lasten der Gläubiger[15].

Der Verwalter wird zur Inanspruchnahme gewerblicher Prozessfinanzierung auch deshalb ermuntert, da die Erfolgsbeteiligung des Prozessfinanzierers eine Masseverbindlichkeit gem. § 55 Abs. 1 Nr. 1 InsO darstellt, die den Vergütungsanspruch des Insolvenzverwalters nicht reduziert, dafür aber die Quote der Gläubiger, die im Falle staatlich gewährter PKH nicht durch eine Erfolgsprovision geschmälert werden würde. Ob allein dieser Nachteil zu Lasten der Masse den Insolvenzverwalter daran hindert, in Klageverfahren mit höheren Streitwerten künftig nur noch ausschließlich gewerbliche Prozessfinanzierung in Anspruch nehmen zu wollen, vielmehr ihn verpflichtet, trotz der vorhandenen Risiken und Unannehmlichkeiten einer PKH-Beantragung die Erlangung derselbigen grundsätzlich erst einmal zumindest zu versuchen, ist eine berechtigte Frage, die es im nachfolgenden Teil B. ebenfalls zu beantworten gilt. Dabei erfolgt eine Abwägung der Interessen des Insolvenzverwalters mit den Interessen der Gläubiger, der übrigen Steuerzahler und den Interessen des Prozessfinanzierers.

Im sich danach anschließenden Teil C. wird eine Art Leitfaden für den Insolvenzverwalter zur Rechtfertigung einer vorrangigen Inanspruchnahme gewerblicher Prozessfinanzierung unter Vermeidung möglicher Haftungsrisiken erstellt. Hierbei geht es zunächst um die Erarbeitung von Prüfungskriterien zu den Erfolgsaussichten der Erlangung von PKH mit dem Versuch einer Objektivierbarkeit der dehnbaren Abgrenzungskriterien des BGH und der unterschiedlichen obergerichtlichen Rechtsprechung zur Zumutbarkeit i. S. d. § 116 ZPO, insbesondere auch un-

---

12 So lautet die Klausel der D. A. S. (statt vieler) § 3 Nr. 2: *„Die D.A.S. trägt die gesamten anfallenden Gerichtskosten, einschließlich etwaiger Zeugen- und Sachverständigenauslagen, sowie die nach gerichtlicher Festsetzung gegebenenfalls an den Klagegegner zu zahlenden Kosten. Die im gerichtlichen Verfahren anfallenden Kosten des vom Anspruchsinhaber beauftragten Rechtsanwalts trägt die D.A.S. gemäß BRAGO (Bundesrechtsanwaltsgebührenordnung) bzw. gemäß RVG (Rechtsanwaltsvergütungsgesetz)"*.

13 So lautet die Klausel der D. A. S. (statt vieler) § 3 Nr. 7: *„Die D.A.S. erstattet die Prozessgebühr (§ 31 I Nr. 1 BRAGO) bzw. die Verfahrensgebühr (VV zum RVG Nr. 3100) und den gemäß GKG (Gerichtskostengesetz) anfallenden Gerichtskostenvorschuss nach Einreichung der von ihr gebilligten Klageschrift bei Gericht. Die Verhandlungsgebühr (§ 31 I Nr. 2 BRAGO) bzw. die Terminsgebühr (VV zum RVG Nr. 3104 oder 3202) erstattet die D.A.S. nach Vorlage des schriftlichen Terminsberichts durch den Anwalt"*.

14 Der Anspruchsinhaber gibt gegenüber dem Finanzierer ein Angebot in Form des Finanzierungsvertrages ab, an das er 3 Wochen gebunden ist. Innerhalb dieser Frist trifft der Finanzierer eine verbindliche Annahme- oder Ablehnungsentscheidung.

15 So lautet die Klausel der D. A. S. (statt vieler) § 5 Nr. 3: *„Von dem nach der Kostenerstattung gemäß Ziff. 2 verbleibenden Erlös stehen der D.A.S. zu, 30% bis zu einem Betrag von € 500.000,00 und zusätzlich 20% aus den über € 500.000,00 hinausgehenden Beträgen"*.

ter zwingender Einbeziehung der Massegläubiger und Großgläubiger. Letztere Handlung, die nach den neuen Vorschriften der Insolvenzordnung eigentlich entscheidend für die Frage der Bedürftigkeit i.S.d. § 116 ZPO ist, wird in der Praxis weder von den Gerichten, noch von den Insolvenzverwaltern konsequent umgesetzt.

Zwischenzeitlich hat auch der BGH in einer aktuellen Entscheidung vom 14.7.2005[16] ausgeführt, dass für den Fall bereits angezeigter Masseunzulänglichkeit und einer anschließend beabsichtigten Klage mit Hilfe von PKH, für deren Gewährung insbesondere auch auf die Zumutbarkeit der Übernahme des Kostenrisikos durch die Massegläubiger als wirtschaftlich Beteiligte abzustellen sei. Die längst überfällige Konkretisierung der Zumutbarkeitskriterien ist aber leider auch in dieser Entscheidung unterblieben.

Diesem Problem folgt dann eine Antwort auf die umstrittene Frage, ob für den Abschluss eines Prozessfinanzierungsvertrages ein Beschluss der Gläubigerversammlung gem. § 160 InsO[17] erforderlich ist. Auch wird untersucht, ob bereits schon im vorläufigen Insolvenzverfahren Prozessfinanzierung durch den vorläufigen Insolvenzverwalter erlangt werden kann, um i.S.d. neuen Ordnungsfunktion des Insolvenzrechts noch mehr Insolvenzverfahren wie bisher eröffnen zu können. Soweit nämlich Ansprüche durch den vorläufigen Verwalter ermittelt werden, deren Verfolgung die Eröffnung des Insolvenzverfahrens überhaupt erst rechtfertigen, spielt dabei die Frage einer späteren Finanzierung der Durchsetzung dieser Ansprüche im Wege einer Klage als Verwertungshandlung des Schuldnervermögens bereits im vorläufigen Verfahren eine ganz zentrale Rolle. Die Anfrage bei einem Prozessfinanzierer entscheidet dann möglicherweise, ob das Insolvenzverfahren überhaupt eröffnet werden kann oder nicht. Dem Streben des Gesetzgebers nach einer gesteigerten Haftungsverwirklichung, etwa durch verschärfte Anfechtungsvorschriften[18], wird dadurch Rechnung getragen.

In diesem Teil werden auch bestehende Haftungsrisiken des Insolvenzverwalters und deren Vermeidung angesprochen, die möglicherweise durch die vorrangige Inanspruchnahme gewerblicher Prozessfinanzierung oder durch dessen Unterlassen entstehen können.

Im letzten Teil D. werden Lösungen entwickelt für Probleme, die im Rahmen der vertraglichen Verbundenheit zwischen dem Insolvenzverwalter und dem Prozessfinanzierer in der Praxis entstehen. Dabei geht es zunächst um die Frage der Einordnung und Behandlung des Prozessfinanzierers als stets vorrangigen Massegläubiger durch vertraglich eingeräumte Sicherungsrechte und deren Wirksamkeit[19].

---

16 BGH, Beschl. v. 14.7.2005, Az. IX ZB 224/04.

17 Insbesondere gem. § 160 Abs. 2 Nr. 3 InsO, wonach die Zustimmung der Gläubigerversammlung erforderlich ist, wenn ein Rechtsstreit mit erheblichem Streitwert anhängig gemacht werden soll.

18 Begr. RegE, BT-Drucks. 12/2443, S. 108 f.; *Kexel* in Graf-Schlicker, InsO, § 1 Rn. 5.

19 So lässt sich der Prozessfinanzierer zur Sicherung seiner Auslagenerstattungs- und Erlösansprüche die einzuklagenden Ansprüche vom Anspruchsinhaber abtreten.

Des Weiteren werden vertragliche Einschränkungen der grundsätzlichen Verpflichtung des Finanzierers zur Übernahme der gegnerischen Kosten, der Gerichtskosten und der Kosten des eigenen Prozessanwalts des Insolvenzverwalters und deren Wirksamkeit untersucht[20]. Zusatzvereinbarungen wie sog. „Querfinanzierungen"[21] und „Finanzierungsandrohungen"[22] werden dargestellt, sowie die Folgen der Verletzung vertraglicher Mitbestimmungs- und Druckklauseln, die vom Finanzierer gestellt werden[23], hinterfragt.

Prozessfinanzierer haben aufgrund der Vielzahl vorhandener Anspruchsgrundlagen und der notorischen Massearmut bzw. Masseunzulänglichkeit die Zielgruppe der Insolvenzverwalter und die sich daraus ergebenden Möglichkeiten einer Prozessfinanzierung seit geraumer Zeit entdeckt und erwägen deshalb, Ihre Dienstleistungen dergestalt zu erweitern, in massearmen bzw. masseunzulänglichen Verfahren bereits im Vorfeld einer Finanzierung die Unterlagen des Insolvenzverwalters auf mögliche einklagbare Ansprüche unentgeltlich zu prüfen. Hier profitiert zum einen der Verwalter vom zusätzlichen know how eines weiteren Spezialisten, der auch nur im Erfolgsfalle vergütet wird und zum anderen der Finanzierer, der mit seiner Dienstleistung Finanzierungsfälle, und diese exklusiv für ihn, akquirieren kann.

Hierbei ist zu untersuchen, ob diese Art der Dienstleistung durch den Prozessfinanzierer mit dem neuen Rechtsdienstleistungsgesetz[24] vereinbar ist oder eine un-

---

20 In masseunzulänglichen und massearmen Verfahren hat der Insolvenzverwalter die Möglichkeit, im Falle des Unterliegens im Prozess gegenüber den Kostenerstattungsansprüchen der Gegenseite, die regelmäßig Masseverbindlichkeiten darstellen, aber aus der Masse nicht beglichen werden können, nach Anzeige der Masseunzulänglichkeit gegenüber dem Insolvenzgericht gem. § 208 Abs. 1 InsO die Masseunzulänglichkeitseinrede zu erheben. Diese Möglichkeit des Insolvenzverwalters nutzt auch der Prozessfinanzierer, seine Pflicht zur Übernahme der gegnerischen Kosten vertraglich einzuschränken.

21 Mit dem Begriff der „Querfinanzierung" regelt der Prozessfinanzierer vertraglich die Kostenerstattung und Erlösbeteiligung innerhalb mehrerer Klageverfahren, die in einem Insolvenzverfahren erhoben und finanziert werden. Hierbei sollen mögliche Erlöse aus einem Klageverfahren vorrangig zum Ausgleich möglicher Verluste in anderen Verfahren verwendet werden, mit dem Ziel einer erheblichen Reduzierung des bestehenden Kosten- und Vollstreckungsrisikos für den Finanzierer.

22 Bei den sogenannten „Finanzierungsandrohungen" bestätigt der Prozessfinanzierer gegenüber dem Insolvenzverwalter in schriftlicher Form vorprozessual seine Finanzierungsbereitschaft für ein bestimmtes Klageverfahren. Diese Bestätigung soll den Gegner veranlassen, sich bereits vorprozessual mit dem Insolvenzverwalter zu einigen, andernfalls es zu einem Klageverfahren mit Hilfe des Prozessfinanzierers kommt. Das Spiel des Insolvenzverwalters mit den Muskeln des Prozessfinanzierers beseitigt zumindest die Hoffnung des Gegners, mangels Masse und abgelehnter PKH mit einer Klage des Verwalters gar nicht überzogen werden zu können. Aufgrund dieser neuen Situation entsteht nun möglicherweise ein Umdenken des Gegners in Richtung wohlwollenderer Vergleichsbereitschaft. Im Erfolgsfalle dieser „Androhung" erhält der Finanzierer einen erheblich reduzierten Erfolgserlös, da sich weder Risiken verwirklicht haben, noch ein Liquiditätsabfluss zu verzeichnen war.

23 Der Prozessfinanzierer behält sich eine Vielzahl von vertraglichen Mitspracherechten im Prozess vor, die zuweilen von den Insolvenzverwaltern übersehen oder ignoriert werden. Die Folgen derartiger Vertragsverletzungen sind zum Teil erheblich.

24 Die Bundesregierung hat am 22.8.06 den Entwurf eines Gesetzes zur Neuregelung des Rechtsberatungsrechts beschlossen. Mit dieser grundlegenden Reform soll das geltende Rechtsberatungsgesetz (RBerG) aus dem Jahr 1935 vollständig aufgehoben und durch das neue Rechtsdienstleistungsgesetz (RDG) abgelöst werden. Das Gesetz soll bereits Mitte 2007 in Kraft treten, muss aber noch den Bundesrat passieren, der in seiner Sitzung am 13.10.06 noch eine Vielzahl von Änderungsvorschlägen machte, vgl. BR-Drucks. 623/06.

zulässige Rechtsberatung durch den Prozessfinanzierer darstellt. Da das neue Rechtsdienstleistungsgesetz vom hier verbundenen Themenkreis der Prozessfinanzierung und der staatlichen PKH eher losgelöst existieren wird und eine Reihe davon unabhängiger Fragen aufwirft, wird diese spezielle Thematik gesondert im Anhang 1 diskutiert.

Ebenso verhält es sich mit dem sich daran anschließenden Anhang 2, in welchem abschließend noch kursorisch die Thematik erörtert wird, wie einzelne Vertragsklauseln des Prozessfinanzierungsvertrages mit den Vorschriften der Allgemeinen Geschäftsbedingungen vereinbar sind, die mit der Schuldrechtsreform durch die §§ 305 bis 310 BGB in das Bürgerliche Gesetzbuch integriert wurden. Dabei sollen jedoch weniger die Vertragsklauseln selbst einer Prüfung mit den jeweiligen Vorschriften der Allgemeinen Geschäftsbedingungen unterzogen werden; vielmehr wird untersucht, ob die Vorschriften der §§ 305 bis 310 BGB auf den Finanzierungsvertrag überhaupt Anwendung finden oder ob die sog. Bereichsausnahme des § 310 IV 1 BGB für Verträge auf dem Gebiet des Gesellschaftsrechts eingreift. Hierfür spielt die Frage eine Rolle, wie der Prozessfinanzierungsvertrag rechtlich zu qualifizieren ist. Möglicherweise ist die Auffassung der herrschenden Meinung, dass es sich bei dem Finanzierungsvertrag um ein gesellschaftsrechtliches Verhältnis handelt, hier um eine stille Gesellschaft bürgerlichen Rechts[25], widerlegbar. Da auch dieses Spezialthema den konsequenten Gang der Arbeit mit ihren ineinander greifenden Themenkomplexen durchbrochen hätte, gleichwohl aber nicht unterschlagen werden soll, wurde es im gesonderten Anhang 2 behandelt.

---

25 *Grunewald,* BB 2000, 729; *ders.,* AnwBl. 2001, 540; *Frechen/Kochheim,* NJW 2004, 1213; *Dethloff,* NJW 2000, 2225.

Teil B. Verhältnis zwischen gewerblicher Prozessfinanzierung und staatlicher Prozesskostenhilfe

I. Gewerbliche Prozessfinanzierung

Das Rechtsinstitut der Prozessfinanzierung gibt es seit 1998[26], wobei es sich gerade bei Insolvenzverwaltern erst in den letzten drei bis vier Jahren mehr und mehr etabliert hat. Die Gründe der zunehmenden Beliebtheit dieser neuen Finanzierungsmöglichkeit liegen zum einen in der immer restriktiveren Tendenz in Rechtsprechung und Gesetzgebung zur PKH-Gewährung für Insolvenzverwalter und zum anderen in der wirtschaftlichen Unattraktivität aufgrund der gesetzlichen Gebührendeckelung bei PKH-Bewilligung, auf die später noch ausführlich eingegangen wird.

Prozessfinanzierung beinhaltet die gewerbliche Finanzierung von Prozessen gegen Erfolgsbeteiligung. Der Finanzierer verpflichtet sich zur Übernahme sämtlicher Prozesskosten. Dies schließt sowohl die Zahlung der erforderlichen Vorschüsse als auch die Erstattung der außergerichtlichen Kosten des Prozessgegners im Unterliegensfalle grundsätzlich ein[27]. Von dem Prozesserlös, der durch Urteil oder Vergleich erstritten wird, werden dem Finanzierer zunächst sämtliche Auslagen ersetzt und der nach Abzug der vom Gegner nicht zu erstattenden Kosten verbleibende Betrag gemäß der vereinbarten Quote verteilt[28].

Die Erfolgsbeteiligung des Finanzierers beträgt bei Erlösen von bis zu € 500.000,00 bei den meisten Anbietern 30%. Von dem Teil des Erlöses, der € 500.000,00 übersteigt, reduziert sich die Erfolgsbeteiligung für diesen € 500.000,00 übersteigenden Betrag auf 20%[29]. Der für eine Prozessfinanzierung vorausgesetzte Mindeststreitwert beginnt je nach Anbieter vereinzelt bei € 10.000,00, kann aber auch € 500.000,00 betragen, wie nachfolgende Aufstellung[30] zeigt:

---

26 Das erste Prozessfinanzierungsunternehmen in Deutschland war die FORIS AG, nach eigenen Angaben „Erfinder der Prozessfianzierung", vgl. Angaben unter www.foris.de (Stichwort „Prozessfinanzierung"). Zwischenzeitlich haben sich im deutschsprachigen Raum eine Vielzahl weitere Prozessfinanzierungsunternehmen gegründet: D. A. S. Prozessfinanzierung AG, Roland ProzessFinanz AG, Allianz Prozessfinanz GmbH, Proxx AG, Acivo AG, Juragent AG, ProzessGarant GmbH, Rima AG, Gloria GmbH, ProFin Prozessfinanzierung, Juratec, ExActor Forderungsmanagement AG, Jurecon AG, AdvoFin (A), Prozessfinanz (Ch).

27 Vgl. Fn. 12.

28 So lautet die Klausel der D. A. S. (statt vieler) § 5 Nr. 2: *„Der Erlös des Rechtsstreits (und der damit verbundenen Verfahren) dient zunächst zur Deckung aller nach diesem Vertrag entstandenen notwendigen und/oder vereinbarten Kosten. Der D. A. S. werden demzufolge zunächst aus dem Erlös die von ihr gemäß §§ 3 und 4 sowie die gegebenenfalls aufgrund gesonderter Vereinbarung verauslagten Kosten erstattet"*.

29 Vgl. Fn. 15.

30 Nur ausgewählte Beispiele namhafter Finanzierer, ohne Anspruch auf Vollständigkeit.

Anbieter *	Mindest-streitwert	Honorar vom Prozesserlös	Internetadresse
ACIVO Prozessfinanzierungs AG	10.000 EURO	bis 50.000 EURO: 50% 50.000 bis 500.000 EURO: 30% ab 500.000 EURO: 20%	www.acivo.com
Allianz Prozess Finanz GmbH	100.000 EURO	bis 500.000 EURO: 30% über 500.000 EURO: 20% des 500.000 EURO übersteigenden Betrags	www.allianz-profi.de
D.A.S. Prozessfinanzierung AG	50.000 EURO	bis 500.000 EURO: 30% über 500.000 EURO: 20% des 500.000 EURO übersteigenden Betrags	www.das-prozessfinanzierung.de
Ex-Actor Forderungsmanagment AG	10.000 EURO	bis 25.000 EURO: 50% 25.000 bis 50.000 EURO: 40% 50.000 bis 500.000 EURO: 30% ab 500.000 EURO: nach Vereinbarung	www.exactor.de
FORIS AG	200.000 EURO	bis 500.000 EURO: 30% über 500.000 EURO: 20% des 500.000 EURO übersteigenden Betrags	www.foris.de
Juragent	500.000 EURO	30%	www.juragent.de
PRORIMA AG	25.000 EURO	bis 50%	www.prorima.de
PROXX AG	50.000 EURO	30% bis 50%	www.proxx.de
Roland-Prozessfinanz	50.000 EURO	bis 500.000 EURO: 30% über 500.000 EURO: 20% des 500.000 EURO übersteigenden Betrags	www.roland-prozessfinanzierung.de

* ausgewählte Beispiele

Hauptmerkmal ist also die Erfolgsbeteiligung zugunsten des Prozessfinanzierungsunternehmens bei Übernahme der (Vor-)Finanzierung aller Kosten und des Kostenrisikos, einschließlich des Vollstreckungsrisikos. Zur Sicherung des Erlösanspruchs sehen die Prozessfinanzierungsverträge regelmäßig die stille Abtretung der streitigen Forderung vor[31]. Der Anspruchsinhaber wird zur Prozessführung verpflichtet, wobei er zu dem Abschluss eines Vergleichs ohne Widerrufsvorbehalt, einem Verzicht, einer Klagerücknahme, der Einlegung von Rechtsmitteln sowie zur Anerkennung von durch Aufrechnung geltend gemachten Gegenansprüchen nur mit Zustimmung des Finanzierers berechtigt sein soll[32].

31 So lautet die Klausel der D.A.S. (statt vieler): *„Der Anspruchsinhaber tritt hiermit die streitigen Ansprüche, sowie sämtliche Ansprüche auf Prozesskostenerstattung gegen den Anspruchsgegner und Dritte zur Sicherheit an die D.A.S. ab, soweit eine solche Abtretung nicht der notariellen Form bedarf"*.

32 So lautet die Klausel der D.A.S. (statt vieler) § 7 Nr. 4: *„Ohne vorherige Zustimmung oder gegen ausdrücklichen Widerspruch der D.A.S. ist der Anspruchsinhaber nicht berechtigt, kostenerhöhende Maßnahmen pro-*

Falls der Finanzierer den Abschluss eines Vergleichs für angemessen hält und die Annahme des Vergleichs bzw. den Nichtwiderruf des Vergleichs dem Anspruchsinhaber empfiehlt, ist der Kläger in seiner Entscheidung dennoch frei, den Rechtsstreit, entgegen der Empfehlung, streitig fortzusetzen. Dies ist allerdings verbunden mit dem Risiko einer Kündigung des Finanzierers und daraus resultierenden Schadensersatzansprüchen, nämlich, im Falle eines sich anschließenden Unterliegens im Prozess, den Finanzierer so stellen zu müssen, wie er (hypothetisch) stehen würde, wenn der Anspruchsinhaber der Empfehlung des Finanzierers gefolgt wäre[33].

Das Prozessfinanzierungsverhältnis soll grundsätzlich nicht offen gelegt werden, insbesondere auch nicht gegenüber dem Prozessgegner[34].

Der Abschluss eines Prozessfinanzierungsvertrages ist weder als gesetzes- noch als sittenwidrig anzusehen. Das deutsche Recht kennt keinen Rechtsgrundsatz, demzufolge die Rechtsverwirklichung stets ohne fremde Unterstützung zu erfolgen hat[35].

Zwischenzeitlich ist durch eine Beschlussentscheidung des Bundesaufsichtsamtes bestätigt worden, dass Prozessfinanzierung gegen Erfolgsbeteiligung kein Versicherungsgeschäft ist[36]. Die Prozessfinanzierung ist auch keine Rechtsschutzversicherung, die für Insolvenzverwalter sowieso nicht in Frage kommt, sondern ein völlig eigenes Institut der Übernahme des Kostenrisikos eines Prozesses. In der wissenschaftlichen Diskussion ist der Prozessfinanzierungsvertrag eine Dienstleistung „sui generis“ mit Versicherungs- und Finanzierungselementen[37]. Die wohl herrschende Meinung in der Literatur geht davon aus, dass es sich bei dem Prozessfinanzierungsvertrag um eine Innengesellschaft auf Grundlage der §§ 705 ff BGB handelt[38].

Es ist bekannt, dass anwaltliche Erfolgshonorare (quota litis) in Deutschland gem. § 49b Abs. 2 BRAO und auch EU-weit gem. Ziff. 3.3 der Standesregeln der Rechts-

---

zessualer oder außerprozessualer Art zu ergreifen, auf streitige Ansprüche ganz oder zum Teil zu verzichten, eine Klage oder ein Rechtsmittel ganz oder teilweise zurückzunehmen, ein Rechtsmittel vollumfänglich oder teilweise einzulegen, Gegenansprüche, die durch Widerklage oder im Wege der Aufrechnung geltend gemacht werden, ganz oder teilweise anzuerkennen, über die streitigen Ansprüche einen unwiderruflichen Vergleich abzuschließen, einen widerruflich abgeschlossenen Vergleich zu widerrufen oder die Widerrufsfrist verstreichen zu lassen, ohne zu widerrufen“.

33 So lautet die Klausel der D. A. S. (statt vieler) § 7 Nr. 8: *„Zum Abschluss eines Vergleichs über die streitigen Ansprüche ist der Anspruchsinhaber nur mit Zustimmung der D.A.S. berechtigt. Empfiehlt die D.A.S. den Abschluss eines Vergleichs, weil sie diesen unter Berücksichtigung der Sach- und Rechtslage für angemessen hält, ist der Anspruchsinhaber hierdurch in seiner Entscheidung nicht gebunden. Nimmt der Anspruchsinhaber den vom Gericht oder vom Anspruchsgegner vorgeschlagenen Vergleich nicht an, obwohl die D.A.S. dies empfohlen hat, so ist die D.A.S. zur unverzüglichen Kündigung dieses Vertrages berechtigt. Der Anspruchsinhaber hat die D.A.S. in diesem Fall so zu stellen, wie sie bei Abschluss des empfohlenen Vergleichs stehen würde. Die D.A.S. wird in diesem Falle die abgetretenen Ansprüche Zug um Zug gegen Befriedigung der Ansprüche der D.A.S. freigeben*“.

34 So lautet die Klausel der D. A. S. (statt vieler) § 11 Nr. 1: *„Wird dieser Vertrag bekannt, kann dies erhebliche negative Auswirkungen auf das Ergebnis der Geltendmachung der streitigen Ansprüche sowie auf das Ergebnis anderer durch die D.A.S. finanzierten Prozesse haben. Auch können sowohl der Abschluss dieses Vertrages als auch der Verlauf des damit finanzierten Prozesses eine Insidertatsache im Sinne des Wertpapierhandelsgesetzes darstellen. Der Anspruchsinhaber ist deshalb verpflichtet, über die Tatsache und den Inhalt dieses Vertrages, sowie die damit in Zusammenhang stehenden Umstände Stillschweigen zu bewahren und darüber Dritte nur mit vorheriger schriftlicher Zustimmung der D. A. S. zu unterrichten*“.

35 Anders im Common Law, wo die Verbote der maintenance und champerty die Unterstützung der prozessführenden Partei untersagten; dazu *Schepke*, Das Erfolgshonorar des Rechtsanwalts, 1998, S. 25 ff.

36 Beschlusskammer-Entscheidung VerBAV 1999, 167, 168.

37 *Bruns*, JZ 2000, 232; *Fritzsche/Schmidt*, NJW 1999, 2998.

38 *Maubach*, Gewerbliche Prozessfinanzierung gegen Erfolgsbeteiligung, 2002, S. 104; *Bräuer*, AnwBl. 2001, 112, 114; *Dethloff*, NJW 2000, 2225, 2227; *Grunewald*, BB 2000, 729, 731; *Palandt-Sprau*, § 705 Rn. 42.

anwälte der Europäischen Gemeinschaft (CCBE) grundsätzlich verboten[39], in den USA dagegen weit verbreitet sind. Es ist jedoch zwischenzeitlich anerkannt, dass die Vereinbarung eines Erfolgshonorars durch gewerbliche Prozessfinanzierer wirksam ist[40], zumindest dann, wenn der Finanzierer und der prozessführende Anwalt voneinander unabhängig sind[41]. Sobald jedoch der prozessführende Anwalt an der Finanzierungsgesellschaft beteiligt ist und über Gewinnausschüttungen und Wertsteigerungen der Gesellschaftsanteile an dem Streitanteil des Finanzierers mittelbar partizipiert, wäre der Prozessfinanzierungsvertrag unter dem Gesichtspunkt der Umgehung des Verbots des anwaltlichen Erfolgshonorars möglicherweise insgesamt nichtig[42].

So hat das KG einen Prozessfinanzierungsvertrag wegen Verstoßes gegen § 49b Abs. 2 BRAO für nichtig erklärt, weil der prozessführende Rechtsanwalt an der Prozessfinanzierungsgesellschaft zu 90% beteiligt war[43].

Die Entstehung der gewerblichen Prozessfinanzierung hat somit auch dazu geführt, das Verbot anwaltlicher Erfolgshonorare erneut in Frage zu stellen[44]. So hat auch der Erste Senat des BVerfG in seinem aktuellen Beschluss vom 12.12.2006[45] festgestellt, dass das gesetzliche Verbot der Vereinbarung eines Erfolgshonorars mit dem Grundrecht auf freie Berufsausübung insoweit nicht vereinbar ist, als das Gesetz keine Ausnahmen vorsieht und damit das Verbot selbst dann zu beachten ist, wenn der Rechtsanwalt mit der Vereinbarung eines Erfolgshonorars besonderen Umständen in der Person seines Auftraggebers Rechnung trägt, die diesen sonst davon abhielten, seine Rechte zu verfolgen. Der Gesetzgeber hat bis zum 30.6.2008 eine Neuregelung zu treffen, nach der Erfolgshonorare zumindest in Ausnahmefällen zulässig sein müssen. Bis dahin bleibt das gesetzliche Verbot anwaltlicher Erfolgshonorare jedoch anwendbar.

Wenn man von Erfolgshonorar spricht, muss man die sog. spekulative Vergütung („Erfolgshonorar" im engeren Sinne) von den Streitanteilen („quota litis") unterscheiden[46].

Bei der spekulativen Vergütung ist zunächst weiter zu unterteilen, ob der Rechtsanwalt im Misserfolg überhaupt keine Vergütung beanspruchen darf[47] oder eine Grundvergütung erhält, diese im Erfolgsfalle lediglich erhöht wird[48]. Die Berechnungsgrundlage dieser Erfolgshonorare kann über ein erfolgsabhängiges Pauschal-, Zeit- oder Tarifhonorar (z. B. nach dem RVG) erfolgen.

---

39 Eine Ausnahme in Europa bildet insbesondere England.
40 *Maubach* a. a. O., S. 44; *Dethloff* a. a. O., S. 2228; *Grunewald* a. a. O., S. 731.
41 Allgemeine Meinung: *Kochheim,* Die gewerbliche Prozessfinanzierung, 2003, S. 149 ff.; *Maubach* a. a. O., S. 95 ff.; *Dethloff,* NJW 2000, 2225, 2228; *Grunewald,* BB 2000, 729, 731; *Feuerich/Weyland,* BRAO, § 49 b Rn. 29; *Jessnitzer/Blumberg,* BRAO, § 49 b Rn. 3.
42 *Kochheim* a. a. O., S. 160 ff.
43 KG, BRAK-Mitt 2003, 244.
44 Vgl. *Kleine-Cosack,* BRAO, § 49 b Rn. 17; Gerald/Schmidt/v. Eicken/Madert-*Madert,* BRAO, § 3 Rn. 14.
45 BVerfG, Beschl. v. 12.12.2006, Az. 1 BvR 2576/04.
46 *Kilian,* VersR 2006, 751 ff.
47 Dann echtes Erfolgshonorar.
48 Erfolgsprämium.

Bei der Vergütung nach Streitanteilen[49] bestimmt der Erfolg nicht nur, ob der Rechtsanwalt überhaupt eine Vergütung erhält, sondern auch, wie viel er erhält[50]. Aufgrund der doppelten Erfolgsabhängigkeit der Vergütung ist die „quota litis" besonders umstritten[51] und praktisch in allen europäischen Rechtsordnungen, bis auf England, verboten, während „einfache" Erfolgshonorare fast überall zulässig sind.

Nachdem das BVerfG die Verbotsnorm des § 49b Abs. 2 BRAO in ihrer jetzigen Fassung lediglich aufgrund fehlender Ausnahmetatbestände für verfassungswidrig erklärt und dem Gesetzgeber eine Neuregelung auferlegt hat, ist anzunehmen, dass das Verbot der „quota litis" im Kern bestehen bleibt, ein Erfolgshonorar i.S.e. spekulativen Vergütung aber grundsätzlich für zulässig erklärt wird, zumindest in bestimmten Ausnahmefällen. Einen derartigen Ausnahmefall sieht das BVerfG bei Rechtssuchenden, die aufgrund ihrer Einkommens- und Vermögensverhältnisse keine PKH oder Beratungshilfe beanspruchen können, aber dennoch vor der Entscheidung stehen, ob es ihnen die eigene wirtschaftliche Lage vernünftigerweise erlaubt, die finanziellen Risiken einzugehen, die angesichts des unsicheren Ausgangs der Angelegenheit mit der Inanspruchnahme qualifizierter rechtlicher Betreuung und Unterstützung verbunden sind. Nicht wenige Betroffene werden das Kostenrisiko aufgrund verständiger Erwägungen scheuen und daher von der Verfolgung ihrer Rechte absehen. Für diese Rechtssuchenden ist nach Auffassung des BVerfG das Bedürfnis anzuerkennen, das geschilderte Risiko durch Vereinbarung einer erfolgsbasierten Vergütung zumindest teilweise auf den vertretenden Rechtsanwalt zu verlagern. Denn in solchen Fällen, so das BVerfG, fördert die Unzulässigkeit anwaltlicher Erfolgshonorare nicht die Rechtsschutzgewährung, sondern erschwert den Weg zu ihr.

Eine Neuregelung des Gesetzgebers für derartige Ausnahmefälle hätte somit zur Folge, dass Rechtsanwälte vermehrt mit ihrer eigenen Vergütung ins Risiko gehen, sich dieses Risiko aber dergestalt bezahlen lassen werden, im Erfolgsfalle ein Mehrfaches der „gewöhnlichen" Vergütung zu erhalten.

Für den Insolvenzverwalter bzw. dessen Prozessanwalt bleibt eine derartige Neuerung tendenziell unattraktiv, belastet doch diese Mehrvergütung letztendlich ausschließlich die Masse. Auch eine Vereinbarung mit dem Prozessfinanzierer, dessen Erfolgshonorar mit dem Insolvenzverwalter bzw. dem Prozessanwalt erneut im Innenverhältnis zu teilen, würde mittelbar durch die Vereinbarung des Erfolgshonorars mit dem Finanzierer auf die Masse durchschlagen. Derartige Vereinbarungen wären daher allenfalls nur mit Zustimmung der Gläubiger denkbar.

Grundsätzlich werden von den Prozessfinanzierern nur Aktivprozesse finanziert, an denen auch eine wirtschaftliche Beteiligung des Finanzierers möglich, d.h. die Rechtsverfolgung auf einen beteiligungsfähigen Prozesserlös gerichtet ist[52].

In Ausnahmefällen können auch andere Ansprüche (z.B. Kaufvertragsrückabwicklungen) finanziert werden, soweit der Streitgegenstand verwertbar ist. Hauptsächlich handelt es sich bei Klagen

49 „pactum de quota litis".
50 „je erfolgreicher, desto besser".
51 Vgl. den Überblick zu den unterschiedlichen Positionen von Literatur und Wissenschaft zum Für und Wider des Verbots eines anwaltlichen Erfolgshonorars in der Stellungnahme des Deutschen Anwaltvereins, abrufbar unter www.anwaltverein.de.
52 Die Finanzierung von Passivprozessen konnte sich in der Praxis nicht durchsetzen, da für den Beklagten wirtschaftlich wenig sinnvoll: Sollte die Klage Erfolg haben, würde der Finanzierer neben den außergerichtlichen Kosten des Beklagten und den Gerichtskosten auch die dem Kläger entstandenen Kosten erstatten. Der Beklagte müsste aber dennoch die titulierten Forderungen an den Kläger erfüllen, da diese vom Finanzierer nicht übernommen werden. Andererseits müsste der Beklagte nach erfolgreicher Klageabweisung dem Finanzierer eine 20- bzw. 30%-ige Erfolgsbeteiligung an der abgewiesenen Klageforderung zahlen, was wiederum nicht im Verhältnis zu dem vom Finanzierer übernommenen Risiko steht, wenn dieses der Beklagte selbst tragen würde.

von Insolvenzverwaltern um Ansprüche wegen Kapitalaufbringung gem. § 19 GmbHG, Kapitalerhaltung und Eigenkapitalersatz gem. §§ 30, 31, 32a, 32b GmbHG, § 135 InsO, Geschäftsführerhaftung gem. § 64 Abs. 2 GmbHG, Restkaufpreis-/Werklohnforderungen sowie um Anfechtungsklagen nach den §§ 129ff. InsO.

Die Prozessfinanzierung kann in jedem Verfahrensstadium in Anspruch genommen werden, so auch erst in Berufungs- oder Revisionsverfahren. Das Instrumentarium der Prozessfinanzierung ist für Insolvenzverwalter insbesondere auch relevant bei bereits von der Schuldnerin angestrengten Verfahren, die gemäß § 240 ZPO[53] aufgrund der Insolvenz unterbrochen wurden. Hier muss sich der Insolvenzverwalter überlegen, ob er, gegebenenfalls mit Hilfe eines Prozessfinanzierers, das Verfahren wieder aufnehmen kann.

Diese Fälle sind auch für den Prozessfinanzierer interessant, nachdem in der Regel sowohl die Gerichtskosten als auch die Kosten des für den Schuldner bisher tätigen Prozessanwalts schon bezahlt und der Sachverhalt und die Einwendungen der Gegenseite aufgrund des fortgeschrittenen Verfahrensstandes schon mehr oder weniger bekannt sind. Das Kostenrisiko und das Risiko überraschender Einwendungen des Prozessgegners sind daher erheblich reduziert.

Eine wesentliche Voraussetzung für die Erlangung einer Prozessfinanzierung ist die Darlegung überwiegender Erfolgsaussichten der beabsichtigten Klage. Diese Einschätzung erfolgt durch den Prozessfinanzierer selbst anhand der Durchsicht des eingereichten Klageentwurfs, der Handakten oder der Lektüre des gesamten vorangegangenen PKH-Verfahrens, wohl wissend, dass der Ausgang des Rechtsstreits sich selbst bei guten Erfolgsaussichten regelmäßig nicht mit Sicherheit vorhersagen lässt. Fast jedes Gerichtsverfahren ist mit Unwägbarkeiten verbunden, etwa hinsichtlich der Sachverhaltsfeststellung, dem Inhalt von Zeugenaussagen und Sachverständigengutachten und der Würdigung durch das Gericht, der Auslegung von Willenserklärungen, Verträgen und Normen oder gar wegen der Möglichkeit von Fehlern bei der Rechtsanwendung.

Die Vorprüfung der Erfolgsaussichten durch den Prozessfinanzierer ist für den Insolvenzverwalter kostenlos und dauert max. eine Woche. Bei Fristsachen (z.B. Berufungen, Verjährungsablauf etc.) erfolgt diese Prüfung auch innerhalb von wenigen Tagen. Der Mindeststreitwert für zu finanzierende Klagen beginnt bei den größeren Finanzierungsunternehmen bei € 50.000,–[54].

Hiervon sind im Einzelfall freilich auch Ausnahmen möglich, wobei unterhalb dieses Streitwerts in der Regel wiederum Prozesskostenhilfeanträge von Insolvenzverwaltern bewilligt werden müssten, da bei relativ geringen Klagesummen diese vorrangig und möglicherweise auch vollständig für die Begleichung der Massekosten, hier für die Gerichtskosten, die Vergütung und Auslagen des vorläufigen Insolvenzverwalters und des Insolvenzverwalters, verwendet werden. In einem derartigen Fall ist nach Auffassung des BGH die Übernahme der Prozesskosten mangels zu erwartender Quote den Gläubigern nicht zumutbar und Prozesskostenhilfe daher zu bewilligen[55].

---

53 § 240 ZPO bestimmt, dass im Falle der Eröffnung des Insolvenzverfahrens das Klageverfahren unterbrochen wird, bis es nach den für das Insolvenzverfahren geltenden Vorschriften aufgenommen wird. Entsprechendes gelte auch in einem vorläufigen Insolvenzverfahren.

54 Vgl. Fn. 30.

55 BGH ZInsO 2003, 941.

Weitere Voraussetzung für eine Prozessfinanzierung ist, dass die Bonität des Anspruchsgegners gesichert erscheint, um etwaige titulierte Forderungen gegen den Gegner später auch erfolgreich vollstrecken zu können. Denn der Prozessfinanzierer erhält seine Erlösbeteiligung und die Rückerstattung verauslagter Kosten nur dann, wenn effektiv Gelder vom Gegner liquidiert werden können. Dies prüft der Prozessfinanzierer in der Regel im Vorfeld selbst durch Einholung von Creditreformauskünften und bei natürlichen Personen durch die Bitte an den Insolvenzverwalter, bei dem am Wohnsitz des Beklagten zuständigen Grundbuchamt bzw. Katasteramt nachzufragen, ob für den Beklagten Grundbesitz in der Eigentümerkartei verzeichnet ist[56].

Soweit keine Ablehnung des Finanzierungsantrages wegen zu hoher Risiken und damit fraglichen Erfolgsaussichten der Klage oder mangelnder Bonität erfolgt, wird dem Insolvenzverwalter der Prozessfinanzierungsvertrag zu weiteren Verhandlungen übersandt. Verhandlungspunkte sind in der Regel die Beteiligungsquote von 30% bis zu einem Erlös von € 500.000,– und 20% Erlösbeteiligung an dem Betrag, der über die € 500.000,– hinausgeht.

Sobald Einigkeit bezüglich des Vertragsinhaltes mit dem Insolvenzverwalter erzielt werden konnte, schickt dieser den Prozessfinanzierungsvertrag als Angebot an den Prozessfinanzierer zurück und bindet sich an dieses Angebot bis zu drei Wochen[57]. Innerhalb dieser Bindungsfrist führt der Prozessfinanzierer eine so genannte „Zweitprüfung" durch. Diese Zweitprüfung erfolgt in der Regel durch externe Prozesskollegen oder auch durch pensionierte BGH-Richter des IX. Zivilsenats oder Professoren, die überwiegend auf dem Gebiet des Insolvenzrechts wissenschaftlich tätig sind. Soweit auch deren Gutachten positiv ausfällt, wird der Finanzierungsvertrag gegengezeichnet.

II. Staatliches PKH-Verfahren

1. Vorteile des PKH-Verfahrens im Vergleich zu gewerblicher Prozessfinanzierung

a) Keine Erfolgsbeteiligung

Der auf der Hand liegende Vorteil einer gewährten PKH liegt für die Gläubiger darin, dass der Verwalter im Bewilligungsfalle keine Gegenleistung in Form einer Erfolgsbeteiligung als Masseverbindlichkeit zu erbringen hat und damit auch die Masse nicht belastet und die Gläubigerquote nicht verringert wird[58]. Da der Insolvenzverwalter ausschließlich die Interessen der Gläubiger zu vertreten hat, ihn ein

56 Es wird seit langem bemängelt, dass es keine bundesweite Eigentümerkartei gibt, vielmehr erfolgreiche Recherchen nach vorhandenem Grundbesitz meist nur Zufallstreffer sind.
57 Vgl. Fn. 14.
58 Wie erwähnt, verlangen die Prozessfinanzierer 20% bzw. 30% vom erstrittenen bzw. liquidierten Erlös, vgl. Fn. 29.

allgemeines Verschleuderungsverbot trifft, d.h. die Verwertung so günstig wie möglich erfolgen muss[59] und ein höchstmöglicher Ertrag mit möglichst geringem Aufwand erzielt werden soll[60], könnte man zunächst grundsätzlich eine der Prozessfinanzierung generell vorgeschaltete Antragspflicht für PKH konstatieren, falls Ansprüche im Klagewege zur Masse gezogen werden müssen, ausreichend Masse jedoch für den Prozess nicht zur Verfügung steht. Möglicherweise wird aber dieser Vorteil der Unentgeltlichkeit von den Nachteilen der PKH und den Vorteilen der gewerblichen Prozessfinanzierung verdrängt.

b) Lediglich summarische Prüfung der Erfolgsaussichten

Für die Gewährung von PKH verlangt § 114 ZPO[61] eine hinreichende Aussicht auf Erfolg[62]. Die Klage darf darüber hinaus nicht mutwillig erscheinen[63]. Letztlich genügt für die Gewährung von PKH ein schlüssiges Klagevorbringen[64]. Das Ergebnis der Beweisaufnahme darf nur bei Urkunden, nicht aber bei Zeugenaussagen antizipiert werden[65].

Da der Prozessfinanzierer die Erfolgsaussicht sehr streng prüft, d.h., schlüssiges Klagevorbringen nicht genügen lässt, ebenso die Bonität des Gegners[66], die allein schon aus wirtschaftlichen Erwägungen und Eigeninteressen gründlicher überprüft wird, als im Rahmen der Mutwilligkeitfrage im PKH-Antragsverfahren, erscheint theoretisch die Erlangung von PKH auch einfacher und damit vorteilhafter zu sein als die gewerbliche Prozessfinanzierung[67].

---

59 HK-*Flessner*, InsO, § 159 Rn 7; *Haarmeyer/Wutzke/Förster*, Handbuch der InsO, Kap. 5 Rn. 462.

60 BGH, ZIP 1993, 1886, 1891; Smid-*Smid*, InsO, § 159 Rn. 2.

61 § 114 ZPO lautet: *„Eine Partei, die nach ihren persönlichen und wirtschaftlichen Verhältnissen die Kosten der Prozessführung nicht, nur zum Teil oder nur in Raten aufbringen kann, erhält auf Antrag Prozesskostenhilfe, wenn die beabsichtigte Rechtsverfolgung oder Rechtsverteidigung hinreichende Aussicht auf Erfolg bietet und nicht mutwillig erscheint.“*

62 Erfolgsaussicht heißt nicht Erfolgsgewissheit. Die Voraussetzungen dürfen unter dem grundrechtlichen Aspekt der Rechtsschutzgleichheit für Bemittelte und Unbemittelte nicht überspannt werden, BVerfG, NJW 1991, 413; NJW 1992, 889.

63 D. h. eine verständige Partei würde auch ohne PKH ihr Recht in gleicher Weise verfolgen.

64 OLG Köln, MDR 1987, 62.

65 Thomas/Putzo-*Reichold*, ZPO, § 114 Rn. 4; OLG Köln, NJW-RR 1995, 1405; enger BGH, NJW 1988, 266; NJW 1998, 1154.

66 Dieser Punkt wäre auch bei der PKH-Bewilligung im Rahmen des Mutwilligkeitskriteriums gem. § 114 ZPO zu prüfen.

67 Gerichte prüfen die Erfolgsaussichten nur summarisch und erfahrungsgemäß eher oberflächlich. Die Prozessrisikoanalyse beim Prozessfinanzierer sieht völlig anders aus. Ihm geht es ausschließlich darum, möglichst viele oder ganz bestimmte Prozesse zu führen, die aller Wahrscheinlichkeit nach gewonnen werden. Wenn ihm dies nicht gelingt, so scheitert sein Geschäftsmodell. Deshalb haben die Prozessfinanzierer ein System des Prozessratings geschaffen, dass neben der Spezialisierung der Mitarbeiter auf bestimmte Rechtsgebiete im Rahmen der Vor- bzw. Erstprüfung zusätzlich auch im Wege des „Vier-Augen-Prinzips“ weitere Zweitprüfungen umfasst.

2. Nachteile des PKH-Verfahrens im Vergleich zu gewerblicher Prozessfinanzierung

a) Haftung für Kosten des Gegners im Unterliegensfalle

Nachteilig erscheint auf den ersten Blick das aus § 123 ZPO resultierende Risiko, auch bei gewährter PKH im Falle des Unterliegens im Hauptsacheverfahren die Kosten des Gegners tragen zu müssen[68]. Übrigens sind ggf. gem. § 120 Abs. 1 ZPO auch Ratenzahlungen zu erbringen[69]. Man könnte daher meinen, dass dieses der PKH spezifisch anhaftende Risiko der Kostentragung des Gegners im Unterliegensfalle, der ebenfalls teuren Möglichkeit der Forderungsverwertung durch die Inanspruchnahme einer Prozessfinanzierung, hier der Erlösbeteiligung von 20 bis 30%, gleichsteht und es daher dem Insolvenzverwalter aus rein wirtschaftlichen Überlegungen im Ergebnis überlassen bleibt, ob er einen PKH-Antrag stellt, oder sich gleich an einen Prozessfinanzierer wendet[70]. Diese Überlegungen greifen jedoch zu kurz.

Bei genauer Betrachtung verfängt dieses Argument des PKH-spezifischen Risikos der Kostentragung im Unterliegensfalle beim Insolvenzverwalter aber gerade nicht. Kann bzw. muss er doch bei Massearmut bzw. Masseunzulänglichkeit, die in Fällen der PKH-Beantragung ja regelmäßig vorliegt, gem. § 208 Abs. 1 InsO Masseunzulänglichkeit[71] gegenüber dem Insolvenzgericht anzeigen und die Masseunzulänglichkeitseinrede gegenüber dem obsiegenden Gegner erheben bzw. diesen auf das Vollstreckungsverbot des § 210 InsO[72] verweisen, mit der Folge, die Kosten des Gegners nicht erstatten zu müssen. Dieses Risiko der Kostentragungspflicht im Unterliegensfalle trifft daher lediglich einen natürlichen Anspruchsinhaber, der PKH beantragt, nicht aber den Verwalter eines massearmen bzw. masseunzulänglichen Insolvenzverfahrens, so dass dieses Risiko kein Argument gegen, sondern ebenfalls für die vorherige Stellung eines PKH-Antrages darstellt. Der Insolvenzverwalter haftet auch nicht persönlich für die gegnerischen Kosten als Masseverbindlichkeit im Falle der Masseunzulänglichkeit. Er muss auf die Kosten des Gegners nach Ansicht des BGH keine Rücksicht nehmen, es sei denn, dass es sich um eine sittenwidrige Klage i.S.d. § 826 BGB handeln würde, also um eine Klage, mit der der Beklagte vom Insolvenzverwalter überzogen wird, die von An-

---

68 Die Bewilligung der PKH hat auf den Kostenerstattungsanspruch des Gegners und damit auf das Kostenfestsetzungsverfahren gemäß §§ 103 ff. ZPO auf Antrag des obsiegenden Gegners keinen Einfluss, OLG Celle, NJW 1973, 521.

69 Auch gegenüber dem Insolvenzverwalter als Partei kraft Amtes, § 116 ZPO kann das Prozessgericht Ratenzahlungen aus der Masse bzw. deren Höhe festsetzen.

70 So im Ergebnis Sturm, Zivilrechtliche, prozessuale und anwaltsrechtliche Probleme der gewerblichen Prozessfinanzierung.

71 Sind die Kosten des Insolvenzverfahrens (§ 54 InsO) gedeckt, jedoch nicht die weiteren Masseverbindlichkeiten, spricht man von Masseunzulänglichkeit.

72 Auch im Zustand der Masseunzulänglichkeit steht die gemeinschaftliche Befriedigung der Gläubiger im Vordergrund. Eine Vollstreckung durch einzelne Massegläubiger würde diesen Zweck unterlaufen. § 210 InsO entspricht der Regelung des § 89 InsO, der ein Vollstreckungsverbot für Insolvenzgläubiger regelt.

fang an völlig aussichtslos gewesen ist, wobei noch weitere zusätzliche sittenwidrige Umstände hinzutreten müssen[73].

b) Gebührendeckelung

aa) Problemstellung

Aus wirtschaftlicher Sicht des Insolvenzverwalters kommt nun aber erschwerend hinzu, dass selbst im Falle einer PKH-Bewilligung die Anwaltsgebühren nach dem RVG erheblich reduziert und ab einem Gegenstandswert über € 30.000,00 die Gebührenansprüche des beigeordneten Anwalts, der in der überwiegenden Zahl der Fälle in der eigenen Prozessabteilung des Insolvenzverwalters tätig ist, auf €391,00 je Gebühr gedeckelt sind[74]. Zwar hat der Gegner im Obsiegensfalle die vollen Anwalts- und Gerichtskosten dem Verwalter als Kläger zu erstatten, doch bedeutet dies im Erfolgsfalle einen zeitlich unangemessen langen Liquiditätsengpass und eine unzumutbare Kreditierung der beauftragten bzw. vom Prozessanwalt erbrachten Anwaltsleistungen bis hin zum Risiko des völligen Ausfalls der Forderungen im Unterliegensfalle bzw. im Insolvenzfalle des Gegners, bis hin zur Auslösung von Schadensersatzansprüchen des vom Verwalter beauftragten Prozessanwalts, diesen im Unterliegensfalle aus der Masse nicht bezahlen zu können.

Auf Grund dieser wirtschaftlichen Risiken des PKH-Verfahrens suchen die Insolvenzverwalter und deren Prozessanwälte zwischenzeitlich verständlicherweise nach Auswegen, um die Beantragung von PKH wenn möglich zu vermeiden. Sie bemühen sich daher zunehmend, sich unter gänzlicher Auslassung eines vorgeschalteten PKH-Verfahrens direkt an einen Prozessfinanzierer zu wenden, wenn die Gläubiger nicht bereit sind, den Prozess zu finanzieren, was in der Praxis eigentlich die Regel ist. Denn der Prozessfinanzierer leistet die anfallenden Anwaltskosten des vom Insolvenzverwalter beauftragten Prozessanwalts zeitnah und in voller Höhe. Er übernimmt zusätzlich einerseits das Ausfall- bzw. Insolvenzrisiko des Gegners im Obsiegensfall und gewährleistet andererseits die Kostentragungspflicht des Verwalters gegenüber seinem Prozessanwalt auch im Unterliegensfall. Entstehende Schadensersatzansprüche gegenüber dem Insolvenzverwalter durch die Begründung und Nichterfüllung von Masseverbindlichkeiten werden dadurch vermieden. Der Prozessanwalt des Insolvenzverwalters muss damit im Hinblick auf die ihm zustehende Vergütung nicht mehr auf die Erstattungspflicht des Gegners im Obsiegensfalle vertröstet werden, die immer mit dem Risiko des Obsiegens und dem Risiko einer erfolgreichen Vollstreckung verbunden ist.

Nachfolgend wird untersucht, inwieweit allein die durchaus nachvollziehbaren wirtschaftlichen Erwägungen und das legitime Gebühreninteresse des Prozessanwalts die Wahl des Insolvenzverwalters rechtfertigen, in masseunzulänglichen Verfahren gewerbliche Prozessfinanzierung generell zu bevorzugen, dies allerdings zu Lasten der Masse durch die Vereinbarung eines Erfolgshonorars zugunsten des Finanzierers.

---

73 BGH v. 26.1.01, NJW 2001, 3187 nach KO; BGH v. 2.12.04, Az. IX ZR 142/03 nach InsO.
74 § 123 BRAGO; § 49 RVG.

bb) Eingeschränkte Vergütungssätze und verfassungsrechtliche Bedenken

Die eingeschränkten Vergütungssätze bei bewilligter PKH sind ausgerichtet an sozialen Schutzzwecken der PKH und dem Sparzwang der Staatskasse. Der Gesetzgeber denkt bei diesen Regelungen nicht an den juristischen Unternehmer, der in der Regel nur äußerst eingeschränkt PKH bewilligt bekommt[75], sondern an Privatpersonen, bei denen sich auch die Streitwerte in überschaubaren Grenzen halten, so beispielsweise in der Vielzahl familienrechtlicher Verfahren. Die vom Insolvenzverwalter zu verfolgenden Ansprüche wurzeln jedoch in der unternehmerischen Tätigkeit des Schuldners und betreffen nicht selten beträchtliche Streitwerte und damit verbundene, z.T. auch recht erhebliche, Gebührenforderungen des Prozessanwalts.

Nun ist es eine „Segnung", dass der Insolvenzverwalter bei Masseunzulänglichkeit gem. § 116 S. 1 Nr. 1 ZPO PKH beantragen kann. So führt der BGH aus, dass das Rechtsinstitut der PKH für den Insolvenzverwalter im Anwendungsbereich des § 116 S. 1 Nr. 1 ZPO gerade in den Fällen Bedeutung gewinnt, in denen die Istmasse nicht ausreicht, um die Kosten des Insolvenzverfahrens zu decken[76]. Dabei verkennt der BGH, dass der Insolvenzverwalter bzw. sein Prozessanwalt für hochkomplexe Fragen und schwierige wirtschaftliche Problemlösungen nur reduzierte Anwaltsgebühren und ab einem Streitwert von € 30.000,00 grundsätzlich nur noch gedeckelte Gebühren i.H.v. maximal € 391,00 je Gebühr erhält[77].

Bei einem Streitwert über beispielsweise € 1 Mio. würden dem prozessführenden Anwalt alleine in der ersten Instanz € 11.260,00 netto und bei beispielsweise € 2 Mio. € 18.760,00 netto[78] an Verfahrensgebühren zustehen, die er von einem vermögenden Mandanten bis spätestens zur mündlichen Verhandlung liquidiert hätte, nicht jedoch von einem Insolvenzverwalter in einem masseunzulänglichen Verfahren. Entweder bekäme er mangels Masse überhaupt keine Zahlung oder würde nach bewilligter PKH lediglich € 997,50 erhalten[79]. Die zweite Instanz hinzugerechnet, würden sich die regulären Gebührenansprüche des Prozessanwalts nach RVG sogar etwas mehr als verdoppeln[80], bei PKH lediglich um weitere € 1.114,80 erhöhen.

Für die Erlangung dieses geringen Maximalbetrages würde sich nicht einmal das unentgeltliche, jedoch sehr aufwendige PKH-Verfahren als zusätzliches Vorverfahren des sich erst anschließenden Hauptverfahrens lohnen, ist aber zur Vermeidung der Einzahlungspflicht der Gerichtskosten nun einmal erforderlich, soweit der Insolvenzverwalter nicht diese Kosten aus dem eigenen Vermögen selbst verauslagt,

---

75 Nach § 116 ZPO erhalten juristische Personen nur PKH, wenn weder sie selbst in der Lage sind, die Prozesskosten aufzubringen, noch deren Gesellschafter, stille Teilhaber, Geschäftsführung und Aufsichtsrat.

76 BGH v. 23.3.2006, Az. IX ZB 134/05.

77 § 49 RVG.

78 1,3 Verfahrensgebühr gem. Nr. 3100 VV RVG € 9.744,80 zzgl. 1,2 Terminsgebühr gem. Nr. 3104 VV RVG € 8.995,20 zzgl. Auslagenpauschale gem. Nr. 7002 VV RVG € 20,00.

79 1,3 Verfahrensgebühr und 1,2 Terminsgebühr, multipliziert mit € 391,00 Höchstsatz zzgl. Auslagenpauschale gem. Nr. 7002 VV RVG € 20,00.

80 1,6 Verfahrensgebühr gem. Nr. 3302 VV RVG € 11.993,60 zzgl. 1,2 Terminsgebühr gem. Nr. 3202 VV RVG € 8.995,20 zzgl. Auslagenpauschale gem. Nr. 7002 VV RVG € 20,00.

mit all den damit verbundenen Risiken des endgültigen Verlustes dieser Zahlung und der Verletzung seiner Pflicht zur Unabhängigkeit.

Dieser Aufwand und die unverhältnismäßig radikale Reduzierung der Gebühren ist mehr als unbillig[81]. Für derartige Minimalgebühren kann möglicherweise ein junger Anwalt einen „Mietfall" bearbeiten und kostendeckend im typischen „Armenrecht" tätig sein, welches der Gesetzgeber vor Augen hat, nicht aber eine seit Jahren hochspezialisierte Anwaltskanzlei auf dem Gebiet des Insolvenz- und Anfechtungsrechts.

Hierzu kann man zunächst dagegen argumentieren, dass es vordergründig bei einer rein dogmatischen Untersuchung sicher keine Rolle spielen kann, wie viel Honorar der Rechtsanwalt insbesondere in seiner Funktion als Organ der Rechtspflege[82] zu erhalten hat. Gestützt wird diese Auffassung auch durch die §§ 48, 49, 49a BRAO, die den Rechtsanwalt sogar verpflichten, Prozessvertretungen und die nach dem Beratungshilfegesetz vorgesehene Beratungshilfe übernehmen zu müssen. Dagegen sprechen erhebliche verfassungsrechtliche Bedenken. Es verwundert, dass in der einschlägigen Kommentierung nicht einmal Fragen der Verfassungskonformität gestellt werden. Während Henssler/Prütting z.B. immerhin die Frage thematisieren, dass der nach § 121 Abs. 5 ZPO pflichtbeigeordnete PKH-Anwalt die Prozessvertretung[83] und der zum Pflichtverteidiger bestellte Anwalt die Verteidigung übernehmen muss[84], und beides in die Vertragsfreiheit einschneide[85] und dort die Verfassungskonformität mit der Stellung des Anwalts als Organ der Rechtspflege gerechtfertigt wird[86], fehlen in der Kommentarliteratur zur Verfassungskonformität des § 49a BRAO[87] jegliche Überlegungen. Dabei liegt die Verfassungswidrigkeit dieser Vorschriften eigentlich recht nahe.

Nachdem die §§ 48, 49, 49a BRAO nicht jeden deutschen Bürger, sondern nur Rechtsanwälte verpflichten, zu ganz bestimmten Bedingungen Dienstleistungen erbringen zu müssen, verletzten diese Vorschriften das Grundrecht der Berufsfreiheit gem. Art. 12 Abs. 2, 3 GG. Niemand darf zu einer bestimmten Arbeit gezwungen werden und schon gar nicht bestimmte Berufsgruppen der Gesellschaft. Es ist grundsätzlich sicher nicht zu beanstanden, dass die PKH Ausfluss des Grundrechts der Armen darauf ist, einen im Wesentlichen gleichen Zugang zum Recht wie eine bemittelte Partei zu erhalten. Art. 20 GG gebietet es, den Minderbemittelten einen Rechtsschutz zu sichern, der demjenigen der Bemittelten wenigstens einigermaßen entspricht[88]. Dasselbe Ergebnis lässt sich auch aus Art. 1 Abs. 1 GG (Schutz der Menschenwürde), Art. 3 Abs. 1 GG (Gleichheit vor dem Gesetz)[89], aus Art. 20 Abs. 3 GG (Rechtsstaatsprinzip, Justizgewährungsanspruch)[90] und aus Art. 19 Abs. 4 GG (Rechtsweggarantie) sowie aus Art. 103 Abs. 1 GG (Anspruch auf rechtliches Gehör) herleiten. Es gibt kaum ein Rechtsinstitut, das sich auf so zahlreiche Verfassungsgarantien stützen kann wie die PKH. Sie ist als Ausdruck des sozialen Grundrechts auf Zugang zum Recht also öffentlich-rechtliche Aufgabe, wesentlicher Bestandteil staatlicher Daseinsvorsorge. Speziell PKH könnte

---

81 Bei dem im Beispiel gewählten Streitwert von € 2 Mio. erhält der beigeordnete Prozessanwalt für zwei Instanzen PKH-Gebühren i.H.v. lediglich € 2.112,30, obwohl ihm gesetzliche Gebühren i.H.v. € 39.768,80 regulär zustehen würden.
82 Henssler/Prütting-*Koch*, BRAO, § 1 Rn. 4; *Kleine-Cosack*, BRAO, § 1 Rn. 2; *Feuerich/Weyland*, BRAO, § 1 Rn. 2.
83 § 48 BRAO.
84 § 49 BRAO.
85 Henssler/Prütting-*Prütting*, BRAO, § 48 Rn. 2, § 49 Rn. 2.
86 Henssler/Prütting-*Prütting* a.a.O.
87 § 49a Abs. 1 S. 1 BRAO lautet: *„Der Rechtsanwalt ist verpflichtet, die in dem Beratungshilfegesetz vorgesehene Beratungshilfe zu leisten."*
88 BVerfGE 10, 270; BVerfG NJW 1992, 889; BGHZ 70, 237; 109, 168 m.w.N.
89 BVerfG NJW 1988, 2597; NJW 1992, 889.
90 BVerfG NJW 1992, 1673.

man daher auch als Justiz-Sozialhilfe bezeichnen. Es mag auch mit der Stellung der Anwaltschaft als Organ der Rechtspflege gerechtfertigt werden, dass die über PKH finanzierten Klagen auch von der Anwaltschaft zu führen sind. Insofern begegnet § 48 BRAO isoliert wohl nicht den elementaren verfassungsrechtlichen Bedenken. Diese ergeben sich erst aus der Verbindung von § 48 BRAO i. V. m. den gedeckelten Vergütungsvorschriften der PKH[91], die völlig unangemessen sind.

Wenn aber für den Sozialhilfebedürftigen mangels eigener Mittel Sozialleistungen für Miete, Lebensunterhalt, Ernährung und Krankenvorsorge in voller Höhe erbracht werden, ist nicht nachvollziehbar, weshalb im Bereich der Justiz-Sozialhilfe der Rechtsanwalt das „geistige Brot" für die Armen nach einer gesonderten und unzumutbar beschränkten Gebührenliste erbringen soll[92]. Die regulären Gebühren erhält er schlichtweg nicht, trotz gleicher Arbeit und gleichen Haftungsrisiken wie bei einem bemittelten Mandant. Dies legt auch eine verfassungsrechtlich nicht gerechtfertigte Enteignung und unzulässigen Eingriff in die Erwerbsrechte nach Art. 14 GG nahe.

Mag also die Anwaltschaft wegen ihrer Stellung als Organ der Rechtspflege zur PKH verpflichtet werden. Wenn und solange sie aber Dienstleistungen erbringen muss, zu Sätzen, die nicht einmal im Ansatz ihre Kosten decken, ist die Grenze zur Verfassungswidrigkeit überschritten. Dies gilt um so mehr, als sich die Erbringung hoch qualifizierter Dienstleistungen praktisch zum Nulltarif in Verfahren mit hohen Streitwerten und enormem Haftungspotential gerade auf die Prozessanwälte der Insolvenzverwalter konzentriert. Qualität der anwaltlichen Arbeit kann niemals unabhängig von der Vergütung sein. Mehr noch: Die Freiheit, einen Beruf auszuüben, ist untrennbar verbunden mit der Freiheit, eine angemessene Vergütung zu fordern[93]. Gesetzliche Vergütungsregelungen sind daher am Maßstab des Art. 12 Abs. 1 GG zu messen[94]. Wirtschaftliche Erwägungen müssen bei der Erbringung der anwaltlichen Dienstleistungen im Insolvenzbereich damit nicht nur eine flankierende, sondern eine wesentliche Rolle spielen. Das Armenrecht, wie es der Gesetzgeber vor Augen hat, ist verfassungskonform auszulegen und auf die Tätigkeiten der Insolvenzverwalter und deren Prozessanwälte in massearmen bzw. masseunzulänglichen Verfahren daher nicht anwendbar, wie auch nachfolgende Überlegungen zeigen.

cc) Qualifikation des Prozessanwalts

Gerade in Anfechtungsprozessen von Insolvenzverwaltern, die den Schwerpunkt deren forensischer Tätigkeit darstellen, sind hoch spezialisierte Kenntnisse des Prozessanwalts erforderlich.

So führt der BGH[95] aus, dass das Insolvenzanfechtungsrecht unterschiedliche Tatbestandsvoraussetzungen im objektiven und subjektiven Bereich aufweise, deren Merkmale sich dem Gesetzeswortlaut nicht eindeutig entnehmen lassen und ein hoher rechtlicher Abstraktionsgrad und die Komplexität der gesetzlichen Regelungen für das Anfechtungsrecht kennzeichnend seien. Eine sachgerechte Bearbeitung einer Insolvenzanfechtungsklage erfordere daher eine intensive Befassung mit dem System des Insolvenzanfechtungsrechts und die Kenntnis der hierzu ergangenen

91 § 123 BRAGO; § 49 RVG.
92 Vgl. die Gebührendeckelungen gem. § 123 BRAGO; § 49 RVG.
93 BVerfG NJW 1993, 2861.
94 BVerfG NJW 1980, 2179; NJW 1985, 1385; NJW 1991, 555.
95 BGH, Beschl. v. 23.3.2006, Az. IX ZB 134/05.

höchstrichterlichen Rechtsprechung. Schon die nicht unerheblichen Haftungsrisiken und die oft nicht von vornherein abschätzbaren Beweisschwierigkeiten des grundsätzlich darlegungs- und beweispflichtigen Insolvenzverwalters ließen es auch im Parteiprozess durchweg als angezeigt erscheinen, einen Rechtsanwalt mit der Klageerhebung und Prozessführung zu beauftragen.

Wenn aber allein schon diese hoch komplexe und rechtlich hoch spezialisierte Anfechtungsmaterie die Einschaltung eines Rechtsanwalts nicht nur rechtfertigt, sondern auch erfordert, kann diesem aber eine derart geringe Vergütung nach PKH-Höchstsätzen keinesfalls zugemutet werden. Die Ablehnung des Mandats aus Gründen unzureichender Vergütung wäre eine nur allzu verständliche Rechtsverweigerung des auserwählten Prozessanwalts, insbesondere auch unter Berücksichtigung der Übernahme eines auch nach Auffassung des BGH äußerst haftungsträchtigen Mandats[96] zum Dumpingpreis. Hier droht dem Prozessanwalt möglicherweise sogar ein Verlust des Versicherungsschutzes, wenn die vereinnahmten Gebühren zum übernommenen Haftungsrisiko inadäquat sind. Er ist unter Umständen bei erhöhten Risiken sogar gehalten, für risikoträchtige Einzelfälle mit hohem Streitwert eine gesonderte Haftpflichtversicherung abzuschließen. Doch wird eine derartige Prämienzahlung nicht einmal im Ansatz von der begrenzten PKH-Gebühr gedeckt. Auch gem. § 49b Abs. 3 S. 3 BRAO hat die Honorierung der Leistungen eines Rechtsanwalts der Verantwortlichkeit sowie dem Haftungsrisiko Rechnung zu tragen. Ähnlich formuliert § 4 Abs. 2 S. 3 RVG, wonach vereinbarte Vergütungen in einem angemessenen Verhältnis zu Leistung, Verantwortung und Haftungsrisiko des Anwalts stehen müssen. Davon kann bei der normierten Gebührendeckelung gerade im Insolvenz- sowie Handels- und Gesellschaftsrecht nicht mehr die Rede sein.

Solange es gefestigte BGH-Rechtsprechung ist[97], dass der Verwalter zur Erledigung „besonderer Aufgaben" für die Masse Dienst- oder Werkverträge abschließen[98] und eine angemessene Vergütung aus der Masse zahlen kann[99], muss der Insolvenzverwalter nach Möglichkeiten für eine angemessene Vergütung der zu beauftragenden Prozessanwälte in den zu erhebenden Klageverfahren suchen. Denn die Prüfung hochkomplizierten Insolvenz-, Handels- und Gesellschaftsrechts, aus dem sich sehr komplexe Ansprüche ergeben, die von hoch qualifizierten Anwaltsspezialisten zugunsten der Masse und damit zugunsten der Gläubiger durchgesetzt werden müssen, kann und darf es nicht zum Nulltarif geben.

96 BGH, Beschl. v. 23.3.2006, Az. IX ZB 134/05.
97 BGH, Beschl. v. 23.3.2006, Az. IX ZB 134/05; BGH, Beschl. v. 11.11.2004, Az. IX ZB 48/04; BGHZ 139, 309f.; BGHZ 160, 176, 182f.
98 So stellt der BGH klar, dass im Anwendungsbereich des § 121 Abs. 2 ZPO der Maßstab des § 5 Abs. 1 InsVV gilt. Nach der Rechtsprechung des IX. Zivilsenats gilt aber auch für § 5 InsVV, dass ein Verwalter, auch wenn er selbst Volljurist ist, Aufgaben, die ein Insolvenzverwalter ohne volljuristische Ausbildung im Allgemeinen nicht lösen kann, auf einen Rechtsanwalt übertragen kann, also auch die Erteilung eines Klageauftrages, vgl. BGH v. 23.3.2006, Az. IX ZB 134/05; BGH ZIP 2005, 36, 37; BGHZ 139, 309, 313f.; BGHZ 160, 176, 182f.
99 § 4 Abs. 1 S. 3 InsVV.

dd) Haftungsproblematik und Erfolgshonorar

Die Gewährung der gesetzlichen Vergütung ist insbesondere auch deshalb sicherzustellen, da sich der Insolvenzverwalter gegenüber dem Prozessanwalt nach §§ 55, 61 InsO schadensersatzpflichtig machen würde, wenn er den Anwalt mit der Prozessführung bzw. Klageerhebung beauftragen, dieser aber, bis auf die über PKH bewilligten Gebühren, am Ende leer ausgehen würde[100]. Letztendlich wäre der Insolvenzverwalter durch diese missliche Situation gezwungen, entweder keinen Rechtsanwalt beauftragen zu können mit der Folge, entgegen der neuen Ordnungsfunktion des Insolvenzrechts, die Klage nicht führen zu können oder den Rechtsanwalt auf die PKH-Gebühren verweisen zu müssen, für die er aber gerade in Verbindung mit dem bestehenden Haftungspotential der schwierigen Rechtsmaterie hoch qualifizierte Spezialisten nicht finden wird.

Der Prozessanwalt muss letztendlich den Prozess führen, allein in der Hoffnung, diesen auch zu gewinnen und nur im Obsiegensfalle seine Kosten vom Gegner auch erstattet zu bekommen. Er würde seine Vergütung in massearmen und/oder PKH-geführten Klageverfahren somit nur im Falle eines erfolgreichen Prozesses und einer erfolgreichen Vollstreckung seiner Kosten erhalten. Die Übernahme dieser Risiken ist für den Prozessanwalt unzumutbar.

Zum einen muss der Prozess erst einmal gewonnen werden. Gerade bei den hoch komplizierten Materien des Insolvenz-, Handels- und Gesellschaftsrechts, die zum Großteil miteinander eng verzahnt sind, und der damit verbundenen Unsicherheit vor Gericht[101], ist eine Obsiegensgewissheit praktisch nie gegeben. Hinzu kommt für den Fall des Obsiegens das weitere Risiko der Vollstreckbarkeit des Kostentitels. Unterstellt, dass der Prozess sowohl gewonnen als auch die Gebühren vom Gegner tatsächlich erfolgreich vollstreckt wurden, lässt diese Argumentation den Zeitraum bis zur Liquidierung der Gebühren völlig außer Betracht. Seine Gebühren könnte der Prozessanwalt erst nach Jahren, hier frühestens nach Abschluss des möglicherweise über mehrere Instanzen geführten Verfahrens[102] bzw. erst nach dem sich anschließenden Kostenfestsetzungsverfahrens, was sich als selbständiges Verfahren dem Hauptverfahren anschließt und in der Regel auch mehrere Monate dauern kann, geltend machen. Eine sich aus dem Kostenfestsetzungsbeschluss eventuell durch Rechtsmitteleinlegung und sich anschließende Zwangsvollstreckung ergebende weitere Verzögerung in der eigentlichen Liquidation seiner Gebühren muss der Prozessanwalt zusätzlich einkalkulieren.

Die Kreditierung der angefallenen Gebühren über Jahre, dazu noch zinslos, schafft jedoch unbillige Liquiditätslücken, die im Falle der Realisierung des Ausfall- bzw. Insolvenzrisikos des Gegners im Obsiegensfalle, als auch im Unterliegensfalle nicht geschlossen werden. Der Prozessanwalt kann seine offenen Vergütungsan-

---

100 So auch BAG ZIP 2003, 1947, 1948f.; der Ansicht des BAG ausdrücklich folgend BGH v. 23.3.2006, Az. IX ZB 134/05.

101 Die alte Weisheit „Vor Gericht und auf hoher See befindet man sich in Gottes Hand“, vgl. Teubners satirisches Rechtswörterbuch, Stichwort: „Gericht“, ist leider immer noch Realität, in der heutigen Zeit aber mit dem Zusatz zu ergänzen „wobei die hohe See zwischenzeitlich relativ sicher geworden ist.“

102 Soweit im Erfolgsfalle der Gegner in Berufung geht, müsste der Prozessanwalt erneut für insgesamt € 782,00 für den Insolvenzverwalter tätig werden, also praktisch erneut umsonst, was zu unerträglichen Ergebnissen führt, vgl. auch Fn. 81.

sprüche zwar als Massegläubiger gegenüber dem Insolvenzverwalter bzw. bei verbleibender Masseunzulänglichkeit als Schadensersatz geltend machen. Diese Möglichkeit der Gebührenrealisierung ist jedoch nur theoretischer Natur, da eine derartige Verfolgung der Vergütungsansprüche gegen den Insolvenzverwalter das Ende der Zusammenarbeit bedeuten würde. Die Vergütung des Prozessanwalts hängt somit allein vom Klageerfolg und einer erfolgreichen Vollstreckung der Kosten beim Gegner ab.

In der Folge handelt es sich bei den über den PKH-Sätzen liegenden Vergütungsansprüchen eines Prozessanwalts, der einen Insolvenzverwalter in einem masseunzulänglichen Verfahren vertritt, durch die Aufbürdung des Ausfallrisikos um ein reines Erfolgshonorar, welches jedoch gem. § 49b Abs. 2 BRAO unzulässig und jedem anderen Anwalt verboten ist[103]. Mit Liquidierung der weit unter den gesetzlichen Gebühren liegenden PKH-Gebühren liegt auch eine Unterschreitung der gesetzlichen Gebühren vor, die dem Prozessanwalt gleichfalls verboten ist[104].

Letztendlich wäre der Verwalter wohl gezwungen, die mit dem Ziel der Masseanreicherung zu führenden Prozesse, hier die von der (bewilligten) PKH nicht gedeckten Anwaltskosten, aus privaten Mitteln zu finanzieren. Aber auch diese Lösung hätte zum einen eine unzulässige Vermischung des privaten Vermögens des Verwalters mit dem Insolvenzverfahren zur Folge und würde zum anderen dem eindeutigen Zweck des § 116 Satz 1 Nr. 1 ZPO widersprechen[105]. Denn gerade der Rechtsverfolgung durch Insolvenzverwalter mit dem Ziel der Masseanreicherung hat der Gesetzgeber ein eigenständiges, schutzwürdiges öffentliches Interesse beigemessen[106]. Dieses kann jedoch durch die Regelungen der PKH im Ergebnis nicht realisiert werden.

Auch die Ergänzung des § 49b Abs. 2 BRAO[107] durch das am 1.7.2004 in Kraft getretene KostRMoG, die in der Praxis noch wenig Beachtung gefunden hat, hilft dem Prozessanwalt des Insolvenzverwalters nicht weiter. Nach der amtlichen Begründung soll diese Ergänzung prinzipiell nur eine Klarstellung der bisherigen Gesetzeslage bedeuten[108]. Das grundsätzliche Verbot des Erfolgshonorars oder der quota litis wird nicht angetastet, wie man bei einem ersten flüchtigen Blick meinen könnte (lässt sich der Anwalt für den Erfolgsfall oder einen bestimmten Ausgang das Mehrfache der gesetzlichen Gebühren versprechen, ist die Sache nicht ruchbar). Wörtlich heißt es in der Begründung der Neuregelung[109]: „Soweit der Gesetzgeber für die Anwaltsgebühren im RVG-E Erfolgskomponenten vorsieht, sollen auch Vereinbarungen zulässig sein. Eine solche erfolgsbezogene Gebühr ist die Nummer 1000 VV RVG-E vorgesehene Einigungsgebühr. Nach der vorgeschlagenen Änderung soll es z. B. zulässig sein, eine höhere als die gesetzlich vorgesehene Einigungsgebühr zu

---

103 § 49b Abs. 2 S. 1 BRAO lautet: *„Vereinbarungen, durch die eine Vergütung oder ihre Höhe vom Ausgang der Sache oder vom Erfolg der anwaltlichen Tätigkeit abhängig gemacht wird (Erfolgshonorar) oder nach denen der Rechtsanwalt einen Teil des erstrittenen Betrages als Honorar erhält (quota litis), sind unzulässig."*

104 Vgl. § 49b Abs. 1 S. 1 BRAO i. V. m. § 4 Abs. 2 RVG.

105 BGH v. 18.9.2003, Az. IX ZB 460/02; BGH v. 23.3.2006, Az. IX ZB 134/05.

106 BGH v. 27.9.1990, Az. IX ZR 250/89, ZIP 1990, 1490, 1491 m. Anm. *Merz* EWiR 1990, 1243 f.; BGH v. 18.9.2003, Az. IX ZB 460/02, ZIP 2003, 2036; BGH v. 6.3.2006, Az. II ZB 11/05.

107 § 49b Abs. 2 BRAO wurde um folgenden Satz 2 ergänzt: *„Ein Erfolgshonorar im Sinne des Satzes 1 liegt nicht vor, wenn nur die Erhöhung von gesetzlichen Gebühren vereinbart wird."*

108 Amtl. Begr., BT-Drucks. 15/1971 v. 11.11.2003, S. 232.

109 Amtl. Begr., BT-Drucks. a. a. O.

vereinbaren." Mit anderen Worten: War es bereits in der Vergangenheit zulässig, dass sich der Anwalt ohne Erfolgsbezogenheit ein höheres als das gesetzliche Honorar versprechen ließ, z.B. das Doppelte der anfallenden Gebühren oder einen die gesetzlichen Gebühren übersteigenden Pauschbetrag (das alles war und ist auch heute zulässig), darf er jetzt ausdrücklich für den Fall eines bestimmten Erfolges bzw. Ausgangs, eben einer Einigung, ein Mehrfaches der Einigungsgebühr vereinbaren. Insofern trat mit der Neuregelung eine gewisse Lockerung des ansonsten weiterhin zu beachtenden Verbots ein. Aber selbst diese Erleichterung einer Gebührenerhöhung, abhängig vom Eintritt eines Erfolges, kann der Prozessanwalt des Insolvenzverwalters gerade nicht in Anspruch nehmen. Ist es doch letztendlich die Masse, die von dieser zusätzlichen Gebühr geschmälert wird. Auch geht es bei dieser gesetzlichen Möglichkeit um eine zusätzliche Erhöhung der gesetzlichen Gebühren, nicht aber um das Problem des Prozessanwalts des Insolvenzverwalters, überhaupt erst einmal die ihm gesetzlich zustehenden einfachen gesetzlichen Gebühren zu liquidieren.

ee) Zwischenergebnis

Es sprechen daher gewichtige Gründe für den Insolvenzverwalter, allein schon aus Gründen der gesetzlichen Gebührenbeschränkung PKH ab einem Streitwert von € 30.000,00 gar nicht erst beantragen zu müssen, sondern direkt gewerbliche Prozessfinanzierung in Anspruch nehmen zu können. Letztere sollten daher ihre Mindeststreitwerte von regelmäßig € 50.000,00 bei Insolvenzverwaltern auf € 30.000,00 reduzieren. Unterhalb dieser Streitwertgrenze dürfte die Quotenerhöhung für die Gläubiger aufgrund vorrangiger Massekosten auch derart minimal sein, dass eine Zumutbarkeit zur Übernahme der Prozesskosten gar nicht erst in Betracht kommt, dann aber wiederum PKH bewilligt werden wird[110].

Ab einem Streitwert von € 30.000,00 hat die Beantragung von PKH durch den Insolvenzverwalter allein schon deshalb zu unterbleiben, da dem beizuordnenden Prozessanwalt weder eine verfassungsrechtlich bedenkliche Gebührendeckelung zumutbar ist, noch eine zeitliche Kreditierung zur Erlangung der restlichen gesetzlichen Gebühren, noch die Übernahme des Obsiegens- und Ausfallrisikos, da sich sein Gebührenanspruch damit einerseits in ein unzulässiges Erfolgshonorar umwandelt und andererseits die liquidierten PKH-Gebühren eine unzulässige Unterschreitung der gesetzlichen Prozessgebühren darstellen. Soweit der Insolvenzverwalter bzw. sein Prozessanwalt verpflichtet sind, in masselosen bzw. masseunzulänglichen Verfahren Prozesse zu führen, haben sie einen Anspruch auf angemessene Vergütung und Auslagenerstattung außerhalb der PKH-Vergütungsvorschriften. Das komplexe und haftungsträchtige Insolvenzrecht, das nur mit hochqualifizierten Spezialisten durchgesetzt werden kann, kann es nicht zum Nulltarif geben und schon gar nicht mit Hilfe unzulässiger Erfolgshonorare und Gebührenunterschreitungen, auch wenn man die Schadensersatzansprüche gegen den Verwalter in der Praxis zu Recht als kaum realisierbar einordnet.

---

110 BGH ZInsO 2003, 941.

c) Risiken des § 204 Abs. 1 Nr. 14 BGB bei der Inanspruchnahme von Prozesskostenhilfe

aa) Problemstellung

Neben der für den Insolvenzverwalter bzw. seinem Prozessanwalt unzumutbaren Reduzierung seiner Vergütung und der unangemessenen Aufbürdung des Unterliegens- und Vollstreckungsrisikos, ergibt sich im Rahmen des PKH-Verfahrens ein weiteres Risiko für ihn, hier das der eingetretenen Verjährung der einzuklagenden Ansprüche trotz rechtzeitigem Einreichen des PKH-Antrages vor Ablauf der Verjährungsfrist. Dieses Haftungsrisiko des Insolvenzverwalters bzw. seines Prozessanwalts realisiert sich ohne sein Zutun bereits dann, wenn die Gegenseite an dem PKH-Verfahren entgegen § 204 Abs. 1 Nr. 14 BGB nicht beteiligt wurde, weil das Gericht über den PKH-Antrag a limine entscheiden, dadurch aber die Hemmung der Verjährung nicht eintreten konnte.

Seit Inkrafttreten des Schuldrechtsmodernisierungsgesetzes am 1.1.2002 wird gem. § 204 Abs. 1 Nr. 14 BGB die Verjährung aber nur durch die „Veranlassung der Bekanntgabe des erstmaligen Antrages auf Gewährung von Prozesskostenhilfe" gehemmt[111]. Diese nunmehr schon über fünf Jahre alte Vorschrift ist offensichtlich sowohl Insolvenzverwaltern, deren Prozessanwälten als auch Gerichten noch wenig geläufig. Es ist nach wie vor die irrige Auffassung verbreitet, dass, wie bisher nach altem Recht, allein die Einreichung des PKH-Antrages ausreicht, um die Verjährung zu hemmen. Soweit im Laufe des anhängigen PKH-Verfahrens Verjährungsablauf droht, wären die Ansprüche, die zur Masse gezogen werden sollen, aber nach dem neuen Gesetzeswortlaut bei Nichtbekanntgabe des PKH-Antrages an die Gegenseite verjährt, die Klage mithin wenig Erfolg versprechend.

Daher häufen sich in der Praxis Fälle, in denen ordnungsgemäße PKH-Anträge der Gegenseite vom Gericht nicht bekannt gemacht werden, meist, weil bereits nach zum Teil zeitintensiver Prüfung die Bedürftigkeit des Insolvenzverwalters verneint oder die Zumutbarkeit für die Gläubiger zur Übernahme der Prozesskosten durch die Gerichte bejaht wird und nach Ablehnung des PKH-Antrages durch Beschluss der Insolvenzverwalter bzw. sein Prozessanwalt feststellt, dass die vom Gesetzgeber zugunsten des Gläubigers geschaffene Hemmungswirkung durch die offensichtlich aus Unwissenheit unterlassene Bekanntgabe des PKH-Antrages an die Gegenseite gar nicht eingetreten ist und seine Ansprüche zwischenzeitlich verjährt sind. Der Insolvenzverwalter wird spätestens dann mit diesem Problem konfrontiert, wenn der Schuldner im Hauptsacheverfahren die Verjährungseinrede erhebt.

Beispielsfall aus der Praxis: In einem am 19.9.01 eröffneten Insolvenzverfahren verfolgte der Insolvenzverwalter Anfechtungsansprüche, die gem. § 146 InsO a.F. nach 2 Jahren, hier also mit Ablauf des 19.9.03, zu verjähren drohten. Aufgrund unzulänglicher Masse stellte der Insolvenzverwalter einen PKH-Antrag, der rechtzeitig am 20.6.03, also knapp drei Monate vor Verjährungsablauf, beim Landgericht einging, jedoch von diesem abgelehnt wurde. Die sofortige Beschwerde des Insolvenzverwalters hatte keinen Erfolg. Die Entscheidung des OLG ging dem Insolvenzverwalter am 18.2.05 zu. Weder das LG noch das OLG haben den PKH-Antrag der Gegenseite bekannt gemacht.

---

111 § 204 Abs. 1 Nr. 14 BGB lautet: *„Die Verjährung wird gehemmt durch die Veranlassung der Bekanntgabe des erstmaligen Antrags auf Gewährung von Prozesskostenhilfe; wird die Bekanntmachung demnächst nach der Einreichung des Antrags veranlasst, so tritt die Hemmung der Verjährung bereits mit der Einreichung ein."*

Nach altem Recht hätte bereits der eingereichte PKH-Antrag die Verjährung gehemmt, nach neuem Recht erst die Veranlassung der Bekanntgabe des PKH-Antrags durch das Gericht an die Gegenseite. Wäre dies ordnungsgemäß geschehen, hätte der PKH-Antrag den Verjährungslauf am 20.6.03 gehemmt, hier bis zur Beendigung des PKH-Verfahrens, also mit Zugang der OLG-Entscheidung am 18.2.05 und gem. § 204 Abs. 2 BGB um sechs weitere Monate, hier bis zum 18.8.5. Nach diesem Termin wäre dann die restliche Verjährung von drei Monaten weiter gelaufen (zeitliche Differenz zwischen Stellung PKH-Antrag 20.6.03 und Verjährungsablauf 19.9.03) und somit erst am 18.11.05 abgelaufen. Bis zu diesem Termin hätte der Insolvenzverwalter somit neun Monate Zeit gehabt (Zugang OLG-Entscheidung 18.2.05 bis Verjährungsablauf 18.11.05), sich um eine anderweitige Finanzierungsmöglichkeit zu kümmern. Durch die unterlassene Bekanntgabe des PKH-Antrags waren die Anfechtungsansprüche aber nach dem Gesetzeswortlaut bereits am 19.9.03 verjährt, also bereits 1½ Jahre vor der ablehnenden OLG-Entscheidung.

In einem derartigen Fall wäre dem klagenden Insolvenzverwalter damit geholfen, wenn die erforderliche „Veranlassung der Bekanntgabe" gem. § 204 Abs. 1 Nr. 14 BGB allein Aufgabe des Gerichts gewesen sei, die fehlerhaft erledigt wurde. Dagegen könnte sich das Gericht wiederum auf den Standpunkt stellen, dass die Bekanntgabe zwar tatsächlich unterblieben ist, es aber, wie in der Vergangenheit auch, der Bekanntgabe gem. § 118 ZPO gar nicht bedurft hätte, da der PKH-Antrag bereits auf der ersten Prüfungsstufe, hier der Bedürftigkeits- bzw. Zumutbarkeitsprüfung, im Ergebnis sowieso gescheitert wäre. Zudem hätte auch der Insolvenzverwalter selbst bzw. sein Prozessanwalt das Gericht nochmals zur Veranlassung der Bekanntgabe auffordern müssen.

Für den Insolvenzverwalter als Antragsteller ist die eingetretene Situation äußerst misslich. Selbst wenn er nach Zurückweisung des PKH-Antrages tatsächlich eine Finanzierungsmöglichkeit innerhalb des fälschlicherweise angenommenen Hemmungszeitraumes von sechs Monaten gem. § 204 Abs. 2 BGB finden sollte[112], hier beispielsweise einen finanzierungswilligen Gläubiger oder gewerblichen Prozessfinanzierer (das waren ja auch die Gründe der PKH-Versagung), sind seine Ansprüche aufgrund fehlender Hemmungswirkung zwischenzeitlich verjährt. Im obigen Beispielsfall hat der Insolvenzverwalter einen Prozessfinanzierer gefunden und die Zivilklage rechtshängig gemacht. Nachdem sich die Beklagte, wie erwartet, auf Verjährung beruft, hat auch das LG Hamburg zu Lasten des Verwalters Verjährung angenommen[113], was vom OLG Hamburg bestätigt wurde[114], obwohl es doch gerade dieselbe Kammer bzw. derselbe Senat war, die die Bekanntgabe des PKH-Antrages an die Beklagte im vorgeschalteten PKH-Verfahren versäumt haben. Nachdem wegen dieser grundsätzlichen Rechtsfrage die Revision zugelassen wurde, bleibt abzuwarten, wie der BGH hierüber entscheidet[115].

Untersucht wird daher, ob sich der Gegner nur wegen diesem vom Gesetzgeber nicht gesehenen Widerspruch tatsächlich zu Lasten des Verwalters erfolgreich auf Verjährung berufen kann. Es wird entgegen OLG Hamburg versucht, zu einem sinnvollen und praktikablen Ergebnis zu gelangen, d.h. trotz zu Unrecht nicht erfolgter Veranlassung der Bekanntgabe des PKH-Antrages an den Schuldner den Eintritt der Hemmungswirkung zugunsten des Insolvenzverwalters dennoch zu bejahen, um diesen nicht auf den steinigen Weg einer Anwalts- oder Amtshaftung verweisen zu müssen.

Dies ist auch i.S.d. erstinstanzlichen Gerichte, die in Unkenntnis dieser Rechtsfolgen den PKH-Antrag der Gegenseite nicht bekannt machen. Denn über die Frage der Verjährung im Hauptver-

---

112 § 204 Abs. 2 S. 1 BGB lautet: *„Die Hemmung nach Absatz 1 endet sechs Monate nach der rechtskräftigen Entscheidung oder anderweitigen Beendigung des eingeleiteten Verfahrens."*
113 LG Hamburg v. 24.3.2006, Az. 320 O 16/03.
114 OLG Hamburg v. 5.10.2006, Az. 6 U 91/06 (unveröffentlicht, vgl. Abdruck im Anhang 3).
115 Revision ist beim BGH anhängig unter Az. IX ZR 195/06.

fahren muss nunmehr derselbe Spruchkörper entscheiden, der das PKH-Gesuch des Verwalters (im Ergebnis vielleicht auch durchaus zu Recht) abgelehnt, aber den PKH-Antrag dem Schuldner eben grundlos (und damit zu Unrecht) nicht bekannt gemacht und dem Insolvenzverwalter damit die Hemmungswirkung seines PKH-Gesuchs genommen hat.

In diesem Spannungsverhältnis zwischen PKH-Verfahren und Hauptsacheverfahren muss dieses Gericht nun argumentativ über diesen von ihm selbst geschaffenen Widerspruch und möglicherweise im Raum stehenden Amtshaftungsanspruch im anhängigen Klageverfahren hinwegkommen. Der Insolvenzverwalter muss den Verjährungseinwand des Schuldners vernichten, um Haftungsansprüchen zu entgehen.

bb) Das PKH-Verfahren allgemein

(1) Rechtslage vor der Schuldrechtsreform

Nach dem bisher geltenden Recht war gesetzlich nicht geregelt, wie sich der Antrag auf Prozesskostenhilfe für die Klage zur Geltendmachung eines Anspruchs auf dessen Verjährung auswirkt. Nach der Rechtsprechung hemmte der PKH-Antrag nach § 203 Abs. 2 BGB a.F. die Verjährung, wenn er rechtzeitig – letzter Tag genügte – vor Ablauf der Verjährung gestellt wurde[116]. Allerdings musste der Antrag ordnungsgemäß begründet und vollständig sein[117]. Die erforderlichen Unterlagen mussten beigefügt[118] und der Antragsteller zumindest subjektiv der Ansicht sein, er sei bedürftig[119]. Die Herleitung der Hemmungswirkung durch einen PKH-Antrag aus dem § 203 Abs. 2 BGB a.F. folgerte man insbesondere daraus, dass die Unfähigkeit, die erforderlichen Vorschüsse zu leisten, als höhere Gewalt angesehen wurde, die auch durch zumutbare Maßnahmen nicht überwunden werden konnte[120]. Ein rechtsmissbräuchlicher PKH-Antrag entfaltete also auch nach alter Rechtslage keine Hemmungswirkung. Bisher trat somit die Hemmungswirkung bereits mit Einreichung des PKH-Antrags ein, ohne dass es auf eine Beteiligung des Schuldners am Verfahren ankam. Dies begegnete immer schon Bedenken, weil grundsätzlich nur solche Rechtsverfolgungsmaßnahmen verjährungsrechtliche Wirkung entfalten, die dem Schuldner bekannt werden[121].

(2) Rechtslage nach der Schuldrechtsreform

Diese Schwäche der bisherigen Rechtslage erkennend, dass der Schuldner keine Kenntnis von der Hemmung erlangt, stellt § 204 Abs. 1 Nr. 14 BGB jetzt für den Hemmungsbeginn nicht auf die Einreichung, sondern auf die „Veranlassung der Bekanntgabe“ des PKH-Antrages ab. Eine Zustellung als förmliche Art der Bekanntgabe kam nicht in Betracht, da sie zivilprozessual nicht vorgeschrieben ist. In Entsprechung zu § 270 Abs. 3 ZPO a.F. bzw. § 167 ZPO n.F., die mangels Zustellung jeweils keine Anwendung fanden bzw. finden, sieht § 204 Abs. 1 Nr. 14 HS 2 BGB nunmehr ausdrücklich den Beginn der Verjährungshemmung schon im Zeitpunkt der Einreichung des PKH-Antrages vor, sofern die Bekanntgabe des Antrages „demnächst“ nach Einreichung des Antrags veranlasst wird. Die neue Regelung der „Veranlassung der Bekanntgabe“ nimmt aber weder auf die schützenswerten Interessen des Schuldners, noch auf die des Gläubigers Rücksicht.

---

116 BGHZ 70, 235; *Mansel/Budzikiewicz*, BGB-AnwaltKomm, § 204 Rn. 106.
117 BGHZ 70, 235, 237; BGH, NJW 1989, 3149; OLG Brandenburg, NJW-RR 1999, 1296; OLG Hamm, NJW-RR 1999, 1678.
118 BGH, VersR 1985, 287.
119 BGH, VersR 1982, 41; OLG Düsseldorf, WM 1998, 1628.
120 MüKo-BGB-*Grothe*, Bd. 1 a, § 204 Rn. 58; BT-Drucks. 14/6040, 116.
121 BT-Drucks. 14/6040, S. 114.

(a) Schuldnerschutz

Was die Interessen des Schuldners betrifft, so richten sie sich in erster Linie darauf, vor den Nachteilen geschützt zu werden, die der Ablauf von Zeit bei der Abwehr unbegründeter Ansprüche mit sich bringt. Der Schuldner kann Belege und Beweismittel nur zeitlich begrenzt aufbewahren. In Beweisnot kann er durch Zeitablauf auch deshalb geraten, weil Zeugen nicht mehr namhaft gemacht werden können oder sich an die streitigen Vorgänge nicht mehr genau zu erinnern vermögen. Das Verjährungsrecht soll den Schuldner nicht nur vor der Gefahr einer Beweisnot durch Zeitablauf schützen, sondern auch vor der ihn zum Teil hart treffenden Situation, trotz Ablaufs einer langen Zeit berechtigte Ansprüche noch erfüllen zu müssen. Daher steht dem Schuldner die Verjährungseinrede zur Seite, die ihn vor den soeben genannten Gefahren schützen soll. Wenn jedoch der Gläubiger Rechtshandlungen vornimmt, um den Lauf der Verjährung anzuhalten, bedarf der Schuldner einer diesbezüglichen Warnung. Ihm ist daher der PKH-Antrag, der die Verjährung hemmen soll, bekannt zu machen.

Nur auf die Bekanntgabe des PKH-Antrages allein, wie es der Regierungsentwurf noch vorsah[122], konnte der Gesetzgeber nicht abstellen, weil eine Bekanntgabe durch förmliche Zustellung von § 15a EGZPO nicht vorgeschrieben ist und so auch eine formlose Bekanntgabe, insbesondere durch einfachen Brief möglich ist. In diesen Fällen wiederum ist zu besorgen, dass der Schuldner bestreitet, den Brief erhalten zu haben, was in der Praxis kaum zu widerlegen ist und die Hemmungsregelung untauglich werden ließe[123]. Daher erschien es dem Gesetzgeber sachgerecht, auf das – aktenmäßig nachprüfbare – Vorgehen des Gerichts, hier die Veranlassung der Bekanntgabe des PKH-Antrages (z.B. Aufgabe des an den Schuldner adressierten Briefes mit PKH-Antrag zur Post) abzustellen[124].

Im Ergebnis kann aber mit diesem zusätzlich geschaffenen Tatbestand der „Veranlassung“ auch weiterhin in rechtsstaatlich bedenklicher Weise eine Verjährungshemmung ohne Verfahrenskenntnis des Schuldners eintreten[125]. Der vom Gesetzgeber ursprünglich geschaffene Schuldnerschutz durch Einführung der „Bekanntgabe“ wird mit dieser zusätzlichen Regelung des Abstellens auf die „Veranlassung“ praktisch wieder beseitigt.

(b) Gläubigerschutz

Nach dem Sinn und Zweck der Verjährung muss der Gläubiger die Möglichkeit haben, die Verjährung durch Geltendmachung des Anspruches zu verhindern[126]. Der Gläubiger soll nach Auffassung des Gesetzgebers durch die neuen Hemmungsregelungen des § 204 BGB davor geschützt werden, dass sein Anspruch verjährt, nachdem er ein förmliches Verfahren mit dem Ziel der Durchsetzung seines Anspruchs eingeleitet hat[127].

---

122 BT-Drucks. 14/6040, 116.
123 BT-Drucks. 14/7052, 181.
124 BT-Drucks. 14/7052, 181.
125 *Mansel/Budzikiewicz,* Das neue Verjährungsrecht, § 8 Rn. 50 a.E.
126 Palandt-*Heinrichs,* § 204 Rn. 1.
127 BT-Drucks. 14/ 6040, 112.

(c) Zwischenergebnis

Da die neue Regelung des § 204 BGB weder die Schuldnerinteressen ausreichend schützt, weil auch ohne Kenntnis des Schuldners Hemmungswirkung eintreten kann, noch die Interessen des Gläubigers, weil das Gericht die Bekanntgabe zu Unrecht nicht veranlassen und den Gläubiger damit um die Hemmungswirkung bringen kann, hätte es der Gesetzgeber theoretisch bei der ursprünglichen Rechtslage belassen können, wonach allein die fristgerechte Einreichung des PKH-Antrags die Verjährung hemmt. Ob ein Missbrauch dieses Antrages vorliegt, hätte das Gericht dann wie bisher im Klageverfahren prüfen können, soweit der Verjährungseinwand durch den Schuldner erhoben worden wäre.

(d) Vorschlag an den Gesetzgeber

In der Tat bevorzugt die alte Rechtsprechung damit ausschließlich den Gläubiger, wenn bereits die Einreichung des PKH-Gesuchs die Hemmung bewirkt. Nach jetziger Rechtslage wird jedoch der Gläubiger nur unzureichend geschützt. Daher besteht Anlass für den Gesetzgeber tätig zu werden, hier den Fall zu regeln, wenn die Veranlassung der Bekanntgabe durch das Gericht zu Unrecht unterbleibt, also die fehlende Veranlassung der Bekanntgabe auch vom Gläubiger nicht zu vertreten ist, es sich somit nicht um missbräuchliche oder um von vornherein aussichtslose PKH-Gesuche handelt oder nicht um solche, bei denen zugleich der Antrag auf Erlass eines Arrestes, einer einstweiligen Verfügung oder einer einstweiligen Anordnung gestellt wird, bei denen die Hemmung bereits durch die Nr. 9 des § 204 Abs. 1 BGB sichergestellt ist. Für einen derartigen Fall müsste zugunsten des Gläubigers eine Hemmungswirkung normiert werden. Denkbar wäre aber auch, eine Änderung des § 118 Abs. 1 S. 1 ZPO dergestalt vorzunehmen, eine Übersendung des PKH-Antrages an den Gegner nicht nur, wie derzeit geregelt, allein für den Fall einer beabsichtigten Bewilligung von PKH im Rahmen der Gewährung des rechtlichen Gehörs vorzusehen, sondern generell eine Bekanntgabe des PKH-Antrages durch das Gericht an den Gegner zu normieren.

cc) Lösungsvorschläge nach derzeitiger Rechtslage

Solange aber der Gesetzgeber nicht reagiert, bedarf es Lösungen für die Fälle zu Unrecht unterlassener Bekanntgabe von PKH-Anträgen. Diese Lösungsvorschläge richten sich danach, in welchem Stadium sich das PKH-Verfahren gerade befindet.

(1) PKH-Gesuch abgelehnt, PKH-Verfahren beendet

Soweit vom Gericht beabsichtigt ist, PKH zu bewilligen, wird es in aller Regel wie bisher gem. § 118 Abs. 1 S. 1 ZPO das PKH-Gesuch dem Gegner bekannt machen. Daher dürften die Fälle unterlassener Bekanntmachung trotz beabsichtigter PKH-Gewährung in der Praxis so gut wie ausgeschlossen und daher eher theoretischer Natur sein. Beleuchtet werden daher die Fälle abgelehnter PKH-Gesuche. Sollte die in § 204 Abs. 2 BGB geregelte Hemmungsfrist von sechs Monaten nach Verfahrensbeendigung abgelaufen und auch die Ansprüche des Gläubigers bereits verjährt sein, macht weder ein erneuter PKH-Antrag noch eine Klageerhebung Sinn.

Soweit die Ansprüche während oder nach Ablauf der 6-Monatsfrist noch nicht verjährt sein sollten, ist ein neuer PKH-Antrag zu stellen. Dieser ist auch zulässig, da die vorhergehende PKH-Entscheidung nicht in Rechtskraft erwächst. Auch soll gem. § 204 Abs. 1 Nr. 14 BGB nur der erstmalige PKH-Antrag die Verjährung hemmen. Die Verjährung wird aber wiederum nur dann gehemmt, wenn der Antrag dem Schuldner bekannt gegeben wurde. § 204 Abs. 1 Nr. 14 BGB meint mit „erstmaligen Antrag" daher nicht den ersten gestellten Antrag, sondern den ersten Antrag, dessen Bekanntgabe veranlasst wurde[128]. Im hier vorliegenden Fall der fehlenden Bekanntmachung des ersten PKH-Antrages wäre dann der zweite PKH-Antrag ein erstmaliger im Sinne des § 204 Abs. 1 Nr. 14 BGB, wenn der zweite PKH-Antrag dem Schuldner bekannt gemacht wird[129], wobei im Zeitpunkt der Einreichung des zweiten PKH-Antrags die Ansprüche selbst noch nicht verjährt sein dürfen.

Die praxisrelevanten und strittigen Fälle sind jedoch die, und um diese soll es hier primär in den nachfolgenden Ausführungen gehen, in denen im Anschluss an eine ablehnende PKH-Entscheidung innerhalb der (vermeintlich) laufenden Hemmungsfrist von 6 Monaten überlegt wird, Klage zu erheben, die Ansprüche zwischenzeitlich aber verjährt wären und nach der neuen Gesetzeslage auch verjährt bleiben, da gem. § 204 Abs. 1 Nr. 14 BGB die Hemmungswirkung mangels Veranlassung der Bekanntgabe gerade nicht eingetreten ist.

Hier gilt es nun, eine für den Insolvenzverwalter praktikable und praxisnahe Lösung zu finden, um den Fehler der zu Unrecht unterlassenen Bekanntgabe zu heilen. Die Lösung des Problems kann und darf nicht in einer möglichen Anwalts- oder sogar Amtshaftung liegen, sondern muss im Bereich einer erweiterten Auslegung des § 204 Abs. 1 Nr. 14 BGB gefunden werden, um im Ergebnis zugunsten des Insolvenzverwalters als Gläubiger die Hemmungswirkung zu fingieren und damit den Verjährungseinwand des Schuldners zu entkräften. Der Schuldner darf von derartigen und ungewollten Versäumnissen der Parteien des PKH-Verfahrens, hier dem Antragsteller des PKH-Gesuchs und dem Gericht als Bewilligungsstelle[130], nicht profitieren.

(a) Anwaltshaftung

Soweit der Insolvenzverwalter bzw. Antragsteller des PKH-Gesuchs anwaltlich vertreten ist, muss der Prozessanwalt § 204 Abs. 1 Nr. 14 BGB kennen und damit auch die inhaltlichen Voraussetzungen für den Eintritt der Hemmungswirkung, hier die erforderliche „Veranlassung der Bekanntgabe". Darüber hinaus hat der Rechtsanwalt die allgemeine Vertragspflicht, seinen Auftraggeber vor Schäden zu bewahren, die er – der Rechtsanwalt – voraussehen und verhindern kann[131]. Diese vertragliche Pflicht verlangt z.B. vom Rechtsanwalt einer gerichtlichen Fehlent-

128 *Mansel/Budzikiewicz*, BGB-AnwKomm, § 204 Rn. 108.
129 Staudinger-*Peters*, § 204 Rn. 117; Palandt-*Heinrichs*, § 204 Rn. 32; MüKo-BGB-*Grothe*, Bd. 1 a, § 204 Rn. 60; Bamberger/Roth-*Henrich*, BGB Bd. 1, § 204 Rn. 46.
130 BGHZ 89, 56; OLG Düsseldorf, FamRZ 1984, 388.
131 BGH, NJW 1996, 2648, 2649.

scheidung entgegenzuwirken[132]. Eine schuldhafte Verletzung dieser Pflicht erhöht, wenn sie nicht rechtzeitig behoben wird, das Risiko eines gerichtlichen Irrtums oder Versehens und wird für eine darauf beruhende Fehlentscheidung mitursächlich, so dass der daraus folgende Schaden des Mandanten dem Rechtsanwalt – auch nach dem Schutzzweck der verletzten Vertragspflicht – zuzurechnen ist[133].

Als weitere Konkretisierung ist die Pflicht des Rechtsanwalts, einem Rechtsverlust des Mandanten durch geeignete Maßnahmen entgegenzuwirken, zu benennen[134]. Daher müsste der Rechtsanwalt in den hier besprochenen Fällen darauf achten, dass das von ihm für seinen Mandanten eingereichte PKH-Gesuch auch der Gegenseite bekannt gemacht wird, um den Eintritt der Verjährungshemmung sicherzustellen. Wenn er dabei bemerkt, dass eine Veranlassung der Bekanntgabe noch nicht erfolgt ist[135], muss er daher das Gericht zunächst auch formlos um die Veranlassung der Bekanntgabe bitten oder zusätzlich einen gesonderten Antrag stellen, den PKH-Antrag der Gegenseite bekannt zu machen. Aufgrund der neuen Rechtslage besteht für den Rechtsanwalt durchaus Anlass, an einer ordnungsgemäßen Veranlassung der Bekanntgabe durch das Gericht zu zweifeln mit der Folge, noch weitere Maßnahmen – Rückfragen oder Anträge – zu ergreifen. So wäre auch denkbar, dass der Anwalt aufgrund der unsicheren Rechtslage die Hemmung möglicherweise auch noch durch andere Maßnahmen des § 204 Abs. 1 BGB herbeiführen müsste, z. B. durch Zustellung einer Klage oder eines kostengünstigeren Mahnbescheids aus eigenen Mitteln.

Will man bei grundlos unterlassener Veranlassung der Bekanntgabe des PKH-Antrages einen Eintritt der Verjährungshemmung verneinen bzw. eine Anspruchsverjährung und damit verbunden eine Anwaltshaftung im Ergebnis bejahen, hätte dies aufgrund der zwischenzeitlich verjährten Ansprüche einen Regressprozess zur Folge. Dieses sicher denkbare Ergebnis, welches die Prozessanwälte übrigens veranlassen sollte, den jeweiligen Stand der von ihnen betriebenen PKH-Verfahren nach neuem Schuldrecht zu prüfen, kann aber nicht das vom Gesetzgeber gewollte Ergebnis sein.

(b) Amtshaftung

Gem. § 118 Abs. 1 S. 1 ZPO ist dem Gegner vor der Bewilligungsentscheidung grundsätzlich Gelegenheit zur Stellungnahme zu geben. Diese kann nur dann ausnahmsweise unterbleiben, wenn sie aus besonderen Gründen unzweckmäßig erscheint. Dabei handelt es sich um eine Ausnahmevorschrift, die eng auszulegen und deren Anwendung auf die Fälle zu beschränken ist, in denen entweder eine effektive Anhörung nicht möglich oder durch eine vorherige Anhörung des Gegners der Zweck der beabsichtigten Rechtsverfolgung gefährdet wäre oder wenn das Gesuch um PKH offenkundig aussichtslos ist und sofort zurückgewiesen werden kann[136].

---

132 BGH a. a. O.; NJW 1998, 2048.
133 Vgl. *Zugehör* in Handbuch der Anwaltshaftung Rn. 552.
134 BGH NJW 1997, 1302.
135 Beispielsweise geht während des gesamten PKH-Verfahrens keine Stellungnahme der Gegenseite ein.
136 MüKo-ZPO-*Wax*, Bd. 1, § 118 Rn. 6, 16; Wieczorek/Schütze-*Steiner*, ZPO, § 118 Rn. 3.

Im Rahmen des § 118 ZPO können nach überwiegender Auffassung Fehler im Bewilligungsverfahren Amtshaftungsansprüche auslösen[137], denn das Richterspruchprivileg des § 839 Abs. 2 BGB gilt hier nicht, da es sich nicht um ein kontradiktorisches Verfahren handelt und die Entscheidungen nicht in Rechtskraft erwachsen[138], wobei die Amtspflichten zur zügigen, sorgfältigen und korrekten Sachbehandlung nur gegenüber dem Antragsteller bestehen, deren Verletzung jedenfalls bei eindeutigen Verstößen zu auf Kostenbefreiung gerichteten Schadenersatzansprüchen führen kann[139]. Dabei war jedoch vor der Schuldrechtsreform, aus dieser Zeit stammen vorgenannte Entscheidungen, ein Amtshaftungsanspruch des Gläubigers bei nicht erfolgter Bekanntgabe des PKH-Antrags praktisch ausgeschlossen, trat doch die Hemmungswirkung bereits mit Einreichung des Antrags ein. Das in § 118 Abs. 1 S. 1 ZPO normierte Bekanntgabeerfordernis diente bis dahin insbesondere dem Schutz des Schuldners zur Gewährung des rechtlichen Gehörs. Dies hat sich ab 1.1. 2002 grundlegend geändert.

Zur Frage möglicher Amtshaftungsansprüche seit dem 1.1.2002 bei nicht erfolgter Veranlassung der Bekanntgabe entgegen § 204 Abs. 1 Nr. 14 BGB gibt es noch keine Rechtsprechung. *Peters* ist zunächst zuzustimmen, wenn er unter Abgrenzung zu § 118 Abs. 1 S. 1 ZPO im Rahmen des § 204 Abs. 1 Nr. 14 BGB zu der klaren Auffassung gelangt, dass das Gericht gegenüber dem Antragsteller des PKH-Gesuchs eine Fürsorgepflicht dergestalt trifft, den PKH-Antrag der Gegenseite, bis auf evidente Missbrauchsfälle, zwingend bekannt zu machen, da es dem Antragsteller die „Wohltat“ der Hemmungswirkung des § 204 Abs. 2 S. 1 BGB nicht einfach nehmen kann[140]. Da die Justizgewährung Amtspflicht ist[141], kann es bei deren Verletzung dazu kommen, dass der Anspruch verjährt und dadurch undurchsetzbar und wertlos wird und somit Amtshaftungsansprüche nach § 839 BGB i.V.m. Art. 34 GG drohen[142], zumal das Spruchrichterprivileg des § 839 Abs. 2 S. 1 BGB hier nicht gilt und der Schuldner des Anspruches aufgrund der eingetretenen Verjährung als anderweitige Ersatzmöglichkeit i. S. d. § 839 Abs. 1 S. 2 BGB nicht mehr zur Verfügung steht[143].

Letzterem ist zu entgegnen, dass der Schuldner sich aber auf die Verjährungseinrede im Prozess erst einmal berufen müsste. Selbst wenn dem Insolvenzverwalter die Klage deshalb aber nicht zumutbar wäre, da sie aufgrund der verjährten Ansprüche keine Aussicht auf Erfolg verspricht, wären Amtshaftungsansprüche jedenfalls dann ausgeschlossen, wenn der Insolvenzverwalter anwaltlich vertreten wäre und der Prozessanwalt dem Insolvenzverwalter haften würde. Damit ständen dem Insolvenzverwalter möglicherweise tatsächlich auch Amtshaftungsansprüche zu, soweit er im PKH-Verfahren nicht anwaltlich vertreten worden wäre. Doch auch dieses Ergebnis kann nicht die richtige Lösung des Problems sein, zumal die eingesetzten Insolvenzverwalter in der Regel auch selbst Rechtsanwälte sind.

Möglicherweise entschärft sich dieses Problem der unterlassenen Bekanntgabe des PKH-Antrages durch den Entwurf des Prozesskostenhilfebegrenzungsgesetzes durch den Bundesrat vom 28.6.

137 BGH VersR 1984, 78; OLG Hamm FamRZ 1986, 81.
138 Stein/Jonas-*Bork*, ZPO, Bd. 2, § 118 Rn. 2.
139 BGH a. a. O.; NJW 1960, 98; OLG Hamm a. a. O.; OVG Koblenz JurBüro 1990, 753.
140 *Peters*, JR 2004, 137, 139.
141 Stein/Jonas-*Bork*, ZPO, § 118 Rn. 2.
142 Staudinger-*Peters*, BGB, § 204 Rn. 116.
143 *Peters* a. a. O.

2006[144]. Mit diesem Gesetz sollen u.a. durch die Neuformulierung des § 118 ZPO[145] die Möglichkeiten des Gerichts zur Aufklärung der persönlichen und wirtschaftlichen Verhältnisse durch die Einbindung des Antragsgegners wesentlich verbessert werden. Diese Neuregelung hat daher ganz offensichtlich nur rein fiskalpolitische Interessen im Blick, nicht aber die zwingende Notwendigkeit, allein schon wegen § 204 Abs. 1 Nr. 14 BGB zur Herbeiführung der Hemmungswirkung eine Bekanntgabe an den Gegner vorzuschreiben.

Durch diese geplante Neureglung, die eher zufällig auf § 204 Abs. 1 Nr. 14 BGB Einfluss nimmt, hat nun auch der Antragsgegner die Möglichkeit, durch Stellungnahme zu den dargelegten wirtschaftlichen Verhältnissen die Bewilligung von PKH zu verhindern und dadurch nicht mit einer Klage auf Kosten des Staates überzogen zu werden, die der Antragsteller möglicherweise auf eigene Kosten und eigenes Kostenrisiko gar nicht geführt hätte. Dieses Recht, dem Gericht alles vorzutragen, was ihm über die wirtschaftlichen Verhältnisse des Antragstellers bekannt ist, hat der Antragsgegner allerdings auch schon nach dem derzeit noch gültigen § 118 ZPO[146]. Nur setzt die Wahrnehmung dieses Rechts ja gerade eine Bekanntgabe des PKH-Antrages voraus, die eben zum Teil in unzulässiger Weise unterbleibt. Der Grund dieses Versäumnisses liegt vielleicht auch darin, weil die Frage, ob das Gericht dem Gegner auch Gelegenheit zur Stellungnahme zu den persönlichen und wirtschaftlichen Verhältnissen des Antragstellers zu geben hat, in der Kommentarliteratur zum Teil missverständlich dahin beantwortet wird, dass der Gegner nicht zu den Angaben des Antragstellers über seine persönlichen und wirtschaftlichen Verhältnisse gehört werde[147]. Aber auch die geplante Neuregelung des § 118 ZPO wird nicht ausschließen können, dass es auch weiterhin Fälle geben wird, in denen der PKH-Antrag dem Antragsgegner nicht bekannt gemacht wird, deren Folgen aber einer Lösung zugeführt werden müssen.

(c) Praktikabler Lösungsansatz

Wenn die Bekanntmachung eines PKH-Antrages an den Schuldner vom Gericht zu Unrecht nicht veranlasst wurde, insbesondere auch kein missbräuchlicher PKH-Antrag vorgelegen hat, der Antrag abgelehnt und die vom Insolvenzverwalter geltend zu machenden Ansprüche mit Beendigung des PKH-Verfahrens zwischenzeitlich verjährt sind, kann allein am Wortlaut des § 204 Abs. 1 Nr. 14 BGB nicht festgehalten werden. § 204 Abs. 1 Nr. 14 BGB muss in einem solchen Fall weit ausgelegt werden und zwar dergestalt, dass die Verjährung auch dann gehemmt wird, wenn der PKH-Antrag der Gegenseite nicht bekannt gemacht wurde. In diesem Falle des „Vergessens" der Bekanntgabe muss die rechtzeitige Einreichung des PKH-Antrages ausreichen, um die Hemmungswirkung eintreten zu lassen. Dieses einzig richtige Ergebnis ist auch mit guten Gründen vertretbar.

---

144 Entwurf eines Gesetzes zur Begrenzung der Aufwendungen für die Prozesskostenhilfe (Prozesskostenhilfebegrenzungsgesetz – PKHBegrenzG), BT-Drucksache 16/1994.

145 § 118 Abs. 1 S. 1 ZPO-E lautet wie folgt neu: „*Vor der Bewilligung der Prozesskostenhilfe ist dem Gegner Gelegenheit zur Stellungnahme zu der Frage zu geben, ob die vom Antragsteller beabsichtigte Rechtsverfolgung oder Rechtsverteidigung hinreichende Aussicht auf Erfolg bietet und ob und inwieweit die persönlichen und wirtschaftlichen Verhältnisse des Antragstellers eine Bewilligung von Prozesskostenhilfe rechtfertigen; … Gelegenheit zur Stellungnahme wird dem Gegner nicht gegeben, wenn dies aus besonderen Gründen unzweckmäßig erscheint.*"

146 MüKo-ZPO-*Wax*, § 118 Rn. 11; BGHZ 89, 65, 68.

147 Zöller-*Philippi*, ZPO, § 118 Rn. 2; Baumbach/Lauterbach/Albers/Hartmann-*Hartmann*, ZPO, § 118 Rn. 7.

(aa) Kommentarliteratur

In der Literatur wird zunächst einhellig die Auffassung vertreten, dass PKH-Anträge, deren Bekanntgabe das Gericht nicht veranlasst, auch nicht die Verjährung hemmen[148]. Dabei wird offensichtlich generell nur die Gesetzesbegründung im Wortlaut übernommen, wonach PKH-Anträge, die vom Gericht dem Schuldner nicht bekannt gegeben werden, keine Hemmung bewirken[149]. Dies soll deshalb sachgerecht sein, da es sich dann entweder um von vornherein aussichtslose PKH-Gesuche handeln soll oder um solche, bei denen zugleich der Antrag auf Erlass eines Arrestes, einer einstweiligen Verfügung oder einer einstweiligen Anordnung gestellt wird und die Hemmung dann bereits durch die Nr. 9 des § 204 Abs. 1 BGB sichergestellt sein soll[150]. Diese Ausführungen verstellen jedoch den Blick auf die Praxis. Zu den hier diskutierten und in der Praxis vermehrt vorkommenden Fälle einer unbewusst und damit auch zu Unrecht nicht veranlassten Bekanntgabe von nicht von vornherein aussichtslosen PKH-Anträgen fehlt jedoch in der Kommentarliteratur jede Stellungnahme.

Von einem weiteren Teil des Schrifttums wird auch vertreten, dass wegen § 118 ZPO der PKH-Antrag nur im Falle der beabsichtigten Bewilligung bekanntzumachen ist, das rechtliche Gehör also entbehrlich sein kann, wenn es für die PKH nur auf das Vorliegen der wirtschaftlichen Voraussetzungen ankommt oder wenn der PKH-Antrag zurückgewiesen werden soll[151]. Diese Auffassung war insoweit noch vertretbar, als nach der alten Rechtslage allein die Einreichung des PKH-Antrags die Hemmung der Verjährung bewirkte und die Nichtbekanntgabe die Gläubigerschutzinteressen praktisch unberührt ließ.

Solange den Parteien des PKH-Verfahrens nur der unverändert gebliebene § 118 ZPO nach wie vor geläufig ist und weniger die Erfordernisse und Rechtsfolgen des neuen § 204 Abs. 1 Nr. 14 BGB, fehlt diesen Parteien auch das erforderliche Problembewusstsein. Das ist sicherlich auch der Grund dafür, weshalb Gerichte und Insolvenzverwalter bzw. deren Prozessanwälte mit der nunmehr zwingend erforderlichen Bekanntgabe auch im Ergebnis erfolgloser PKH-Anträge immer noch recht sorglos umgehen. Jedenfalls mit Inkrafttreten des neuen § 204 Abs. 1 Nr. 14 BGB sind vorgenannte Rechtsauffassungen nicht mehr haltbar.

Insoweit prüfen und kommentieren die Literaturstimmen insgesamt zu kurz, als sie den Fall des zu Unrecht unterlassenen Bekanntmachens eines nicht missbräuchlichen PKH-Antrages übersehen und mehr oder weniger starr für den Fall der Nichtbekanntmachung immer den missbräuchlichen PKH-Antrag oder gem. § 118 ZPO den erfolglosen PKH-Antrag unterstellen. Soweit Teile der Literatur den Fall der unberechtigten Nichtbekanntmachung ausschließlich über die Amtshaftung lösen wollen[152], ist dies erstens, gem. obigen Ausführungen, mit fraglichen Erfolgsaussichten behaftet, zweitens schuldnerbevorzugend sowie gläubigerfeindlich und drittens zu kurz gegriffen.

---

148 Staudinger-*Peters*, BGB, § 204 Rn. 117; Palandt-*Heinrichs*, § 204 Rn. 32; MüKo-BGB-*Grothe*, Bd. 1 a, § 204 Rn. 60; Bamberger/Roth-*Henrich*, BGB, Bd. 1, § 204 Rn. 46; *Mansel/Budzikiewicz*, BGB-AnwaltKomm, § 204 Rn. 107; *Mansel/Budzikiewicz*, Das neue Verjährungsrecht, § 8 Rn. 81.
149 BT-Drucks. 14/6040, 116.
150 BT-Drucks. 14/6040, 116.
151 Musielak-*Fischer*, ZPO, § 118 Rn. 3; BFH, JurBüro 1994, 47; Wieczorek/Schütze-*Steiner*, ZPO, § 118 Rn. 4.
152 Staudinger-*Peters*, BGB, § 204 Rn. 116; *Peters*, JR 2004, 137, 139.

(bb) Gläubigerschutzgedanke

Wollte man in den Fällen der unberechtigt unterlassenen Bekanntmachung tatsächlich eine Hemmungswirkung verneinen und damit eine Verjährung bejahen, um den Gläubiger auf Anwalts- oder Amtshaftungsansprüche verweisen zu können, würden dadurch die schutzwürdigen Interessen des Schuldners (vgl. oben) überbewertet.

§ 204 Abs. 1 Nr. 14 BGB soll nach Auffassung des Gesetzgebers sicherstellen, dass die bedürftige Partei zur Rechtsverfolgung ebenso viel Zeit hat wie diejenige, die das Verfahren selbst finanzieren muss[153]. § 204 Abs. 1 Nr. 14 BGB schützt daher vorrangig den Gläubiger, der darauf angewiesen ist, für die von ihm beabsichtigte Klage PKH zu erhalten. So soll § 204 Abs. 1 Nr. 14 BGB die Verjährung hemmen, damit während des zum Teil sehr zeitintensiven PKH-Verfahrens Ansprüche nicht verjähren und somit der „bedürftige" Gläubiger eine gegenüber dem „bemittelten" Gläubiger gleichwertige Chance hat, seine Ansprüche durchzusetzen. Daher darf weder der Zeitverlust des PKH-Verfahrens, noch die grundlos unterlassene Bekanntgabe des PKH-Antrags an die Gegenseite verjährungsrechtlich zu Lasten des Gläubigers gehen, wenn dieser vor Ablauf der Verjährung, also rechtzeitig, einen nicht von vornherein aussichtslosen PKH-Antrag gestellt hat.

(cc) Bekanntgabe trotz berechtigter Ablehnung eines PKH-Antrags

Dieser Gläubigerschutzgedanke greift insbesondere auch dann, wenn das Gericht den PKH-Antrag aus berechtigten Erwägungen ablehnen möchte, auch ohne vorher den Gegner zu hören. So werden beispielsweise PKH-Anträge von Insolvenzverwaltern gem. § 116 ZPO zu Recht abgelehnt, wenn es den wirtschaftlich Beteiligten, hier den Gläubigern, anhand der zu erwartenden Quote zumutbar ist, die Verfahrenskosten aufzubringen[154]. Für diese gerichtliche Entscheidung bereits auf erster Prüfungsstufe der Bedürftigkeit ist in der Tat eine Anhörung des Antragsgegners entbehrlich, wenn das Gericht schon a limine entscheiden kann. Weil aber nach dem Wortlaut des § 204 Abs. 1 Nr. 14 BGB nur allein durch die Veranlassung der Bekanntgabe des PKH-Antrags die Hemmungswirkung zugunsten des Gläubigers eintritt, um die er durch die unberechtigte Nichtbekanntgabe jedoch gebracht wird, hat das Gericht zwingend die Pflicht, die Bekanntgabe des PKH-Antrages an den Gegner zu veranlassen und kann nicht damit argumentieren, den PKH-Antrag des Insolvenzverwalters doch auch ohne Einbeziehung des Gegners ablehnen zu können und diese letztendlich nur reine Förmelei wäre.

Der Gesetzgeber hat mit § 204 Abs. 2 BGB eine Regelung getroffen, wonach die durch die in § 204 Abs. 1 BGB genannten Rechtsverfolgungsmaßnahmen ausgeloste Hemmung sowohl während des gesamten jeweiligen Verfahrens andauert als auch über die Erledigung des Verfahrens hinaus noch weitere sechs Monate. Insbesondere bei Verfahren, die nicht mit einer in Rechtskraft erwachsenden Sachentscheidung enden, wie beispielsweise auch bei PKH-Verfahren, muss dem Gläubiger noch eine Frist bleiben, in der er – verschont von dem Lauf der Verjährung – weitere Rechtsverfolgungsmaßnahmen einleiten kann[155].

---

153 BT-Drucks. 14/6040, 116.
154 BGH, NJW 1999, 1404; NJW 1998, 1868; OLG Düsseldorf, NZI 2002, 661; OLG Köln, MDR 2000, 51; OLG Koblenz, MDR 2000, 1396; OLG Hamburg, NZI 2002, 662; Zöller-*Philippi*, § 116 Rn. 7; MüKo-ZPO-*Wax*, § 116 Rn. 17; *Ringstmeier/Homann*, ZIP 2005, 284.
155 BT-Drucks. 14/6040, 117.

Dies hat, das vorgenannte Beispiel fortgesetzt, das fatale und in sich widersprüchliche Ergebnis zur Folge, dass sich der Insolvenzverwalter nunmehr (gem. der Auffassung des Gerichts wegen mangelnder Bedürftigkeit) innerhalb der vermeintlichen Hemmungszeit von weiteren sechs Monaten an die Gläubiger oder wenn diese zur Tragung des Kostenrisikos nicht bereit sind, an gewerbliche Prozessfinanzierer wendet, die Klage aber sowieso keine Erfolgsaussicht mehr besäße, da die Ansprüche aufgrund unterlassener Bekanntgabe mangels Hemmungswirkung zwischenzeitlich verjährt sind[156]. Dieses Ergebnis kann nicht richtig sein und widerspricht auch den Vorstellungen des Gesetzgebers.

Mit der Verpflichtung zur Gewährung effektiven Rechtsschutzes und den Anforderungen eines fairen Verfahrens ist es auch aus verfassungsrechtlicher Sicht unvereinbar, wenn das Zivilgericht, hier die den Rechtsstreit in der Hauptsache entscheidende Kammer, dem Insolvenzverwalter eine Entscheidung wegen zwischenzeitlich eingetretener Verjährung versagt, nachdem diese Kammer selbst durch verfahrensfehlerhafte Behandlung des ordnungsgemäß gestellten PKH-Antrags verhindert hat, dass eine Verjährungshemmung überhaupt eintreten konnte[157].

(dd) Vorsorgemaßnahmen

In allen 14 Fallgruppen des § 204 Abs. 1 BGB gibt der Gläubiger ernsthaft zu erkennen, seinen behaupteten Anspruch durchsetzen zu wollen. Wenn nun aber der Gläubiger Gefahr laufen würde, bei Einreichung eines PKH-Gesuchs durch Versäumnisse oder nicht absehbare Entscheidungen des Gerichts um die Hemmungswirkung gebracht zu werden, wäre er möglicherweise gezwungen, auf „sicherere“ Fallgruppen auszuweichen oder diese gleichzeitig wahrzunehmen. Auch dies kann nicht richtig sein. Die verjährungshemmende Wirkung, die der Gläubiger mit seinem PKH-Antrag erreichen will, kann nicht davon abhängig sein, ob das Gericht den PKH-Antrag nun bewusst oder unbewusst der Gegenseite bekannt macht oder nicht oder dem PKH-Antrag stattgibt oder nicht. Wäre die Verjährungshemmung allein von diesem unberechenbaren Handeln des Gerichts im Vorfeld abhängig, könnte der Gläubiger in Zweifelsfällen die vom Gesetz eröffnete Möglichkeit kaum nutzen. Damit würden die Interessen des Gläubigers im Falle des PKH-Antrages niedriger bewertet als bei den übrigen Hemmungstatbeständen des § 204 Abs. 1 BGB, ohne dass ein sachlicher Grund hierfür bestünde. Auch dieses Ergebnis kann nicht richtig sein.

(ee) Vergleichbare Fallgruppen

Der Gesetzgeber wollte eine Gleichrangigkeit der verschiedenen Hemmungstatbestände und einen mit der Hemmung verbundenen bloßen Aufschub des Verjährungsablaufs, unabhängig von weiteren Handlungen des Gerichts und unabhängig vom Ausgang des jeweiligen Verfahrens. So meint

156 So im Ergebnis OLG Hamburg v. 5.10.2006, Az. 6 U 91/06 (unveröffentlicht, vgl. Abdruck im Anhang 3; nicht rechtskräftig, Revision anhängig unter Az. IX ZR 195/06).
157 Vgl. hierzu auch BVerfG v. 27.12.2006, Az. 2 BvR 803/05 zur Verletzung des effektiven Rechtsschutzes bei Verfahrenserledigung nach fehlerhafter Sachbehandlung durch das Gericht.

der Gesetzgeber, dass es im Rahmen der gesetzlichen Neuregelung nicht angebracht erschien, zum Nachteil des bedürftigen Gläubigers für den PKH-Antrag besondere Anforderungen gesetzlich vorzugeben, wie es die Rechtsprechung bisher (vgl. oben) vorsah. Auf solche Vorgaben wurde auch bei den in den übrigen Nummern genannten Hemmungstatbeständen verzichtet und die Frage der Mindestanforderungen der Rechtsprechung überlassen[158].

Der PKH-Antrag braucht nicht einmal zulässig oder begründet zu sein. Er sollte nur den wesentlichen Erfordernissen des § 117 Abs. 1 ZPO entsprechen[159]. Auch der unzulässige, unschlüssige und unbegründete Antrag begründet daher eine Hemmung[160].

Hier wird deutlich, dass der Gesetzgeber mit Schaffung der neuen Hemmungstatbestände primär die Interessen des Gläubigers schützen wollte. Dies wird z.B. dadurch deutlich, dass auch eine unzulässige Klage die Verjährung hemmt[161]. In fast allen Fallgruppen des § 204 Abs. 1 BGB ist die Hemmung nicht an eine Entscheidung der jeweils angerufenen Stellen gebunden, sondern tritt grundsätzlich auch dann ein, wenn der Gläubiger den jeweiligen Antrag im Laufe des Verfahrens zurücknimmt[162]. Wenn sogar trotz Rücknahme der jeweiligen Anträge und auch ohne gerichtliche Entscheidung die Hemmungswirkung eintreten soll, ist es unter Berücksichtigung der vom Gesetzgeber gewollten Gleichwertigkeit aller Hemmungstatbestände des § 204 Abs. 1 BGB nicht einzusehen, weshalb im Falle einer grundlosen Nichtbekanntmachung des PKH-Antrages die Verjährung nicht ebenfalls gehemmt werden soll.

(ff) Ergebnisabhängigkeit

Schließlich darf auch nicht unberücksichtigt bleiben, dass das angerufene Gericht den PKH-Antrag auch rechtsfehlerhaft ablehnen kann. Hätte aber rechtsfehlerfrei PKH bewilligt werden müssen, hätte das Gericht gem. § 118 ZPO den PKH-Antrag dem Antragsgegner zur Stellungnahme zuleiten müssen. Damit wäre aber die Bekanntgabe des PKH-Antrages und damit verbunden die Verjährungshemmung von der Richtigkeit der gerichtlichen Entscheidung abhängig. Auch dieses Ergebnis kann nicht richtig sein und ist vom Gesetzgeber auch nicht gewollt. Auf eine Prüfbitte des Bundesrates hin, ob nicht eine Vorschrift aufgenommen werden sollte, nach der die Hemmung rückwirkend entfällt, wenn die Klage oder der sonstige Antrag zurückgenommen wird, äußerte die Bundesregierung, dass der bloße Aufschub der Verjährung für die Dauer des Verfahrens (früher Unterbrechung der Ver-

158 BT-Drucks. 14/6040, 116.
159 MüKo-BGB-*Grothe*, Bd. 1 a, § 204 Rn. 59.
160 Staudinger-*Peters*, BGB, § 204 Rn. 61; Palandt-*Heinrichs*, § 204 Rn. 15; MüKo-BGB-*Grothe*, Bd. 1 a, § 204 Rn. 59; Bamberger/Roth-*Henrich*, BGB, Bd. 1, § 204 Rn. 45; *Mansel/Budzikiewicz*, BGB-AnwaltKomm, § 204 Rn. 109; *Mansel/Budzikiewicz*, Das neue Verjährungsrecht, § 8 Rn. 82.
161 BGHZ 78, 1,5; MüKo-BGB-*Grothe*, Bd. 1 a, § 204 Rn. 25.
162 So z.B. für die Klage gem. § 204 Abs. 1 Nr. 1 BGB, vgl. Palandt-*Heinrichs*, § 204 Rn. 34; für Anträge im vereinfachten Verfahren über den Unterhalt gem. § 204 Abs. 1 Nr. 2 BGB, vgl. Palandt-*Heinrichs*, § 204 Rn 35; für das Mahnbescheidsverfahren gem. § 204 Abs. 1 Nr. 3 BGB, vgl. Palandt-*Heinrichs*, § 204 Rn. 36; für das Güteverfahren gem. § 204 Abs. 1 Nr. 4 BGB, vgl. Palandt-*Heinrichs*, § 204 Rn. 37; für das Verfahren im vorläufigen Rechtsschutz gem. § 204 Abs. 1 Nr. 9 BGB, vgl. Palandt-*Heinrichs*, § 204 Rn. 41 oder für das Verfahren zur Zuständigkeitsbestimmung gem. § 204 Abs. 1 Nr. 13 BGB, vgl. Palandt-*Heinrichs*, § 204 Rn. 33, 34.

jährung) und der sechsmonatigen Nachfrist unabhängig vom Ausgang des Verfahrens sein solle[163]. Daher ist dem Gläubiger unabhängig von der Richtigkeit einer gerichtlichen Entscheidung die Hemmungswirkung zuzugestehen. Sollte ein Gläubiger im Einzelfall mit Hilfe unzulässiger oder unbegründeter Anträge in missbräuchlicher Weise versuchen, die Hemmung der Verjährung herbeizuführen, so wird dem durch Anwendung von § 242 BGB durch die Gerichte wirksam begegnet werden. Auch hierzu führt der Bundestag in seiner Stellungnahme gegenüber dem Bundesrat weiter aus, dass eine nur vorgeblich zum Zwecke der Rechtsverfolgung, tatsächlich aber aus verjährungsrechtlichen Gründen erhobene Klage, die alsbald zurückgenommen wird, erstens nur lediglich eine Hemmung der Verjährung (keine Unterbrechung der Verjährung mehr) um sechs Monate, zzgl. der Zeit zwischen Klageerhebung und -rücknahme zur Folge hat und zweitens der Gläubiger diesen vergleichsweise geringen verjährungsrechtlichen Ertrag auch nicht umsonst bekommt. Er hat nach § 269 Abs. 3 S. 2 ZPO die gesamten Kosten des Rechtsstreites zu tragen, was die Gefahr des Missbrauchs weiter eindämmt. Auch für den Sonderfall des kostenfreien PKH-Verfahrens ist Vorsorge getroffen: Nach § 204 Abs. 1 Nr. 14 BGB-RE hat eben nur der erstmalige PKH-Antrag Hemmungswirkung[164].

(gg) Gläubigerschutz vor Schuldnerschutz

Dass der Gesetzgeber den Gläubiger für schutzwürdiger erachtet als den Schuldner, wird auch dadurch deutlich, dass der Gläubiger vor einer Verjährung seiner Ansprüche von dem Moment an geschützt werden soll, in dem er ein förmliches Verfahren mit dem Ziel der Durchsetzung seiner Ansprüche eingeleitet hat[165]. Dies ist auch bei einem PKH-Antrag der Fall. Unterbleibt aber eine Bekanntgabe des PKH-Antrages an den Gegner, weil das angerufene Gericht den PKH-Antrag a limine ablehnt, so ist das vom Gegner verjährungsrechtlich hinzunehmen. Ein anderes Ergebnis würde der Intention des Gesetzgebers in grobem Maße widersprechen. Dieses gläubigerfreundliche Ergebnis ist für den Schuldner auch nicht unangemessen, da erhebliche Interessen des Schuldners am ungehemmten Lauf der Verjährung nicht bestehen. Wenn man die anderen Fallvarianten des § 204 Abs. 1 BGB betrachtet, ist der Schuldner nicht davor geschützt, dass die Verjährung auch durch Anträge gehemmt wird, von denen der Schuldner zunächst nichts erfährt. Zwar ist in Nr. 14 die Veranlassung der Bekanntgabe ausdrücklich normiert. Doch enthalten die Vorschriften des § 204 Abs. 1 Nr. 9 und 12 BGB ebenfalls Tatbestände, in denen die Hemmung eintritt, obwohl der Schuldner die diese Wirkung auslösenden Umstände erst nach dem vermeintlichen Ablauf der Verjährung erfährt[166]. Auch bei der Verjährungshemmung durch Klageerhebung (§ 204 Abs. 1

163 Stellungnahme Bundesregierung Nr. 19 zu Art. 1 Abs. 1 Nr. 3 (§ 204 BGB) www.lrz-muenchen.de.

164 Stellungnahme Bundesregierung Nr. 19 zu Art. 1 Abs. 1 Nr. 3 (§ 204 BGB) www.lrz-muenchen.de.

165 BT-Drucks. 14/6040, 112.

166 Vgl. BT-Drucks. 14/6040, 115, 116.

Nr. 1 BGB) liegt dies nach § 167 ZPO nicht anders. Des Weiteren ergibt sich nun auch aus der Nr. 14 selbst, wenn auch mit den dargestellten Bedenken, dass allein eine vom Schuldner kenntnisunabhängige Veranlassung des Gerichts, also ein Gerichtsinternum, die Hemmungswirkung herbeiführen soll. Es ist daher nicht einzusehen, weshalb der Schuldner im Fall der zu Unrecht nicht erfolgten Bekanntmachung besser stehen soll.

Dass der Schuldner derartige Versäumnisse des Gerichts verjährungsrechtlich hinzunehmen hat, ist grundsätzlich nicht neu, sondern hat der BGH schon unter der alten Rechtslage im Jahre 1989 entschieden[167]. Danach ist allgemein anerkannt, dass bei unrichtiger Sachbehandlung durch eine amtliche Stelle oder Behörde eine Hemmung der Verjährung wegen höherer Gewalt eintreten kann. Das wird insbesondere bei fehlerhafter Behandlung einer Angelegenheit durch das Gericht angenommen[168]. Es liegt außerhalb des Einflussbereichs eines Gläubigers, der die zur Hemmung der Verjährung und rechtlichen Sicherung seiner Ansprüche gesetzlich vorgesehenen gerichtlichen Schritte eingeleitet hat, wenn diese Wirkungen infolge eines – für den Gläubiger unabwendbaren – gerichtlichen Fehlers nicht eintreten. Die durch eine Hemmung der Verjährung im Ergebnis bewirkte Verlängerung der Verjährungsfrist muss der Schuldner nach der in §§ 203, 205 BGB a.F. enthaltenen gesetzgeberischen Wertung andererseits hinnehmen[169]. So liegt es im Ergebnis auch hier, wenn der PKH-Antrag durch das Gericht der Gegenseite unberechtigterweise nicht bekannt gemacht wird.

(2) Laufende PKH-Verfahren

Soweit in laufenden PKH-Verfahren vom Insolvenzverwalter bzw. seinem anwaltlichen Vertreter „bemerkt" wird, dass das Gericht den PKH-Antrag dem Schuldner noch nicht bekannt gemacht hat, sollte das Gericht zunächst formlos darauf hingewiesen werden, die Bekanntgabe zu veranlassen, da die Veranlassung zwingend erforderlich ist, um die Hemmungswirkung herbeizuführen. Möglicherweise bietet sich hier auch eine nachträgliche Antragstellung an, die Bekanntgabe des PKH-Gesuchs an die Gegenseite nunmehr zu veranlassen. Sollte das Gericht weiterhin untätig bleiben und für seine Untätigkeit keine triftigen Gründe haben (Beispiel Einwand des Rechtsmissbrauchs), müsste über eine Dienstaufsichtsbeschwerde oder Untätigkeitsbeschwerde wie im FGG-Verfahren nachgedacht werden, da das PKH-Verfahren ein nicht kontradiktorisches Verfahren der fürsorgenden Rechtspflege ist[170], das in seiner verfahrensrechtlichen Struktur den Fürsorgeverfahren der freiwilligen Gerichtsbarkeit gleicht[171].

Soweit die Ansprüche noch nicht verjährt sind, sollte man unter Rücknahme des alten (nicht bekannt gemachten) PKH-Antrages einen neuen PKH-Antrag stellen. Dieser ist dann auch ein erstmaliger Antrag i.S.d. § 204 Abs. 1 Nr. 14 BGB, soweit dieser bekannt gemacht wird.

Die Idee bei Untätigkeit des Gerichts im Hinblick auf die erforderliche Veranlassung der Bekanntgabe den PKH-Antrag selbst dem Schuldner zu übersenden und damit bekannt zu machen, ist zwar

167 BGH NJW 1990, 176, 178.
168 BGH a.a.O. mit weiteren zahlreichen Nachweisen.
169 BGH a.a.O.
170 BGHZ 89, 65; BGH NJW-RR 1992, 60; KG FamRZ 1982, 421; OVG Koblenz NVwZ 1991, 595.
171 Stein/Jonas-*Bork*, ZPO, Bd. 2, § 118 Rn. 1; *Smid* in Rechtsprechung 1990 (Heymanns-Verlag).

sicher eine Überlegung wert, aber im Ergebnis wieder zu verwerfen aufgrund der systematischen Stellung des § 204 Abs. 1 Nr. 14 HS. 2 BGB, wonach die Hemmung der Verjährung bereits mit der Einreichung eintritt, soweit die Bekanntgabe demnächst nach der Einreichung des Antrags veranlasst wird. Daher kann es sich bei der erforderlichen Bekanntmachung auch nur um eine solche durch das Gericht handeln.

(3) Neue (künftige) PKH-Anträge

Hier sollte vom Insolvenzverwalter bzw. dessen Prozessanwalt neben dem üblichen Antrag auf Bewilligung von PKH künftig auch noch ausdrücklich der zusätzliche Antrag gestellt werden, die Bekanntgabe des PKH-Antrags an die Gegenseite gem. § 204 Abs. 1 Nr. 14 BGB zu veranlassen, um den Eintritt der Hemmungswirkung herbeizuführen.

dd) Ergebnis

Sollte das Gericht die Bekanntgabe eines (im Ergebnis abgelehnten) PKH-Antrages an die Gegenseite ohne ersichtlichen Grund und damit zu Unrecht entgegen § 204 Abs. 1 Nr. 14 BGB nicht veranlassen und der vom Insolvenzverwalter geltend zu machende Anspruch mit Beendigung des PKH-Verfahrens zwischenzeitlich verjährt sein, ist gleichwohl zugunsten des Insolvenzverwalters ein Eintritt der Verjährungshemmung anzunehmen, die gem. § 204 Abs. 2 S. 1 BGB erst sechs Monate nach Beendigung des PKH-Verfahrens endet.

Der Schuldner hat dieses Ergebnis verjährungsrechtlich hinzunehmen und kann von den Versäumnissen der Parteien des PKH-Verfahrens nicht profitieren. Seine Interessen treten in diesem Fall hinter die Schutzinteressen des Gläubigers zurück. Da der Verjährungseinwand des Schuldners somit unbeachtlich bleibt, muss der Insolvenzverwalter auch nicht den unsicheren Weg einer Anwalts- oder Amtshaftung beschreiten.

Solange die vom Insolvenzverwalter geltend zu machenden Ansprüche nach Beendigung des PKH-Verfahrens noch nicht verjährt sind, kann er andere verjährungshemmende Maßnahmen des § 204 Abs. 1 BGB ergreifen oder erneut einen PKH-Antrag stellen, muss dann aber dafür Sorge tragen, dass die Bekanntgabe dieses zweiten PKH-Antrags veranlasst wird. So auch in laufenden oder künftigen PKH-Verfahren, wo der Insolvenzverwalter bzw. sein Prozessanwalt zur Vermeidung verjährungsrechtlicher Auseinandersetzungen neben dem Antrag auf PKH-Gewährung gleich einen zusätzlichen Antrag stellen sollte, die Bekanntgabe des PKH-Gesuchs an die Gegenseite zu veranlassen und die sachgerechte Behandlung dieses weiteren Antrages durch das Gericht auch verfolgen sollte.

d) Maßstäbe der Rechtsprechung zur Gewährung von Prozesskostenhilfe für Insolvenzverwalter

Im vorangegangenen Teil ist das Verjährungsproblem bzw. die Frage der Verjährungshemmung erörtert worden, welche im Vorfeld der PKH-Gewährung angesiedelt ist. Es betrifft die Handhabung des Gesamtverfahrens. Nunmehr soll im folgenden Teil das dem Insolvenzverfahren immanente Problem der Gewährung von PKH besprochen werden.

aa) Problemstellung

Soweit eine die Kosten des Verfahrens deckende Masse vorhanden ist, das Insolvenzverfahren eröffnet wird, die Masse jedoch nicht ausreicht, Prozesskosten aufzubringen, wird für den Insolvenzverwalter zur Erlangung von Prozesskostenhilfe § 116 S. 1 Nr. 1 ZPO relevant: Parteien kraft Amtes – wie der Insolvenzverwalter – erhalten auf Antrag Prozesskostenhilfe, wenn die Kosten für die Führung eines Verfahrens nicht aus der verwalteten Vermögensmasse aufgebracht werden können und den am Gegenstand des Rechtsstreits wirtschaftlich Beteiligten nicht zuzumuten ist, diese Kosten aufzubringen. Mit § 116 ZPO sollte vermieden werden, dass Vermögensgegenstände allein wegen fehlender liquider Mittel nicht realisiert und an alle Gläubiger gleichmäßig verteilt werden können[172].

Die h.M. ist daher der Ansicht, wie man auch immer wieder in den PKH-Antragsschriften lesen kann, dass die Gewährung von PKH an den Insolvenzverwalter die Regel sein müsse und deren Versagung die Ausnahme[173]. In der Praxis hat sich dieses Regel-Ausnahme-Verhältnis jedoch nicht durchsetzen können[174], da die beantragte PKH-Gewährung meist deshalb versagt wird, weil den Gläubigern als wirtschaftlich Beteiligten die Prozessfinanzierung durch Vorschussleistung zumutbar wäre. Den Insolvenzverwaltern wird daher immer zurückhaltender Prozesskostenhilfe gewährt, was in der Literatur heftig kritisiert wird[175].

Dem Verwalter, den zudem die Beweislast trifft, wird es in den meisten Fällen nicht gelingen, darzulegen und zu beweisen, dass den wirtschaftlich Beteiligten die erforderlichen Mittel fehlen[176], und wenn, dann oftmals nur mit einem erheblichen, zum Teil nicht zu bewältigenden Aufwand. Die Inanspruchnahme der gewerblichen Prozessfinanzierung durch Insolvenzverwalter wird daher als wichtiges Instrument zur Erfüllung seiner Aufgaben künftig noch zunehmen.

---

172 *Mitlehner*, NZI 2001, 618.
173 So auch Gesetzesbegründung in BT-Drucks. 8/3068 S. 26 zu § 114 c ZPO.
174 *Pape*, ZIP 1998, 1297: Die Vorschusspflicht der wirtschaftlich beteiligten Gläubiger stellt eine kaum zu überwindende Barriere für die Prozesskostenhilfebewilligung dar.
175 *Ringstmeier/Homann*, ZIP 2005, 284; *Steenbuck*, MDR 2004, 1155; *Frenzel/Schmidt/Gundlach*, NJW 2003, 2412; *Mitlehner*, NZI 2001, 618; *Pape*, ZIP 1990, 1529, 1531.
176 OLG Köln, MDR 2000, 51; OLG Hamburg, ZIP 1987, 385; *Pape*, ZIP 1998, 1308; Zöller-*Philippi*, ZPO, § 116 Rn. 7 a; kritisch hierzu *Uhlenbruck*, KTS 1988, 437.

bb) Uneinheitliche Rechtsprechung

Der BGH hat bereits am 9.7.1998[177] entschieden, dass im Rahmen der Bedürftigkeits- und Zumutbarkeitsprüfung gemäß § 116 ZPO auf die wirtschaftlich Beteiligten, hier die Gläubiger, abzustellen ist. Soweit diese bei voraussichtlichem Klageerfolg mit einer entsprechenden Quote rechnen können, sei diesen die Zahlung der Prozesskosten und die Übernahme des Kostenrisikos zumutbar, wenn der zu erwartende Betrag die zu zahlenden Prozesskosten deutlich übersteigt[178]. Die Zumutbarkeit für den Gläubiger hängt damit von der Höhe des konkreten zu erwartenden Quotenbetrages im Verhältnis der von ihm (auch anteilig) zu tragenden Prozesskosten ab. Ab welchem Verhältnis diese Zumutbarkeitsgrenze erreicht bzw. überschritten ist, wird vom BGH nicht näher dargelegt.

Seither ist auch die obergerichtliche Rechtsprechung[179] völlig uneinheitlich und für den Insolvenzverwalter unkalkulierbar geworden. Zudem sei darauf hingewiesen, dass die Zumutbarkeit schon deshalb nicht festgestellt und dargelegt werden kann, da eine sichere Prognose über die künftige Abwicklung des Insolvenzverfahrens für den Fall eines Obsiegens im angestrebten Prozess in den meisten Fällen gar nicht möglich ist. So können beispielsweise Verwertungsmöglichkeiten noch offen, Forderungsprüfungen strittig und ggf. noch anderweitige Gerichtsverfahren anhängig sein. Daher wird dem Insolvenzverwalter der Zugang zur Prozesskostenhilfe erschwert. Die Abgabe einer Erfolgsprognose ist dem Verwalter letztendlich nicht möglich.

Es soll deshalb die Frage untersucht werden, ob die schwer abgrenzbaren Zumutbarkeitskriterien für den Insolvenzverwalter objektivierbar sind und damit kalkulierbarer werden.

cc) Bedürftigkeit des Insolvenzverwalters und Zumutbarkeitsgrenze zur Übernahme eines Kostenvorschusses für Gläubiger als wirtschaftlich Beteiligte gem. § 116 S. 1 Nr. 1 ZPO

Gemäß § 116 S. 1 Nr. 1 ZPO kann einer Partei kraft Amtes, wenn die Kosten aus der verwalteten Vermögensmasse nicht aufgebracht werden können und den am Gegenstand des Rechtsstreites wirtschaftlich Beteiligten nicht zuzumuten ist, die Kosten aufzubringen, PKH bewilligt werden.

(1) Bedürftigkeitsprüfung anhand der Vermögensmasse

Durch die vom Gesetzgeber zwischenzeitlich klar zum Ziel gesetzten Einsparmaßnahmen sehen sich die Gerichte zwischenzeitlich veranlasst, die bereits schwierigen Hürden für eine Bewilligung von Prozesskostenhilfe noch weiter anzuheben.

---

177 BGH, MDR 1998, 1248 = NJW 1998, 1868.

178 Vgl. insoweit auch BGH, ZIP 2004, 917; BGH, ZIP 2003, 2036; BGH, NJW 1999, 1404, BGH, ZIP 1990, 1490; OLG Düsseldorf, NZI 2002, 661; OLG Köln, MDR 2000, 51, OLG Koblenz, MDR 2000, 1396; OLG Hamburg, NZI 2002, 662.

179 OLG Düsseldorf, NZI 2002, 661; OLG Köln, MDR 2000, 51, OLG Köln, ZIP 1994; 724; OLG Koblenz, MDR 2000, 1396; OLG München, ZIP 1997, 1118; OLG Hamburg, NZI 2002, 662; OLG Jena, ZIP 2001, 579.

B. Gewerbliche Prozessfinanzierung und staatliche Prozesskostenhilfe

(a) Bestrebungen des Gesetzgebers

Die PKH soll nach dem Willen der Mehrheit der Bundesländer reformiert werden[180], nachdem die Kosten für die PKH in den vergangenen Jahren erheblich gestiegen sind. Der Bundesrat beschloss am 19.5.2006 eine entsprechende Gesetzesinitiative[181], bei der es im Wesentlichen um die Eindämmung des Missbrauchs der PKH, eine verbesserte Überprüfung der persönlichen und wirtschaftlichen Verhältnisse der Antragsteller sowie eine Verstärkung der Eigenbeteiligung geht.

(aa) Missbrauchsbekämpfung

Zu den zentralen Anliegen des Gesetzentwurfs gehört es, den Gerichten wirksamere Mittel gegen die missbräuchliche Inanspruchnahme von PKH an die Hand zu geben. Ausgangspunkt war dabei die Rechtsprechung des BVerfG[182], wonach einer bedürftigen Partei nur das zu ermöglichen ist, wozu sich auch eine die Prozessaussichten und das Kostenrisiko vernünftig abwägende vermögende Partei entscheiden würde. Oder anders gewendet: Es ist insbesondere dann angemessen, eine beantragte Rechtsverfolgung wegen Mutwilligkeit zu versagen, wenn eine vermögende Partei selbst bei überwiegender Erfolgsaussicht des Prozesses aufgrund erheblicher Risiken bei der späteren Durchsetzung der titulierten Ansprüche von einer Klageerhebung absehen würde. Parteien, deren beabsichtigte Rechtsverfolgung oder Rechtsverteidigung dem nicht entspricht, handeln mutwillig und können keine PKH beanspruchen[183].

Um die Bedeutung des Tatbestandes der Mutwilligkeit hervorzuheben und deren verstärkte Anwendung in der gerichtlichen Praxis zu erleichtern, ist es sicherlich sinnvoll, den unbestimmten Rechtsbegriff der Mutwilligkeit als Ausschlussmerkmal zu präzisieren und damit handhabbarer zu machen als bisher. So soll die Rechtsprechung des BVerfG[184] in § 114 Abs. 2 ZPO-E nun ausdrücklich definiert werden[185].

Die Erfolgsaussicht und die fehlende Mutwilligkeit stellen nach dem Wortlaut des § 114 ZPO[186] zunächst gleichrangige Tatbestandsvoraussetzungen dar. Gleichwohl kommt dem Merkmal der Mutwilligkeit in der Bewilligungspraxis der Gerichte nur eine nachrangige Rolle zu. Soweit aber

180 Da PKH im Wesentlichen durch die Eingangs- und Obergerichte bewilligt wird, fallen die Aufwendungen für die PKH nahezu ausschließlich den Ländern zur Last (vgl. hierzu auch Begründung des PKHÄndG vom 10.10.1994, BT-Drucks. 12/6963, S. 6).

181 Entwurf eines Gesetzes zur Begrenzung der Aufwendungen für die Prozesskostenhilfe (Prozesskostenhilfebegrenzungsgesetz – PKHBegrenzG), BT-Drucks. 16/1994.

182 BVerfGE 81, 347, 357.

183 BT-Drucks. 16/1994, S. 15.

184 Danach ist es verfassungsrechtlich geboten, aber auch hinreichend, den Unbemittelten hinsichtlich seiner Zugangsmöglichkeiten zum Gericht einem solchen Bemittelten gleichzustellen, der seine Prozessaussichten vernünftig abwägt und dabei auch das Kostenrisiko berücksichtigt, BVerfGE 81, 347, 357; BVerfG, NJW 1995, 1415 f.; NJW 1997, 2745; NJW 2003, 576; NJW-RR 2002, 1069; NJW-RR 2003, 1216.

185 § 114 Abs. 2 ZPO-E lautet: „*Mutwillig ist die Rechtsverfolgung oder Rechtsverteidigung, soweit eine nicht Prozesskostenhilfe beanspruchende Partei bei verständiger Würdigung aller Umstände trotz hinreichender Aussicht auf Erfolg von der beabsichtigten Prozessführung absehen würde. Dies ist auch dann der Fall, wenn die Kosten der Prozessführung unter Berücksichtigung des erstrebten wirtschaftlichen Vorteils, der Erfolgsaussicht und gegebenenfalls der Aussicht auf Durchsetzbarkeit des erstrebten Titels unverhältnismäßig erscheinen*“.

186 § 114 ZPO lautet: „*Eine Partei, die nach ihren persönlichen und wirtschaftlichen Verhältnissen die Kosten der Prozessführung nicht, nur zum Teil oder nur in Raten aufbringen kann, erhält auf Antrag Prozesskostenhilfe, wenn die beabsichtigte Rechtsverfolgung oder Rechtsverteidigung hinreichende Aussicht auf Erfolg bietet und nicht mutwillig erscheint.*“

eine Prüfung der Mutwilligkeit erfolgt, verlangen die Gerichte[187] beispielsweise konkrete Nachweise zur wirtschaftlichen Werthaltigkeit der Klageforderung, d.h., um vorab zu prüfen, ob eine Durchsetzung der zu titulierenden Forderung später auch durchsetzbar erscheint.

Dieses Vorgehen ist vom Ansatz her auch sinnvoll, da dem Steuerzahler keine Finanzierungskosten für eine Klage aufzuerlegen sind, die mangels späterer Liquidierbarkeit der Klageforderung nur Geld gekostet hat. Einschränkend muss hier aber vor einer pauschalierten Nachweispflicht zur Werthaltigkeit gewarnt werden, um die Anforderungen an PKH-Gewährungen nicht zu überspannen bzw. das Tatbestandsmerkmal der Mutwilligkeit nicht zur voreiligen PKH-Ablehnung zu missbrauchen. Denn es besteht die Gefahr, dass bei einer alternativen Anwendung dieser Tatbestandsmerkmale durch zu hohe Anforderungen an die Erbringung von Nachweisen zur späteren Durchsetzbarkeit die Mutwilligkeit vorschnell bejaht und dadurch der strenge Maßstab für die Verneinung hinreichender Erfolgsaussicht umgangen wird.

Diese Gefahr besteht zugegebenermaßen nur eingeschränkt, wenn man den in der Literatur z.T. vertretenen Auffassungen folgen würde, nach der eine Versagung von PKH dann nicht auf eine mutwillige Rechtsverfolgung oder Rechtsverteidigung gestützt werden könne, wenn für das Rechtsschutzziel eine i.S.d. § 114 S. 1 Alt. 1 ZPO noch hinreichende Erfolgsaussicht bestünde[188]. Diese Ansicht würde aber, wie offensichtlich auch die derzeit überwiegend gehandhabte Gerichtspraxis, auf eine vorrangige und isolierte Betrachtung der Erfolgsaussichten hinauslaufen und die Frage der Mutwilligkeit gänzlich unberücksichtigt lassen. Diese Ansicht kann nicht richtig sein. Zum einen widerspricht sie dem eindeutigen Wortlaut des § 114 ZPO. Zum anderen würde auch eine vernünftig und wirtschaftlich denkende Partei selbst bei weit überwiegenden Erfolgsaussichten von einem Prozess Abstand nehmen, wenn absehbar ist, dass die Vollstreckbarkeit aus dem im Erfolgsfall zu erlangenden Titel auf Dauer aussichtslos oder zumindest fraglich erscheint. Deshalb muss in einem solchen Fall auch einem unbemittelten Anspruchsinhaber, unabhängig von den Erfolgsaussichten, PKH versagt werden[189].

Andererseits ist zu bedenken, dass eine im Zeitpunkt der Klageerhebung fehlende Zahlungsfähigkeit des Beklagten eine spätere Realisierung der Forderung nicht von vornherein ausschließt und die Prozessführung jedenfalls dann nicht als mutwillig erscheinen lässt, wenn die beabsichtigte Klage zur Unterbrechung einer in nächster Zeit endenden Verjährungsfrist erforderlich ist, um die Möglichkeit einer zukünftigen Realisierung der Forderung zumindest offen zu halten[190]. Nach dieser grundsätzlich richtigen Auffassung, die allerdings nur vereinzelte Ausnahmefälle betrifft, muss ein PKH-Antrag zumindest aber dann wegen Mutwilligkeit versagt werden, wenn dem Antragsteller aus der Nichterlangung eines Titels voraussichtlich überhaupt kein oder wenigstens auf absehbare Zeit kein nennenswerter wirtschaftlicher Nachteil erwächst und jegliche Vollstreckungsaussichten fehlen. Der Gesetzgeber hat daher versucht, diese Kriterien im neuen Abs. 2 des

---

187 OLG Köln, MDR 1990, 1921; OLG Düsseldorf, NJW-RR 1998, 503; enger OLG Hamm, ZIP 1997, 248.

188 Stein/Jonas-*Bork*, ZPO, § 114 Rn. 27; *Bauer*, VersR 1988, 176.

189 Vgl. LG Ulm, NJW-RR 1990, 637; MüKo-ZPO-*Wax*, § 114 Rn. 119; Musielak-*Fischer*, ZPO, § 114 Rn. 44.

190 So auch OLG Oldenburg, ZInsO 2004, 1084; OLG Düsseldorf, OLGR 1998, 178, 179, 180; *Musielak/Fischer*, ZPO, § 114 Rn. 41.

§ 114 ZPO zu regeln[191]. Genauere Vorgaben zu diesen genannten allgemeinen Kriterien wären wünschenswert. So könnte z.B. konkreter bestimmt werden, zur Eindämmung einer Gefahr der Überspannung von Mutwilligkeitskriterien, auch aus wirtschaftlichen Gründen in Erwägungen zu ziehen, PKH ggf. nur für eine Teilklage zu beantragen bzw. zu bewilligen, wenn an der Eintreibung des vollen Klagebetrages von Beginn an Zweifel bestehen. Auch könnten bestimmte Unterlagen zur Nachweiserbringung und deren Zumutbarkeit konkretisiert und damit vereinheitlicht werden. Andererseits ist es sicher schwierig, angesichts der Vielgestaltigkeit möglicher Sachverhalte über die in das Gesetz aufgenommenen Kriterien hinaus weitere Vorgaben zu kodifizieren. Welche konkreten Nachweise zur Beurteilung der Mutwilligkeit zu erbringen sind, ist somit von den Gerichten für die jeweiligen Einzelfälle zu entwickeln.

So ist dem Insolvenzverwalter sicher zumutbar darzulegen, dass einer späteren Vollstreckung keine grundsätzlichen Bedenken entgegenstehen, wie dies beispielsweise bei einer bereits abgegebenen eidesstattlichen Versicherung oder der Eröffnung eines Insolvenzverfahrens über das Vermögen des Gegners der Fall wäre. Soweit derartige Negativbescheinigungen zur Bonität des potentiellen Gegners unter Beachtung datenschutzrechtlicher Bestimmungen vorgelegt werden können, hier beispielsweise durch Einholung von Negativauskünften der Schufa oder Creditreform, muss grundsätzlich von einer überwiegenden Wahrscheinlichkeit einer möglichen Vollstreckung ausgegangen und eine Mutwilligkeit im Ergebnis verneint werden. Sinnvoll und zumutbar sind sicherlich auch Recherchen bei dem für den Wohnsitz des Gegners zuständigen Grundbuchamt, ob dort Einträge im Eigentümerverzeichnis vorhanden sind.

Diese im Vorfeld des Klageverfahrens damit zu Recht geforderten Recherchen schützen nicht nur den Steuerzahler und die öffentlichen Kassen, sondern dienen insbesondere auch dem Insolvenzverwalter selbst. Ist er es doch, der erst durch die spätere erfolgreiche Realisierung der titulierten Forderungen neben der Masseanreicherung zugunsten der Gläubiger mittelbar durch seine dadurch gesteigerten Vergütungsansprüche profitiert. Die Prozessführung selbst, noch dazu über PKH mit der gesetzlichen Gebührendeckelungsregelung[192], ist nicht Ziel des Verwalters, sondern nur ein notwendiges, aber ebenso beschwerliches Mittel zur Erreichung dieses Zwecks.

Im Gleichklang mit den Mutwilligkeitskriterien des Gesetzgebers steht das Interesse des Prozessfinanzierers. Da die gewerblichen Prozessfinanzierer nur an einem erzielten Erlös beteiligt sind, also auch das Vollstreckungsrisiko mit übernehmen, haben sie ein besonderes eigenes Interesse im Vorfeld zu erfahren, ob im Falle einer Titulierung der einzuklagenden Forderung eine spätere Realisierung zumindest möglich erscheint. Bei dieser Finanzierungsprüfung spielt die Frage der Bonität die entscheidende Rolle. Weshalb sollte diese Frage dann vom Steuerzahler vernachlässigt werden? Die ausdrückliche Aufnahme der aufgeführten Fälle

---

191 § 114 Abs. 2 S. 2 ZPO-E lautet: „... *Dies ist auch dann der Fall, wenn die Kosten der Prozessführung unter Berücksichtigung des erstrebten wirtschaftlichen Vorteils, der Erfolgsaussicht und gegebenenfalls der Aussicht auf Durchsetzbarkeit des erstrebten Titels unverhältnismäßig erscheinen.*“

192 Vgl. oben Ziff. II. Nr. 2.b).

in das Gesetz zur weiteren Konkretisierung des Mutwilligkeitskriteriums ist daher nicht nur gerechtfertigt, sondern auch überfällig.

(bb) Beschwerderecht Bezirksrevision

Die Insolvenzverwalter werden sich bei erlangten PKH-Bewilligungen künftig auch verstärkter als bisher mit dem Beschwerderecht der Bezirksrevisoren konfrontiert sehen, da der Gesetzgeber beabsichtigt, die bisherigen Beschränkungen des Beschwerderechts der Staatskasse gem. § 127 Abs. 3 ZPO-E aufzuheben[193].

Derzeit erfolgt die Beschränkung einerseits durch eine gegenständliche Beschränkung des Beschwerderechts selbst zur Begrenzung der Arbeitsbelastung. Dieser Begrenzungsgrund könne nach der Gesetzesbegründung aber nicht greifen, da es der Staatskasse selbst überlassen bleiben muss, in welchem Umfang sie von ihren Rechten Gebrauch macht[194]. Zum anderen betrifft die Beschränkung den sachlichen Gehalt des Beschwerdevorbringens. Dass die PKH über das Beschwerderecht der Bezirksrevisoren nicht gänzlich versagt werden konnte, obwohl die persönlichen und wirtschaftlichen Voraussetzungen für die Bewilligung überhaupt nicht vorlagen, wurde mit dem Vertrauensschutz begründet, der es verbiete, eine einmal bewilligte PKH der Partei nachträglich wieder zu entziehen[195].

Diese Erwägung mag zu der Zeit überzeugend gewesen sein, als die Beschwerde im PKH-Verfahren nicht fristgebunden war. Inzwischen ist die Beschwerde der Staatskasse gem. § 127 Abs. 3 S. 3 ZPO fristgebunden. Spätestens nach drei Monaten ist dem Antragsteller bekannt, ob die Bewilligung von der Staatskasse angefochten ist oder nicht. Diese uneingeschränkte Ausgestaltung des Beschwerderechts versetzt die Bezirksrevisoren nunmehr in die Lage, Fehler bei der Prüfung der persönlichen und wirtschaftlichen Verhältnisse umfassend rügen und damit wirkungsvoll einer zu großzügigen Bewilligung von PKH entgegenwirken zu können[196]. Dies ist auch legitim: Steht die Rechtmäßigkeit der PKH-Bewilligung insgesamt in Frage, muss die Staatskasse geltend machen können, dass die persönlichen und wirtschaftlichen Verhältnisse der Partei eine Auslage von Prozesskosten aus dem Justizhaushalt nicht rechtfertigen.

(cc) Verstärkung der Eigenbeteiligung

Des Weiteren soll der Antragsteller künftig auch das aus dem Rechtsstreit Erlangte vorrangig und vollständig zur Deckung der Prozesskostenhilfe einsetzen, § 120a ZPO-E[197].

---

193 In Satz 1 des § 127 Abs. 3 ZPO, der da lautet: *„Gegen die Bewilligung der Prozesskostenhilfe findet die Beschwerde der Staatskasse statt, wenn weder Monatsraten noch aus dem Vermögen zu zahlende Beträge festgesetzt worden sind.“*, wird der letzte Halbsatz gestrichen. In Satz 2 des § 127 Abs. 3 ZPO, der da lautet: *„Die Beschwerde kann nur darauf gestützt werden, dass die Partei nach ihren persönlichen und wirtschaftlichen Verhältnissen Zahlungen zu leisten hat.“*, werden die Wörter *„Zahlungen zu leisten hat“* durch die Wörter *„die Kosten der Prozessführung selbst tragen kann oder dass Monatsraten oder aus dem Vermögen zu zahlende Beträge nicht oder in zu geringer Höhe festgesetzt worden sind“* ersetzt.
194 BT-Drucks. 16/1994, S. 32.
195 BGHZ 119, 375 f.
196 BT-Drucks. 16/1994, S. 32.
197 § 120a Abs. 1 ZPO-E lautet: *„Hat die Partei durch die Rechtsverfolgung oder Rechtsverteidigung, für die ihr Prozesskostenhilfe bewilligt wurde, etwas erlangt, hat sie die Kosten der Prozessführung aus dem Erlangten*

Dies kollidiert möglicherweise mit der Rechtsprechung des neunten Zivilsenats des BGH[198], wonach es keinen allgemeinen Grundsatz geben soll, dass der Ertrag eines erfolgreichen Prozesses vorrangig zur Deckung der von der Staatskasse verauslagten Prozesskosten einzusetzen sei. Damit trat der BGH einer weit verbreiteten obergerichtlichen Rechtsprechung entgegen[199], die der Auffassung war, den im Rechtsstreit erzielten Erlös vorrangig zur Deckung der Prozesskosten heranzuziehen. Grundsätzlich stünde zwar nur der nach Abzug der Massekosten und Masseschulden etwa verbleibende Restbestand zur Deckung der Kosten eines vom Insolvenzverwalter geführten Prozesses zur Verfügung. Eine Ausnahme solle jedoch für den Ertrag eines Prozesses gelten, für den PKH bewilligt worden sei; denn die PKH diene nicht dazu, die Masse auf Kosten der Staatskasse zu vermehren.

Durch die neue Regelung des Gesetzgebers würde nun aber eine Vorschrift in der ZPO existieren, dass ein Kläger den Ertrag eines erfolgreichen Prozesses vorrangig zur Tilgung der von der Staatskasse vorfinanzierten Prozesskosten einsetzt. Die bisherige OLG-Rechtsprechung würde damit wieder Aufwind bekommen. Diese Vorschrift widerspräche aber dann den Vorschriften der InsO über die Abwicklung eines massearmen Insolvenzverfahrens.

Denn die Kosten eines vom Insolvenzverwalter geführten Prozesses stellen Masseverbindlichkeiten i.S.v. § 55 Abs. 1 Nr. 1 InsO dar, die gem. § 53 InsO vorweg aus der Insolvenzmasse zu befriedigen sind. Soweit die Masse hierzu aber nicht ausreicht, ordnet § 209 Abs. 1 InsO die Rangfolge an, in welcher die Masseverbindlichkeiten zu begleichen sind. Danach haben die Kosten des Insolvenzverfahrens – die Gerichtskosten und die Vergütungen und Auslagen des vorläufigen Insolvenzverwalters, des Insolvenzverwalters und der Mitglieder des Gläubigerausschusses[200] absoluten Vorrang[201]. Erst anschließend werden die so genannten Neumasseverbindlichkeiten befriedigt. Das sind die Masseverbindlichkeiten, die nach Anzeige der Masseunzulänglichkeit begründet wurden[202]. Unter die Neumasseverbindlichkeiten fallen somit auch die Erstattungsansprüche der Staatskasse, die aber nun einen in § 120 a ZPO-E gesetzlich angeordneten Vorrang genießen würden.

Diesen Widerspruch hat der Gesetzgeber offensichtlich nicht gesehen und ist auch hier aufgerufen, eine entsprechende Kollisionsnorm bzw. einen Ausnahmetatbestand für die Vorschriften der InsO zu schaffen. Soweit eine klare gesetzliche Regelung fehlt, ist für dieses Problem jedoch eine interessengerechte Lösung zu finden.

Nach derzeitiger Rechtslage kann das Gericht gem. § 120 Abs. 4 ZPO die zu zahlenden Raten erhöhen oder die volle Erstattung der im Prozess angefallenen Gerichts- und Anwaltskosten anordnen, soweit die bedürftige Partei die titulierte Forderung auch erfolgreich vollstreckt hat und eine Verbesserung ihrer Einkommens- und Vermögensverhältnisse eingetreten ist[203]. Die Anwendung des

---

aufzubringen. Das Gericht ändert die Entscheidung über die zu leistenden Zahlungen und setzt den aus dem Erlangten zu zahlenden Betrag fest."; Abs. 4 ergänzt: „*Erlangt die Partei durch die Rechtsverfolgung, für die ihr Prozesskostenhilfe bewilligt wurde, etwas im Sinne von Abs. 1 Satz 1, hat sie dies dem Gericht unter Angabe des Erlangten unverzüglich mitzuteilen. Hierüber und über die Folgen eines Verstoßes ist sie bei der Antragstellung zu belehren.*"

198 BGH v. 21.9.2006, Az. IX ZB 305/05.

199 Z.B. OLG Koblenz, MDR 2005, 107; OLG Dresden, ZIP 2004, 187, 188; OLG Celle, MDR 2001, 230, 231; Musielak-*Fischer*, ZPO, § 120 Rn. 16; einschränkend OLG Zweibrücken, MDR 1997, 885, 886.

200 § 54 InsO.

201 § 209 Abs. 1 Nr. 1 InsO.

202 § 209 Abs. 1 Nr. 2 InsO.

203 OLG Köln, AnwBl. 1993, 299; OLG Frankfurt, KostRspr. ZPO, § 120 Nr. 124; OLG Karlsruhe, KostRspr. ZPO, § 120 Nr. 104; Stein/Jonas-*Bork*, ZPO, § 120 Rn. 17.

§ 120 Abs. 4 ZPO führt in diesem Fall aber zu unbefriedigenden Ergebnissen. Die Frage, ob die bedürftige Partei beigetriebene Forderungen einsetzen muss, richtet sich nämlich wiederum nach § 115 ZPO, ob das ursprüngliche Einkommen und Vermögen der Partei ergänzt um die beigetriebene Forderung höhere Zahlungen gebieten, als ursprünglich festgelegt[204].

Übertragen auf die Insolvenzmasse müsste nunmehr bewertet werden, wie die Rückzahlung nach Liquidierung der Klageforderung unter Abwägung der Interessen weiterer Gläubiger, zu erfolgen hat. Dies ist unbillig, zumal die beigetriebene Forderung in der Regel auch aus einer einmaligen Zahlung besteht und Kostenerstattungsansprüche des Finanzierers vorrangig bedient werden können. Das Begehren des Gesetzgebers ist deshalb durchaus nachvollziehbar, bringt es doch mit dieser gesetzlichen Vorrangregelung genau das zum Ausdruck, was der Prozessfinanzierer ebenfalls vertraglich regelt, nämlich dass seine Auslagenerstattungsansprüche durch Abtretung der Erlösansprüche vorrangig vor anderen Massegläubigern befriedigt werden[205]. Es ist nicht einzusehen, dass derjenige, der die Führung des Prozesses zunächst überhaupt erst ermöglicht, bei einem Klageerfolg hinter denjenigen Gläubigern noch zurückstehen muss, die von einem Klageerfolg profitieren würden, jedoch auf Kosten des Finanzierers, der diesen Erfolg erst ermöglicht hat.

Freilich trägt in der Regel der Gegner die Prozesskosten, soweit der Kläger obsiegt. Doch geht es dann hauptsächlich um die Frage der tatsächlichen Beitreibung dieser Kostenerstattungsansprüche. Ist die Beitreibung erfolgreich, können der beigeordnete Rechtsanwalt nach § 126 ZPO[206] bzw. die Staatskasse nach § 29 Nr. 1 GKG sowie aus übergegangenem Recht[207] gegen den Gegner vorgehen. Soweit eine Beitreibung dieser Prozesskosten jedoch erfolglos bleibt, lediglich die titulierten Ansprüche, ggf. auch nur teilweise, liquidiert werden können, wird dieser ausstehende Kostenerstattungsanspruch regelmäßig deutlich unter dem Betrag des Erlangten liegen. Dies gilt auch für den Fall des Teilunterliegens und der damit verbundenen Verpflichtung zur anteiligen Kostentragung nach § 92 ZPO.

Der vollständige Abzug dieser vorweg zu erstattenden Kosten ist aber durchaus interessengerecht: Auch bei dem „vermögenden“ Kläger verbleibt das Erlangte nicht ungeschmälert, sondern wird um die auf ihn entfallenden Kosten reduziert. Es ist kein Grund erkennbar, warum für die bedürftige Masse anderes gelten solle. Es ist nicht einzusehen, dass der Insolvenzverwalter als Gläubiger vor demjenigen Gläu-

---

204 BT-Drucks. 16/1994, S. 17.

205 So lautet die Klausel der D.A.S. (statt vieler) § 6: *„Zur Sicherung der Erstattungsansprüche der D.A.S. tritt der Anspruchsinhaber hiermit vorrangig die streitigen Ansprüche sowie sämtliche Ansprüche auf Prozesskostenerstattung gegen den Anspruchsgegner und Dritte an die D.A.S. ab. Die D.A.S. nimmt die Abtretung an. Die Sicherungszession dient insbesondere dazu, die gegenüber der D.A.S. eingegangene Masseverbindlichkeit bzw. Neumasseverbindlichkeit vorrangig vor weiter vorhandenen Massegläubigern und Neumassegläubigern sowie auch vor den Gläubigern der Massekosten im Erfolgsfalle zu befriedigen.“*

206 § 126 Abs. 1 ZPO lautet: *„Die für die Partei bestellten Rechtsanwälte sind berechtigt, ihre Gebühren und Auslagen von dem in die Prozesskosten verurteilten Gegner im eigenen Namen beizutreiben.“* Es handelt sich hier also nicht um den Vergütungsanspruch des beigeordneten Rechtsanwalts gegen seine Partei, sondern um deren Erstattungsanspruch gegen die verurteilte Gegenpartei. Er umfasst die volle gesetzliche Vergütung, soweit nicht seine Partei oder die Staatskasse bereits bezahlt haben, vgl. KG, RPfleger 1987, 333.

207 § 59 Abs. 1 S. 1 RVG.

biger bevorzugt wird, der ihm und der Masse diese Bereicherung überhaupt erst ermöglicht hat.

Der denkbare Einwand, dass der Insolvenzverwalter mit dem nach Abzug der dem Finanzierer zu erstattenden Kosten seine Vergütung möglicherweise nicht mehr voll erreichen kann, kann nicht verfangen, da es sich bei der Vergütungsfrage um ein vom Rechtsstreit unabhängiges Problem handelt. Bereits vor Klageerhebung vorhandene Masse, die unabhängig vom Klageverfahren für Massekosten und damit auch für seine Vergütung separiert werden konnte, muss der Insolvenzverwalter selbstverständlich nicht für Prozesskosten einsetzen, genauso wenig, wie keine Partei gezwungen werden darf, zur Verfolgung ihrer Rechte ihr Existenzminimum einzusetzen. Es ist aber nicht geboten, dem Insolvenzverwalter ausschließlich erst einmal zu seiner Vergütung zu verhelfen, indem ihm der Gesamterlös des Rechtsstreits ohne vorherigen Abzug der dem Finanzierer zu erstattenden Kosten überlassen wird. Dies würde auch dem Prinzip der PKH widersprechen, welches den Staat verpflichtet, der bedürftigen Partei ebenso wie der vermögenden Partei den Zugang zu den Gerichten zu eröffnen, allein um der bedürftigen Partei zur Durchsetzung individueller Rechtspositionen zu verhelfen[208], nicht mehr und nicht weniger. Dieses Sozialstaats- und Gleichheitsprinzip darf aber nicht dazu missbraucht werden, der bedürftigen Partei neben dem Zugang zu den Gerichten zusätzlich auch noch zu einem Vermögen zu verhelfen, das einer vermögenden Partei auch nicht verbleiben würde.

Somit dem Finanzierer, egal ob Steuerzahler oder Prozessfinanzierer, gänzlich auch noch das Ausfallrisiko der vorfinanzierten Prozesskosten aufzubürden und damit den Verwalter zu bevorzugen, ist unbillig.

Vielmehr ist es interessengerecht, wenn sich der staatliche Finanzierer über § 120a ZPO-E einen effektiven Zugriff auf die erlangten Vermögenswerte zur Rückzahlung der Verfahrenskosten eröffnet, welche die bedürftige Partei aus dem mit der PKH finanzierten Rechtsstreit erlangt, ohne auf die Vergütungsansprüche des Verwalters Rücksicht nehmen zu müssen.

Kein anderes Ziel verfolgt auch der gewerbliche Prozessfinanzierer, wenn er sich vertraglich durch Abtretung sämtlicher Ansprüche die vorrangige Erstattung seiner Auslagen sichern möchte; dies, wenn schon nicht vor den Gerichtskosten, so doch zumindest noch vor den Vergütungsansprüchen des Insolvenzverwalters. Denn es wäre in der Tat nicht begründbar, dass der vom Steuerzahler erbrachte Vorschuss nur dazu dient, die Ansprüche des Verwalters vorrangig zu erwirtschaften, ohne diese Auslagen erstattet zu bekommen. Soweit sich der Insolvenzverwalter aus dem erzielten Erlös vorrangig seine Vergütung sichern und den gewerblichen Prozessfinanzierer zumindest mit seinen Auslagenerstattungsansprüchen leer ausgehen lassen würde, wäre die Zusammenarbeit zwischen Prozessfinanzierer und Insolvenzverwalter künftig nicht mehr möglich.

208 BVerfGE 78, 104, 117.

Da aber der Steuerzahler derartige Wahlrechte und Druckmittel nicht hat, müssen ihm adäquate Instrumentarien zur Verfügung stehen. Dies können nur gesetzliche Regelungen wie beispielsweise der § 120a ZPO-E sein. Dass dann der Begriff des „Erlangten" in § 120a ZPO-E offensichtlich dem § 812 BGB entlehnt ist und somit wie dort jeden Vermögenswert bezeichnet, ist dann im Ergebnis nur konsequent und auch folgerichtig.

(b) Neuere Tendenzen in der untergerichtlichen Rechtsprechung

Darüber hinaus verlangen zwischenzeitlich die Landgerichte Stendal[209] und Freiburg[210] zur Prüfung der Bedürftigkeit i. S. d. § 116 ZPO einen Nachweis vom PKH beantragenden Verwalter, dem Gericht näher darzulegen, dass ein vorher unternommener Versuch zur Gewinnung eines gewerblichen Prozessfinanzierers fehlgeschlagen ist. Erst nach einer erfolglosen Anfrage bei einem gewerblichen Prozessfinanzierer hätte der PKH-Antrag somit überhaupt erst Erfolg. Leider nur kurz begründet das LG Stendal seine Auffassung damit, dass das Klageverfahren regelmäßig allein im Interesse der Gläubiger geführt wird, so dass der Verwalter vorrangig verpflichtet sei, sämtliche zur Masseanreicherung notwendigen Prozesse aus dem Insolvenzverfahren selbst heraus zu bestreiten. Wenn ihm das nicht gelänge, müsse er sich an Dritte halten, auch auf die Gefahr hin, dass hierfür entsprechende Verwertungskosten anfallen und aus der Masse bezahlt werden müssen. Das LG Freiburg unterlässt eine Begründung seiner Entscheidung gänzlich.

Zunächst wirken diese Entscheidungen beim erstmaligen Lesen mutig und möglicherweise sogar ein wenig überzogen. Bei genauerer Untersuchung der Frage, ob der Prozess bei unzureichender Masse in erster Linie mit Hilfe von massefremden Drittmitteln zu führen sei und nur zweitrangig mit Hilfe des Steuerzahlers, kommt man jedoch mit guten Gründen zu der Erkenntnis, dass die beiden Gerichtsentscheidungen nicht nur vertretbar, sondern im Ergebnis auch richtig sind.

(aa) Massefremde Drittmittel

Derartige massefremde Mittel können beispielsweise entscheidend für die Eröffnung oder Einstellung des Verfahrens sein. Die in der Insolvenzordnung selbst enthaltenen Regelungen, das Insolvenzverfahren trotz Massearmut aufgrund der Zahlung eines Kostenvorschusses gemäß § 26 Abs. 1 S. 2 InsO zu eröffnen sowie die Einstellung des Verfahrens durch eine entsprechende Leistung gemäß § 207 Abs. 1 S. 1 InsO zu verhindern, sprechen gegen die Auffassung, dass der Verwalter alle zur Masseanreicherung erforderlichen Handlungen nur aus eigenen Mitteln heraus zu bestreiten hat. Auch würde ein von den Gläubigern geleisteter Kostenvorschuss ein vom Verwalter treuhänderisch verwaltetes und zweckgebundenes Sondervermögen darstellen, das gerade nicht Bestandteil

---

209 LG Stendal v. 13.9.2005, Az. 22 T 26/05 (unveröffentlicht, vgl. Abdruck im Anhang 3). In diesem PKH-Beschwerdebeschluss führt das LG wie folgt aus: „... *Unabhängig davon wäre der Kläger im Rahmen der Darlegung seiner Bedürftigkeit gehalten gewesen, näher darzulegen, dass eine Bevorschussung des Prozesses durch einen Prozesskostenhilfeversicherer* (gemeint ist ein Prozessfinanzierer) *im vorliegenden Falle nicht möglich ist.*" Die Rechtsbeschwerde wurde nicht zugelassen, weil die Rechtssache keine grundsätzliche Bedeutung hätte sowie die Fortbildung des Rechts oder die Sicherung einer einheitlichen Rechtsprechung eine Entscheidung des Rechtsbeschwerdegerichts nicht erfordere.

210 LG Freiburg, Hinweisbeschluss v. 13.12.2006, Az. 6 O 299/05 (unveröffentlicht, vgl. Abdruck im Anhang 3); Im Rahmen des PKH-Verfahrens erging ein Hinweis mit folgendem Inhalt: „*Der Kläger wird darauf hingewiesen, dass es für beabsichtigte Zivilprozesse mit hohen Streitwerten die Möglichkeit einer Prozessfinanzierung für Erfolg versprechende Prozesse gibt. Es wird um Mitteilung bis 5.1.2007 gebeten, ob eine solche Möglichkeit der Finanzierung des Rechtsstreits vorliegend versucht worden ist*".

der Masse wird[211], so dass der Einsatz massefremder Drittmittel auch für erforderliche Verwertungshandlungen sinnvoll sein kann.

(bb) Eigene Möglichkeiten des Insolvenzverfahrens

So spielte es bei den ablehnenden PKH-Entscheidungen durch die Landgerichte Stendal und Freiburg interessanterweise auch keine Rolle, ob die jeweiligen Verwalter die Klagen als erforderliche Verwertungshandlungen ausschließlich aus der Masse bestreiten konnten. Vielmehr soll die Verwertungshandlung aus dem Insolvenzverfahren selbst heraus realisiert werden. Wenn man den Begriff des Insolvenzverfahrens daher weit auslegt und die vom Prozessfinanzierer vorzuschießenden Verfahrenskosten als massefremde Drittmittel mit einbezieht, ist dieser Auffassung des grundsätzlichen Selbsttragungserfordernisses zu folgen, wonach der Verwalter erst als letzte Möglichkeit PKH zu Lasten des Steuerzahlers zu erhalten hat.

Primär hat er somit zu versuchen, bei unzureichender Masse fremdes Vermögen zur Realisierung seiner Verwertungshandlungen heranzuziehen. So kann beispielsweise der Verwalter die im Vorfeld einer Verwertung von Massegegenständen ggf. anfallenden Gutachterkosten nicht über staatliche Mittel begleichen. Weshalb soll er es dann aber bei anderen Verwertungshandlungen dürfen? Die möglicherweise im Vordringen begriffene und durchaus vertretbare Rechtsauffassung, bei erforderlichen Kostenvorschüssen zunächst auf massefremdes Kapital zurückzugreifen, hier also bei Weigerung der Gläubiger zum Kostenvorschuss, zunächst bei einem oder mehreren Prozessfinanzierern nachzufragen, entspräche auch dem Willen der Verwalter, ohne vorherigen Versuch einer PKH-Beantragung sofort Prozessfinanzierung in Anspruch nehmen zu können. Gleichfalls würde diese Lösung auch dem Willen des Gesetzgebers, hier der Entlastung der Länderkassen, entsprechen und im Gleichklang mit den neuen PKH-Reformbemühungen stehen:

Entsprechend dem Ziel des Gesetzgebers einer stärkeren Eigenbeteiligung des Antragstellers wird nach § 115 Abs. 4 ZPO-E[212] derjenigen Partei, die aufgrund erhöhter Einkommensverhältnisse besonders hohe Raten zahlen kann, zunächst die Aufnahme eines Bankkredits zugemutet. Diese Regelung reflektiert auch den eindeutigen Willen des Gesetzgebers, vorrangig Drittmittel durch Bankkredit in Anspruch nehmen zu müssen und nur noch subsidiär zinslose Justizkredite auf Kosten des Steuerzahlers zu gewähren, die sich in vielen Fällen dann in der Praxis überwiegend in verlorene Zuschüsse verwandeln.

Der Insolvenzverwalter über das Vermögen eines bestimmten Schuldners steht wertungsmäßig auch einem Unternehmer näher, als einem „normalen“ Antragsteller aus dem Kreise der Verbraucher. Der Unternehmer jedoch, der in erheblichem Umfang mit Fremdkapital arbeitet, muss sich aber auch um einen Kredit

---

211 Nerlich/Römermann-*Mönning*, InsO, § 26 Rn 41; *Hess*, InsO, § 26 Rn 35; Smid-*Smid*, InsO, § 26 Rn 18; *Haarmeyer*, ZInsO 2001, 103, 107.

212 § 115 Abs. 4 ZPO-E lautet: *„Bei einem einzusetzenden Einkommen von mehr als 450,00 Euro wird Prozesskostenhilfe nur bewilligt, wenn der Antragsteller glaubhaft macht, dass ihm die Aufnahme eines Darlehens nicht zumutbar ist.“*

bemühen; PKH kann er nur erhalten, wenn er andernfalls insolvent würde[213]. Die Forderung zur primären Inanspruchnahme von Drittmitteln zur Prozessfinanzierung ist daher nicht neu. Auch wird nach verbreiteter Ansicht in der Rechtsprechung und Literatur die Möglichkeit bejaht, die Partei im Einzelfall im Rahmen des Zumutbaren auf die Aufnahme eines privaten Darlehens zu verweisen[214]. Danach ist eine Kreditaufnahme der Partei etwa zumutbar, wenn sie in nicht unerheblichem Maß am Wirtschaftsleben teilnimmt, eine Kreditvergabe daher zu erwarten, die mit der Kreditaufnahme verbundene Rückzahlungsverpflichtung erfüllbar und das Existenzminimum der Partei nicht gefährdet ist. Übertragen auf den Insolvenzverwalter käme eine Kreditgewährung durch Banken für diese aufgrund des Ausfallrisikos wohl nicht in Betracht.

Die gewerbliche Prozessfinanzierung ist jedoch eine akzeptable Alternative. Die prozentuale Erfolgsbeteiligung ist letztendlich das Pendant zur Zinszahlungspflicht, jedoch erhöht um den Betrag der Übernahme des Ausfallrisikos. Aus diesem Grunde spricht nichts dagegen, vom Insolvenzverwalter, der den Schuldner lediglich von Amts wegen vertritt, zu verlangen, wenn möglich schon mit Einreichung eines PKH-Gesuchs gleichzeitig Nachweise zu erbringen, erfolglos bei gewerblichen Prozessfinanzierern um Prozessfinanzierung nachgesucht zu haben. Diese Nachweise dürfen keine Zulässigkeitsvoraussetzung sein, da es dem Antragsteller möglich sein muss, allein aus Gründen der Verjährungshemmung gem. § 204 Abs. 1 Nr. 14 BGB einen (zulässigen) PKH-Antrag stellen zu können.

Die am Ende des PKH-Verfahrens stehende Bewilligungsentscheidung ist jedoch von der (auch nachreichbaren) Ablehnungsentscheidung gewerblicher Prozessfinanzierer abhängig zu machen, so wie der sonstige Antragsteller darlegen und ggf. durch Bankbescheinigung glaubhaft machen muss, dass ihm die Inanspruchnahme eines Kredits z.B. im Hinblick auf die mutmaßliche Höhe der Prozesskosten und wegen fehlender Sicherheiten versagt worden ist. Soweit dem Insolvenzverwalter eine Finanzierungszusage gewerblicher Prozessfinanzierer nach umfassender Prüfung sowohl der Sach- und Rechtslage, als auch der Werthaltigkeit der Forderung versagt bleibt, muss er sich fragen lassen, ob die Klage dann auch tatsächlich noch Aussicht auf Erfolg hätte. Eine anschließende Versagung von PKH wegen Mutwilligkeit gem. § 114 ZPO wäre dann nur folgerichtig[215].

(c) Barmittel

Die Prüfung, ob die Kosten aus der verwalteten Masse nicht aufgebracht werden können[216], kann im PKH-Verfahren nur kursorisch erfolgen. Auf dieser ersten Stufe

---

213 Zöller-*Philippi*, ZPO, § 115 Rn. 63 ff.

214 BGH, NJW-RR 1990, 450, 451; KG, FamRZ 2003, 1394, 1395; OLG Frankfurt, NJW-RR 1987, 320; OLG Frankfurt, FamRZ 1984, 809, 810; OLG Brandenburg, FamRZ 1997, 681; BFH/NV 1989, 124; Stein/Jonas-*Bork*, ZPO, Bd. 2, § 115 Rn. 99.

215 So bejaht auch der BGH Mutwilligkeit, wenn die Rechtsschutzversicherung wegen Aussichtslosigkeit die Deckung verweigert und der Antragsteller keinen Stichentscheid seines Rechtsanwalts eingeholt hat, BGH, BB 1987, 1845.

216 Dieses Tatbestandsmerkmal wird im Folgenden mit *„Bedürftigkeit“* beschrieben.

der „Bedürftigkeitsprüfung“[217] kommt es entscheidend darauf an, welche Barmittel entweder vorhanden sind oder aufgetrieben werden können, die für die Kosten der angestrebten Prozessführung, hier den Gerichtskostenvorschuss, die Kosten des Prozessanwaltes des Insolvenzverwalters und die voraussichtlichen Kosten einer Beweisaufnahme erforderlich sind.

Zur Deckung dieser Verfahrenskosten soll nach einhelliger Meinung allerdings nur der Restbarbestand herangezogen werden, der nach Abzug der Masseschulden und Massekosten verbleibt[218]. Danach soll Bedürftigkeit im Sinne der PKH-Regeln zumindest dann vorliegen, wenn das Insolvenzverfahren masseunzulänglich ist[219]. Die Masseunzulänglichkeitsanzeige soll ein Indiz dafür sein. Dies kann aber nur dann gelten, wenn die vorweg zu befriedigenden Masseforderungen höher sind als der Betrag, den der Insolvenzverwalter einklagen möchte. Denn bei einem nach Begleichung der Massekosten verbleibenden Überschuss wäre ja dann wieder auf die Zumutbarkeit der Insolvenzgläubiger zur Prozessfinanzierung abzustellen. Eine weitergehende Prüfung soll nach ganz allgemeiner Meinung bei angezeigter Masseunzulänglichkeit dann aber nicht mehr erfolgen, so dass die Bedürftigkeit in der Praxis ohne weitere Prüfung bejaht wird, insbesondere auch dann, wenn die vorhandenen Mittel der Gemeinschuldnerin bereits nicht einmal ausreichen, um die Kosten des Insolvenzverfahrens zu decken.

Diese Auffassung greift jedoch in der Vielzahl der Fälle bereits angezeigter Masseunzulänglichkeit zu kurz und verkennt wesentliche Prinzipien des neuen Insolvenzrechts.

(d) Besonderheiten des Kriteriums der Bedürftigkeit nach Anzeige der Masseunzulänglichkeit

Gerade in den Fällen bereits angezeigter Masseunzulänglichkeit dürften sich weder die Gerichte noch der Antragsgegner mit dem Vortrag des Verwalters begnügen, dass das Verfahren masseunzulänglich oder kurzfristig liquidierbares Vermögen nicht vorhanden und Bedürftigkeit daher gegeben sei. Insbesondere stellt die Anzeige der Masseunzulänglichkeit gerade kein gewisses Indiz hierfür dar. Vielmehr müssten sie die Bedürftigkeit nach § 116 ZPO unter Betrachtung der neuen Insolvenzvorschriften prüfen.

Wenn der Insolvenzverwalter sogleich selbst nachfolgende Ausführungen konsequent beachten würde, käme er in den meisten Fällen masseunzulänglicher Verfahren gar nicht mehr in die Verlegenheit, PKH beantragen zu müssen.

---

217 Es folgt dann die zweite Stufe der *„Zumutbarkeit“*.
218 OLG Bremen, OLGR 1997, 242; OLG München, ZIP 1998, 1197; OLG München, ZIP 1996, 512; OLG Köln, ZIP 1990, 936; OLG Köln, ZIP 1994, 724; OLG Celle, ZIP 1988, 792; OLG Schleswig, ZIP 1995, 759; OLG Rostock, ZIP 1997, 1710; OLG Dresden, ZIP 1998, 1758; *Steenbuck,* MDR 2004, 1155; *Mitlehner,* NZI 2001, 617, 618 je m.w.N. Das OLG Stuttgart, ZInsO 2004, 556 und das BAG, ZIP 2003, 1947 gehen sogar soweit, dass der verbleibende Restbarbestand nur dann zur Finanzierung heranzuziehen sei, wenn dem Verwalter danach noch ausreichende Liquidität zur ordnungsgemäßen Verfahrensabwicklung bliebe.
219 BGH v. 14.7.2005, Az. IX ZB 224/04.

(aa) Bedürftigkeit nach Konkursordnung

Die auch heute noch verbreitete ungenaue Prüfung der Bedürftigkeit hat offensichtlich ihre Ursachen in der alten KO. Nach dem für die Abwicklung von masseunzulänglichen Verfahren maßgeblichen § 60 KO[220] hatte der Konkursverwalter keine Möglichkeit, nach Eintritt der Masseunzulänglichkeit unterschiedliche Kategorien von Masseverbindlichkeiten zu begründen.

Stattdessen gab es nur eine Rangklasse für Masseverbindlichkeiten, die nach Verfahrenseröffnung entstanden oder begründet worden sind. Es gab daher unter Geltung der KO keine Unterscheidung nach Alt- und Neumasseverbindlichkeiten. Soweit die Masse für vorhandene Masseverbindlichkeiten nicht mehr ausreichte, kam nur noch eine quotale Befriedigung der Massegläubiger in Betracht. Dies wiederum hatte zur Folge, dass der Konkursverwalter nach Anzeige der Masseunzulänglichkeit nicht einmal die Gerichtskosten für einen von ihm angestrebten Prozess vollständig bezahlen konnte, andernfalls er sich persönlich haftbar gemacht hätte. Zudem wurde dem Konkursverwalter PKH von der Rechtsprechung seinerzeit grundsätzlich verwehrt[221]. Zur Beseitigung dieses Problems hat der Gesetzgeber den § 116 ZPO für den Konkursverwalter eröffnet. In der amtlichen Begründung zu § 116 ZPO heißt es, dass mit der Vorschrift zukünftig auch der Partei kraft Amtes, insbesondere dem Konkursverwalter, die Prozessführung im weiteren Umfang ermöglicht werden soll. Die Gewährung von PKH für den Konkursverwalter sollte danach die Regel, die Verweigerung hingegen die Ausnahme sein[222].

(bb) Bedürftigkeit nach der InsO

Mit Schaffung der §§ 208ff. InsO erhielt der Insolvenzverwalter nun aber die Möglichkeit, auch nach Eintritt und Anzeige der Masseunzulänglichkeit neue Masseschulden zu bezahlen.

Die Kosten eines vom Insolvenzverwalter geführten Prozesses stellen Masseverbindlichkeiten i. S. v. § 55 Abs. 1 Nr. 1 InsO dar. Sie sind gemäß § 53 InsO ebenso wie die Kosten des Insolvenzverfahrens und die sonstigen Masseverbindlichkeiten vorweg aus der Insolvenzmasse zu befriedigen. Reicht die Insolvenzmasse dazu nicht aus, ordnet § 209 Abs. 1 InsO die Rangfolge an, in welcher die Masseverbindlichkeiten zu begleichen sind. Vorrang haben die Kosten des Insolvenzverfahrens[223]. Es folgen die Masseverbindlichkeiten, die nach der Anzeige der Masseunzulänglichkeit begründet worden sind, ohne zu den Kosten des Verfahrens zu gehören[224]. Den schlechtesten Rang haben die übrigen Masseverbindlichkeiten[225]. Forderungen mit gleichem Rang sind im Verhältnis ihrer Beträge zu berichtigen[226].

---

220 § 60 Abs. 1 KO lautet: *„Sobald sich herausstellt, dass die Konkursmasse zur vollständigen Befriedigung aller Massegläubiger nicht ausreicht, werden Massekosten und Masseschulden, soweit diese Ansprüche auf einen Geldbetrag gerichtet sind, nach folgender Rangordnung, bei gleichem Rang nach dem Verhältnis ihrer Beträge, berichtigt: 1. die Masseschulden im Sinne des § 59 Abs. 1 Nr. 1, 2; 2. die Massekosten im Sinne des § 58 Nr. 1, 2, von diesen zuerst die baren Auslagen; 3. die Masseschulden im Sinne des § 59 Abs. 1 Nr. 3, 4; 4. die Massekosten im Sinne des § 58 Nr. 3.“*

221 Vgl. *Harms*, InVo 2000, 41.

222 BT-Drucks. 8/3068, S. 26; BGH v. 23.3.2006, Az. IX ZB 134/05; BGH v. 6.3.2006, Az. II ZB 11/05.

223 § 209 Abs. 1 Nr. 1 InsO.

224 § 209 Abs. 1 Nr. 2 InsO.

225 § 209 Abs. 1 Nr. 3 InsO.

226 § 209 Abs. 1 InsO.

Somit begründet der Insolvenzverwalter nach Anzeige der Masseunzulänglichkeit mit Klageerhebung neue Verbindlichkeiten, so genannte Neumasseverbindlichkeiten gem. § 209 Abs. 1 Nr. 2 InsO. Dies betrifft die Gerichtskosten, die Kosten des eigenen Prozessanwalts und die außergerichtlichen Kosten des Gegners. Da diese Neumasseverbindlichkeiten jedoch gem. § 209 Abs. 1 Nr. 2 InsO vor den Altmasseverbindlichkeiten aus der Masse zu bezahlen sind[227], spielt die Frage einer Bedürftigkeit aufgrund eingetretener Masseunzulänglichkeit überhaupt keine Rolle mehr. Vielmehr muss der Insolvenzverwalter nunmehr die vorhandene Masse, die zwar zur gleichmäßigen Befriedigung der Altmassegläubiger nicht mehr ausreicht[228], aber eben zur Befriedigung der Massekosten und der Neumasseverbindlichkeiten, zur Begleichung dieser Neumasseverbindlichkeiten zwingend einsetzen. Erst wenn auch die Neumasseverbindlichkeiten nicht mehr beglichen werden können, also beim Eintritt der sog. Neumasseunzulässigkeit, wäre die „Bedürftigkeit" wieder zu bejahen. Bis zu diesem Zeitpunkt wäre aber PKH mangels Bedürftigkeit bereits auf erster Stufe zu versagen. Der Grundsatz, dass die Masse bei Masseunzulänglichkeit i.S.d. § 116 ZPO regelmäßig bedürftig sei, hatte seine Richtigkeit sicherlich in der KO, kann aber nicht mehr in der InsO gelten.

Durch die neu geschaffenen Regelungen in der InsO, Massegläubiger im Falle der Massearmut nach unterschiedlichen Rangklassen zu befriedigen, hat der Insolvenzverwalter ein Instrumentarium erhalten, auch nach eingetretener und angezeigter Masseunzulänglichkeit im Rahmen weiterer Verwertungshandlungen hierfür erforderliche Verbindlichkeiten neu zu begründen und in voller Höhe, vorrangig vor den Altmassegläubigern aus der vorhandenen Masse zu bezahlen. Mehr noch: Nach § 208 Abs. 3 InsO trifft ihn sogar die ausdrücklich normierte Pflicht, auch nach Anzeige der Masseunzulänglichkeit, erforderliche Verwertungshandlungen vorzunehmen[229].

Das damals vom Gesetzgeber gesehene Problem für den Konkursverwalter, welches über § 116 ZPO beseitigt werden sollte, stellt sich durch die neu geschaffenen §§ 208ff. InsO nicht mehr. § 116 ZPO wurde zur Frage der Bedürftigkeit von den §§ 208ff. InsO überholt. Durch die Möglichkeit der Eingehung von Neumasseverbindlichkeiten muss in masseunzulänglichen Verfahren bei konsequenter Anwendung der Vorschriften der InsO die Bewilligung von PKH die Ausnahme und die Verweigerung die Regel sein. Die Heranziehung der Gesetzesmaterialen[230] durch den BGH[231], wonach Bewilligung von PKH die Regel und die Verweigerung die Ausnahme sein soll, ist überholt und verdreht die Regelungen der InsO ins Gegenteil.

Dieses Ergebnis entspricht auch dem Grundsatz jeder anderen Verwertungsentscheidung des Verwalters[232], hierbei anfallende Kosten vorrangig aus der Masse zu zahlen.

---

227 Aber nach den Kosten des Insolvenzverfahrens, hier die Gerichtskosten und die Vergütungen und Auslagen des vorläufigen Insolvenzverwalters, des Insolvenzverwalters und der Mitglieder des Gläubigerausschusses (§ 54 InsO).

228 Deshalb wurde ja Masseunzulänglichkeit angezeigt.

229 § 208 Abs. 3 InsO lautet: *„Die Pflicht des Verwalters zur Verwaltung und zur Verwertung der Masse besteht auch nach der Anzeige der Masseunzulänglichkeit fort."*

230 Vgl. BT-Drucks. 8/3068 S. 26.

231 BGH v. 23.3.2006, Az. IX ZB 134/05; BGH v. 6.3.2006, Az. II ZB 11/05.

232 Auch die Klageerhebung ist Verwertungshandlung.

(e) Ergebnis

PKH kann daher allein mit dem Hinweis auf die Möglichkeit der gewerblichen Prozessfinanzierung vom Gericht verweigert werden. Wenn für die klageweise Durchsetzung von Forderungen massefremdes Kapital in Anspruch genommen werden kann, ist es nicht einsichtig, hierfür staatliche Mittel beanspruchen zu wollen, auch um den Preis einer prozentualen Erlösbeteiligung. Das abzuführende Erfolgshonorar stellt praktisch einen von der Masse zu tragenden Verwertungsaufwand dar. Diesen Nachteil hätten die Gläubiger abwenden können, wenn sie selbst zur Übernahme der Prozesskosten bereit gewesen wären. Die Nutzung der gewerblichen Prozessfinanzierung durch den Insolvenzverwalter ermöglicht im Ergebnis die Finanzierung eines Prozesses ohne staatliche Unterstützung. Dies entspricht auch den aktuellen fiskalpolitischen Bestrebungen. Soweit die Übernahme einer Finanzierung vom Prozessfinanzierer mangels überwiegender Erfolgsaussicht oder fraglicher Bonität des Gegners bzw. Vollstreckbarkeit der Forderungen verweigert wird, muss der Verwalter im Interesse der Gläubiger bei einem weiteren Anbieter gewerblicher Prozessfinanzierung nachfragen oder seine Anfrage gleich parallel an verschiedene Anbieter versenden. Bei übereinstimmender Ablehnung der Finanzierer kann er dann als letzte Möglichkeit immer noch Prozesskostenhilfe beantragen. Ob dieser Antrag dann allerdings Erfolg haben wird, eine Bedürftigkeit und Unzumutbarkeit im Sinne des § 116 ZPO einmal unterstellt, bleibt zumindest im Rahmen der summarischen Prüfung der Erfolgsaussichten und der Mutwilligkeitsprüfung durch das Gericht fraglich.

Auch die Forderung des Gerichts an den Verwalter Nachweise zur Werthaltigkeit der Klageforderung vorzulegen geht in die richtige Richtung. Es kann nicht richtig sein, dass eine Klage gegen eine Privatperson auf Kosten des Steuerzahlers geführt werden soll, obwohl bekannt ist, dass dieser z.B. bereits die eidesstattliche Versicherung abgegeben hat. Möglicherweise geht die Vorlage von umfangreichen Nachweisen an dieser Stelle zu weit. Zumindest können im Rahmen des § 114 ZPO zur Prüfung fehlender Mutwilligkeit Nachweise durch Auskünfte aus der Schufa oder Creditreformauskünfte verlangt werden, aus denen sich keine negativen Erkenntnisse zu den wirtschaftlichen Verhältnissen des Beklagten ergeben, so wie es die gewerblichen Prozessfinanzierer aus wirtschaftlichen Erwägungen heraus im Rahmen ihrer Vorprüfung auch tun.

Nachdem die aus einer Klageerhebung heraus resultierenden Verbindlichkeiten Masseverbindlichkeiten bzw. nach bereits angezeigter Masseunzulänglichkeit gem. § 209 Abs. 1 Nr. 2 InsO Neumasseverbindlichkeiten sind, die vorrangig vor den Insolvenzgläubigern bzw. nach erfolgter Masseunzulänglichkeitsanzeige auch vor den Altmasseverbindlichkeiten zu bezahlen sind, müssen bei der Frage, ob die Masse für die Finanzierung des Prozesses bedürftig ist, nach Anzeige der Masseunzulänglichkeit aber nicht mehr die Altmasseverbindlichkeiten betrachtet werden, sondern nur noch die Neumasseverbindlichkeiten, zu denen auch die Prozesskosten zählen. Wenn nämlich wenigstens ausreichende Mittel hierfür vorhanden sind, zumindest die Massekosten und die Neumasseverbindlichkeiten bezahlen zu können, also keine Neumasseunzulänglichkeit vorliegt, muss der Verwalter die Masse, soweit vorhanden, hierfür einsetzen.

Soweit die Masse hierfür reicht, hätte dies wiederum zwingend eine Versagung der PKH zur Folge, da die Bedürftigkeitsvoraussetzungen dann gerade nicht vorliegen. Der Verwalter ist nach angezeigter Masseunzulänglichkeit nur noch dann bedürftig, wenn das Verfahren wiederum neumasseunzulänglich werden sollte und damit gehalten, hierzu gegenüber dem Zivilgericht auszuführen.

Im Rahmen der Bedürftigkeitsprüfung auf erster Stufe muss also bei § 116 ZPO zwingend beachtet werden, dass die Kosten der Prozessführung nach Anzeige der Masseunzulänglichkeit ausschließlich aus der vorhandenen freien Masse zu bezahlen sind. Nur wenn auch diese Neumasseverbindlichkeiten aus der nach Abzug der Massekosten verbleibenden freien Masse nicht beglichen werden können, also der Fall der Neumasseunzulänglichkeit vorliegt, ist der Insolvenzverwalter „bedürftig". Nur in diesem Fall wäre PKH zu bewilligen, soweit die Zumutbarkeit auf zweiter Prüfungsebene verneint wird, andernfalls grundsätzlich zu versagen.

Wenn die Verwalter und Gerichte diese Grundsätze mehr beachten würden, gäbe es praktisch nur noch in wenigen Ausnahmefällen PKH. Die konsequente Anwendung der neuen Vorschriften der InsO würde die Länderkassen erheblich entlasten und die Verwalter nicht benachteiligen. Im Gegenteil: Sie könnten die erforderlichen Kosten sogleich aus der Masse entnehmen und unter Vermeidung langwieriger PKH-Verfahren zeitnah Prozesse führen, was wiederum auch im Interesse der Gläubiger wäre.

(2) Zumutbarkeit für wirtschaftlich Beteiligte

Erst dann, wenn die Bedürftigkeit des Verwalters deshalb bejaht wird, weil die vorhandene Masse tatsächlich nicht (mehr) ausreicht, die Verfahrenskosten als Masse- oder Neumasseverbindlichkeiten zu begleichen und man der Auffassung einer grundsätzlich vorrangigen Inanspruchnahme massefremder Drittmittel nicht folgt, ist in einem zweiten Schritt zu prüfen, ob bestimmten Gläubigern als den am Verfahren wirtschaftlich Beteiligten die Prozessfinanzierung zumutbar ist. Die Gerichte setzen hierfür bisher die unterschiedlichsten Maßstäbe und Kriterien an.

(a) BGH-Rechtsprechung

Der BGH hat bereits am 8.10.1992 hierzu entschieden, dass wirtschaftlich beteiligt im Sinne des § 116 S. 1 Nr. 1 ZPO diejenigen Gläubiger sind, die bei einem erfolgreichen Abschluss des konkreten Rechtsstreites wenigstens mit einer „teilweisen Befriedigung" ihrer Ansprüche aus der Masse rechnen können[233]. Diese Auffassung hat der BGH mit seinem Urteil vom 9.7.1998 bestätigt[234] und jeweils die Zumutbarkeit davon abhängig gemacht, inwieweit die Chancen einer von den Gläubi-

233 BGH NJW 1993, 135, 136 = BGHZ 119, 372, 377; BGH ZIP 1990, 1490.
234 BGH MDR 1998, 1248, 1249.

gern tatsächlich zu erwartenden Quotenverbesserung durch Realisierung der einzuklagenden Forderung gegen den Antragsgegner den von den Gläubigern zu leistenden anteiligen Betrag der Prozessfinanzierung und die damit verbundenen Risiken deutlich übersteigen[235]. Diese Auffassung wird auch von der Literatur gestützt, wonach einem Gläubiger die Kostenaufbringung zuzumuten ist, wenn ein Betrag, den ein Gläubiger bei der Verteilung der Masse zu erwarten hat, denjenigen Betrag deutlich übersteigt, den er für die Kosten aufzubringen hat[236].

(b) OLG-Rechtsprechung

So wird auch von verschiedenen Oberlandesgerichten in Anlehnung an eine frühere BGH-Rechtsprechung[237] die Zumutbarkeit dann bejaht, wenn der für den Gläubiger zu erwartende Nutzen bei vernünftiger, auch das Eigeninteresse sowie das Prozessrisiko angemessen berücksichtigender Betrachtungsweise bei einem Erfolg der Rechtsverfolgung voraussichtlich deutlich größer sein wird bzw. wenn die Gesamtheit der Gläubiger bei einem Prozesserfolg, in absoluten Zahlen gemessen, deutlich mehr erhält als sie an Prozesskosten aufzubringen hat[238]. Das OLG Naumburg stellt z.B. darauf ab, dass jedenfalls eine Quotenbeteiligung von 13,4% dann zur Zumutbarkeit eines Vorschusses führt, wenn ohne Prozess keine Befriedigung zu erwarten sei[239]. Das OLG Celle dagegen problematisiert es bereits, ob auch dann eine Zumutbarkeit besteht, wenn im Einzelfall eine unterhalb von 50% zu erwartende Befriedigungsquote besteht[240]. Hieran zeigt sich, dass die Rechtsprechung der Oberlandesgerichte insgesamt im Hinblick auf den Tatbestand der Zumutbarkeit selbst ein uneinheitliches Bild bietet. Sie stellt zum Teil auf die zu erwartende Quote[241], teils auf das Verhältnis von Prozesskosten zur Gläubigerforderung[242] und teils auf absolute Zahlen ab[243]. Hierbei handelt es sich nur um eine Stichprobe aus der Judikatur.

Daraus wird deutlich, dass selbst ohne die Problematik der im vorangegangenen Abschnitt besprochenen Verjährungshemmung der Insolvenzverwalter sich nie sicher sein kann, Prozesskostenhilfe bewilligt zu erhalten, weil die Insolvenzsituation eine Vielzahl eigener Fragen aufwirft[244]. Dies zeigen auch nachfolgende Überlegungen.

(c) Zumutbarkeitsüberlegungen

Bei der Frage der Zumutbarkeit ist nicht auf die infolge der Prozessführung abstrakt zu erwartende Quote oder auf das Verhältnis von Prozesskosten zur Gläubigerforderung abzustellen, sondern es ist der vom Gläubiger zur Ermöglichung einer Prozessführung zu leistende konkrete (auch anteilige) Vorschuss dem konkreten Betrag gegenüberzustellen, den er bei erfolgreicher Prozessführung voraus-

235 So auch bereits BGH, NJW 1991, 40; *Steenbruck*, MDR 2004, 1155; Stein/Jonas-*Bork*, ZPO, § 116 Rn. 13.
236 Zöller-*Philippi*, ZPO, § 116 Rn. 7.
237 BGH, ZIP 1990, 1409.
238 OLG Rostock, ZIP 2003, 1721; OLG Nürnberg, ZInsO 2005, 102.
239 OLG Naumburg v. 22.3.2004, Az. 5 W 22/04, OLGR Naumburg, 2004, 434.
240 OLG Celle v. 5.2.2004, Az. 11 W 9/04, ZInsO 2004, 396.
241 OLG Koblenz, MDR 2000, 1936.
242 OLG Dresden, ZInsO 2004, 275; OLG Düsseldorf, NZI 2002, 661; OLG Koblenz, MDR 2000, 1396; OLG Köln, MDR 2000, 51.
243 *Musielak/Fischer*, ZPO, § 116 Rn. 9.
244 Vgl. hierzu auch *Haas*, NZI 2005, Heft 11 VI m.w.N.

sichtlich zusätzlich erwarten kann. So stellen beispielsweise auch die Oberlandesgerichte Nürnberg und Hamm richtigerweise auf absolute Zahlen ab[245].

(aa) Zumutbarkeitserwägungen des OLG Hamm

Das OLG Hamm hat ein Verfahren der sofortigen Beschwerde gegen die Ablehnung einer Prozesskostenhilfe zum Anlass genommen, im Wege der Rechtsfortbildung Grundsätze zur Ausfüllung des unbestimmten Rechtsbegriffs der Zumutbarkeit i.S.d. § 116 ZPO aufzustellen. Bei Ermittlung des zumutbaren Betrags stellt das OLG – insoweit ein Novum – eine „Als-Ob-Betrachtung" an. Dem Gläubiger ist ein Vorschuss (2,5 Rechtsanwaltsgebühren, Postpauschale, Umsatzsteuer und 3,0 Gerichtsgebühren) zuzumuten, den er aufbringen müsste, wenn er den auf ihn voraussichtlich entfallenden Verbesserungsbeitrag (Quotenerhöhung) eigenständig in einem eigenen Rechtsstreit außerhalb des Insolvenzverfahrens verfolgen würde[246].

Dies soll nach Ansicht des OLG Hamm im Rahmen einer komplexen Berechnung festgestellt werden. Hiernach müssen zunächst diejenigen Großgläubiger ermittelt werden, auf die mindestens 5% der festgestellten Forderungen entfallen. Für diese Gläubiger soll sodann, ggf. auch unter Berücksichtigung des Prozess- und des Ausfallrisikos, der Betrag berechnet werden, der jeweils auf sie entfiele, wenn der Insolvenzverwalter die Klage gerichtlich geltend machen würde. Sodann sollen für die jeweiligen Gläubiger die Prozesskosten ermittelt werden, die sie aufbringen müssten, wenn sie den auf sie entfallenden Betrag im Wege der Einzelklage geltend machen würden. Sofern die Summe dieser hypothetischen Prozesskosten jedes einzelnen in die Betrachtung einzubeziehenden Gläubigers höher ist als der tatsächliche erforderliche Prozesskostenvorschuss, soll den wirtschaftlich Beteiligten die Finanzierung des Rechtsstreits zumutbar sein[247].

Diese neuen Leitlinien sind zwar grundsätzlich zu begrüßen, da man damit in der Tat die Zumutbarkeit anhand konkreter Zahlen nach den Vorschriften des Rechtsanwaltsvergütungsgesetzes und dem Gerichtskostengesetz bestimmen kann und die Rechtsunsicherheit zur Frage der Zumutbarkeit durch bessere Klarheit und Voraussehbarkeit damit weitestgehend beendet wäre. Mit der entwickelten „Als-Ob-Berechnung" kann man eine einfache Kostenberechnung vornehmen, um die Zumutbarkeit zu bestimmen. Diese Art der Zumutbarkeitsbestimmung würde auch mit denjenigen Stimmen in der Literatur harmonieren, die bei der Frage der Zumutbarkeit auf die objektive Beurteilung aus der Sicht eines unbeteiligten, vernünftigen Dritten abstellen wollen[248].

(bb) Kritik

Andererseits versagt diese Auffassung bereits im einfach gebildeten Fall von beispielsweise nur einem vorhandenen Großgläubiger, der selbst unter Berücksichtigung der Degression im Gebührenrecht aufgrund des regelmäßig geringeren Quotenbetrages im Vergleich zu der vom Verwalter einzuklagenden Forderung grundsätzlich immer fiktiv weniger Prozesskosten zahlen muss, wenn er den voraussichtlich aus der Quote zu erzielenden Betrag selbst einklagen müsste.

---

245 OLG Nürnberg, Beschl. v. 6.7.2005, Az. 4 W 1171/05, JurBüro 2005, 155; Beschl. v. 30.11.04, Az. 5 W 3947/04; Beschl. v.12.5.03, Az. 4 W 1078/03; OLG Hamm, Beschlüsse vom 24.3.2005, Az. 27 W 44/05; vom 9.6.2005, Az. 27 W 41/05; vom 21.6.2005, Az. 27 W 17/05.

246 OLG Hamm a.a.O.

247 OLG Hamm a.a.O.

248 Baumbach/Lauterbach/Hartmann/Albers-*Hartmann*, ZPO, § 116 Rn. 11.

Dies wird an zwei einfachen Beispielen deutlich: Bei zur Tabelle festgestellten Forderungen von € 1 Mio., von denen der einzige Großgläubiger A € 500.000,00 angemeldet hat und der Insolvenzverwalter eine Klage über € 130.000,00 erheben möchte, die den Gläubigern im Erfolgsfalle nach Abzug der Massekosten eine Quote von ca. 10% verschaffen würde (verbleibender Klageerlös € 100.000,00), kämen an den Großgläubiger ca. € 50.000,00 zur Ausschüttung. Für die zu finanzierende Klage über € 130.000,00 müsste der Großgläubiger dem Verwalter die Gerichtskosten (3 Gebühren = € 3.168,00) und die Anwaltskosten (2,5 Gebühren zzgl. Auslagenpauschale und 19% MwSt. nach RVG = € 4.510,00 brutto), insgesamt somit € 7.678,00 vorschießen. Dies wäre bei einem Vergleich nach absoluten Beträgen (€ 50.000,00 Erlösoption über die Quote zu lediglich € 7.678,00 Einsatz) dem Großgläubiger nach bisheriger und selbst uneinheitlicher Rechtsprechung zumutbar. Die beantragte Prozesskostenhilfe würde in diesem Fall nach den Vorgaben des § 116 ZPO zu Recht versagt werden[249]. Dem Großgläubiger wäre es im vorliegenden Fall zumutbar, € 7.678,00 zu „investieren“, die ihm im Obsiegensfalle vom Gegner zusätzlich erstattet werden, um einen Quotenbetrag i. H. v. € 50.000,00 erzielen zu können. Auf eine ggf. mangelnde Bereitschaft des Großgläubigers zur Übernahme des Kostenrisikos für den Fall des Unterliegens kommt es bei der Zumutbarkeitsbetrachtung nicht an[250].

Nach Auffassung des OLG Hamm ist jedoch die Zumutbarkeitsgrenze des Großgläubigers dort überschritten, wo dieser an Verfahrenskosten mehr aufbringen muss, als er fiktiv bei Erhebung einer Zahlungsklage über den zu erwartenden Quotenbetrag, hier im Beispiel € 50.000,00, außerhalb des Insolvenzverfahrens zahlen müsste. Dies wären bei einem Streitwert von € 50.000,00 lediglich € 4.503,65 (3 Gerichtsgebühren € 1.368,00 und 2,5 RA-Gebühren nach RVG € 3.135,65 Brutto) und nicht € 7.678,00 mit der Folge, dass das OLG Hamm die Zumutbarkeit zur Übernahme der Prozesskosten durch den Großgläubiger im Beispielsfall verneinen und im Ergebnis PKH gewähren würde. Denn die für die Klageerhebung (Streitwert € 130.000,00) vom Verwalter benötigten € 7.678,00 übersteigen den Betrag von € 4.503,65. Dieses Ergebnis kann nicht richtig sein.

Einigkeit besteht nämlich dahingehend, dass die Kostenaufbringung nur für solche Insolvenzgläubiger unzumutbar ist, die entweder nur sehr geringe Forderungen geltend machen oder deren Befriedigungsaussichten sich mit dem Prozesserfolg nur unwesentlich steigern würden[251]. Im Beispielsfall käme das OLG Hamm aber mit seiner Berechnungsmethode zu einem anderen Ergebnis.

Modifiziert man den Beispielsfall lediglich dahingehend, dass der Verwalter eine Klage über € 1 Mio. erheben möchte, mit der Folge, dass somit alle Gläubiger zu 100% befriedigt werden könnten, der Großgläubiger A somit € 500.000,00 erhalten, also ebenfalls voll befriedigt werden würde, müsste dieser dem Verwalter einen Vorschuss von ca. € 26.767,40 zahlen (3 Gerichtsgebühren € 13.368,00 zzgl. 2,5 RA-Gebühren nach RVG € 13.399,40 Brutto), was aber nach Auffassung des OLG Hamm bei dem zu erwartenden Erlös von € 500.000,00 nicht zumutbar wäre, da der Großgläubiger A für eine Klageerhebung über diese Forderung nur € 17.804,90 (3 Gerichtsgebühren € 8.868,00 zzgl. 2,5 RA-Gebühren nach RVG € 8.936,90 Brutto) verauslagen müsste. Die Folge wäre ebenfalls die Bewilligung von Prozesskostenhilfe für den Millionenprozess des Insolvenzverwalters. Dieses Er-

---

249 Danach ist PKH nur zu gewähren, wenn die Kosten aus der verwalteten Vermögensmasse nicht aufgebracht werden können und den am Gegenstand des Rechtsstreits wirtschaftlich Beteiligten nicht zuzumuten ist, die Kosten aufzubringen.

250 BGH, MDR 1998, 737; OLG Köln MDR 2000, 51; OLG Düsseldorf, MDR 2002, 846; Stein/Jonas-*Bork*, ZPO, § 116 Rn. 15 f.

251 Vgl. Zöller-*Philippi*, ZPO, § 116 Rn. 7 m. w. N.

gebnis verwundert und zeigt auf, dass die formalisierte Berechnungsweise durchaus Tücken hat und z. T. Objektivität nur suggeriert.

Auch greifen die Zumutbarkeitserwägungen des OLG Hamm im Wege der „Als-Ob-Betrachtung" insoweit zu kurz, als es nur auf die zu erbringende Kostenvorschussleistung ankommen soll, die der Gläubiger aufbringen müsste, wenn er in einem eigenen Klageverfahren den Quotenbetrag einklagen würde. Soweit dieser Betrag unter dem vom Verwalter angeforderten Vorschuss liegen sollte, wäre letzterer für den Gläubiger unzumutbar. Bei dieser „Als-Ob-Betrachtung" bleibt das Kostenerstattungsrisiko, dem der Kläger im Unterliegensfalle ausgesetzt ist, unberücksichtigt.

Das OLG Hamm vernachlässigt also bei dieser Zumutbarkeitsbetrachtung die Tatsache, dass der „normale" Kläger vor Klageerhebung das ihn möglicherweise insgesamt treffende Kostenrisiko kalkuliert, welches sich im Unterliegensfalle bei ihm verwirklicht. Er muss sogar das gesamte Kostenrisiko über zwei Instanzen einkalkulieren, da selbst im Obsiegensfalle in erster Instanz das Berufungsgericht die Entscheidung aufheben und dem Kläger die Kosten des gesamten Verfahrens auferlegen kann. Wenn nun schon der „normale" Kläger für den Fall einer Klageerhebung mit einem Gesamtkostenrisiko über zwei Instanzen rechnen muss und ihm dies zumutbar sein soll, ist nicht einzusehen, weshalb dem Insolvenzgläubiger ein vorzuschießender Betrag bereits schon dann unzumutbar sein soll, der lediglich die Gerichtskosten und die klägerischen Anwaltskosten erster Instanz übersteigt.

Ein normaler Kläger und Gläubiger kann sich auch nicht auf diese reduzierten Kosten zurückziehen. Ihm werden sämtliche Kosten über zwei Instanzen zugemutet, die er in seine Kalkulation einbezieht. Für eine Privilegierung des Insolvenzgläubigers durch Herabsetzung dieser Zumutbarkeitsschwelle sind keine Gründe ersichtlich.

Es mag sein, dass der Insolvenzgläubiger im Vergleich zu einem Gläubiger, der einen eigenen Anspruch verfolgt, in geringerem Maße beurteilen kann, welche Erfolgsaussichten die Klage hat. Doch kann diese Frage auch der normale Gläubiger nicht mit Sicherheit einschätzen. Deshalb muss man bei der Zumutbarkeit der Vorschusspflicht des Insolvenzgläubigers dort ansetzen, wo die Risikobereitschaft eines „normalen" Klägers aufhört. Dann wiederum käme PKH nur noch in wenigen Fällen in Betracht, da die vom Verwalter geforderte Vorschussleistung regelmäßig geringer wäre als das sonst zu übernehmende Kostenrisiko. Der Insolvenzgläubiger würde im Unterliegensfalle lediglich die Vorschusszahlungen für Gerichts- und klägerische Anwaltskosten verlieren, der übliche Kläger jedoch sämtliche Verfahrenskosten. Aus diesem Grunde wäre bei konsequenter und objektiver Bewertung der Zumutbarkeitskriterien durch das OLG Hamm dem Insolvenzgläubiger, im Vergleich mit einem normalen Anspruchsinhaber, letztendlich in den meisten Fällen zumutbar, lediglich nur einen geringen Teil der Verfahrenskosten zu übernehmen, mit der Folge einer überwiegenden Versagung von PKH aufgrund gegebener Zumutbarkeit i. S. d. § 116 S. 1 Nr. 1 ZPO.

(cc) Zumutbarkeit für einen alleinigen Großgläubiger

Das vom OLG Hamm hervorgebrachte Ergebnis wäre möglicherweise nur dann verständlich, wenn man auf den oben gebildeten Fall vom Vorhandensein nur eines Großgläubigers abstellt und gleichzeitig die Auffassung vertreten sollte, dass es, unabhängig von der Auffassung des OLG Hamm, einem einzigen Gläubiger, neben einer Vielzahl weiterer „Kleinstgläubiger" sowieso nicht zumutbar ist, die Kosten des Verfahrens allein aufzubringen. Dies deshalb, da im Erfolgsfall auch die anderen Gläubiger prozentual beteiligt werden und dem einzig wirtschaftlich Beteiligten, hier dem einzigen Großgläubiger, trotz seiner 100%igen Beteiligung an den Prozesskosten, lediglich nur ein geringerer Anteil an der Klageforderung zugute kommen würde.

Mit anderen Worten: Der Großgläubiger würde das 100%ige Kostenrisiko – für alle weiteren Gläubiger – tragen, selbst im Ergebnis allerdings nur quotal – und das auch nur für den Fall einer erfolgreichen Vollstreckung – an dem Erfolg beteiligt werden.

Dieses Argument würde jedoch die Zumutbarkeitskriterien ins Gegenteil verkehren und dem Steuerzahler die Kostenlast aufbürden, obwohl der vom Gläubiger zu erbringende Einsatz nur einen Bruchteil der zu erlösenden Forderung ausmacht. Die Argumentation der alleinigen Kostentragung eines Großgläubigers zum Nutzen vieler (Klein-)Gläubiger reflektiert eher die fehlende Bereitschaft des Großgläubigers, auch zugunsten der anderen Gläubiger in das alleinige Kostenrisiko gehen zu wollen. Dieses Kriterium des „Nicht-Wollens" darf aber für die Zumutbarkeit wiederum keine Rolle spielen, was die Rechtsprechung zu Recht beachtet[252].

(dd) Der II. Zivilsenat des BGH

So hat auch der zweite Zivilsenat des BGH in seinem Beschluss vom 6.3.2006[253] die Entscheidung des OLG Hamm vom 21.6.05 im Ergebnis zu Recht aufgehoben, jedoch im dort entschiedenen Fall PKH jedoch aus Gründen bewilligt, die ebenso erstaunlich und dogmatisch nicht begründbar sind.

Der BGH verwirft den mathematischen Ansatz des OLG Hamm, muss hierfür jedoch leider keine Begründung liefern, da unter Zugrundelegung der korrekten Quote[254] nach der eigenen Vorgehens- und Berechnungsweise des OLG Hamm die aufzubringenden Kosten höher gewesen wären, als die fiktiv zu zahlenden Kosten, so dass Prozesskostenhilfe selbst nach der Berechnungsweise des OLG Hamm hätte bewilligt werden müssen. So zieht sich der II. Senat in seiner Begründung auf die „übliche und bewährte Praxis" zurück und nimmt eine wertende Abwägung aller Gesamtumstände vor[255].

---

252 BGH, MDR 1998, 737; OLG Köln MDR 2000, 51; OLG Düsseldorf, MDR 2002, 846; Stein/Jonas-*Bork*, ZPO, § 116 Rn. 15f.

253 BGH v. 6.3.06, Az. II ZB 11/05.

254 Das OLG Hamm hatte irrtümlicherweise eine Quote von 19,7% statt richtig 12,88% angenommen.

255 Der II. Senat führt wie folgt wörtlich aus: „*Alle fünf Großgläubiger zu einem gemeinsamen Kostenvorschuss zu bewegen, erfordert einen hohen Koordinationsaufwand seitens des Insolvenzverwalters, zumal bekanntermaßen die Gefahr groß ist, dass jeder einzelne Gläubiger auf die Finanzierung der Kosten durch die anderen vertraut. Das macht eine Prozessfinanzierung durch die wirtschaftlich Beteiligten wenig wahrscheinlich. Zieht man schließlich noch in Betracht, dass der Rechtsverfolgung des Insolvenzverwalters im Rahmen eines geordneten Insolvenzverfahrens grundsätzlich ein eigenständiges, schutzwürdiges Interesse beizumessen ist (BGHZ 119, 372, 376f.; BGH, ZIP 1991, 1490, 1491) und dies gerade für die hier in Rede stehende Forderung wegen Verstoßes gegen*

Obwohl der zweite Zivilsenat des BGH dabei die aufgestellten Zumutbarkeitskriterien nicht verkennen will, wonach nur solchen Beteiligten Vorschüsse auf die Prozesskosten zuzumuten sind, welche die erforderlichen Mittel unschwer aufbringen können und für die der zu erwartende Nutzen bei vernünftiger, auch das Eigeninteresse sowie das Prozesskostenrisiko angemessen berücksichtigender Betrachtungsweise bei einem Erfolg der Rechtsverfolgung voraussichtlich deutlich größer sein wird[256], stützt der zweite Senat seine Entscheidung zur Bewilligung von Prozesskostenhilfe letztendlich auf drei völlig neue Gründe.

Er betont erstens, dass das Prozesskostenrisiko, das Vollstreckungsrisiko und die Gläubigerstruktur mit zu berücksichtigen seien. Zweitens sei auch bei den – in casu – fünf Großgläubigern zu berücksichtigen, dass ein erhöhter Koordinationsaufwand seitens des Insolvenzverwalters bestehe, um eine solche Anzahl von Gläubigern zur Finanzierung der Kosten eines Prozesses zu bewegen, zumal der Verwalter auch Gefahr läuft, dass die Gläubiger sowieso nicht zahlen würden. Dies mache eine Finanzierung des Prozesses durch die wirtschaftlich Beteiligten wenig wahrscheinlich, was bei der Wertung zu berücksichtigen sei. Drittens stützt der zweite Zivilsenat die PKH-Bewilligung auf das eigenständige schutzwürdige Interesse an der Rechtsverfolgung in Verbindung mit einer „wertenden Abwägung der Gesamtumstände des Einzelfalles", ohne diese näher darzulegen.

In Konsequenz dieser Entscheidung müsste künftig in denjenigen massearmen bzw. masseunzulänglichen Verfahren Prozesskostenhilfe generell dann schon bewilligt werden, bei denen mehr wie vier Großgläubiger vorhanden sind, denn die Rechtsverfolgung als schützenswertes Interesse ist praktisch immer vorhanden. Dieser Entscheidungsgrund widerspricht jedoch klar dem Gesetzeswortlaut des § 116 S. 1 Nr. 1 ZPO. Danach ist allein auf die Zumutbarkeit der am Gegenstand des Rechtsstreits wirtschaftlich Beteiligten abzustellen. Wirtschaftlich beteiligt sind diejenigen, deren endgültigem Nutzen der Rechtsstreit dienen soll[257], also diejenigen Insolvenzgläubiger, die bei erfolgreichem Abschluss des konkreten Rechtsstreits wenigstens mit einer teilweisen Befriedigung aus der Masse rechnen können[258]. Nicht zumutbar ist die Aufbringung der Kosten für den Insolvenzverwalter im Hinblick auf seinen Vergütungsanspruch[259].

Contra legem begründet der zweite Senat seine Entscheidung jedoch nun damit, dass es praktisch dem Insolvenzverwalter ab einer Anzahl von fünf Großgläubigern nicht mehr zumutbar sei, von diesen anteilige Kostenvorschüsse einzusammeln, da dies einerseits einen hohen Koordinationsaufwand erfordere und andererseits sowieso kein Gläubiger zu einem gemeinsamen Kostenvorschuss zu bewegen sei. Dies stellt die Tatbestandsvoraussetzungen des § 116 S. 1 Nr. 1 ZPO sowie die bisherige Rechtsprechung des neunten Senats auf den Kopf, wonach eben allein auf die Zumutbarkeit für die Gläubiger und nicht auf die des Insolvenzverwalters abzustellen ist und es auf die Bereitwilligkeit der jeweiligen Gläubiger zur Zahlung eines Vorschusses gerade nicht ankommen kann und auch nicht

die Kapitalaufbringungsvorschriften gilt, führt auch die wertende Abwägung der Gesamtumstände des Einzelfalles zu dem Ergebnis, dass es den wirtschaftlich Beteiligten nicht zuzumuten ist, die Prozesskosten aufzubringen".

256 BGH, ZIP 1990, 1490; BAG, ZIP 2003, 1947, 1948.
257 BGH, NJW 1977, 2317.
258 BGHZ, 119, 372, 377; OLG Schleswig, ZIP 97, 1427.
259 BGH, NJW 1998, 1229.

darf[260]. Denn wenn es nach der Zahlungsbereitschaft ginge, wäre kein Gläubiger zur Erbringung weiterer Beträge bereit, zumal er schon mit dem Ausfall der angemeldeten Forderungen rechnen muss und zusätzliche Verluste und Risiken nun wenn möglich vermeiden möchte.

Die Tatsache, dass der oder die Gläubiger zu einer anteiligen Zahlung von Prozesskostenvorschüssen nicht zu bewegen sind und für den Verwalter die Koordination mit den Gläubigern sehr aufwendig und im Regelfall auch erfolglos ist, kann nicht zur Folge haben, aufgrund dieser internen Probleme und Unstimmigkeiten zwischen Verwalter und Gläubigern nunmehr den Steuerzahler mit den Prozesskosten zu belasten. Das Ziel der PKH-Gewährung, unter dem grundrechtlichen Aspekt der Rechtsschutzgleichheit auch dem Unbemittelten Rechtsschutzzugang zu ermöglichen, trifft auf die Konstellation nicht zu, in der zahlungsfähige Gläubiger vorhanden sind, deren Zahlungs- und Zusammenführungsbereitschaft lediglich offen ist, obwohl es allein die Gläubiger sind, denen der Prozesserfolg zugute kommt. Anstatt deren Uneinigkeit zu sanktionieren, wird dieses Verhalten durch die nunmehr vom zweiten Senat entwickelten Kriterien noch unterstützt.

Diese zwar verwalterfreundliche, jedoch dogmatisch wenig überzeugende Entscheidung widerspricht damit steuerfiskalischen und haushaltspolitischen Zielen. Auch hat der zweite Zivilsenat, insbesondere aber auch der die Rechtsbeschwerde führende Insolvenzverwalter den übrigen Insolvenzverwaltern mit dieser Entscheidung einen „Bärendienst“ erwiesen. Sind es doch die Insolvenzverwalter selbst, die aus den oben dargestellten wirtschaftlichen Gründen ihre Prozesse gar nicht erst auf PKH-Basis führen möchten. Im entschiedenen Fall hätte der in eigener Kanzlei des Verwalters tätige Prozessanwalt bei dem der Entscheidung zugrunde liegenden Streitwert von € 155.000,00 Anwaltskosten i.H.v. € 4.739,18 brutto liquidieren können bzw. € 10.044,20 über zwei Instanzen. Nunmehr erhält er über PKH lediglich € 782,00 bzw. € 1.564,00. Die Realisierung der die PKH-Gebühren übersteigenden Kosten war aufgrund mangelhafter Bonität des Gegners äußerst zweifelhaft. Der BGH-Beschluss ist für den diese Entscheidung herbeiführenden Insolvenzverwalter zunächst zwar ohne Frage isoliert betrachtet ein juristischer Einzelerfolg, jedoch insgesamt ein wirtschaftlicher Rückschlag für alle Insolvenzverwalter, wenn diese Entscheidung eine erleichterte Erlangung von Prozesskostenhilfe zur Folge haben würde, die kein Verwalter wirklich haben möchte, nachdem es seit Jahren gewerbliche Prozessfinanzierer gibt.

Da der zweite Senat sich dennoch ein „Hintertürchen offen hält“, indem er an den Gesamtumständen des Einzelfalls und der bisherigen Rechtsprechung des neunten Senats explizit festhält, sowie die vom OLG Hamm aufgestellten Leitlinien mangels Entscheidungserheblichkeit im Ergebnis ebenfalls offen gelassen hat, bleibt es zumindest auch künftig bei der für die Insolvenzverwalter ebenso unbefriedigenden Situation, praktisch nie voraussehen zu können, wie über ihre PKH-Anträge wohl entschieden werden wird. Es sollte daher die Zumutbarkeit des § 116 ZPO gegenwärtig sowohl nach der wertenden Betrachtung des BGH als auch den mathematischen Leitlinien des OLG Hamm, Letztere im Wege einer Art Kontrollberechnung, ermittelt werden.

---

260 BGH, MDR 1998, 737; OLG Köln, MDR 2000, 51; OLG Düsseldorf, MDR 2002, 846; Stein/Jonas-*Bork*, ZPO, § 116 Rn. 15f.

Nachfolgend sollen beide Bewertungsmethoden sinnvoll miteinander verknüpft werden, um dem Insolvenzverwalter als handhabbarer Bewertungsmaßstab zu dienen bei der im Vorfeld eines PKH-Antrages zu beantwortenden Frage, ob er PKH bewilligt erhalten wird oder nicht.

(ee) Lösungsansätze für das Zumutbarkeitskriterium

Die vom OLG Hamm herausgearbeiteten Abgrenzungskriterien mit Hilfe mathematischer Ansätze eine vorhersehbare und rechtssichere Zumutbarkeitsgrenze zu definieren, sind vom Grundsatz her zu begrüßen, jedoch im Ergebnis zu starr, wie obige Beispielsfälle gezeigt haben. Sie müssen daher modifiziert werden. Die Kriterien bedürfen einer Ergänzung, hier der Schaffung einer pauschalierten Grenze, wonach die Zumutbarkeit immer dann bejaht wird, wenn der Gläubiger beispielsweise mehr als das Dreifache seines geforderten Einsatzes erwarten kann. Wenn der Verwalter, um obige Beispielsfälle wieder aufzunehmen, von einem Gläubiger ca. € 26.000,00 Vorschuss fordert, um einen Rechtsstreit über einen Streitwert von € 1 Mio. zu führen, wäre eine Zumutbarkeit immer dann zu bejahen, wenn der Gläubiger bei diesem geforderten Einsatz unter Berücksichtigung der voraussichtlichen Quote mindestens € 78.000,00 (3 × € 26.000,00) aus der Masse erhalten würde. Die vorgeschlagene Korrektur würde im Ergebnis auf die offensichtlich bestätigte BGH-Rechtsprechung des neunten Zivilsenats hinauslaufen, die eine Zumutbarkeit bereits bei einem „deutlich mehr" bejaht, was durch die hier vorgeschlagene Verdreifachungsregel jedoch klar abgrenzbar wäre. Damit würden derart unbillige Lösungen aufgrund starrer Regelungen, wie in den vorher genannten Beispielen, vermieden.

Der vom OLG Hamm entwickelten Zumutbarkeitsgrenze kommt man ohne diese ergänzende Obergrenze erst näher, je mehr Gläubiger vorhanden sind, denen es zumutbar ist, die Prozesskosten anteilig aufzubringen. Die Berechnungsmethode des OLG Hamm hätte jedoch andererseits wiederum zur Folge, dass PKH bei Verfahren mit einer Vielzahl von Gläubigern grundsätzlich nicht mehr bewilligt und bei einer geringen Anzahl von derartigen Gläubigern sehr wohl gewährt werden würde. Denn bei einer Vielzahl von Gläubigern lägen die anteilig aufzubringenden Kosten aufgrund der Aufteilung nach Köpfen praktisch immer unter den hypothetischen Kosten einer Rechtsverfolgung außerhalb des Insolvenzverfahrens. Dieses Ergebnis ist jedoch praxisfern, da es bei einer kleinen Anzahl von Gläubigern realistischer erscheint, von diesen anteilig Prozesskosten zu erhalten, als von einer Vielzahl von Gläubigern, da gerade dort in der Tat die höhere Gefahr besteht, dass einer dieser Gläubiger nicht bereit sein wird, einen Vorschuss leisten zu wollen und die Gesamtfinanzierung relativ schnell zum Scheitern verurteilt ist, wiederum mit der auch für die anderen Gläubiger negativen Folge, dass das Klageverfahren nicht eingeleitet werden kann.

Insoweit ist dem zweiten Zivilsenat des BGH grundsätzlich zuzustimmen. Doch auch nach dieser Rechtsprechung kann die Gefahr nicht gebannt werden, dass auch nur ein Großgläubiger, der zur Finanzierung herangezogen werden soll, sich der – nicht einklagbaren – Zahlung der Prozesskosten verweigert. Dieses grundsätzliche Problem der Freiwilligkeit und regelmäßigen Finanzierungsunwilligkeit des Gläubigers kann der zweite Senat mit seiner entwickelten Zumutbarkeitslösung zugunsten des Verwalters nicht lösen. Dann hätte er in konsequenter Weise eine generelle Bewilligung von PKH für Insolvenzverwalter bejahen müssen, unabhängig jeglicher Art vorhandener Gläubiger.

(ff) Eingrenzung des heranzuziehenden Gläubigerkreises

Sinnvollerweise hat das OLG Hamm eine Grenze bei einer zur Insolvenztabelle festgestellten Forderung von mindestens 5% der Gesamtheit der anerkannten Insolvenzforderungen gezogen[261], um Großgläubiger von Kleingläubigern zu unterscheiden, da letzteren ein (anteiliger) Kostenvorschuss nicht zumutbar sei. Damit wird der Kreis der wirtschaftlich Beteiligten, hier der potentiell vorschusspflichtigen Gläubiger theoretisch auf höchstens 20 beschränkt[262]. Auch diese Auffassung ist grundsätzlich zu begrüßen, wobei nicht nachvollziehbar ist, weshalb nur Gläubiger von festgestellten Forderungen zu berücksichtigen sind und die Grenze gerade bei 5% der Forderungen liegen soll.

Es müssen im Rahmen der Zumutbarkeitserwägungen auch Gläubiger berücksichtigt werden, deren Forderungen bestritten sind. Zwar ist in der Rechtsprechung und Literatur umstritten, ob es den Gläubigern bestrittener Forderungen zugemutet werden kann, die Kosten aufzubringen[263]. Jedoch müssen zumindest diejenigen Gläubiger mit berücksichtigt werden, deren Forderungen der Verwalter nur vorläufig bestritten hat. Denn vor Klärung der Frage, ob die angemeldete Forderung nicht nur einer näheren Prüfung vorbehalten, sondern endgültig bestritten wird, ist davon auszugehen, dass den Insolvenzgläubigern das Ergebnis des Prozesses auch zugute kommen kann. Andernfalls könnte der Insolvenzverwalter die angemeldeten Forderungen folgenlos vorläufig bestreiten und somit in rechtsmissbräuchlicher Weise die Gewährung von Prozesskostenhilfe erzwingen. Bei endgültig bestrittenen Forderungen ist dies nicht mehr der Fall, so dass eine wirtschaftliche Beteiligung dieser Gläubiger zu Recht abgelehnt wird[264].

Die Zumutbarkeit nur bei sog. Großgläubigern zu prüfen, ist deshalb grundsätzlich sinnvoll. Zwar haben es dann auch nur diese Gläubiger in der Hand, für sämtliche Gläubiger, d.h. auch für die sog. Kleingläubiger sprechen zu können. Die Ablehnung der – seitens des Insolvenzverwalters nicht einklagbaren – Vorfinanzierung des Prozesses durch die sog. Großgläubiger, welche – trotz vermeintlicher Zumutbarkeit- die Regel ist, hat dann zur Folge, dass auch den übrigen Gläubigern die Möglichkeit genommen wird, in den Genuss einer höheren Quote zu kommen, die mit dem zu finanzierenden Rechtsstreit verbunden wäre. Nachdem es den Gläubigern frei steht, trotz der bejahten Zumutbarkeit die Prozesskosten vorzuschießen und damit deren Bereitschaft, den Prozess zu finanzieren, keine Rolle spielt[265], liegt es nämlich in der Hand einiger weniger Gläubiger, die gerichtliche Geltendmachung berechtigter Ansprüche zu verhindern. Dies ist insbesonde-

---

261 Das OLG Hamm führt hierzu aus: *„Der Senat geht davon aus, dass nur solche Insolvenzgläubiger zu Vorschüssen herangezogen werden können, die an der Gesamtsumme der festgestellten Insolvenzforderungen selbst jeweils mit mindestens 5% beteiligt sind.“*

262 5% × 20 Gläubiger = 100%.

263 Vgl. Zöller-*Philippi*, ZPO, § 116 Rn. 7; MüKo-ZPO-*Wax*, § 116 Rn. 19.

264 OLG Naumburg, ZIP 1994, 383; *Musielak/Fischer*, ZPO, § 116 Rn. 9; *Steenbuck*, MDR 2004, 1155.

265 BGH, MDR 1998, 737; OLG Köln, MDR 2000, 51; OLG Düsseldorf, MDR 2002, 846; Stein/Jonas-*Bork*, ZPO, § 116 Rn. 15f.

re auch dann misslich, wenn sich der Verwalter bereits in der Gläubigerversammlung eine Zustimmung zur angedachten Klageerhebung gem. § 160 Abs. 2 Nr. 3 InsO eingeholt hat[266] und somit vom zuständigen Vertretungsorgan der Gläubiger zur gerichtlichen Geltendmachung der Klageforderung aufgefordert wurde, die Umsetzung dieses Beschlusses aber durch wenige Gläubiger verhindert werden kann. Dies wäre sicher ein unbefriedigendes Ergebnis.

Andererseits ist aber die Einholung einer Zustimmung zur beabsichtigten Klage nach § 160 Abs. 2 Nr. 3 InsO in den Fällen gar nicht erforderlich, in denen keine ausreichende Masse zur Prozessführung vorhanden ist[267], die über § 160 Abs. 2 Nr. 3 InsO gerade geschützt werden soll. Diese Frage wird im nächsten Abschnitt noch genauer untersucht.

Zugegebenermaßen wird bei einer Berücksichtigung sämtlicher Gläubiger es praktisch auch unmöglich sein, von allen, entsprechend der prozentualen Anteile ihrer Forderungen, einen anteiligen Prozesskostenvorschuss zu erlangen. Deshalb gibt es auch Stimmen in der Literatur und Rechtsprechung, die eine Darlegung des Verwalters zur Unzumutbarkeit der Vorschussleistung immer dann für entbehrlich halten, wenn die Anzahl der in die Kostenbeteiligung einzubeziehenden Insolvenzgläubiger so groß ist, dass die Verteilung in der Praxis Schwierigkeiten bereiten würde[268]. Die Grenze sei bei 20 Gläubigern zu ziehen und zwar ohne Rücksicht auf den Umfang ihrer wirtschaftlichen Beteiligung[269].

Nach gegenteiliger Ansicht des OLG Stuttgart[270] ist kein sachlicher Grund erkennbar, die Anzahl der in die Kostenbeteiligung einzubeziehenden Insolvenzgläubiger dadurch überschaubar zu machen, dass willkürlich Wertgrenzen festgesetzt werden. Es soll daher nicht darauf ankommen, ob es sich um sog. „Großgläubiger“ oder „Kleingläubiger“ handelt. Die Quote sei für sämtliche Gläubiger identisch. Daher wird auch vertreten, dass alle Gläubiger, die bei erfolgreichem Abschluss des konkreten Rechtsstreits wenigstens mit einer teilweisen Befriedigung ihrer Ansprüche aus der Masse rechnen können, zu den wirtschaftlich Beteiligten i. S. d. § 116 S. 1 ZPO gehören. Alle wirtschaftlich Beteiligten bilden danach eine Risikogemeinschaft, die insgesamt herangezogen werden kann[271].

Dies entspricht zwar dem Grundsatz „par conditio creditorum“, wonach alle Insolvenzgläubiger gleich zu behandeln sind. Dennoch sind beide Ansichten aber allein schon deshalb unpraktikabel, da dann in der Regel eine Prozessfinanzierung durch die Gläubiger generell unerreichbar wäre. Weshalb die Unzumutbarkeitsgrenze erst ab 20 Gläubiger erreicht sein soll, ist nicht nachvollziehbar. In Fällen mit mehr als 20 Gläubigern müsste dann grundsätzlich Prozesskostenhilfe bewilligt werden, was auch nicht richtig sein kann. Daher ist die Auffassung des OLG Hamm hinsichtlich der 5%-Hürde zumindest vertretbar. Sie kommt im Ergebnis

---

266 § 160 Abs. 2 Nr. 3 InsO bestimmt, dass die Zustimmung der Gläubigerversammlung erforderlich ist, wenn ein Rechtsstreit mit erheblichem Streitwert anhängig gemacht oder aufgenommen werden soll.

267 Und nur um diese Fälle geht es aber bei der PKH.

268 AG Göttingen, NZI 1999, 506; OLG Stuttgart, EWiR 1997, 861, 862; OLG Frankfurt, ZIP 1995, 1536; MüKo-InsO-*Ott*, § 80 Rn. 91.

269 AG Göttingen a.a.O.; Musielak-*Fischer*, ZPO, § 116 Rn. 9 a.E.; FK-*Schmerbach*, InsO, § 26 Rn. 40; *Sinz*, EWiR 1997, 861, 862.

270 OLG Stuttgart, EWiR 1997, 861, 862.

271 KG, AnwBl. 2003, 244; OLG Nürnberg, ZInsO 2005, 102; Musielak-*Fischer*, ZPO, § 116 Rn. 9.

auch zu einer maximalen Beschränkung der Gläubigeranzahl auf 20 und bezieht damit gleichzeitig auch nur diejenigen Gläubiger ein, die aufgrund ihrer höheren Forderungen überhaupt von einem höheren Erlösbetrag profitieren.

(gg) Zumutbarkeitskriterien nach Anzeige der Masseunzulänglichkeit

Nachdem herausgearbeitet wurde, dass bei der Bedürftigkeitsfrage auf erster Stufe nach angezeigter Masseunzulänglichkeit nicht mehr auf die Altmasseverbindlichkeiten, sondern nur noch auf die Neumasseverbindlichkeiten und die hierfür vorhandene freie Masse abzustellen ist, ergeben sich auch auf der zweiten Stufe der Zumutbarkeitsfrage nach Anzeige der Masseunzulänglichkeit andere Prüfungsgesichtspunkte, die in der Praxis, ebenso wie bei der Bedürftigkeitsfrage, leider nur tendenzielle Beachtung finden.

So wird ungeachtet der angezeigten Masseunzulänglichkeit dargestellt, welche Quote die Insolvenzgläubiger bei erfolgreichem Abschluss des Rechtsstreits zu erwarten haben, um zu ermitteln, ob aufgrund der zu erwartenden Quote im Verhältnis der ggf. auch anteilig aufzubringenden Prozesskosten eine Übernahme derselbigen den Insolvenzgläubigern zumutbar ist. Dabei wird dann dargestellt, dass die Erhöhung der Quote für die Insolvenzgläubiger praktisch vernachlässigbar ist, da der Prozesserlös nach Anzeige der Masseunzulänglichkeit vorrangig für die Massekosten und vorhandenen Masseverbindlichkeiten Verwendung findet.

Solange aber die Masse unzulänglich ist und sich die zu erwartende Quote tatsächlich gar nicht ändert, da vorrangig die Massegläubiger vom Prozesserlös zu befriedigen sind, kann sich die Frage einer Übernahme der Prozesskosten durch die Insolvenzgläubiger nicht stellen. Die Insolvenzgläubiger sind in diesem Falle an dem beabsichtigten Rechtsstreit i.S.d. § 116 S. 1 Nr. 1 ZPO überhaupt nicht wirtschaftlich beteiligt[272]. Vielmehr sind es die Massegläubiger, die primär vom Ausgang des beabsichtigten Klageverfahrens profitieren. Dabei hat jedoch der Insolvenzverwalter, der mit seinem Vergütungsanspruch selbst der rangbeste Massegläubiger ist, außer Betracht zu bleiben, weil er nicht als „wirtschaftlich Beteiligter" i.S.d. § 116 S. 1 Nr. 1 ZPO angesehen werden kann[273].

Die Verwalter und Gerichte müssen somit künftig darauf achten, im Fall bereits existierender Massegläubiger bzw. nach angezeigter Masseunzulänglichkeit nicht auf die Insolvenzgläubiger und deren voraussichtlicher Quote abzustellen, soweit eine Quotenverbesserung nicht zu erwarten ist, sondern die obigen Kriterien des § 116 ZPO zur Zumutbarkeit dann ausschließlich auf die Massegläubiger bzw. auch Neumassegläubiger anzuwenden, da es dann diejenigen sind, denen ein Klageerfolg gem. § 209 Abs. 1 Nr. 2 InsO vorrangig zugute kommt. Dies bleibt von den Insolvenzverwaltern in der Praxis regelmäßig unberücksichtigt und wird auch

272 So im Ergebnis auch BGH v. 21.9.2006, Az. IX ZB 305/05; BGH v. 14.7.2005, Az. IX ZB 224/04; Der BGH hat auch schon in seinem Beschluss v. 9.7.1998, NJW 1998, 3124 festgestellt, dass die Zumutbarkeit der Prozessfinanzierung dort nicht mehr gegeben ist, wo die Massemehrung allenfalls zur Befriedigung der Massegläubiger führt, nicht aber den einfachen Insolvenzgläubigern zu Gute kommt.

273 BGH v. 18.9.2003, Az. IX ZB 460/02, NZI 2004, 26, 27.

von den Zivilgerichten, möglicherweise aus Unkenntnis der insolvenzspezifischen Thematik heraus, nicht hinterfragt.

Soweit ersichtlich, hat sich zumindest schon das KG Berlin[274] mit dieser Problematik befassen müssen und entschieden, dass es Massegläubigern i.S.d. § 55 InsO, die durch einen Erfolg der vom Insolvenzverwalter beabsichtigten Prozessführung ihre Befriedigungsmöglichkeit verbessern, regelmäßig zumutbar ist, die Prozesskosten aufzubringen, so dass die Voraussetzungen für die Gewährung von PKH nach § 116 S. 1 Nr. 1 ZPO nicht vorliegen.

Diese Entscheidung ist richtig. Zwar wird man eine Zumutbarkeit für Massegläubiger nicht regelmäßig bejahen können, sondern diese auch nach den obigen Zumutbarkeitskriterien bestimmen müssen. Doch wenn man sich erneut vor Augen führt, bei welch geringen Quoten der einfachen Insolvenzgläubiger diesen eine Prozessfinanzierung nach der strengen Rechtsprechung bereits zugemutet wird, ist es ein einfaches zu mutmaßen, dass es den Massegläubigern aufgrund ihrer vorrangigeren und damit quotal immer höheren Befriedigung ihrer Forderungen, letztendlich in den meisten Fällen zumutbar sein wird, die Prozesskosten vorzufinanzieren.

Diese zusätzliche Belastung der Massegläubiger ist möglicherweise bedenklich. So wird nicht ganz zu Unrecht eingewandt, dass ein Kontrahieren mit dem Insolvenzverwalter den Massegläubigern erschwert werde, wenn sie neben ihrer bereits riskanten Stellung nun mit der Belastung von Prozesskosten weiteren Risiken ausgesetzt werden[275]. Eine weitere Erschwernis der Zusammenarbeit zwischen Verwalter und Massegläubiger würde sich tatsächlich negativ auf die Fortführungs- und Sanierungsziele der InsO auswirken, zumal auch schon eine Haftungsreduzierung aus § 61 InsO bei Befolgen realistischer Liquiditätspläne vom BGH zu Lasten der Massegläubiger judiziert wurde[276]. *Smid* gibt in diesem Zusammenhang auch zu bedenken, dass es den einfachen Insolvenzgläubigern möglich ist, entweder in der Gläubigerversammlung oder mittelbar über den Gläubigerausschuss Einfluss auf die Verfahrensentwicklung durch den Insolvenzverwalter nehmen zu können, was den Massegläubigern versagt ist[277].

Doch bleibt bei diesen durchaus beachtlichen Argumentationen unberücksichtigt, dass im Falle fehlender Masse die einfachen Insolvenzgläubiger immerhin die Wahl haben, die ihnen im Rahmen der Zumutbarkeit auferlegten Vorschusspflicht einfach nicht nachzukommen. So aber auch die Massegläubiger, die zur Zahlung der zugemuteten Prozesskosten nicht gezwungen werden können. Diese auch den Massegläubigern verbleibende Freiwilligkeit schwächt daher das Argument deren angeblicher Übernahme eines weiteren Risikos, und damit der Unzumutbarkeit. Vielmehr ist unter konsequenter Anwendung der InsO-Vorschriften auch den Massegläubigern die Bevorschussung von Prozesskosten zumutbar, aufgrund der bevorrechtigten Befriedigung im Erfolgsfalle gegenüber den Insolvenzgläubigern sogar erst recht. Die legitime (für die Zumutbarkeitserwägungen aber auch hier unbeachtliche) Weigerung der Massegläubiger zur Zahlung der Prozesskosten lässt deren zusätzliches Risiko entfallen. Sie ist im Ergebnis auch unproblema-

274 KG v. 27.6.2005, Az. 12 W 31/05.
275 Zöller-*Philippi*, ZPO, § 116 Rn. 10b.
276 BGH, DZWIR 2005, 211; hierzu *Smid*, DZWIR 2006, 1, 20f.
277 *Smid* in jurisPR-InsR 2006, 63.

tisch, da sich der Insolvenzverwalter genau für diesen Fall der bewussten Weigerung einer Kostenübernahme an gewerbliche Prozessfinanzierer wenden kann bzw. muss. Dann zwar um den Preis der prozentualen Erfolgsbeteiligung, doch um den Vorteil der Massemehrung, den es bei unterbliebener Prozessführung nicht gegeben hätte. Sowohl die einfachen Insolvenzgläubiger als auch die Massegläubiger haben von der im Vordringen begriffenen Rechtsprechung somit keine Nachteile, sie können nur gewinnen. Den Nachteil einer massemindernden Erlösbeteiligung haben sie durch das Negieren ihrer eigenen Finanzierungsbereitschaft selbst beschlossen und damit akzeptiert.

Die neuere Rechtsprechung ist somit zu begrüßen, dogmatisch korrekt und auch wirtschaftlich sinnvoll. Unter Zugrundelegung der bisherigen restriktiven Rechtsprechung zur Zumutbarkeit der Prozessfinanzierung durch die einfachen Insolvenzgläubiger dürfte damit in den Fällen vorhandener Massegläubiger bzw. nach angezeigter Masseunzulänglichkeit PKH künftig praktisch ausgeschlossen sein. Gerade unter dem im Vordringen begriffenen Ansinnen sowohl der Verwalter, allein schon aus wirtschaftlichen Erwägungen heraus keine PKH mehr beantragen zu wollen, dies im Gleichklang mit dem Willen des Gesetzgebers und der neueren Rechtsprechung, auch aus fiskalpolitischen Gründen die PKH-Gewährung nur noch auf ein Minimum zu reduzieren, sollten in den Fällen eingetretener und angezeigter Masseunzulänglichkeit obige Überlegungen konsequent berücksichtigt werden.

(d) Ergebnis

Die vom OLG Hamm aufgestellten Kriterien zum Kreis der wirtschaftlich Beteiligten, hier die Einbeziehung von Gläubigern, deren Forderungen mehr als 5% der gesamten festgestellten Forderungen betragen, sind vertretbar (sog. Großgläubiger), wobei aber auch die Gläubiger der vorläufig bestrittenen Forderungen mit einzubeziehen sind. Auch die Zumutbarkeitsgrenze dort zu ziehen, was der Gläubiger an Kosten konkret vorstrecken müsste, wenn er den zu erwartenden Quotenbetrag selbst einklagen wollte, ist im ersten Schritt ein sinnvolles und gut abgrenzbares Kriterium, wobei diese starren Grenzen dort zu korrigieren sind, wo im Einzelfall der zu erwartende Erlösanteil dreimal so hoch ist, wie der erforderliche (anteilige) Vorschuss, da in einem derartigen Fall das angemessene Verhältnis zwischen finanziellem Einsatz und Erlösoption und damit die Zumutbarkeit immer zu bejahen und die beantragte Prozesskostenhilfe zu verneinen sein wird.

Greifbare Abgrenzungskriterien durch den BGH für eine einheitliche obergerichtliche Rechtsprechung wären daher wünschenswert. Der zweite Senat hatte unlängst die Möglichkeit hierzu, hat aber diese Chance vertan und die begrüßenswerten Bemühungen des OLG Hamm, zu einer Objektivierbarkeit der Zumutbarkeitskriterien zu gelangen, bereits im Keime erstickt, nicht aber durch dogmatisch nachvollziehbare Gründe, sondern durch kaum haltbare Allgemeinerwägungen mit Änderungsvorbehalten im Einzelfall.

Vielleicht hat ja der für das Insolvenzrecht zuständige neunte Zivilsenat des BGH in absehbarer Zeit einmal erneut die Möglichkeit, hier konkretere Bewertungskriterien zur Zumutbarkeit zu schaffen. Solange dies nicht geschehen ist, werden sich die Insolvenzverwalter auch weiterhin in die unübersichtliche und unkalkulierbare Welt der obergerichtlichen Rechtsprechung zur PKH-Gewährung begeben müssen.

In den Fällen eingetretener und angezeigter Masseunzulänglichkeit sind die entwickelten Zumutbarkeitskriterien ausschließlich nur noch bei den Massegläubigern bzw. Neumassegläubigern zu untersuchen; auf die Insolvenzgläubiger kommt es dann nicht (mehr) an. In der Regel dürfte dann aufgrund der vorrangigen Befriedigung dieser Massegläubiger bzw. Neumassegläubiger die Zumutbarkeit regelmäßig zu bejahen und Prozesskostenhilfe zu versagen sein. In derartigen Fällen käme dann nur noch eine Finanzierung durch gewerbliche Prozessfinanzierer in Frage, soweit die Massegläubiger bzw. Neumassegläubiger sich nicht bereit erklären sollten, mit den erforderlichen Prozesskosten in Vorlage zu treten.

e) Langwierige und erfolglose PKH-Anträge

aa) Problemstellung

Nachdem sich der Insolvenzverwalter neben seinen wirtschaftlichen Überlegungen im Vorfeld der beabsichtigten PKH-Beantragung auch Gedanken zu Verjährungs- und damit verbundenen Haftungsrisiken sowie zur uneinheitlichen Rechtsprechung bzgl. der PKH-Gewährung selbst gemacht hat, muss er im Interesse der Gläubiger auch den Zeitraum berücksichtigen, der bis zur Erlangung einer PKH-Entscheidung verstreichen kann.

Hier vergehen über zwei Instanzen nicht selten Zeiträume von bis zu zwei Jahren. Auch dieses Zeitmoment gerät zuweilen bei den Verwaltern in Vergessenheit und wird diesen spätestens nach einer ablehnenden PKH-Entscheidung bewusst, bis zu diesem Zeitpunkt im Ergebnis nichts erreicht zu haben, vielmehr unter vergeblichem Zeit- und Kostenaufwand an der Stelle zu stehen, wo sie zu Beginn des PKH-Verfahrens standen, möglicherweise noch mit verjährten Ansprüchen, falls der PKH-Antrag der Gegenseite vom Gericht nicht bekannt gemacht wurde. Die Verwalter sind damit keinen Schritt weiter, im Gegenteil. Dabei hätte die Klage bereits schon viel früher, nämlich an Stelle des PKH-Antrages, eingereicht werden können.

bb) Prozessfinanzierung als unverzügliche Verwertungshandlung

Die Entscheidung, eine Prozessfinanzierung möglicherweise ohne vorheriges PKH-Antragsverfahren in Anspruch zu nehmen, unterscheidet sich strukturell nicht von anderen Verwertungsentscheidungen des Verwalters: Dieser hat durch Ausübung seines pflichtgemäßen Ermessens die Vor- und Nachteile jeder Verwertungshandlung zum Wohle der Gläubigergemeinschaft abzuwägen, immer im Blick das Hauptziel des Insolvenzverfahrens, hier der bestmöglichen und gemeinschaftlichen Befriedigung der Gläubiger[278].

So muss er im Rahmen seiner Ermessensausübung, ob unter den gegebenen Voraussetzungen eine Prozessfinanzierung sinnvoll ist, neben der Frage einer vorhe-

---

278 MüKo-InsO-*Ganter*, § 1 Rn 45, 85; HK-*Kirchhof*, InsO, § 1 Rn. 3, 5; *Mäusezahl* in Graf-Schlicker-InsO, § 159 Rn. 1.

rigen PKH-Antragstellung und dem Risiko einer erfolgreichen Prozessführung (Erfolgsaussichten und Vollstreckungsaussichten) auch den Zeitpunkt der Klageerhebung beurteilen, insbesondere wenn es für die Erfolgsaussicht der Klage entscheidend auf den Zeitpunkt ihrer Erhebung ankommt. So muss beispielsweise ein langwieriges PKH-Verfahren selbst bei fehlender Masse unterbleiben, wenn durch die sofortige Klageerhebung das spätere Vollstreckungsrisiko minimiert und/oder die Beweislage erhalten bleibt, da Zeugen sich zeitnah besser erinnern können oder überhaupt noch greifbar sind. Das Problem der fehlenden Masse muss dann durch die Inanspruchnahme eines gewerblichen Prozessfinanzierers gelöst werden.

Dadurch werden die Gläubiger sicherer und auch früher befriedigt, wobei die Quotenreduzierung aufgrund der Erfolgsbeteiligung des Finanzierers akzeptabler ist, als ein Forderungsausfall zur Gänze. Der Verwalter wäre in so einem Fall seiner Pflicht nicht nur einer bestmöglichen, sondern auch einer unverzüglichen Forderungsverwertung im Sinne des § 159 InsO nachgekommen[279]. Danach hat er die Gesamtinteressen der Insolvenzgläubiger zu wahren und einen möglichst optimalen Verwertungserlös zu erzielen[280].

Den Insolvenzverwalter trifft somit die Pflicht, in bestimmten Fällen unverzüglich Klage mit Hilfe eines Prozessfinanziers zu erheben, um ein langwieriges und im Ergebnis womöglich auch erfolgloses PKH-Verfahren zu vermeiden, insbesondere dann, wenn die Bewilligung von Prozesskostenhilfe fraglich erscheint.

III. Ergebnis Teil B.

Es mag sein, dass im Rahmen gewährter PKH keine Erfolgsbeteiligung i. H. v. 20% bzw. 30% zu Lasten der Masse anfällt. Auch ist richtig, dass die Kostentragungspflicht im Unterliegensfalle, der der Antragsteller bei bewilligter PKH ausgesetzt bleibt, nicht als Argument herangezogen werden kann, diese Kostentragungspflicht einer Erfolgsbeteiligung des Prozessfinanzierers wirtschaftlich gleichzusetzen, um dem Insolvenzverwalter ein freies Wahlrecht zwischen PKH und gewerblicher Prozessfinanzierung zuzugestehen. Gleichwohl zwingen sowohl die Nachteile der PKH als auch bei konsequenter Anwendung der neuen Vorschriften der InsO den Insolvenzverwalter, in Klageverfahren mit Streitwerten ab € 30.000,00 die Beantragung von PKH zu unterlassen.

Die gesetzlich normierte Gebührendeckelung bei Streitwerten ab € 30.000,00 ist mangels vorhandener Ausnahmetatbestände sowohl für den Insolvenzverwalter als auch für seinen Prozessanwalt unzumutbar. Hochqualifizierte Bearbeitung und Führung sehr komplexer, schwieriger und haftungsträchtiger Klageverfahren durch spezialisierte Rechtsanwälte kann und darf es nicht zum Nulltarif geben.

---

279 Nach § 159 InsO hat der Verwalter nach dem Berichtstermin das zur Insolvenzmasse gehörende Vermögen unverzüglich zu verwerten.

280 Gottwald-*Klopp/Kluth*, Insolvenzrechtshandbuch, § 22 Rn. 56; MüKo-InsO-*Ott*, § 80 Rn. 48; Smid-*Smid*, InsO, § 159 Rn. 2; Hess/Weis/Wienberg-*Hess*, InsO, § 159 Rn. 2.

Eine derartige Gebührenreduzierung auf PKH-Basis läuft auf ein unzulässiges Erfolgshonorar und eine unzulässige Unterschreitung der gesetzlichen Gebühren hinaus. Bei Nichtrealisierung der gesetzlichen Gebühren werden Schadensersatzansprüche des Prozessanwalts gegen den Insolvenzverwalter ausgelöst. Dieser wird daher zum ebenfalls unzulässigen Einsatz privater Mittel gezwungen, die sich mit dem Insolvenzverfahren vermischen und die Unabhängigkeit des Verwalters gefährden.

Des Weiteren existieren bei der ordnungsgemäßen PKH-Beantragung eklatante Verjährungsrisiken, die insbesondere von den Unter- und Obergerichten bestätigt wurden, die die Veranlassung der Bekanntgabe des PKH-Antrages an die Gegenseite in Unkenntnis versäumt und den Verwalter um die Hemmungswirkung gebracht haben. Ob der BGH der hier entwickelten Lösung folgt, dennoch einen Hemmungseintritt anzunehmen, bleibt abzuwarten. Bisher ist dieses Risiko ein weiterer und entscheidender Grund, PKH, soweit möglich, zu umgehen.

Die immer restriktivere Rechtsprechung der Obergerichte und des BGH zur PKH-Gewährung für Insolvenzverwalter und die Reformbemühungen des Gesetzgebers zur weiteren Einschränkung von PKH-Gewährung werden inzwischen beflügelt durch die im Ergebnis neue und auch richtige Forderung erstinstanzlicher Gerichte, die Finanzierung von Klagen als erforderliche Verwertungshandlung trotz Massearmut bzw. Masseunzulänglichkeit dennoch aus dem Insolvenzverfahren selbst heraus zu realisieren. Solange die Gläubiger zur Zahlung der Prozesskosten nicht bereit sind, obwohl auch ihnen ein Klageerfolg zugute kommt und sie zur Zahlung von Vorschüssen auch in der Lage sind, hat der Insolvenzverwalter zunächst alle in Frage kommenden Möglichkeiten zur Finanzierung des beabsichtigten Prozesses auszuschöpfen, hier also erst massefremde Drittmittel in Anspruch zu nehmen, bevor er den Steuerzahler damit belasten möchte. Mögliche Abwicklungs- und Koordinierungsschwierigkeiten zwischen Insolvenzverwalter und Gläubiger können nicht zu Lasten der Allgemeinheit gelöst werden, zumal es zwischenzeitlich Möglichkeiten wie die gewerbliche Prozessfinanzierung gibt, die den Staatshaushalt entlasten.

Die Bemühungen des OLG Hamm zur Schaffung abgrenzbarer Zumutbarkeitskriterien im Wege mathematischer Überlegungen sind begrüßenswert, bedürfen aber noch der Fortentwicklung, hier durch die Schaffung von Höchstbetragsgrenzen. Bei der Vielzahl masseunzulänglicher Verfahren, in denen bereits Masseunzulänglichkeit angezeigt ist, bedarf es in der überwiegender Anzahl der Fälle gar keiner aufwendigen Bedürftigkeits- und Zumutbarkeitsprüfung im Rahmen des PKH-Verfahrens. Vielmehr ist der Verwalter bei konsequenter Beachtung der insolvenzrechtlichen Vorschriften nach angezeigter Masseunzulänglichkeit in der Regel schon gar nicht bedürftig. Falls doch, ist bzgl. der Zumutbarkeit zunächst auf die Massegläubiger abzustellen, denen aufgrund ihrer bevorzugten Befriedigung die Finanzierung des Prozesses regelmäßig zumutbar sein dürfte. Soweit auch sie ihre Zahlungsbereitschaft z. T. aus nachvollziehbaren Gründen verweigern, ist dies unerheblich. PKH ist jedoch dann zwingend zu versagen.

Letztendlich hat der Insolvenzverwalter von einer PKH-Beantragung insbesondere auch dann Abstand zu nehmen, wenn die Klageerhebung zeitnah erfolgen muss. Dann würde ein vorgeschaltetes langwieriges PKH-Verfahren mit all den damit verbundenen Risiken der Pflicht des Insolvenzverwalters zu einer unverzüglichen und bestmöglichen Verwertung gem. § 159 InsO widersprechen.

Teil C. Vorrangige Inanspruchnahme gewerblicher Prozessfinanzierung zur Vermeidung von Haftungsrisiken

Der Verwalter, der aufgrund der soeben dargestellten widrigen Umstände und Risiken an einem vorgeschalteten PKH-Verfahren in Klageverfahren mit nicht unerheblichen Streitwerten kein tatsächliches Interesse haben kann, wird deshalb zu Recht geneigt sein, wenn er nicht sogar die Pflicht hierzu hat, sich zu einem frühest möglichen Zeitpunkt an einen gewerblichen Prozessfinanzierer zu wenden.

Da auch dort eine gewisse Prüfungszeit von ca. zwei bis drei Wochen zur Entscheidungsfindung benötigt wird, kann es zunächst aus Gründen drohender Verjährung in Ausnahmefällen erforderlich sein, allein zur Verjährungshemmung zunächst einen PKH-Antrag zu stellen; eine spätere Rücknahme ändert an der Hemmungswirkung von weiteren 6 Monaten nach Rücknahme nichts[281].

Wenn auch mit guten Gründen vertreten werden kann, dass PKH für den Insolvenzverwalter in Klageverfahren ab einem Streitwert von € 30.000,00 nicht mehr in Betracht kommt, ob nun aufgrund der Unzumutbarkeit bzw. Unzulässigkeit der Gebührendeckelung oder der generell bestehenden Pflicht, grundsätzlich zunächst massefremde Drittmittel in Anspruch zu nehmen, wird der Verwalter zur Vermeidung von Haftungsrisiken dennoch prüfen, ob die Gewährung von PKH zumindest theoretisch in Betracht kommen könnte. Solange die in Teil B. vertretenen Auffassungen erst im Vordringen begriffen sind, muss der Verwalter zur Haftungsvermeidung den sichersten Weg beschreiten[282]. Soweit ein Gläubiger dem Insolvenzverwalter gegenüber beweisen kann, dass PKH gewährt worden wäre bzw. bei abgelehnter PKH der Gläubiger den Prozess finanziert hätte, wird es dem Verwalter schwer fallen, diesem Vorbringen erfolgreich entgegenzutreten.

Neben obigen Argumenten soll der Verwalter deshalb zusätzliche Anregungen erhalten, derartige Haftungsrisiken bereits im Vorfeld zu vermeiden. Hierbei wird eine Checkliste zur summarischen Prüfung möglicher PKH-Gewährung unter Berücksichtigung der aktuellen unübersichtlichen Rechtsprechung entwickelt und untersucht, ob die regelmäßige Einholung einer Zustimmung des Gläubigeraus-

---

281 So z.B. für die Klage gem. § 204 Abs. 1 Nr. 1 BGB, vgl. Palandt-*Heinrichs*, § 204 Rn. 34; für Anträge im vereinfachten Verfahren über den Unterhalt gem. § 204 Abs. 1 Nr. 2 BGB, vgl. Palandt-*Heinrichs*, § 204 Rn. 35; für das Mahnbescheidsverfahren gem. § 204 Abs. 1 Nr. 3 BGB, vgl. Palandt-*Heinrichs*, § 204 Rn. 36; für das Güteverfahren gem. § 204 Abs. 1 Nr. 4 BGB, vgl. Palandt-*Heinrichs*, § 204 Rn. 37; für das Verfahren im vorläufigen Rechtsschutz gem. § 204 Abs. 1 Nr. 9 BGB, vgl. Palandt-*Heinrichs*, § 204 Rn. 41 oder für das Verfahren zur Zuständigkeitsbestimmung gem. § 204 Abs. 1 Nr. 13 BGB, vgl. Palandt-*Heinrichs*, § 204 Rn. 33, 34.

282 BGH, NJW 1994, 2822; NJW 1993, 2797.

schusses bzw. der Gläubigerversammlung gem. § 160 InsO oder eine Befragung der Gläubiger zu deren Finanzierungsbereitschaft generell erforderlich ist.

Auch geht es um die Frage der Prüfung von Finanzierungsmöglichkeiten bereits im vorläufigen Verfahren und weiterer Haftungsrisiken des Verwalters sowohl bei vorrangiger als auch unterlassener Inanspruchnahme gewerblicher Prozessfinanzierung.

I. Summarische Prüfung der Erfolgsaussichten eines PKH-Antrages unter Einbeziehung der Massegläubiger

Bis zur Durchsetzung der im Vordringen befindlichen Auffassungen, die Entscheidung über PKH in Verfahren im höheren Streitwertbereich von einer vorherigen Anfrage bei gewerblichen Prozessfinanzierern abhängig zu machen, sollte der Verwalter in den relevanten Fällen vorab summarisch prüfen, inwieweit er überhaupt für die beabsichtigte Klage PKH erhalten würde. Nur wenn er diese Frage verneint, vermeidet er eine spätere Inanspruchnahme seinerseits durch die Gläubiger im Wege des Regresses, die zumindest theoretisch denkbar ist. Rechtsprechung existiert hierzu bisher noch nicht. Denn wenn er PKH seiner Auffassung nach unter den derzeit noch vorherrschenden Bewilligungsvoraussetzungen erhalten würde, ist die Auffassung vertretbar, dass der Verwalter auf Grund der masseschmälernden Erfolgsbeteiligung gewerbliche Prozessfinanzierung zunächst nicht in Anspruch nehmen darf. Diese Ansicht ist zumindest solange vertretbar, bis sich die Auffassung durchgesetzt hat, Insolvenzverwaltern in Klageverfahren ab einem Streitwert von € 30.000,00 PKH generell zu versagen. Die summarische Vorprüfung einer möglichen PKH-Gewährung setzt wiederum die Kenntnis sowohl der hierzu ergangenen und unübersichtlichen OLG-Rechtsprechung als auch der weit auszulegenden BGH-Rechtsprechung zum § 116 ZPO voraus. Danach muss der Insolvenzverwalter folgende Schritte prüfen:

1. Bedürftigkeit

Erster Schritt ist die Prüfung der Frage zur Bedürftigkeit, hier ob eine Tragung der Prozesskosten aus der freien Masse möglich ist. Nach bereits angezeigter Masseunzulänglichkeit sind dabei, wie festgestellt, die Altmasseverbindlichkeiten zwingend unberücksichtigt zu lassen.

2. Zumutbarkeit

Soweit eine Kostentragung aus der Masse nicht möglich erscheint, ist als zweiter Schritt zu prüfen, inwieweit es den Insolvenzgläubigern oder aber nach Eintritt der Masseunzulänglichkeit den Massegläubigern bzw. den Neumassegläubigern als wirtschaftlich Beteiligten zumutbar ist, die Prozesskosten vorzustrecken.

Bei korrekter Unterscheidung dieser Gläubigergruppen wäre für den Fall vorhandener Massegläubiger und angezeigter Masseunzulänglichkeit in der Regel PKH zu versagen, da es zumindest diesen dann zumutbar wäre, die Kosten zu übernehmen. Bei eingetretener Masseunzulänglichkeit wird es in den meisten Fällen bei Klageerfolg nicht nur eine quotale Befriedigung, sondern eine volle Befriedigung der Massegläubiger vor den sonstigen Insolvenzgläubigern geben, mit der Folge, dass die Bewilligung von PKH noch unwahrscheinlicher ist, als bei der Abwägung der Zumutbarkeit vorhandener Insolvenzgläubiger, so dass die Ablehnung von Prozesskostenhilfeanträgen beim Vorhandensein von Massegläubigern die Regel sein dürfte.

Die Prüfung der Zumutbarkeitskriterien für die Insolvenz- aber auch Massegläubiger müsste dann nach folgendem Schema vorgenommen werden:

a) Höhe sonstige Masseverbindlichkeiten und der zur Tabelle festgestellten und vorläufig bestrittenen Forderungen

Zunächst ist die Höhe der sonstigen Masseverbindlichkeiten und der zur Tabelle festgestellten und vorläufig bestrittenen Forderungen zu ermitteln.

b) Ermittlung der Großgläubiger

Soweit es keine Massegläubiger gibt oder im Erfolgsfalle der Klagebetrag die sonstigen Masseverbindlichkeiten übersteigt, sind anschließend die Gläubiger von festgestellten und vorläufig bestrittenen Forderungen nach Kleingläubigern und Großgläubigern zu sortieren. Großgläubiger sind diejenigen, die mindestens eine Forderung von 5% der insgesamt festgestellten und vorläufig bestrittenen Forderungen geltend machen.

Von diesen Großgläubigern wiederum fallen diejenigen heraus, die selbst Gegner des Verfahrens sind, weil es für diese unzumutbar wäre, die Kosten für einen Prozess (auch nur anteilig) aufzubringen, mit dem ihre eigene Verurteilung erreicht werden soll[283]. Denn derartige Gläubiger können nicht gezwungen werden, sich selbst zu schaden. Vor diesem Interessenkonflikt muss der Zweck des § 116 S. 1 Nr. 1 ZPO, die Begünstigten eines Prozesses auch an dessen Kosten zu beteiligen, zurückstehen. Nach § 116 ZPO dürfen nur diejenigen Gläubiger herangezogen werden, die die (anteiligen) Kosten unschwer aufbringen können. Es bleiben also diejenigen Großgläubiger unberücksichtigt, die nicht in der Lage sind, ihre anteiligen Kosten aufzubringen, also selbst PKH-bedürftig oder insolvenzreif wären. Unberücksichtigt bleiben nach der Rechtsprechung auch Arbeitnehmer wegen ihrer eingeschränkten wirtschaftlichen Leistungsfähigkeit und der begrenzten Höhe ihrer Ansprüche[284] sowie die Sozialverwaltung wegen ihrer Funktion und fehlender Haushaltsmittel[285]. Demgegenüber ist der Steuerfiskus/Finanzamt als wirtschaftlich Beteiligter anzusehen[286].

---

283 OLG Hamburg, Beschl. v. 14.2.05, Az. 11 W 45/04; OLG Hamm, Beschl. v. 21.6.05, Az. 27 W 17/05.
284 BGH, NJW 1991, 40, 41.
285 BGH, NJW 1993, 135, 136.
286 BGH, NJW 1998, 1868 = ZIP 1998, 789; BGH, NJW-RR 1999, 275; BGH, NZI 1999, 450 = MDR 1998, 737; OLG Celle, NJW-RR 2000, 728; OLG Koblenz, OLGR 2002, 237; OLG Schleswig, MDR 1998, 1868; OLG Koblenz, NZI 2000, 81; OLG Hamm, OLGR 2001, 374; OLG Nürnberg, ZInsO 2005, 102.

c) Ermittlung und Aufteilung des erforderlichen Kostenvorschusses

Nunmehr ist der für den Prozess erforderliche Kostenvorschuss zu ermitteln, hier Anwaltskosten von 2,5 Gebühren zzgl. Postpauschale und MwSt. gem. RVG und 3,0 Gebühren Gerichtskosten gem. GKG.

Soweit mehrere wirtschaftlich Beteiligte und leistungsfähige Gläubiger für die Aufbringung der Prozesskosten in Frage kommen, ist der Prozesskostenvorschuss auf die jeweiligen Gläubiger aufzuteilen und zwar in Höhe des jeweiligen Anteils an der Summe ihrer (Großgläubiger-)Gesamtforderung. Nur in Höhe dieser prozentualen Anteile sind die voraussichtlichen Prozesskosten jeweils zu berücksichtigen.

d) Ermittlung der voraussichtlichen Quote

Den erfolgreichen Abschluss des Prozesses und die Vollstreckung der titulierten Forderung unterstellt, sind von der Klageforderung zzgl. Nebenforderung zunächst die vorweg zu befriedigenden Massekosten (Gerichtskosten, Vergütung des vorläufigen Verwalters, Vergütung des Insolvenzverwalters) in Abzug zu bringen. Soweit sonstige Masseverbindlichkeiten i.S.d. § 55 Abs. 1 InsO bestehen, ist bei Masseunzulänglichkeit auf die Massegläubiger und deren zu erwartende Quote abzustellen. Nur soweit ein die Masseverbindlichkeiten übersteigender Betrag verbleiben sollte, ist eine voraussichtliche Quote der Insolvenzgläubiger zu ermitteln.

e) Ermittlung des jeweils zu erwartenden absoluten Betrages

Anhand dieser Quote ist für die auserwählten Großgläubiger der jeweils absolute Betrag zu ermitteln, den diese jeweils im Falle des fiktiven Prozesserfolges zu erwarten haben.

f) Zumutbarkeitsabwägung durch Gegenüberstellung des zu erwartenden Betrages mit dem (anteiligen) Prozesskostenvorschuss

Dieser jeweils zu erwartende Betrag ist dem jeweiligen (anteiligen) Betrag des Prozesskostenvorschusses gegenüber zu stellen, um dann die Zumutbarkeitsgrenze für den jeweiligen Großgläubiger zu ermitteln. Dabei ist zunächst festzustellen, welches Kostenrisiko den Gläubiger im Unterliegensfalle über zwei Instanzen treffen würde, wenn er diesen zu erwartenden Betrag als normaler Anspruchsinhaber einklagen würde. Dieser Betrag wäre die absolute Zumutbarkeitsobergrenze, wobei die Zumutbarkeit immer schon dann zu bejahen ist, wenn der aus der Quote zu erzielende Betrag dreimal so hoch wie der (anteilige) Betrag der aufzubringenden Prozesskosten ist. Denn spätestens dann ist dem Gläubiger die Zahlung dieses (anteiligen) Kostenvorschusses zumutbar.

II. Beschluss Gläubigerversammlung § 160 InsO

1. Problemstellung

Soweit der Verwalter nach summarischer Prüfung zum Ergebnis kommt, mangels Bedürftigkeit oder zu bejahender Zumutbarkeit voraussichtlich keine PKH gem. § 116 ZPO zu erhalten oder die Bewilligung vom Gericht versagt wurde und er nunmehr beabsichtigt, den Prozess mit finanzieller Unterstützung eines gewerblichen Prozessfinanzierers zu führen, stellt er sich im Vorfeld des Vertragsschlusses die Frage, ob hierfür eine Zustimmung der Gläubiger gem. § 160 InsO[287] eingeholt werden muss. Dies ist deshalb fraglich, da die Vereinbarung des nicht unerheblichen Erfolgshonorares von 30 bzw. 20% eine doch beachtliche Reduzierung der Masse zu Lasten der Gläubiger zur Folge hat.

2. Anwendbarkeit des § 160 InsO

§ 160 Abs. 2 InsO zählt beispielhaft Rechtshandlungen auf, die zwingend zustimmungspflichtig sind. Darüber hinaus unterliegen nach § 160 Abs. 1 S. 1 InsO alle sonstigen Handlungen der Zustimmungspflicht, wenn sie für das konkrete Insolvenzverfahren bedeutend sind. Es kommt also nicht nur auf die Befriedigungsaussichten der Gläubiger, sondern auf die vorgegebenen Verfahrensziele, auf die sich die Rechtshandlung erheblich auswirkt, an[288].

Das Zustimmungserfordernis hängt im Fall des Abschlusses eines Prozessfinanzierungsvertrages jedoch nicht davon ab, ob mittels der Prozessfinanzierung ein Rechtsstreit mit erheblichem Streitwert anhängig gemacht werden soll. Obwohl das Regelbeispiel des § 160 Abs. 2 Nr. 3 InsO ausdrücklich auf den Streitwert abstellt, kommt es letztlich bei der Prozessfinanzierung allein auf die Höhe der maximal zu zahlenden Erfolgsbeteiligung an. Der Streitwert des finanzierten Prozesses hat bei Inanspruchnahme gewerblicher Prozessfinanzierung an sich nur mittelbare Bedeutung. § 160 Abs. 2 Nr. 3 InsO hat die Höhe der Verfahrenskosten vor Augen, die das Insolvenzverfahren und die finanziellen Interessen der Gläubiger belasten könnten und erklärt die Rechtshandlung deshalb für zustimmungsbedürftig. Die Prozessfinanzierung beseitigt aber gerade das für die Masse vorhandene Prozesskostenrisiko. Ist Masse jedoch nicht vorhanden, kann es auch kein Prozesskostenrisiko zu deren Lasten geben. Vielmehr fehlen der Masse die finanziellen Mittel, die erforderlichen Prozesskosten für die Durchführung der Klage aufzubringen. Die gewerbliche Prozessfinanzierung schafft lediglich Liquidität, um vorhandene Ansprüche zur Masse ziehen zu können, ohne aber diese zu ge-

---

287 Gemäß § 160 Abs. 1 S. 1 InsO hat der Insolvenzverwalter die Zustimmung des Gläubigerausschusses bzw. der Gläubigerversammlung einzuholen, wenn er Rechtshandlungen vornehmen will, die für das Insolvenzverfahren von besonderer Bedeutung sind. Dies ist gemäß § 160 Abs. 2 Nr. 3 InsO insbesondere dann erforderlich, wenn ein Rechtsstreit mit erheblichem Streitwert anhängig gemacht oder aufgenommen werden soll.

288 *Mäusezahl* in Graf-Schlicker, InsO, § 160 Rn. 2; Kübler/Prütting-*Onusseit*, InsO, § 160 Rn. 19, 20 m.w.Bsp.; OLG Köln, ZIP 2001, 1422, dazu *Eckert*, EWiR 2001, 1011.

fährden. Deshalb kann es bezüglich der Zustimmungsbedürftigkeit nicht auf eine potentielle Gefährdung der Masse, sondern nur auf die mögliche Erfolgsbeteiligung des Prozessfinanzierers als bedeutsame Rechtshandlung im Sinne des § 160 Abs. 1 S. 1 InsO ankommen.

Rechtshandlungen sind nämlich auch dann von besonderer Bedeutung, wenn sie Einfluss auf den Bestand der Masse haben[289], außergewöhnliche Risiken beinhalten[290] oder vom Leitbild der Abwicklung eines Insolvenzverfahrens abweichen[291]. Bestimmte Geschäfte werden auch als typischerweise zustimmungspflichtig angesehen[292].

Die zustimmungsbedürftige Handlung wäre daher die Vereinbarung der Erfolgsbeteiligung zu Lasten der Masse von 20% bzw. 30% im Finanzierungsvertrag. Durch die prozentuale Erlösbeteiligung des Prozessfinanziers wird zweifelsohne die Masse geschmälert und damit die Gläubigerquote verringert. Da grundsätzlich den Gläubigern die verwertungsbezogenen Entscheidungskompetenzen zustehen[293], könnte man daher die Auffassung vertreten, dass die Gläubiger nach § 160 InsO vom Insolvenzverwalter in die Entscheidungsfindung hinsichtlich des Abschlusses des Prozessfinanzierungsvertrages einzubeziehen sind und der Anwendungsbereich des § 160 InsO grundsätzlich eröffnet ist.

3. Zustimmungserfordernis in masselosen bzw. masseunzulänglichen Verfahren

Gleichwohl muss man sich nach dem Sinn eines Zustimmungserfordernisses zum Abschluss eines Prozessfinanzierungsvertrages fragen, insbesondere wenn man die Folgen einer Ablehnung dieser Finanzierungsmöglichkeit betrachtet. Käme ein Finanzierungsvertrag mangels Zustimmung bzw. expliziter Ablehnung durch die Gläubiger nicht zu Stande, bestünde keine Chance zur Masseanreicherung. Das Insolvenzverfahren würde im bisherigen Zustand verharren, obwohl der Verwalter die Pflicht hat, die Masse durch bestmögliche Verwertungshandlungen zu mehren. Dass zur Vermeidung eines Verfahrensstillstandes insbesondere derjenige Gläubiger über den Abschluss des Finanzierungsvertrages nicht mit abstimmen darf, der als potentiell Beklagter in Betracht kommt, versteht sich von selbst. Sich aber auch von anderen Gläubigern der Möglichkeit berauben zu lassen, Masseansprüche im Wege fremdfinanzierter Klagen durchsetzen zu können, ist wenig einleuchtend. Die Einbeziehung der Gläubiger zum Abschluss eines Prozessfinanzierungsvertrages ist in masselosen Verfahren daher zu verneinen, da weder der Masse und dadurch auch nicht den Gläubigern bei Nichteinholung der Zustimmung ein Schaden entsteht, der gegen den Insolvenzverwalter gemäß § 60 InsO geltend gemacht werden könnte.

---

289 FK-*Wegener*, § 160 Rn. 2.
290 FK-*Wegener*, § 160 Rn. 2; Nerlich/Römermann-*Balthasar*, InsO, § 160 Rn. 10; Smid-*Smid*, InsO, § 160 Rn. 4.
291 Smid-*Smid*, InsO, § 160 Rn. 4.
292 MüKo-InsO-*Görg*, § 160 Rn. 24; Smid-*Smid*, InsO, § 160 Rn. 8.
293 BT-Drucks. 12/2443, S. 76, 79/80; MüKo-InsO-*Görg*, § 160 Rn. 1.

a) Alleiniges Ermessen des Verwalters

Es mag sein, dass die mit dem Finanzierer zu Lasten der Masse zu vereinbarende Erfolgsbeteiligung von 30 bzw. 20% vom erzielten Prozesserlös isoliert betrachtet eine Rechtshandlung von besonderer Bedeutung nach § 160 Abs. 1 Satz 1 InsO sein kann. Dennoch kann die Höhe der Erfolgsbeteiligung zu Lasten der Masse letztendlich aber unberücksichtigt bleiben, da bei einer Nichtinanspruchnahme der Prozessfinanzierung, wie dies bei fehlender Zustimmung der Fall wäre, die Klage nicht hätte geführt werden und die Gläubiger gar keine Quote oder keine Quotenerhöhung hätten erwarten können. Durch die Inanspruchnahme der Prozessfinanzierung haben die Gläubiger daher ausschließlich nur Vorteile.

Der Nachteil der Erfolgsbeteiligung ist am Ende kein Nachteil, da die Gläubiger die Chance hatten, den Prozess ohne Schmälerung der Masse selbst zu finanzieren, wozu sie jedoch nicht bereit waren. Somit können sie nun auch kein Recht haben, die vom Verwalter beabsichtigte Prozessfinanzierung zu verhindern. Mit Weigerung der Gläubiger zur Erbringung einer Vorschussleistung zu den Prozesskosten, liegt es im alleinigen Ermessen des Insolvenzverwalters, im Rahmen der ihn treffenden Verwertungspflichten mögliche Finanzierungslösungen zu finden. Das Ermessen ist in einem derartigen Fall sogar auf Null reduziert, da mit Abschluss des Finanzierungsvertrages der Insolvenzmasse keine zusätzlichen Belastungen oder Schmälerungen drohen. Durch die Inanspruchnahme des Prozessfinanzierers durch den Insolvenzverwalter erhalten die Gläubiger im Erfolgsfalle überhaupt erst eine Quote, die sie im Falle der nicht erfolgten Finanzierung nicht bekommen hätten. Jede Erlöserzielung kommt somit ihrer Quote zugute.

b) Ausschließliche Vorteilhaftigkeit für die Gläubiger

Kann also die Verfolgung einer nur gerichtlich durchzusetzenden Forderung aufgrund der Nichtgewährung von PKH sowie der Verweigerung von Vorschussleistungen seitens der Gläubiger nur mittels einer gewerblichen Fremdfinanzierung sichergestellt werden, liegt der Abschluss eines Prozessfinanzierungsvertrages ausschließlich im Interesse der Insolvenzmasse und damit der Gläubiger. Ohne Abschluss eines Prozessfinanzierungsvertrages kann die Forderung bei Nichtgewährung von PKH und bei Verweigerung von Vorschussleistungen durch die wirtschaftlich Beteiligten nur noch abgeschrieben werden. In einer derartigen Konstellation handelt es sich bei dem Abschluss des Prozessfinanzierungsvertrages im Ergebnis nicht um eine zustimmungsbedürftige Rechtshandlung gemäß § 160 Abs. 1 S. 1 InsO, da die Gläubiger durch den Abschluss des Prozessfinanzierungsvertrages nur Vorteile haben, unabhängig von der vereinbarten Höhe der Erfolgsbeteiligung, die ihre Quote selbstverständlich mindert. Eine Haftung des Verwalters nach § 60 InsO ist hierfür aber ausgeschlossen.

Zwar kommt eine derartige Haftung im Innenverhältnis zu den Gläubigern theoretisch in Betracht, wenn der Insolvenzverwalter Zustimmungserfordernisse nach § 160 Abs. 1 InsO missachtet, weil diese Missachtung zum Schutze des Rechtsverkehrs gem. § 164 InsO keine Auswirkungen auf die

Wirksamkeit des Prozessfinanzierungsvertrages hat und derartige Handlungen somit zum Nachteil der Gläubiger gereichen können[294]. Doch fehlt es hier, wie dargelegt, am Schaden. Der Grundsatz, dass nach Auffassung der Gläubigerversammlung für erforderlich gehaltene Zustimmungserfordernisse als Ausfluss der Gläubigerautonomie vom Verwalter zu beachten seien[295], wird beim Abschluss eines Prozessfinanzierungsvertrages durchbrochen.

Man könnte gegebenenfalls noch daran denken, eine Haftung zu bejahen, wenn die Prozessfinanzierung völlig überflüssig gewesen wäre, da der Prozess sowieso gewonnen worden wäre und ein Kostenrisiko daher praktisch nicht bestand. Aber auch diese Überlegung geht fehl. Selbst wenn man den extremen Ausnahmefall unterstellen würde, dass ein Prozess ohne Risiko eines Unterliegens (fremd-)finanziert wurde und die vereinbarte Erfolgsbeteiligung, die das Pendant zum Kostenrisiko darstellt, hätte vermieden werden können, müssen sich die Anhänger dieser Argumentation fragen lassen, mit welchen finanziellen Mitteln diese risikofreie Klage hätte anhängig gemacht werden sollen, wenn weder Masse vorhanden ist, noch die Gläubiger zur Finanzierung bereit waren. Dann wird die Prozessfinanzierung als Liquiditätshilfe benötigt, ohne die es nicht zur Klage gekommen wäre.

c) Gläubigerzustimmung auf Grund einer Sicherungszession

Überlegenswert wäre noch, ein Zustimmungserfordernis nach § 160 Abs. 1 S. 1 InsO deshalb zu bejahen, da sich die Prozessfinanzierer die einzuklagenden Forderungen zur Sicherung ihrer Erlösansprüche abtreten lassen. Dies ist deshalb denkbar, da eine Forderungsabtretung bereits unter Geltung der Konkursordnung ein zustimmungsbedürftiges Rechtsgeschäft des Insolvenzverwalters war[296].

Aber auch unter Berücksichtigung der vertraglichen Sicherungsabtretung ist eine Zustimmung der Gläubiger hierfür nicht erforderlich, da der Insolvenzverwalter aufgrund der Vorschussverweigerung durch die Gläubiger in seinen Entscheidungen über die Art und Weise der Finanzierung frei (geworden) ist, damit verbunden also auch bzgl. den mit der Finanzierung im Zusammenhang stehenden Zusatzabreden.

d) Zustimmungserfordernis in Verfahren nach Anzeige der Masseunzulänglichkeit

Möglicherweise sind die Fragen eines Zustimmungserfordernisses zum Abschluss eines Prozessfinanzierungsvertrages nach Anzeige der Masseunzulänglichkeit anders zu beantworten. Der Unterschied besteht nämlich darin, dass nunmehr Massegläubiger vorhanden sind, die gem. § 209 InsO vor den Insolvenzgläubigern zu befriedigen sind. Die Problematik soll an einem Beispiel kurz verdeutlicht werden:

Auf dem Insolvenzanderkonto befinden sich € 20.000,00, die vollständig für die Begleichung der Massekosten (Gerichtskosten, Vergütung des vorläufigen und des endgültigen Verwalters) benötigt

---

294 Vgl. zur Haftung des Insolvenzverwalters den ausführlichen Beitrag von *Smid* in Kölner Schrift zur InsO, S. 453 ff. m. w. N.
295 *Uhlenbruck,* InsO, § 160 Rn. 24.
296 Hess/Weis/Wienberg-*Hess,* InsO, § 160 Rn. 38; Smid-*Smid,* InsO § 160 Rn. 9; *Haarmeyer/Wutzke/Förster,* Handbuch zur InsO, Kap. 5 Rn. 466; *Kuhn/Uhlenbruck,* KO, §§ 133, 134 Rn. 3.

werden. Für die Massegläubiger mit Masseforderungen von beispielsweise € 10.000,00 reicht die vorhandene Masse nicht. Es liegt Masseunzulänglichkeit vor, die der Insolvenzverwalter gem. § 208 Abs. 1 S. 1 InsO anzeigen muss. Strebt er nun einen Prozess über beispielsweise € 30.000,00 an, für deren Finanzierung er keine PKH erhält, da er mangels freier Masse zwar bedürftig, es aber den Massegläubigern zumutbar ist, die Prozesskosten vorzufinanzieren, da diese vorrangig vom Prozesserlös profitieren, aber zur Finanzierung nicht bereit sind, ist eine vorherige Zustimmung zum Abschluss eines Prozessfinanzierungsvertrages durch die Massegläubiger nicht erforderlich. Diese können von dem beabsichtigten Prozess mit Prozessfinanzierung selbst nach Abzug der prozentualen Erfolgsbeteiligung nur profitieren. Insoweit ist die Situation mit den Insolvenzgläubigern bei fehlender Masse identisch.

Wird der Fall dahingehend leicht modifiziert, dass für Massekosten nur € 15.000,00 benötigt werden, dem Verwalter also € 5.000,00 zur Verfügung stehen, die für die vollständige Befriedigung der Massegläubiger aber gleichfalls nicht ausreichen (daher auch hier Anzeige der Masseunzulänglichkeit nach § 208 Abs. 1 S. 1 InsO erforderlich), könnte er mit dieser freien Masse jedoch die Verfahrenskosten aufbringen, die zur Rechtshängigmachung der beabsichtigten Klage benötigt werden, hier € 2.278,85 brutto für RA Kosten und € 1.020,00 für Gerichtskosten. Diese Neumasseverbindlichkeiten können und müssen sogar vorrangig aus der nach angezeigter Masseunzulänglichkeit nun frei gewordenen Masse bezahlt werden, § 209 Abs. 1 Nr. 2 InsO. PKH müsste somit ebenfalls aufgrund fehlender Bedürftigkeit abgelehnt werden.

Jetzt tritt aber genau der besondere Fall für den Verwalter ein, sich zu entscheiden, den Prozess unter Einsatz der vorhandenen freien Masse, also der Gefahr des Verlustes der noch vorhandenen Masse, zu führen und damit eine Reduzierung bzw. einen vollständigen Ausfall der quotalen Befriedigung der Massegläubiger zu riskieren oder diese Masse durch Einschaltung eines gewerblichen Prozessfinanzierers zu erhalten. In dieser Situation liegt es selbstverständlich nahe, nunmehr die Massegläubiger zu befragen, auch wenn ein Zustimmungserfordernis für Massegläubiger in der InsO nicht ausdrücklich normiert wurde. Denn § 160 InsO verfolgt insbesondere auch das Ziel, im wohlverstandenen Interesse aller Insolvenzgläubiger und damit auch der Massegläubiger eine Aufzehrung der Masse durch Prozesskosten zu verhindern und den Insolvenz- oder Massegläubigern eine vorherige Beurteilung des Prozesskostenrisikos zu ermöglichen. Entscheiden sie sich für die Prozessführung mit Hilfe der vorhandenen freien Masse, gehen sie selbst das Risiko eines Verlustes ihrer quotalen Befriedigung ein. Wollen sie die freie Masse zu ihrer (quotalen) oder auch vorrangigen Befriedigung erhalten, werden sie die Finanzierung der Klage aus diesem freien Vermögen ablehnen. In dieser Ablehnung ist dann inzident wiederum die Zustimmung enthalten, den Prozess mit Hilfe eines Prozessfinanzierers führen zu können, da die Masse dann nur noch profitieren kann.

4. Zwischenergebnis

Grundsätzlich ist eine Zustimmung für den Abschluss eines Prozessfinanzierungsvertrages durch den Gläubigerausschuss bzw. die Gläubigerversammlung in masseunzulänglichen Verfahren weder nach § 160 Abs. 2 Nr. 3 InsO noch nach § 160 Abs. 1 S. 1 InsO als bedeutende Rechtshandlung angezeigt, da die Gläubiger durch die Inanspruchnahme eines gewerblichen Prozessfinanzierers in massearmen bzw. masseunzulänglichen Verfahren nur gewinnen können. Eine Massegefährdung, wie sie § 160 InsO vor Augen hat, ist bei der Prozessfinanzierung nicht gegeben. Soweit jedoch freie Masse zur Prozessführung vorhanden ist, die für die Finanzierung des angestrebten Prozesses zum Einsatz kommen soll, ist vor deren Verwendung aufgrund des vorhandenen Verlustrisikos die Zustimmung der Insolvenzgläubiger, bzw. nach angezeigter Masseunzulänglichkeit, die Zustimmung der Massegläubiger, gem. § 160 Abs. 2 Nr. 3 InsO einzuholen. Denn im letzteren Fall geht es um die Gefährdung des den Massegläubigern vorrangig zustehenden Vermögens, so dass nach angezeigter Masseunzulänglichkeit wegen der noch vorhandenen freien Masse deren Zustimmung in analoger Anwendung des § 160 Abs. 2 Nr. 3 InsO einzuholen ist. Sollte die Zustimmung zum Einsatz der vorhandenen Masse verweigert werden oder existiert keine freie Masse, die durch eine Prozessführung gefährdet werden könnte, kann der Insolvenzverwalter eigenmächtig gewerbliche Prozessfinanzierung in Anspruch nehmen. Wie später noch dargestellt wird, ist er dazu auch verpflichtet.

III. Befragung der Großgläubiger

Wenn der Insolvenzverwalter nach durchlaufener Vorprüfung anhand dieser obigen Ausführungen nun zum Ergebnis kommt, aller Wahrscheinlichkeit nach keine PKH zu erhalten oder wird sie realiter abgelehnt, muss er sich vor dem Herantreten an einen Prozessfinanzierer zunächst an die in Betracht kommenden Großgläubiger wenden, um deren (anteilige) Finanzierungsbereitschaft in Erfahrung zu bringen. Diesen muss primär ermöglicht werden, den Prozess selbst zu finanzieren, um die Möglichkeit zu haben, die Erlösbeteiligung des Finanzierers zu Lasten der Masse und damit mittelbar auch zu Lasten ihrer Quote vermeiden zu können. Erst wenn die Gläubiger eine Finanzierung ablehnen oder auf die Anfrage schweigen sollten, kann sich der Insolvenzverwalter an einen Prozessfinanzierer wenden. Mit diesem Vorgehen dürften die Erfolgsaussichten von Haftungsklagen der Gläubiger (Nachweis, dass Prozesskostenhilfe gewährt bzw. selbst finanziert worden wäre; Nachweis Quotenschaden, der durch Erlösbeteiligung des Prozessfinanzierers entstanden ist) gegen Null tendieren.

Förmliche Voraussetzung ist daher, bevor der Insolvenzverwalter mit dem Prozessfinanzierer kontrahiert, dass er sich bei den Gläubigern bzgl. Ihrer Finanzierungsbereitschaft abgesichert hat, wohl gemerkt, nicht zur Zustimmung zur beabsichtigten Inanspruchnahme gewerblicher Prozessfinanzierung. Hierauf kann er lediglich ergänzend hinweisen. Zur Vermeidung von Haftungsansprüchen kommt der Insolvenzverwalter jedenfalls nicht umhin, zumindest die Großgläubiger zu ihrer Finanzierungsbereitschaft zu befragen. Es würde dem Verwalter schwer fallen, im späteren Haftungsprozess dem Gläubiger zu widerlegen, dass dieser zur Finanzierung des Prozesses angeblich bereit gewesen wäre und keine prozentuale Erfolgsbeteiligung den erzielten Erlös geschmälert hätte.

IV. Im Zweifel „engagementloser" PKH-Antrag

Sollte den Insolvenzverwalter das oben Ausgeführte nicht überzeugen und er immer noch davon ausgehen, zur Vermeidung von Haftungsrisiken vor einer Anfrage bei einem Prozessfinanzierer grundsätzlich PKH beantragen zu müssen, bleibt ihm nur noch die Möglichkeit, das PKH-Verfahren ohne Engagement zu führen, um zeitnah einen ablehnenden PKH-Beschluss zu erlangen, als „Freifahrtsschein" für gewerbliche Prozessfinanzierung. Anders selbstverständlich dann, wenn er tatsächlich von der PKH-Gewährung überzeugt ist und den Prozess tatsächlich mit staatlicher Hilfe führen möchte.

V. Prozessfinanzierung im vorläufigen Verfahren

Wie soeben die Voraussetzungen einer Inanspruchnahme gewerblicher Prozessfinanzierung durch den endgültigen Verwalter erörtert wurden, soll nun die Möglichkeit einer Prozessfinanzierung bereits im vorläufigen Insolvenzverfahren untersucht werden.

1. Problemstellung

Der vorläufige Verwalter steht nicht selten vor der Frage, wie er vorhandene Forderungen, die im später zu eröffnenden Verfahren klageweise zur Masse zu ziehen sind, zu bewerten hat[297]. Diese Bewertung richtet sich dann auch nach der Werthaltigkeit der Forderung, also deren Durchsetzbarkeit, aber eben nicht nur auf späterer Vollstreckungsebene, sondern bereits im Vorfeld, ob überhaupt liquide Mittel vorhanden sind, diese Forderungen einklagen zu können. Hierfür kommt bei massearmen und masseunzulänglichen Verfahren lediglich die künftige Beantragung von PKH im eröffneten Verfahren in Betracht, so dass bereits schon der vorläufige Verwalter nach obigen Kriterien bewerten muss, ob er PKH erhält oder nicht oder ob er einen finanzierungswilligen Gläubiger finden wird. Dies herauszufinden, ist bei der relativ kurzen Dauer eines vorläufigen Verfahrens von maximal drei Monaten[298] kaum möglich und zudem sehr vage. Andererseits kann das Insolvenzgericht nach § 26 Abs. 1 S. 1 InsO das Insolvenzverfahren nur eröffnen, wenn das Vermögen des Gemeinschuldners voraussichtlich zur Deckung der Verfahrenskosten ausreicht[299].

---

297 Die Ausführungen beziehen sich auch auf einen vom Insolvenzgericht gem. § 22 Abs. 1 S. 2 Nr. 3 InsO beauftragten Gutachter. Dieser wird in der Insolvenzpraxis immer dann eingesetzt, wenn zunächst noch nicht ersichtlich ist, ob die Sicherung der Insolvenzmasse überhaupt die Einsetzung eines vorläufigen Verwalters erfordert.

298 Aufgrund des nach § 183 Abs. 1 Nr. 2 SGB III zu zahlenden Insolvenzgeldes für maximal drei Monate, hat sich in der Praxis die Dauer des vorläufigen Insolvenzverfahrens von drei Monaten eingebürgert.

299 Nach § 26 Abs. 1 S. 1 InsO ist ein Insolvenzantrag dann mangels Masse abzuweisen, wenn die zu erwartenden Aktiva des Schuldnervermögens, soweit sie der Regelung des § 35 InsO unterfallen, voraussichtlich (Wahrscheinlichkeit reicht aus, BGH, Beschl. v. 13.4.06, Az. IX ZB 118/04 = ZIP 2006, 1056, 1067) nicht ausreichen, um die Kosten des Verfahrens zu decken.

Aus diesem Grunde wendet sich der vorläufige Verwalter bereits im vorläufigen Verfahren an einen gewerblichen Prozessfinanzierer, um dessen Finanzierungsbereitschaft in Erfahrung zu bringen. Die grundsätzliche Entscheidung des Finanzierers kann auch in der kurzen Zeit des vorläufigen Verfahrens vorgenommen werden, so dass durch die Zusage des Prozessfinanzierers zur Finanzierung der einzuklagenden Masseansprüche das Verfahren überhaupt erst eröffnet werden könnte. Dieses Vorgehen ist zu begrüßen, dient es doch der Ordnungsfunktion des Insolvenzrechts, mit dem Ziel, so viele Verfahren wie möglich zu eröffnen[300].

Dabei ergeben sich aber wiederum eine Vielzahl von Einzelproblemen.

2. Auflösende Bedingung

So ist beispielsweise fraglich, was mit einem abzuschließenden Finanzierungsvertrag passiert, falls das Verfahren letztendlich doch nicht eröffnet wird[301], der vorläufige Verwalter gar nicht zum endgültigen Verwalter bestellt[302] oder in der Gläubigerversammlung abgewählt wird[303], der Verwalter versuchsweise im später eröffneten Verfahren doch zunächst Prozesskostenhilfe beantragt und wider Erwarten auch bewilligt erhält oder er überraschend einen Gläubiger findet, der einen Massekredit zur Verfügung stellt oder den Prozess (ohne Erlösbeteiligung) finanziert.

Hierfür bietet es sich an, den Prozessfinanzierungsvertrag unter eine jeweils auflösende Bedingung gem. § 158 Abs. 2 BGB zu stellen, wonach dieser bei Eintritt einer der genannten Fälle gegenstandslos wird und jegliche rechtliche Wirkung verliert[304]. Das wird in der Praxis z. T. auch so gehandhabt, wobei fraglich ist, weshalb ein Finanzierungsvertrag bereits im Vorfeld überhaupt schon abgeschlossen werden soll, wenn dessen Wirksamkeit noch von einer erheblichen Anzahl nicht zu beeinflussender Faktoren abhängt. Zu empfehlen ist eine derartige Variante des Kontrahierens daher nicht. Der Abschluss eines Finanzierungsvertrages im vorläufigen Verfahren birgt aber noch weitere nicht unerhebliche Risiken.

3. Rechtsnatur der Ansprüche des Finanzierers

Zu untersuchen ist vielmehr das bislang, offensichtlich insbesondere vom Finanzierer (noch) nicht erkannte Problem, dass mit Abschluss des Finanzierungsvertrages durch den vorläufigen Insolvenzverwalter ohne Verwaltungs- und Verfügungsbefugnis gem. § 22 Abs. 2 InsO[305] bzw. durch den verfügungsbefugten Schuldner

---

300 Begr. RegE, BT-Drucks. 12/2443, S. 108 f.; *Kexel* in Graf-Schlicker, InsO, § 1 Rn. 5.
301 Z. B. durch Rücknahme des Insolvenzantrags.
302 Die Bestellung des endgültigen Verwalters erfolgt durch das Insolvenzgericht gem. § 56 Abs. 1 InsO und muss mit dem vorläufigen Verwalter nicht übereinstimmen, was jedoch die Regel ist.
303 Nach § 57 S. 1 InsO können die Gläubiger in der ersten Gläubigerversammlung, die auf die Bestellung des Insolvenzverwalters folgt, an dessen Stelle eine andere Person wählen; gem. § 59 Abs. 1 S. 2 InsO kann die Entlassung (keine Neuwahl) des Verwalters auch auf Antrag des Gläubigerausschusses oder der Gläubigerversammlung erfolgen.
304 § 158 Abs. 2 BGB bestimmt, dass ein Rechtsgeschäft, wenn es unter einer auflösenden Bedingung vorgenommen wird, mit dem Eintritt der Bedingung endigt.
305 Die Bestellung eines vorläufigen Insolvenzverwalters ohne Verwaltungs- und Verfügungsbefugnis gem. § 22 Abs. 2 InsO, umgangssprachlich auch „schwacher" vorläufiger Verwalters genannt,

selbst die Erlös- und Kostenerstattungsansprüche des Finanzierers nach Eröffnung des Insolvenzverfahrens lediglich einfache Insolvenzforderungen gem. § 38 InsO[306] darstellen und keine Masseverbindlichkeiten gem. § 55 Abs. 2 InsO[307]. Dieses Ergebnis kann von beiden Seiten, insbesondere nicht vom Finanzierer, gewollt sein.

a) Vorläufiger Insolvenzverwalter mit Verwaltungs- und Verfügungsbefugnis

Nur soweit dem Schuldner gem. §§ 21 Abs. 2 Nr. 2 Alt. 1, 22 Abs. 1 S. 1 InsO ein allgemeines Verfügungsverbot auferlegt wurde und die Verwaltungs- und Verfügungsbefugnis über das Vermögen des Schuldners auf den vorläufigen Verwalter übergegangen ist[308], folgt für den vorläufigen Verwalter mit Verwaltungs- und Verfügungsbefugnis die entsprechende Rechtsstellung des endgültigen Verwalters und damit bereits die rechtliche Möglichkeit, Verbindlichkeiten zu Lasten des Schuldners zu begründen[309].

Eine entscheidende Konsequenz aus der Stellung des vorläufigen Verwalters mit Verwaltungs- und Verfügungsbefugnis ist für den Prozessfinanzierer daher, dass die für ihn vereinbarte Erlösbeteiligung nach § 55 Abs. 2 InsO im Fall der Eröffnung des Verfahrens zwingend als sonstige Masseverbindlichkeiten gilt; diese Wirkung kann auch nicht abbedungen werden.

Weil mit Auferlegung eines allgemeinen Verfügungsverbotes die Verwaltungs- und Verfügungsbefugnis über das Vermögen des Schuldners auf den vorläufigen Verwalter gem. § 22 Abs. 1 S. 1 InsO übergeht, wäre es sowohl aus der Sicht des Prozessfinanzierers als auch des vorläufigen Verwalters denkbar, den zu finanzierenden Prozess schon vor Eröffnung des Insolvenzverfahrens anhängig zu machen. Diese Intention beider Vertragsparteien liegt deshalb nahe, da der vorläufige Verwalter mit Verwaltungs- und Verfügungsbefugnis praktisch in die Stellung des Schuldners eintritt und damit für diesen grundsätzlich auch prozessführungsbefugt ist.

aa) Prozessführungsbefugnis des vorläufigen Verwalters mit Verwaltungs- und Verfügungsbefugnis

Grundsätzlich ist der vorläufige Verwalter mit Verwaltungs- und Verfügungsbefugnis jedenfalls prozessführungsbefugt, soweit es um Prozesse im Zusammen-

---

ist in der Praxis die Regel, um die Begründung von Masseverbindlichkeiten zu verhindern, die später möglicherweise nicht erfüllt werden können und somit Haftungsansprüche gegen den Verwalter zur Folge hätten.

306 § 38 InsO definiert den Begriff des Insolvenzgläubigers, hier denjenigen Gläubiger, der einen zur Zeit der Eröffnung des Insolvenzverfahrens begründeten Vermögensanspruch gegen den Schuldner hat.

307 Nach § 55 Abs. 2 InsO gelten Verbindlichkeiten, hier die Erlösansprüche des Finanzierers, nur dann als vorrangig zu bedienende Masseverbindlichkeiten, wenn sie von einem vorläufigen Verwalter begründet wurden, auf den die Verfügungsbefugnis über das Vermögen des Schuldners gem. § 22 Abs. 1 S. 1 InsO, also umgangssprachlich auf den „starken" vorläufigen Verwalter, übergegangen ist. Die Bestellung eines „starken" vorläufigen Verwalters kommt in der Praxis aber gerade nur in Ausnahmefällen vor.

308 Umgangssprachlich „starker" vorläufiger Verwalter genannt, § 22 Abs. 1 S. 1 InsO.

309 MüKo-InsO-*Haarmeyer*, § 22 Rn. 64, 69; FK-*Schmerbach*, InsO, § 22 Rn. 5 a.

hang mit dem Schuldnervermögen geht. Dies betrifft Aktiv- und Passivprozesse[310]. Nach § 240 S. 2 ZPO werden zwar alle anhängigen Prozesse unterbrochen, wenn ein vorläufiger Verwalter mit Verwaltungs- und Verfügungsbefugnis eingesetzt wird, er hat jedoch die Möglichkeit, Prozesse auch schon im vorläufigen Verfahren aufzunehmen[311]. Das besagt aber nicht, dass auch jeder neue Prozess darunter fällt.

Der vorläufige Verwalter mit Verwaltungs- und Verfügungsbefugnis gem. § 22 Abs. 1 InsO entspricht seiner Konzeption nach in etwa dem früheren Verwaltungssequester[312]. Auch seine Aufgabe ist – wie die des vorläufigen Insolvenzverwalters generell – die Sicherung und Verwaltung bis zur Entscheidung über die Eröffnung des Insolvenzverfahrens, nicht hingegen die Führung von Prozessen zur Mehrung der Insolvenzmasse; dies soll grundsätzlich dem endgültigen Insolvenzverwalter vorbehalten bleiben[313]. Auch der vorläufige Verwalter, auf den die Verwaltungs- und Verfügungsbefugnis übergegangen ist, kann keine Sonderrechte haben, die lediglich dem Insolvenzverwalter erst nach Insolvenzeröffnung zustehen. So ist es ihm grundsätzlich versagt, vor der Eröffnung des Insolvenzverfahrens die Insolvenzmasse nach § 159 InsO zu verwerten[314]. Die (Neu-)Erhebung einer Aktivklage ist aber Verwertungshandlung. Ein Recht auf Insolvenzanfechtung steht dem vorläufigen Verwalter mit Verwaltungs- und Verfügungsbefugnis ebenfalls nicht zu und kann ihm auch nicht durch das Insolvenzgericht übertragen werden[315]. Dementsprechend hat auch der BGH[316] dem Sequester ein Prozessführungsrecht nur für Eilfälle zugestanden, da nur in diesen Fällen die Prozessführung dem Aufgabenbereich der Sicherung und Erhaltung entspricht. Dieser Aufgabenbereich ist aber auch bei dem vorläufigen Insolvenzverwalter mit Verwaltungs- und Verfügungsbefugnis der gleiche. Es ist nicht Sinn der vorläufigen Insolvenzverwaltung, die zunächst lediglich der Sicherung und Erhaltung sowie der Prüfung der Eröffnungsgründe des Insolvenzverfahrens dient, die im eröffneten Verfahren bestehenden, durch die InsO bewusst gestärkten Mitwirkungsrechte der Gläubiger durch Vorverlagerung von Verwertungs- und Realisierungsmaßnahmen in den Zeitraum vor der Eröffnung des Insolvenzverfahrens zu unterlaufen. So sind Verwertungshandlungen in diesem Stadium unzulässig, sofern sie ausnahmsweise nicht zur Sicherung des Schuldnervermögens unabdingbar sind[317]. Nichts anderes kann für die Prozessführung gelten; auch diese ist nur zuzulassen, wenn sie dem generellen Aufgabenbereich des vorläufigen Insolvenzverwalters entspricht, also nur bei eilbedürftigen Prozessen[318]. Ansonsten ist sie dem endgültigen Insolvenzverwalter zu überlassen, so dass im Ergebnis der Prozessfinanzierer gut beraten ist,

310 *Voß* in Graf-Schlicker, InsO, § 22 Rn. 11; FK-*Schmerbach*, InsO, § 24 Rn. 30; AG Göttingen, NZI 1999, 506.
311 § 24 Abs. 2 InsO i.V.m. §§ 85 Abs. 1 S. 1, 86 InsO.
312 *Uhlenbruck*, NZI 2000, 289, 290 f.
313 LG Essen, NZI 2000, 552 f.
314 BGH v. 20.2.2003, Az. IX ZR 81/02; BGHZ 154, 72; BGH, ZIP 2003, 632.
315 OLG Hamm, ZIP 2005, 361.
316 BGH, NZI 2000, 420, 421.
317 *Voß* in Graf-Schlicker, § 22 Rn. 10.
318 Vgl. zu dieser Problematik auch Zöller-*Philippi*, ZPO, § 116 Rn. 2 m. w. N.

wenn er schon mit einem vorläufigen Verwalter kontrahiert, auf den die Verwaltungs- und Verfügungsbefugnis übergegangen ist, dass er dann aber nur eine Klage finanziert, die der endgültige Insolvenzverwalter führt, um nicht in eine Klage im vorläufigen Verfahren zu investieren, die bereits an der Aktivlegitimation des Klägers scheitert.

bb) PKH-Berechtigung gem. § 116 S. 1 Nr. 1 ZPO des vorläufigen Verwalters mit Verwaltungs- und Verfügungsbefugnis

Soweit man, entgegen obigen Überlegungen, eine grundsätzliche Prozessführungsbefugnis des vorläufigen Verwalters mit Verwaltungs- und Verfügungsbefugnis bejaht, liegt es nahe, dass dieser, ebenso wie der endgültige Verwalter, in massearmen bzw. masseunzulänglichen Verfahren zunächst PKH beantragt. Dieses Ansinnen macht im vorläufigen Verfahren insbesondere deshalb Sinn, weil zum einen auch hier die Bedürftigkeit mangels vorhandener Masse unschwer darstellbar ist und zum anderen zur Zumutbarkeit der wirtschaftlich Beteiligten, hier den Gläubigern, nichts ausgeführt werden muss, da es in diesem Stadium noch gar keine Insolvenztabelle gibt und folglich auch keine Gläubiger, die „wirtschaftlich beteiligt" i.S.d. § 116 S. 1 Nr. 1 ZPO wären, denen aber der durch solche Prozesse erzielte Erlös letztlich zugute käme. Denn die Gläubiger sind wirtschaftlich erst dann beteiligt, wenn ihre Forderungen als unbestritten in die Insolvenztabelle aufgenommen[319] oder auch als vorläufig bestritten worden sind, da es andernfalls der Insolvenzverwalter durch ein zunächst grundsätzlich vorläufiges Bestreiten in der Hand hätte, den Gläubigerkreis der wirtschaftlich Beteiligten zu manipulieren.

Dieser vom vorläufigen Verwalter hier gewählte Ansatz, Prozesse bereits im vorläufigen Verfahren zu führen, würde somit bewusst darauf hinauslaufen, die Prozessführung in ein Stadium zu verlagern, in welchem die unüberschaubare und vor allem sehr restriktive Rechtsprechung zur Kostenaufbringung durch die Hauptgläubiger noch gar keine Anwendung finden könnte. Dies kann aber wiederum nicht zur Folge haben, dass aus diesem Grunde nunmehr PKH gewährt werden muss. Im Gegenteil: Lässt sich im Zeitpunkt der PKH-Antragstellung noch gar nicht beurteilen, welche Gläubiger sich mit welchen Forderungen noch melden werden, fehlt erforderlicher Sachvortrag des vorläufigen Verwalters zu den Tatbestandsvoraussetzungen des § 116 S. 1 Nr. 1 ZPO. Dem vorläufigen Verwalter kann daher grundsätzlich keine PKH gewährt werden. Würde man eine Prozessführung des vorläufigen Verwalters auf der Basis von PKH in diesem Stadium zulassen, so würde die Rechtsprechung zur kostenmäßigen Beteiligung der Gläubiger leer laufen. Die Gläubiger müssten lediglich mit der Anmeldung ihrer Forderungen bis zur Eröffnung des Insolvenzverfahrens abwarten. Die Prozesse wären bis zu diesem Zeitpunkt bereits von der Allgemeinheit finanziert, obwohl es die Gläubiger wären, die nach Eröffnung des Insolvenzverfahrens diese Prozesse hätten mitfinanzieren müssen.

---

319 KG v. 7.1.2005, Az. 14 W 51/05.

Da dem vorläufigen Verwalter deshalb PKH grundsätzlich zu versagen ist, könnte dies für ihn ein Grund sein, sofort Prozessfinanzierung in Anspruch zu nehmen, immer noch eine Prozessführungsbefugnis unterstellt. Aber dieser Grund wurde vom vorläufigen Verwalter ja gerade selbst geschaffen und kann daher nicht verfangen. Über diese Argumentation würde er in rechtsmissbräuchlicher Weise Masseverbindlichkeiten zu Lasten der Masse begründen, hier die prozentuale Erfolgsbeteiligung des Prozessfinanzierers, die für den Fall einer PKH-Gewährung nicht entstanden wären. Lediglich für den Fall, dass bereits schon der vorläufige Verwalter anhand der Rechtsprechungskriterien absehen kann, auch im eröffneten Verfahren aller Wahrscheinlichkeit nach keine PKH zu erhalten, käme der Abschluss eines Prozessfinanzierungsvertrages bereits im vorläufigen Verfahren in Frage.

b) Vorläufiger Insolvenzverwalter ohne Verwaltungs- und Verfügungsbefugnis

Nachdem aber die Einsetzung eines vorläufigen Verwalters mit Verwaltungs- und Verfügungsbefugnis gem. § 22 Abs. 1 S. 1 InsO die Ausnahme ist[320], spielen in der Praxis primär die vertraglichen Beziehungen zwischen dem vorläufigen Verwalter ohne Verwaltungs- und Verfügungsbefugnis und dem Prozessfinanzierer eine größere Rolle. Die Bestellung eines vorläufigen Insolvenzverwalters ohne Verwaltungs- und Verfügungsbefugnis gem. § 22 Abs. 2 InsO[321] ist deshalb die Regel, da die Begründung von Masseverbindlichkeiten nach § 55 Abs. 2 InsO im Eröffnungsverfahren gerade vermieden werden soll[322]. Der vorläufige Insolvenzverwalter ohne Verwaltungs- und Verfügungsbefugnis ist daher gar nicht zum eigenständigen Abschluss schuldrechtlicher Verträge mit Wirkung für den Schuldner berechtigt[323] und für den Prozessfinanzierer somit uninteressant. Bei Anordnung der vorläufigen Verwaltung ohne allgemeines Verfügungsverbot verbleibt die Abschlussbefugnis beim Gemeinschuldner[324]. Das Insolvenzgericht bestimmt durch Beschluss gem. § 22 Abs. 2 S. 1 InsO die einzelnen Pflichten und damit mittelbar auch die Befugnisse des vorläufigen Insolvenzverwalters ohne Verwaltungs- und Verfügungsbefugnis[325]. Das Insolvenzgericht kann so den vorläufigen Insolvenz-

320 Mit Inkrafttreten der InsO ging man zunächst davon aus, dass die Einsetzung eines vorläufigen Verwalters mit Verwaltungs- und Verfügungsbefugnis, sog. „starker" vorläufiger Verwalter, die Regel sein werde. Dies ist in der Praxis aber nicht der Fall, weil es in den meisten Fällen ausreicht, einen vorläufigen Verwalter ohne Verwaltungs- und Verfügungsbefugnis, den sog. „schwachen" vorläufigen Verwalter, einzusetzen.

321 Hier wird dem Schuldner kein allgemeines Verfügungsverbot auferlegt und die Pflichten des vorläufigen Verwalters vom Insolvenzgericht bestimmt.

322 Nachdem die von einem vorläufigen Verwalter mit Verwaltungs- und Verfügungsbefugnis begründeten Verbindlichkeiten nach § 55 Abs. 2 InsO im Fall der Eröffnung des Verfahrens zwingend als Masseverbindlichkeiten gelten und diese Wirkung auch nicht abbedungen werden kann, müssen solche Verbindlichkeiten aufgrund ihrer Vorrangstellung nach § 53 InsO vorweg berichtigt werden. Dies soll vermieden werden, *Voß* in Graf-Schlicker, InsO, § 22 Rn. 6; MüKo-InsO-*Haarmeyer*, § 22 Rn. 68.

323 HK-*Kirchhof*, InsO, § 22 Rn. 30.

324 *Voß* in Graf-Schlicker, InsO, § 22 Rn. 13.

325 BGH, ZIP 2002, 1625, 1627; AG Hof, NZI 2000, 37, 38; HK-*Kirchhof*, InsO, § 22 Rn. 27.

verwalter ohne begleitendes Verfügungsverbot entsprechend ermächtigen, Verbindlichkeiten auch zu Lasten der späteren Insolenzmasse einzugehen, sofern dies für eine erfolgreiche Verwaltung notwendig ist[326]. Im gleichen Umfang wird dem Schuldner die entsprechende Befugnis mit einem speziellen Verfügungsverbot entzogen[327]. Diese Notwendigkeit ist beim Abschluss eines Finanzierungsvertrages gegeben, da in derartigen Fällen erst durch Abschluss des Finanzierungsvertrages die Forderung als werthaltig beziffert werden kann und eine die Verfahrenskosten deckende Masse vorhanden ist, die die Eröffnung des Insolvenzverfahrens rechtfertigt. Der Abschluss eines Prozessfinanzierungsvertrages kann somit die Eröffnung eines Insolvenzverfahrens ermöglichen, insbesondere dann, wenn beispielsweise nur eine gerichtlich durchzusetzende Forderung als werthaltig im Anfangsvermögen berücksichtigt ist und hierdurch erst das Vorhandensein einer die Verfahrenskosten deckenden Masse bestätigt werden kann.

Zu beachten ist auch hier, dass die Prozessführungsbefugnis des vorläufigen Verwalters ohne Verwaltungs- und Verfügungsbefugnis erst recht problematisch ist, wenn schon die Prozessführungsbefugnis für Aktivprozesse des vorläufigen Verwalters mit Verwaltungs- und Verfügungsbefugnis mit guten Gründen verneint werden kann. Da die Aufgabe des vorläufigen Insolvenzverwalters ohne Verwaltungs- und Verfügungsbefugnis auch nur in der Sicherung und Erhaltung der Insolvenzmasse, nicht aber in ihrer Mehrung besteht, ist er ebenfalls grundsätzlich nicht prozessführungsbefugt[328]. Er ist dies nur ausnahmsweise dann, wenn er hierzu vom Insolvenzgericht ausdrücklich ermächtigt wurde und die Prozessführung seinem eben beschriebenen Aufgabenbereich entspricht, was erfordert, dass es sich bei der Prozessführung um einen Fall einer unaufschiebbaren Maßnahme handelt[329]. An den diesbezüglichen Beschluss des Insolvenzgerichts ist das Prozessgericht jedenfalls dann nicht gebunden, wenn tatsächlich keine unaufschiebbare Maßnahme vorliegt[330].

Der Prozessfinanzierer wird also mit einem vorläufigen Verwalter ohne Verwaltungs- und Verfügungsbefugnis nur kontrahieren, soweit dieser vom Insolvenzgericht ermächtigt ist, einen Prozessfinanzierungsvertrag abzuschließen und damit Masseverbindlichkeiten zu begründen. Der Prozessfinanzierungsvertrag kann sich zudem nur auf eine Klage beziehen, die vom späteren endgültigen Insolvenzverwalter erhoben wird.

c) Unverbindliche Finanzierungszusage

Da die Bestellung eines vorläufigen Verwalters mit Verwaltungs- und Verfügungsbefugnis die Ausnahme ist und eine Einzelermächtigung durch das Insolvenzgericht für den vorläufigen Verwalter ohne Verwaltungs- und Verfügungsbefugnis nicht nur zusätzlichen Aufwand, sondern auch erhebliche Probleme und Risiken und damit möglicherweise eine Verzögerung des vorläufigen Insolvenzverfahrens mit sich bringt, zumal die zu finanzierende Klage selbst sowieso erst nach Eröffnung des Insolvenzverfahrens geführt werden kann, wäre es auch denkbar, dass

326 BGH, ZIP 2002, 1625, 1629; vorläufiger Verwalter ohne Verwaltungs- und Verfügungsbefugnis, aber mit Einzelermächtigung, umgangssprachlich auch „halbstarker" Verwalter genannt.
327 *Voß* in Graf-Schlicker, InsO, § 22 Rn. 16.
328 LG Essen, NZI 2000, 552 f.; HK-*Kirchhof*, § 22 Rn. 58.
329 OLG Stuttgart, ZInsO 1999, 474 – zur Sequestration –.
330 OLG Dresden, NJW-RR 1999, 699 f.

sich der vorläufige Verwalter ohne Verwaltungs- und Verfügungsbefugnis zunächst eine Finanzierungszusage vom Prozessfinanzierer geben lässt, die jedoch nur unverbindlich sein kann, solange die Erlösansprüche des Finanzierers noch keine Masseverbindlichkeiten geworden sind. Dieses Vorgehen, noch keinen Finanzierungsvertrag abzuschließen, würde auch dem Grundsatz entsprechen, dass der vorläufige Verwalter das Vermögen des Insolvenzschuldners lediglich zu sichern und zu erhalten hat[331]. Verwertungshandlungen, wie eben der Abschluss eines Finanzierungsvertrages auch eine ist, sind regelmäßig nicht mehr bloße Sicherungs- oder Erhaltungsmaßnahmen[332]. Der vorläufige Insolvenzverwalter hat den Übergangszustand bis zur endgültigen Entscheidung über die Verfahrenseröffnung zu verwalten und entsprechende Übergangsmaßnahmen zu treffen. Zu endgültigen Maßnahmen ist er allenfalls ausnahmsweise berechtigt: Er soll verwalten, verwerten dagegen nur im Ausnahmefall[333].

Verwertungsmaßnahmen sind gem. § 159 InsO grundsätzlich dem endgültigen Insolvenzverwalter und dem eröffneten Verfahren vorbehalten[334]. Das Verwertungsverbot hat seinen guten Grund: Es soll einerseits den Insolvenzschuldner vor unwiederbringlichen Vermögenseinbußen schützen, solange nicht endgültig feststeht, ob das Insolvenzverfahren tatsächlich eröffnet wird[335]. Das erspart dem vorläufigen Verwalter und auch dem Finanzierer das Risiko des Eintritts der im Vertrag aufgenommenen auflösenden Bedingung der Nichteröffnung des Verfahrens. Andererseits soll auch der Entscheidung der Gläubiger über den Fortgang des Verfahrens gem. § 157 InsO nicht vorgegriffen werden[336].

Diese Grundsätze widersprechen möglicherweise dem Interesse des vorläufigen Verwalters, bereits im vorläufigen Verfahren einen Prozessfinanzierer für das zu eröffnende Verfahren vertraglich zu binden, insbesondere wenn die einzuklagende Forderung die alleinige Forderung ist und allein wegen dieser das Verfahren eröffnet werden soll. Dennoch ergibt sich aus der unverbindlichen Zusage des Prozessfinanzierers zumindest die Möglichkeit der Eröffnung des Insolvenzverfahrens.

4. Zwischenergebnis

Der Abschluss eines Prozessfinanzierungsvertrages mit einem vorläufigen Insolvenzverwalter ohne Verwaltungs- und Verfügungsbefugnis gem. § 22 Abs. 2 InsO bzw. mit dem noch verfügungsbefugten Schuldner hätte zur Folge, dass die vereinbarte Erfolgsbeteiligung des Finanzierers nach Verfahrenseröffnung lediglich

---

331 So bestimmt § 22 Abs. 1 S. 2 Nr. 1 InsO für den „starken" vorläufigen Verwalter eindeutig, das Vermögen des Schuldners zu sichern und zu erhalten. Dies gilt dann erst Recht für den vorläufigen „schwachen" Verwalter.
332 BGH, NZI 2001, 191, 192; *Kirchhof,* ZInsO 1999, 436; *Vallender,* DZWIR 1999, 270.
333 *Kirchhof,* ZInsO 1999, 436.
334 Nerlich/Römermann-*Mönning,* InsO, § 22 Rn. 53; *Uhlenbruck* in Kölner Schrift zur Insolvenzordnung, S. 325 ff. Rn. 30.
335 *Voß* in Graf-Schlicker, InsO, § 22 Rn. 3; HK-*Kirchhof,* § 22 Rn. 10, 11; *Uhlenbruck,* InsO, § 22 Rn. 20.
336 BGH, NZI 2001, 191, 192; HK-*Kirchhof,* InsO, § 22 Rn. 7.

eine einfache Insolvenzforderung darstellen würde, die wie die Forderungen jedes anderen Insolvenzgläubigers im Erfolgsfalle lediglich nur als Tabellenforderung, entsprechend der sich ergebenden Quote, zu befriedigen wäre. Aus diesem Grunde sollte der Finanzierer ausschließlich nur mit einem vorläufigen Insolvenzverwalter kontrahieren, auf den die Verwaltungs- und Verfügungsbefugnis über das Schuldnervermögen gem. § 22 Abs. 1 InsO übergegangen ist oder der sich vom Insolvenzgericht zum Abschluss eines Prozessfinanzierungsvertrages hat ermächtigen lassen. Die Führung des finanzierten Prozesses kann erst nach Eröffnung des Insolvenzverfahrens durch den endgültigen Insolvenzverwalter erfolgen, da grundsätzlich nur dieser für neu zu erhebende Klagen zugunsten der Masse prozessführungsbefugt ist. Gewollt ist von beiden Seiten, dass die Kostenerstattungs- und Erlösansprüche des Finanzierers Masseverbindlichkeiten gem. § 55 Abs. 2 S. 1 InsO werden. Da aber Verwertungshandlungen, und dazu gehören auch die vom Verwalter zu führenden Prozesse, nach dem Willen des Gesetzgebers erst nach Eröffnung des Insolvenzverfahrens vorzunehmen sind und auch Umstände eintreten können, die eine im vorläufigen Verfahren vereinbarte Prozessfinanzierung nach Verfahrenseröffnung ins Leere laufen lassen, wird sowohl dem Verwalter als auch dem Finanzierer empfohlen, im vorläufigen Insolvenzverfahren zunächst nur eine unverbindliche Finanzierungszusage einzuholen bzw. abzugeben, um das Insolvenzverfahren erst eröffnen lassen zu können und den Finanzierungsvertrag selbst erst nach Eröffnung des Insolvenzverfahrens mit dem endgültigen Insolvenzverwalter abzuschließen.

5. Vorgaben im Eröffnungsbeschluss

Um das Finanzierungsvorhaben als Verwertungshandlung im eröffneten Verfahren dann auch zeitnah realisieren zu können, bietet es sich an, Unterstützung vom Insolvenzgericht dergestalt einzuholen, dass dieses in seinen Eröffnungsbeschluss bereits ganz konkrete Inhalte in der ersten Gläubigerversammlung zu fassende Beschlüsse bzgl. der beabsichtigten Prozessfinanzierung vorgibt, ohne auf das Abstimmungsverhalten der Gläubiger selbst Einfluss nehmen zu wollen.

a) Problemstellung

In diesem Konflikt zwischen unzulässiger Verwertungshandlung im vorläufigen Verfahren und dem primären Ziel einer Verfahrenseröffnung kann sich der vorläufige Verwalter neben der Einholung einer (unverbindlichen) Finanzierungszusage flankierend auch um Unterstützung durch das Insolvenzgericht bemühen. Dies geschieht beispielsweise dadurch, dass der vorläufige Verwalter in seinem Gutachten anregt oder mit dem Insolvenzrichter anderweitig abstimmt, schon in den Eröffnungsbeschluss aufzunehmen, dass in der ersten Gläubigerversammlung über die Inanspruchnahme gewerblicher Prozessfinanzierung zu beschließen sei.

Diese Unterstützung wird dem Insolvenzverwalter offensichtlich auch gewährt.

So nimmt beispielsweise das Insolvenzgericht Mönchengladbach[337] bei Bedarf am Ende seines Eröffnungsbeschlusses folgenden Zusatz auf:

„In der Gläubigerversammlung soll folgender Beschluss gefasst werden:

1. Der Insolvenzverwalter wird ermächtigt, im Insolvenzverfahren Prozesse durch einen Prozessfinanzierer finanzieren zu lassen. Es wird darauf hingewiesen, dass der Prozessfinanzierer üblicherweise 20–30% der realisierten Forderung erhält.

2. Die Ermächtigung gilt nur für den Fall, dass sich bis einen Monat nach Abhalten des Berichtstermins Insolvenzgläubiger nicht bereit erklärt haben, einen Prozesskostenvorschuss zu leisten. Die Bereitschaftserklärung kann wirksam nur gegenüber dem Insolvenzverwalter erfolgen und ist unmittelbar an diesen zu richten.“

Fraglich ist daher, ob ein derartiges Handeln des Insolvenzgerichts zulässig ist oder Gläubigerinteressen in unzulässiger Weise beeinträchtigt werden. Heranzuziehen sind dabei die §§ 29, 76, 156, 157 InsO.

b) Grenzen der Einwirkungsmöglichkeit des Insolvenzgerichts

Nach § 29 InsO sind vom Insolvenzgericht bereits im Eröffnungsbeschluss zwei zentrale Gläubigerversammlungen zu bestimmen: der Berichts- und der Prüfungstermin. Diese Termine dienen der Gläubigerinformation[338]. Damit einher geht die Frage, ob das Insolvenzgericht auch die Befugnis hat, auf den Ablauf der Gläubigerversammlung Einfluss zu nehmen.

aa) Rechtsstellung der Gläubigerversammlung

Nach den Motiven des Gesetzgebers sollte die Rechtsstellung der Gläubigerversammlung gegenüber der Konkursordnung erweitert[339] und den Art. 103 GG (rechtliches Gehör) und Art. 14 GG (Eigentumsschutz) ein höherer Stellenwert eingeräumt werden[340]. Insbesondere sollte die Dispositionsmaxime auch im Insolvenzbereich umgesetzt werden[341]. Die Gläubigerversammlung ist das oberste Organ der Gläubigermitwirkung[342]. Die für das Insolvenzverfahren maßgeblichen Entscheidungen sollen nicht durch staatliche Stellen, sondern durch die Gläubiger selbst getroffen werden[343].

Die Gläubigerversammlung bietet somit den Teilnahmeberechtigten ein Forum, ihre eigenen und keine staatlichen Interessen wahrnehmen zu können. Sie ist in-

---

337 AG Mönchengladbach, Beschl. v. 7.1.2000, Az. 32 IN 101/99 (unveröffentlicht, vgl. Abdruck im Anhang 3).

338 *Mäusezahl* in Graf-Schlicker, InsO, § 29 Rn. 2.

339 HK-*Eickmann*, § 68 Rn. 1; MüKo-InsO-*Gößmann*, § 69 Rn. 10; *Pape*, ZInsO 1999, 305. Im Gegensatz zur KO sind in der InsO auch Absonderungsgläubiger teilnahme- und stimmberechtigt.

340 Das Recht der Gläubiger, eine Gläubigerversammlung durch einen Antrag bei dem Insolvenzgericht zu erzwingen, die Möglichkeit, noch vor dem Berichtstermin einen neuen Verwalter zu wählen oder seine Tätigkeit zu beeinflussen, sind Ausdruck der mit der InsO gewollten Stärkung der Gläubigerautonomie, Begr. zu § 86 RegE/§ 75 InsO, BT-Drucks. 12/2443, S. 133; so auch HK-*Irschlinger*, § 122 Rn. 16.

341 Kübler/Prütting-*Kübler*, § 69 Rn. 7; HK-*Eickmann*, § 69 Rn. 7; *Frege*, NZG 1999, 478, 482.

342 *Mäusezahl* in Graf-Schlicker, InsO, Vor §§ 74–79 Rn. 1.

343 *Prütting*, Die Abwahl des Insolvenzverwalters: Von der Gläubigerautonomie zur Groß-Gläubigerautonomie?, in Bork/Kübler (Hrsg.), Insolvenzrecht 2000, RWS-Forum 18, 2001, S. 30.

dessen kein Organ der Selbstverwaltung. Es soll lediglich auf privatautonomer Basis eine hoheitliche Verwaltung der Insolvenz vermieden werden[344]. Die Vorgabe des Tagesordnungspunktes zur Beschlussfassung über die Inanspruchnahme gewerblicher Prozessfinanzierung bereits im Eröffnungsbeschluss könnte daher eine staatliche Bevormundung darstellen, die sich eventuell mit dem gesetzgeberischen Motiv nicht in Einklang bringen lässt.

bb) Aufgaben des Insolvenzgerichts

Zur Klärung dieser Frage ist ein Blick auf § 76 Abs. 1 InsO[345] hilfreich.

Die abschließende und endgültig festlegende Vorgabe der Tagesordnung durch das Insolvenzgericht gem. § 74 Abs. 2 InsO und dessen Leitungsbefugnis der Gläubigerversammlung gem. § 76 Abs. 1 InsO könnte dafür sprechen, auch für inhaltliche Beschlussvorgaben legitimiert zu sein. Andererseits erwachsen dem Insolvenzgericht aus diesen Normen aber nur zwei Aufgaben: erstens der Minderheitenschutz und zweitens die Überwachung der Rechtmäßigkeit des Verfahrens[346]. Dem Insolvenzgericht kommt demnach die Funktion eines Mediators zu, das schlichtend eingreift und so die Einigung fördern kann. Das Insolvenzgericht trägt die Sorge für einen ordnungsgemäßen Gang der Verhandlung und nimmt dadurch sitzungspolizeiliche Aufgaben wahr[347]. Es hat auch mit den Gläubigern die tatsächlichen und rechtlichen Punkte zu erörtern und hat gegebenenfalls richterliche Hinweise nach § 139 ZPO zu erteilen[348].

Im Gegensatz zu dieser die Gläubigerversammlung begleitenden Funktion hat das Insolvenzgericht aber in keinem Fall die Befugnis, den Gläubigern vorzuschreiben, wie sie abzustimmen haben. Der ansonsten verbleibende Einflussbereich des Insolvenzgerichts ist umstritten. Auf der einen Seite wird teilweise in der Literatur dem Insolvenzgericht mit Blick auf § 78 InsO die Befugnis eingeräumt, sich vor der Beschlussfassung zu geplanten Beschlüssen inhaltlich zu äußern[349]. Diese Ansicht wird aber überwiegend abgelehnt. In materiell-rechtlichen Fragen habe sich das Insolvenzgericht strikt zurück zu halten. Denn § 78 InsO setze immerhin einen Antrag voraus. Folge man der ersten Meinung, würde § 78 InsO weitgehend sinnentleert[350].

cc) Zwischenergebnis

Nach h. M. darf ein Insolvenzgericht also nicht in einer solchen Weise in die Gläubigerversammlung eingreifen, die über den rein verfahrensrechtlichen Ablauf der Versammlung hinausgeht. Ein sachliches Eingreifen ist unzulässig. Damit soll gewährleistet werden, dass die Gläubigerinteressen – und nicht fremde wirtschaftli-

---

344 MüKo-InsO-*Ehricke*, § 74 Rn. 10 m. w. N.; HK-*Eickmann*, § 79 Rn. 1.
345 Danach wird die Gläubigerversammlung vom Insolvenzgericht geleitet.
346 HK-*Eickmann*, § 74 Rn. 3; HK-*Eickmann*, § 76 Rn. 2.
347 HK-*Eickmann*, § 74 Rn. 11; HK-*Eickmann*, § 76 Rn. 2; wegen der Einschränkung von § 177 GVG bei Anwälten vgl. MüKo-ZPO-*Wolf*, GVG, § 177 Rn. 3.
348 FK-*Kind*, § 76 Rn. 3; MüKo-InsO-*Ehricke*, § 76 Rn. 9 f.
349 Kübler/Prütting-*Kübler*, InsO, § 76, Rn. 11; HK-*Eickmann*, § 78 Rn. 13; § 78 InsO entspricht § 99 KO und ist als Verbot der Verfolgung von Sondervorteilen zum Schaden des Gläubigerinteresses zu verstehen, *Kilger/K. Schmidt*, KO, § 99 Anm. 1 a.
350 MüKo-InsO-*Ehricke*, § 74, Rn. 15 f. m. w. N.

che oder rechtliche Interessen – auf das Insolvenzverfahren Einfluss nehmen können. Inhaltliche und damit materiellrechtliche Äußerungen des Insolvenzgerichts sind nicht mehr durch die Kompetenz des Insolvenzgerichts gedeckt.

c) Gestaltungsspielraum des Insolvenzgerichts bei der Tagesordnung

Das bisher Gesagte bezieht sich auf die Einflussnahme des Insolvenzgerichts bei der Durchführung der Gläubigerversammlung selbst. Es soll nun untersucht werden, inwiefern das Gericht einen Gestaltungsspielraum bei der Formulierung der Tagesordnung hat bzw. ob in einer bestimmten Wortwahl der Tagesordnung durch das Insolvenzgericht eine unzulässige Einflussnahme auf den Ablauf der Gläubigerversammlung liegen kann.

Durch das Gesetz sind der Gläubigerversammlung einige Kompetenzen zugewiesen worden, wie beispielsweise die Wahl eines anderen Insolvenzverwalters gem. § 57 InsO, Entscheidungen über die Stilllegung oder Fortführung des Betriebs gem. § 157 InsO oder die Zustimmungsbefugnis zu Rechtshandlungen des Verwalters, die von besonderer Bedeutung sind, § 160 Abs. 1 S. 1 InsO. Wie bereits festgestellt, unterfällt die Vereinbarung eines Erfolgshonorars im Rahmen eines abzuschließenden Prozessfinanzierungsvertrages kraft Sachzusammenhangs der „Aufnahme eines Prozesses mit erheblichem Streitwert" i. S. d. § 160 Abs. 2 Nr. 3 InsO nur, soweit ausreichend freie Masse vorhanden ist, den Prozess daraus zu finanzieren, diese aber aufgrund des vorhandenen Kostenrisikos sowohl für die Insolvenz- als auch die Massegläubiger erhalten bleiben soll. Grundsätzlich kann daher die Thematik „Abschluss eines Prozessfinanzierungsvertrages" durchaus Abstimmungsgegenstand einer Gläubigerversammlung sein, insbesondere aber auch schon deshalb, um die eigene Finanzierungsbereitschaft der Gläubiger für das anstehende Klageverfahren in Erfahrung zu bringen.

aa) Einberufungsbefugnis des Insolvenzgerichts

Nach § 75 InsO hat das Insolvenzgericht auf Antrag eine Gläubigerversammlung einzuberufen. Der Antrag muss zwar nicht begründet werden, aus ihm muss aber erkennbar werden, über welchen Themenbereich die Gläubigerversammlung abzustimmen hat[351]. Denn dieser Themenbereich muss in einer Tagesordnung nach § 74 Abs. 2 Satz 1 InsO öffentlich bekannt gemacht werden. Unabhängig von einem vorherigen Antrag der berechtigten Personen und unabhängig von den gesetzlich geregelten Fällen ist es nach allgemeiner Auffassung zulässig, dass das Insolvenzgericht auch ohne einen solchen vorherigen Antrag nach eigenem Ermessen eine Gläubigerversammlung einberuft[352]. Dieses Ermessen bestimmt sich nach Zweckdienlichkeitserwägungen, die sich am gemeinsamen Interesse aller Gläubiger orientieren müssen. Als Maßstab kann die Regelung des § 78 InsO herangezogen werden[353].

bb) Gestaltungsbefugnis des Insolvenzgerichts

Daraus muss zwangsläufig für das Insolvenzgericht auch die Kompetenz erwachsen, den Inhalt der Tagesordnung auszugestalten, sofern die Gläubigerversammlung über einen Gegenstand abzustimmen hat, der ihr nach der Insolvenzordnung

351 *Mäusezahl* in Graf-Schlicker, InsO, § 75 Rn. 2.
352 Das Insolvenzgericht kann also auch von Amts wegen Gläubigerversammlungen einberufen, etwa zur Information der Gläubiger, FK-*Kind*, InsO, § 74 Rn. 5.
353 Kübler/Prütting-*Kübler*, InsO, § 74 Rn. 8.

zugestanden wird. Darin liegt per se auch keine unzulässige Beschränkung der Gläubigerautonomie. Vielmehr wird der Rahmen erweitert, in dem die Gläubiger ein rechtliches Mitbestimmungsrecht erhalten. Je weiter dieser Rahmen gesteckt wird, desto breitflächiger kann die Gläubigerautonomie und damit das gesetzgeberische Anliegen der Insolvenzordnung verwirklicht werden[354]. Aus diesen Gründen bestehen keine Bedenken, wenn von Amts wegen oder auf Anregung der Verfahrensbeteiligten Inhalte auf die Tagesordnung gesetzt werden, die in den Kompetenzbereich der Gläubigerversammlung fallen[355]. Innerhalb dieses Rahmens muss nach dem oben Gesagten lediglich gewährleistet werden, dass die Gläubiger unbeeinflusst entscheiden können.

cc) Einberufungspflicht des Insolvenzgerichts

Wie aus dem Wortlaut des § 75 Abs. 1 InsO ersichtlich ist, „hat" das Insolvenzgericht nach Feststellung der Berechtigung zur Stellung eines Antrags auf Einberufung der Gläubigerversammlung kein Ermessen bei der Entscheidung der Frage, ob es dem Antrag nachkommt; ein besonderes Rechtsschutzbedürfnis für den Antrag ist nicht nachzuweisen[356]. Der fehlende Ermessensspielraum bei der Einberufung der Gläubigerversammlung ist die Kehrseite der Konzeption der Insolvenzordnung, dass ausschließlich das Insolvenzgericht das Recht hat, eine Gläubigerversammlung einzuberufen. Damit einhergehen muss zwangsläufig eine Pflicht des Insolvenzgerichts zur Einberufung der Versammlung nach vorherigem Antrag. Da mittelbar über einen Einberufungsantrag auch die Themenauswahl der Tagesordnung vorgegeben werden kann, hat das Insolvenzgericht, wenn ein entsprechender Tagesordnungspunkt vom Insolvenzverwalter vorgeschlagen wird, diesen Tagesordnungspunkt in die Gläubigerversammlung einzubringen[357]. Bei einer Weigerung des Insolvenzgerichts steht dem Insolvenzverwalter nach § 75 Abs. 3 InsO die sofortige Beschwerde zu[358].

d) Die Formulierung der Tagesordnung im Eröffnungsbeschluss

Die Formulierung der Tagesordnung ist von besonderer Bedeutung, da sie nach § 74 Abs. 2 Satz 1 InsO öffentlich bekannt zu machen ist[359]. Die öffentliche Bekanntmachung soll gewährleisten, dass sich die Gläubiger angemessen auf die Gläubigerversammlung vorbereiten können[360]. Zudem dienen die Angaben in der Tagesordnung auch der Entscheidung einzelner Gläubiger, ob sie an der

---

354 MüKo-InsO-*Ehricke*, § 74 Rn. 4f.
355 So wörtlich in *Nerlich/Römermann*, InsO, § 74 Rn. 10.
356 OLG Celle, ZIP 2002, 900 m. w. N.; *Mäusezahl* in Graf-Schlicker, InsO, § 75 Rn. 2, 3.
357 FK-*Kind*, § 74 Rn. 3, 8; § 75 Rn. 2.
358 Zwar unterliegt lediglich die Ablehnung der Einberufung einer Gläubigerversammlung der sofortigen Beschwerde durch den Antragsteller, doch muss dieses Beschwerderecht auch für die Nichtaufnahme eines Tagesordnungspunktes gelten. Andere Themen, als in der Tagesordnung genannt, dürfen in der Gläubigerversammlung nämlich nicht behandelt werden, da die Gläubiger anhand der Tagesordnung entscheiden, ob sie teilnehmen oder nicht, FK-*Kind*, InsO, § 74 Rn. 8; Eine Abweichung würde Manipulationen in der Entscheidungsfindung ermöglichen.
359 Vgl. zur öffentlichen Bekanntmachung § 9 InsO.
360 *Mäusezahl* in Graf-Schlicker, InsO, § 74 Rn. 5; HK-*Eickmann*, InsO, § 74 Rn. 7.

Gläubigerversammlung teilnehmen wollen oder nicht[361]. Die Wahl der Formulierung ist auch deswegen bedeutsam, weil ein Beschluss ohne ausreichende vorhergehende Bekanntmachung nichtig ist[362].

aa) *Bestimmtheitsgrad der Tagesordnungspunkte*

Der Grad der Bestimmtheit der Tagesordnungspunkte ist nicht unumstritten. Mit Blick auf die Nichtigkeitsfolgen sollte der herrschenden Auffassung gefolgt werden, die verlangt, dass die Gegenstände der Tagesordnung dem wesentlichen Inhalt nach angegeben werden und allgemeinverständlich sein müssen[363]. Zu allgemeine Formulierungen wie: „Verwertung der Masse" oder „Genehmigung von Anträgen des Verwalters" sind unzureichend. Der Richter oder Rechtspfleger sollte daher die einzelnen Tagesordnungspunkte möglichst umfassend konkretisieren, um die Gefahr der Nichtigkeit eines gefassten Beschlusses auszuschließen[364]. Die Formulierung „Abstimmung über die Aufnahme oder Finanzierung von Prozessen" im Tagesordnungspunkt würde daher wohl nicht ausreichen. Vielmehr ist konkret in der Tagesordnung aufzuführen, dass sowohl über die Finanzierungsbereitschaft der Gläubiger zur Bevorschussung der Verfahrenskosten eines bestimmten durchzuführenden Klageverfahrens als auch der alternativen Inanspruchnahme eines Prozessfinanzierers und dessen Erfolgsbeteiligung abgestimmt werden soll.

bb) *Entscheidung des Einzelfalls*

Im Folgenden soll unter Heranziehung des eingangs erwähnten beispielhaften Beschlusses des AG Mönchengladbach ein unter Berücksichtigung obiger Darlegungen hin gesetzeskonformer Beschlussinhalt vorgeschlagen werden.

(1)

„In der Gläubigerversammlung soll folgender Beschluss gefasst werden ..."

Diese Formulierung ist insofern ungeeignet, als dass der Eindruck beim Gläubiger erweckt werden könnte, dass das Insolvenzgericht einen Beschluss mit diesem Inhalt empfiehlt. Die Formulierung muss daher neutraler ausfallen, beispielsweise wie:

„Die Gläubiger haben darüber zu entscheiden, ob ..."

(2)

„Der Insolvenzverwalter wird ermächtigt, im Insolvenzverfahren Prozesse durch einen Prozessfinanzierer finanzieren zu lassen".

Insoweit bestehen Bedenken, ob dem Insolvenzverwalter durch diesen Beschluss nicht eine Globalermächtigung eingeräumt und so ein Kontrollrecht der Gläubiger unterlaufen wird. Es könnte zu erwägen sein, ob der konkret beabsichtigte Prozess nicht bereits in den Beschluss aufgenommen

---

361 FK-*Kind*, InsO, § 74 Rn. 8.
362 RGZ 143, 263.
363 HK-*Eickmann*, InsO, § 74 Rn. 7; *Jaeger/Weber*, KO, § 98 Rn. 1.
364 OLG Celle, NJW-RR 2002, 989 ; „Handelt es sich um eine besondere Gläubigerversammlung, z.B. die Zustimmung zu bedeutenden Rechtshandlungen des Verwalters, so ist der Tagesordnungspunkt exakt zu bezeichnen", *Uhlenbruck*, InsO, § 74 Rn. 14.

wird, oder ob er nicht wenigstens umschrieben wird. Insbesondere wäre es verfehlt, hier einen bestimmten Prozessfinanzierer namentlich zu erwähnen. Allerdings darf vorformuliert werden, dass die Auswahl des Prozessfinanzierers im Ermessen des Insolvenzverwalters steht.

Vorgeschlagen wird daher:

„Der Insolvenzverwalter wird ermächtigt, im Insolvenzverfahren die beabsichtigten Prozesse gegen .... durch einen Prozessfinanzierer seiner Wahl finanzieren zu lassen. Die Ermächtigung gilt für die gerichtliche oder außergerichtliche Geltendmachung von Zahlungsansprüchen von mehr als 50.000 Euro nach wirtschaftlicher Bonitätsprüfung und rechtlicher Begutachtung durch einen Prozessfinanzierer".

(3)

„Es wird darauf hingewiesen, dass der Prozessfinanzierer üblicherweise 20–30% der realisierten Forderung erhält."

Diese Formulierung erfüllt das Informationsbedürfnis der Gläubiger im Vorfeld der Versammlung und ist daher nicht zu beanstanden.

(4)

„Die Ermächtigung gilt nur für den Fall, dass sich bis einen Monat nach Abhalten des Berichtstermins Insolvenzgläubiger nicht bereit erklärt haben, einen Prozesskostenvorschuss zu leisten. Die Bereitschaftserklärung kann wirksam nur gegenüber dem Insolvenzverwalter erfolgen und ist unmittelbar an diesen zu richten."

Diese Formulierung ist ebenfalls beanstandungsfrei und räumt den Gläubigern die Möglichkeit ein, ohne Masseschmälerung durch zu vereinbarende Erfolgshonorare die Klage selbst zu finanzieren.

e) Rechteübertragung auf das Insolvenzgericht

Im Folgenden wird noch erörtert, ob es angesichts der Vielzahl von Problemen im Bereich der bestimmt genug erfolgten Formulierung eines Antrages über einen Abstimmungspunkt der Gläubigerversammlung nicht auch möglich wäre, per Beschluss beispielsweise die Rechte aus § 160 Abs. 2 InsO dauerhaft auf das Insolvenzgericht zu übertragen, so dass das Insolvenzgericht an Stelle der Gläubigerversammlung über die Beteiligung eines Prozessfinanzierers entscheiden könnte.

Diese Frage ist nicht unumstritten. Während auf der einen Seite eine solche Möglichkeit aus Praktikabilitätsgründen und um das Verfahren insgesamt schneller voranzutreiben befürwortet wird[365], wird auf der anderen Seite die Übertragung von Entscheidungen auf das Insolvenzgericht abgelehnt. Begründet wird dies damit, es mache vor dem Hintergrund, dass es in der Gläubigerversammlung darum gehe, den Sachverstand der Gläubiger einzubringen und ihnen die Möglichkeit zu geben, über eine bestmögliche Verwertung des Schuldnervermögens mitzuwirken, eine Gläubigerversammlung keinen Sinn mehr, wenn die Rechte der Gläubiger auf das Gericht übertragen würden[366].

Grundsätzlich können Entscheidungen der Gläubigerversammlung durch das Insolvenzgericht nicht ersetzt werden[367]. Andererseits bedeutet das nicht, und ist auch in der InsO nirgends festzustellen, dass eine solche Ermächtigung für das In-

365 *Uhlenbruck*, InsO, § 76 Rn. 1 b; OLG Celle, Rpfleger 1994, 124.
366 *Pape*, EWiR 1993, 1101.
367 FK-*Kind*, InsO, § 76 Rn. 8.

solvenzgericht unzulässig sei. Es ist vielmehr gerade Ausdruck der Gläubigerautonomie, dass die Gläubiger die Befugnis übertragen können, statt ihrer bestimmte Entscheidungen zu treffen. Zudem hat eine solche Übertragung nicht zuletzt jedenfalls auch den Zweck, die Gläubiger vor einer offensichtlich unwirtschaftlichen Verwertung durch den Verwalter zu schützen. Wenn Entscheidungen von besonderer Bedeutung gemäß Gläubigerbeschluss von der Zustimmung des Insolvenzgerichts abhängig gemacht werden sollen, würden nicht nur die Gläubigerinteressen gewahrt, sondern zudem auch zeit- und kostenaufwändige Gläubigerversammlungen vermieden[368].

Denkbar wäre, eine Ausnahme von der Übertragung der Entscheidungsbefugnis auf das Insolvenzgericht nach allgemeinen Grundsätzen allenfalls dann anzunehmen, wenn es durch die Ermächtigung zu Interessenkonflikten kommen könnte. Diese sind aber nicht ersichtlich. Während derartige Konflikte möglicherweise bei der Übertragung von Entscheidungsbefugnissen von Gläubigern auf den Insolvenzverwalter in Betracht kämen, ist eine solche Interessenkollision bei der Übertragung der Wahrnehmung von Gläubigerentscheidungen auf das Insolvenzgericht aufgrund seiner neutralen Position nicht gegeben[369]. In der Übertragung der Wahrnehmung der Gläubigerentscheidungen auf das Gericht liegt implizit das Einverständnis, dass das Gericht diese Rechte nach billigem Ermessen ausüben werde. Gleichzeitig ist die Ermächtigung aber auf diejenigen Bereiche beschränkt, die in dem Beschluss der Gläubigerversammlung zur Übertragung der Entscheidungsbefugnis auf das Gericht bezeichnet sind.

So kann beispielsweise ein Beschluss der Gläubigerversammlung, die Genehmigung der Verwertung des Grundbesitzes und des Vorratsvermögens auf das Insolvenzgericht zu übertragen, nicht dahingehend ausgelegt werden, dass die Versammlung ihre Rechte vollständig auf das Insolvenzgericht übertragen hätte. Außerdem wird durch eine derartige Übertragung der Entscheidungsbefugnisse der Sinn und Zweck der Gläubigerbefugnisse nicht beeinträchtigt, weil die Gläubigerversammlung jederzeit in einer weiteren Versammlung die Bevollmächtigung des Gerichts abändern oder aufheben darf[370].

Im Ergebnis ist es daher grundsätzlich zulässig, in einem Beschluss dem Insolvenzgericht für die Zukunft die Befugnis zu erteilen, an ihrer Stelle bestimmte Beschlüsse zu fassen.

f) Mögliche Beeinträchtigung der Verwalterkompetenzen

Eine effiziente Insolvenzabwicklung setzt andererseits auch eine eigenverantwortliche Tätigkeit des Insolvenzverwalters voraus. Nach der Gesetzesbegründung sei das Insolvenzgericht Hüter der Rechtmäßigkeit des Verfahrens[371]. Die Aufsichtspflicht des Insolvenzgerichts nach § 58 InsO geht einher mit einem Aufsichtsrecht[372]. Dieses Recht umfasst zwar im Einzelfall die Befugnis, Auskunft

368 So auch i. E. *Uhlenbruck*, InsO, § 76, Rn. 19.
369 *Ehricke*, NZI 2000, S. 57 ff.
370 OLG Celle, Rpfleger 1994, 124.
371 Begr. RegE, § 67/§ 58 InsO, BT-Drucks. 12/2443, S. 132.
372 MüKo-InsO-*Graeber*, § 58 Rn. 1.

verlangen zu können. Durch das Aufsichtsrecht nicht gedeckt ist aber ein Anweisungsrecht in bestimmten rechtlichen Angelegenheiten[373].

Aber auch gegenüber den Insolvenzgläubigern muss der Insolvenzverwalter eine unabhängige Stellung innehaben, um Interessenkollisionen zu vermeiden[374]. Der Insolvenzverwalter hat somit einen originär unabhängigen Entscheidungsspielraum.

Die Entscheidungsfreiheit des Insolvenzverwalters bezüglich der Frage, ob für die Durchführung eines Prozesses ein PKH - Antrag gestellt wird oder die Hilfe eines Prozessfinanzierers in Anspruch genommen werden soll, wird aber dann eingeschränkt, wenn dieser Entscheidungsspielraum von vornherein durch das Gesetz beschnitten ist. In Zweckmäßigkeitsfragen ist es dem Insolvenzgericht folglich verwehrt, das Verwalterermessen durch justizielle Entscheidungen zu ersetzen oder zu beeinflussen, es sei denn, es besteht ein gesetzliches Anordnungsrecht wie in § 160 InsO[375].

So ist festzuhalten, dass eine Beeinträchtigung etwaiger Rechte des Insolvenzverwalters durch einen Beschluss der Gläubigerversammlung, der auf Initiative des Insolvenzgerichts zu Stande kam, ausgeschlossen ist.

g) Ersetzungsbefugnisse des Insolvenzgerichts

Die Zulässigkeit einer derart weitgehenden Beschlussvorgabe durch das Insolvenzgericht könnte sich möglicherweise auch daraus ergeben, wenn das Insolvenzgericht generell befugt wäre, bei Nichterscheinen von Gläubigern in der Gläubigerversammlung, deren Stimme zu ersetzen. Die Frage, welche Befugnisse ein Insolvenzgericht hat, wenn ein abstimmungsberechtigter Gläubiger fehlt, ist jedoch umstritten.

In der Literatur wird teilweise vertreten[376], aus der mangelnden Teilnahme an der Versammlung ergebe sich ein Desinteresse der Gläubiger. Darin könne eine (stillschweigende) Übertragung der Entscheidungskompetenz hinsichtlich der bedeutsamen Rechtshandlungen auf den Insolvenzverwalter gesehen werden. Diese Auffassung unterstützt damit eine zügige und rationelle Abwicklung des Insolvenzverfahrens. Andere Stimmen[377] behandeln die Zustimmung als verweigert, solange der Gläubigerausschuss diese nicht ausdrücklich erteilt; es sei notwendig, erneut eine Gläubigerversammlung durchzuführen. Die Einberufung einer weiteren Gläubigerversammlung ist indes mit einer zeitlichen Verzögerung und zusätzlichen Kosten verbunden. Außerdem ist kaum zu erwarten, dass bei der zweiten Versammlung ein größeres Interesse der Gläubiger besteht. Die Frage, welche Befugnisse das Insolvenzgericht in solchen Fällen haben soll, ist bereits im Geltungsrahmen der Konkursordnung umstritten gewesen und auch für das neue Insolvenzrecht nicht gelöst wor-

---

373 *Uhlenbruck,* InsO, § 58 Rn. 6; Müko-InsO-*Graeber,* § 58 Rn. 38ff.; HK-*Eickmann,* InsO, § 58 Rn. 3; FK-*Kind,* InsO, § 58 Rn. 5.

374 Kübler/Prütting-*Kübler,* InsO, § 56 Rn. 9.

375 AG Halle, ZIP 1993, 1743; LG Halle, ZIP 1993, 1739; *Grub,* ZIP 1993, 393.

376 MüKo-InsO-*Görg,* § 160 Rn. 32; Nerlich/Römermann-*Balthasar,* InsO, § 160 Rn. 21; *Uhlenbruck,* InsO, § 160 Rn. 8.

377 FK-*Wegener,* InsO, § 160 Rn. 17; Kübler/Prütting-*Onusseit,* InsO, 2005, § 160 Rn. 7.

den[378]. Sowohl in der KO als auch in der InsO ist bislang ungeregelt geblieben, ob bei Beschlussunfähigkeit der Gläubigerversammlung notwendige Entscheidungen der Gläubiger beispielsweise durch einen Beschluss des Insolvenzgerichts ersetzt werden können[379] bzw. ob in solchen Fällen sogar davon auszugehen ist, dass die Gläubiger dem Verwalter die Entscheidung über die dem § 160 InsO unterfallenden Rechtshandlungen überlassen[380].

Die Vorschriften über die Gläubigerversammlung enthalten insbesondere keine Aussage darüber, ob die dort vorgesehenen Befugnisse der Gläubigerversammlung durch eine eigene Beschlussfassung des Rechtspflegers ersetzt werden können oder ob bei fehlender Beteiligung stimmberechtigter Gläubiger gar keine Beschlüsse gefasst werden dürfen.

Aufgrund der klaren, in der Gläubigerautonomie begründeten Kompetenzabgrenzung zwischen Insolvenzgericht und Gläubigerversammlung, die dem Insolvenzgericht nur die Leitung der Versammlung im formalen Sinne gem. § 76 Abs. 1 InsO und eine begrenzte Aufsicht gem. § 78 InsO zubilligt, liegt es nach bisher wohl herrschender Meinung nahe, dem Insolvenzgericht nicht zu gestatten, die fehlende Mitwirkung der Gläubiger zu ersetzen[381]. Gleichwohl fehlt es aber auch nicht an Stimmen, die vertreten, dass es im Hinblick auf den Fortgang des Verfahrens dem Insolvenzgericht gestattet sein müsse, im pflichtgemäßen Ermessen Regelungen zu treffen, wenn die Versammlung deshalb beschlussunfähig ist, weil niemand an ihr teilnimmt[382].

Fehlt ein abstimmungsberechtigter Gläubiger, wirkt sich dieser Umstand wegen § 164 InsO nur im Innenverhältnis zwischen der Gläubigerversammlung und dem Insolvenzverwalter aus, so dass eine Ersetzungsbefugnis durch das Gericht letztlich nur Auswirkungen auf die Kompetenzverteilung zwischen Versammlung und Insolvenzverwalter im Innenverhältnis hätte. Diese Erkenntnis hat unmittelbare Auswirkung auf die Frage, ob das Insolvenzgericht in derart gelagerten Fällen tatsächlich eine Ersetzungsbefugnis für Beschlüsse der Gläubigerversammlung haben soll, wenn kein stimmberechtigter Gläubiger in der Gläubigerversammlung erschienen ist: Die Entscheidung über die wirtschaftliche Verwertung obliegt zunächst grundsätzlich dem Insolvenzverwalter, der sich allerdings bei bestimmten Entscheidungen, so z.B. gem. § 158 InsO bei einer beabsichtigten Stilllegung des Unternehmens, nach dem Willen der Gläubigerversammlung richten muss. Wenn aber die Gläubigerversammlung die ihr eingeräumten Rechte nicht in Anspruch nehmen will, so bleibt es bei der wirtschaftlichen Entscheidungskompetenz des Insolvenzverwalters. Einer Genehmigung des Gerichts an Stelle einer solchen der Versammlung bedarf es dann gar nicht, weil diese mittelbar schon durch die Inaktivität der Gläubiger ausgedrückt ist, indem sie durch ihr Desinteresse zeigen, dass sie an der betreffenden Handlung des Verwalters nichts auszusetzen haben.

---

378 Das mangelnde Engagement der Gläubiger ist kein Novum der Insolvenzordnung, sondern konnte schon seit Inkrafttreten der KO im Jahre 1877 beobachtet werden und war immer wieder Gegenstand von Reformüberlegungen, vgl. *Riedemann,* Zur Entwicklung des KonkursR seit Inkrafttreten der KO unter dem Aspekt der Gläubigerautonomie, Diss. Norderstedt 2004.

379 MüKo-InsO-*Ehricke,* § 76 Rn. 18.

380 MüKo-InsO-*Görg,* § 160 Rn. 32. Dies soll den Rechtsfolgen einer Zustimmung gleichstehen.

381 OLG Koblenz, ZIP 1989, 660; *Ehricke,* NZI 2000, 57; MüKo-InsO-*Ehricke,* § 76 Rn. 18; *Pape,* ZInsO 1999, 305, 306; *Eickmann,* EWiR 1990, 723, 724; HK-*Eickmann,* InsO, § 76 Rn. 5.

382 LG Frankenthal, ZIP 1993, 378; Hess/Weis/Wienberg-*Hess,* InsO, § 76 Rn. 23; *Jaeger/Weber,* KO, § 94 Rn. 4.

Wenn die Gläubiger eine wirtschaftlich optimale Verwertung wollen und mit den Maßnahmen des Insolvenzverwalters nicht einverstanden sind, ergibt sich aus dem Grundsatz der Gläubigerautonomie, dass sie ihre Rechte selbst wahrnehmen müssen. Tun sie dies nicht, ist darin ein Einverständnis mit dem Handeln des Insolvenzverwalters zu sehen. Wenn man dementsprechend das Nichterscheinen eines Gläubigers in der Versammlung als Zustimmung zu den Vorhaben des Verwalters wertet, kommt es auch nicht zu dem befürchteten Stillstand des Verfahrens. Deshalb darf der Insolvenzverwalter im Anschluss an eine Versammlung, an der kein stimmberechtigter Gläubiger teilgenommen hat, so handeln, als habe er eine Zustimmung für seine geplanten Aktivitäten erhalten.

Dieses allein richtige Ergebnis will nunmehr auch der Gesetzgeber in einer Gesetzesnovellierung zur Vereinfachung des Insolvenzverfahrens vom 8.2.06 dergestalt umsetzen, wonach ein Schweigen als Zustimmung gewertet werden soll[383]. Die neue Fassung des § 160 Abs. 1 S. 3 InsO-E schafft somit die wünschenswerte Rechtsklarheit und ermöglicht es dem Insolvenzverwalter Sanierungschancen zügig zu nutzen bzw. die erforderlichen Rechtshandlungen vorzunehmen.

Zwar ist die InsO vom Grundsatz der Gläubigerautonomie geprägt, allerdings ist es für die Gläubiger in vielen Fällen in Anbetracht geringer Insolvenzquoten zu aufwändig und kostenintensiv, an den Versammlungen teilzunehmen oder einen Vertreter zu entsenden[384]. Nur für den Fall, dass kein Gläubiger erscheint und kein Gläubigerausschuss bestellt wurde, würde die vom Gesetzgeber vorgeschlagene Fiktion greifen. Interessierte Gläubiger können nach wie vor zur Gläubigerversammlung erscheinen. Die Gläubiger werden darüber hinaus nach dem Gesetzesentwurf über die Folgen einer Beschlussunfähigkeit der Gläubigerversammlung bei der Einladung hingewiesen. Außerdem gehört zum Grundsatz der Gläubigerautonomie, dass die Gläubiger auch auf die Inanspruchnahme bzw. die Ausübung der Rechte verzichten können[385].

Durch diese neue Zustimmungsfiktion wird es dem Insolvenzverwalter erleichtert, gewerbliche Prozessfinanzierung zur zeitnahen Klageerhebung als unverzügliche Verwertungshandlung in Anspruch zu nehmen, falls kein Gläubiger zur Gläubigerversammlung erscheint. Werden bestehende Verwertungsmöglichkeiten und -chancen schnell genutzt bzw. können „bedeutsame Rechtshandlungen" i.S.d. § 160 InsO zügig umgesetzt werden[386], kommt dies am Ende der Masse und damit den Gläubigern zu Gute.

---

383 Insbesondere ist zur Erleichterung der Sanierung vorgesehen, dem § 160 Abs. 1 InsO den Satz *„Ist die einberufene Gläubigerversammlung beschlussunfähig, gilt die Zustimmung als erteilt; auf die Folgen sind die Gläubiger bei der Einladung zur Gläubigerversammlung hinzuweisen."* anzufügen und damit aus mangelnder Teilnahme der Gläubiger keine Versäumung von Veräußerungsmöglichkeiten folgen zu lassen.

384 *Pape*, ZIP 1990, 1251.

385 MüKo-InsO-*Ehricke*, § 76 Rn. 18.

386 Ohne dass eine weitere Gläubigerversammlung – bei der überdies unwahrscheinlich ist, dass das Gläubigerinteresse größer sein wird, als bei der ersten – einberufen werden muss.

VI. Haftungsrisiken des Insolvenzverwalters bei vorrangiger Inanspruchnahme von Prozessfinanzierung

Hauptgrund für die bisherige gezeigte Zurückhaltung der Insolvenzverwalter anstatt staatlicher PKH sofort gewerbliche Prozessfinanzierung in Anspruch zu nehmen, ist das angebliche Haftungsrisiko. Dieses soll gegeben sein, weil im Falle einer PKH-Gewährung die Masse im Erfolgsfalle ungeschmälert bleibt und nicht mit einer 20 bzw. 30%-igen Erfolgsprovision belastet wird. Die masseschmälernde Erfolgsprovision des Prozessfinanzierers ist zweifelsohne beachtlich.

Soweit sich aber der Insolvenzverwalter trotz der herausgearbeiteten Argumente der unangemessenen Gebührendeckelung mit dem damit verbundenen unzulässigen Erfolgshonorar und möglichen Schadensersatzansprüchen seines Prozessanwalts, der bestehenden Verjährungsrisiken, der restriktiven Rechtsprechung zur PKH-Gewährung bis hin zur neueren Tendenz, für Klageverfahren als Verwertungshandlung bei Masseunzulänglichkeit grundsätzlich primär massefremde Drittmittel in Anspruch nehmen zu müssen, nicht von einer Abkehr der PKH-Beantragung überzeugen lässt, er vielmehr weiterhin der Auffassung ist, entgegen einer unverzüglichen Verwertungspflicht gem. § 159 InsO lieber langwierige PKH-Verfahren zu betreiben und für gewerbliche Prozessfinanzierung zusätzlich nicht erforderliche Zustimmungsbeschlüsse nach § 160 InsO einzuholen, muss er sich fragen lassen, welchen Haftungsrisiken er sich sowohl dem Grunde als auch der Höhe nach aussetzt, wenn er unter Außerachtlassung dieses aufwändigen und meist auch erfolglosen Procedere PKH einfach unberücksichtigt lassen und direkt gewerbliche Prozessfinanzierung in Anspruch nehmen würde. Allein schon die zusammengefasste Darstellung der PKH-spezifischen Risiken legt die Frage nahe, ob sich der Verwalter nicht eher Haftungsrisiken aussetzt, wenn er in Klageverfahren mit höheren Streitwerten noch PKH beantragt.

1. Inzidente Beweisführung zu PKH-Bewilligung durch Gläubiger

Wenn der Verwalter über Haftungsrisiken bei sofortiger Inanspruchnahme gewerblicher Prozessfinanzierung nachdenkt, wird er feststellen, dass es die Gläubiger sind, die im Schadensersatzprozess zunächst dem Grunde nach beweisen müssen, dass der Insolvenzverwalter PKH erhalten hätte. Die Erbringung dieses Beweises zur inzidenten Prüfung einer aussichtsreichen PKH-Gewährung wird den Gläubigern kaum möglich sein. Sie müssten zum einen die vorgenannten Gründe, die gegen die Beantragung einer PKH-Gewährung sprechen, erst einmal entkräften und zum anderen neben konkreten Informationen zur vorhandenen Masse und der voraussichtlichen Quote, die vorrangig der Verwalter besitzt, auch noch vertiefte Kenntnisse von der uneinheitlichen ober- und höchstrichterlichen Rechtsprechung zur PKH-Gewährung für Insolvenzverwalter haben und diese auf den konkreten Fall anwenden. Die Erfüllung dieser Anforderungen dürfte den Gläubigern daher praktisch kaum bzw. nur unter erschwerten Voraussetzungen möglich sein.

2. Relativ geringer Quotenschaden

Wenn man die Möglichkeit einer Beweisführung durch den bzw. die Gläubiger für fiktiv gewährte PKH dem Grunde nach in Ausnahmefällen bejaht, muss nunmehr auf zweiter Stufe das wirtschaftliche Interesse des Gläubigers an einer derartigen Schadensersatzklage bedacht werden. Die Höhe des begehrten Schadensersatzes kann sich maximal nur auf die Höhe der Erfolgsbeteiligung des gewerblichen Prozessfinanzierers belaufen, hier also auf die 20- bzw. 30%-ige Erfolgsbeteiligung, um die seine Quote widerrechtlich reduziert wurde. Da die Quoten der Insolvenzgläubiger regelmäßig sehr gering ausfallen, wäre die gerichtliche Geltendmachung der weiteren Reduzierung dieser von Haus aus geringen Quote für den geschädigten Gläubiger wirtschaftlich gar nicht darstellbar. Denkbar wären daher allenfalls Haftungsprozesse in Verfahren mit außergewöhnlich hohen Quoten bis hin zur vollständigen Gläubigerbefriedigung. Diese Verfahren haben jedoch ebenfalls Ausnahmecharakter und sind praktisch zu vernachlässigen.

3. Haftungsfreistellung durch Prozessfinanzierer

Soweit auch diese Darstellungen den Insolvenzverwalter noch nicht überzeugen und er nach wie vor die Gefahr sehen sollte, im Wege des Regresses von den Gläubigern in Anspruch genommen zu werden, könnten diese letzten Bedenken möglicherweise dadurch ausgeräumt werden, dass sich der Insolvenzverwalter vom Finanzierer im Innenverhältnis von möglichen Haftungsansprüchen der Gläubiger auf einen möglichen Quotenschaden freistellen lässt. Die Freistellung des Verwalters von einer Haftung auf diesen Quotenschaden durch den Finanzierer wäre ein Novum. Es hat nicht nur den Vorteil, dass der Verwalter seine Haftpflichtversicherung nicht in Anspruch nehmen muss, sondern auch, dass den Gläubigern durch das Verwalterhandeln, falls es denn tatsächlich rechtswidrig gewesen sein sollte, letztendlich keine Nachteile entstehen können. Auch der Finanzierer müsste grundsätzlich nicht mehr an Schäden erstatten, als er im Wege seiner Erfolgsbeteiligung erzielt hat[387].

Der Verwalter sollte sich daher für den Fall, dass er den beschwerlichen Weg der Erlangung von PKH nicht beschreiten, sondern sich nach erfolgloser Gläubigerbefragung sogleich an einen gewerblichen Prozessfinanzierer wenden möchte, von möglichen Schadensersatzansprüchen vom Finanzierer vertraglich freistellen lassen, auch wenn eine erfolgreiche Inanspruchnahme des Insolvenzverwalters auf Schadensersatz durch die Insolvenzgläubiger sehr unwahrscheinlich ist. Letzteres Argument dürfte auch den Prozessfinanzierer veranlassen, derartige Haftungsfreistellungen großzügig zu übernehmen.

387 Möglicherweise wäre jedoch ein durch Anwendung des § 92 InsO zusätzlich entstehendes Kostenrisiko auf Seiten des Finanzierers zu untersuchen, auf das hier nicht näher eingegangen werden soll.

Die Freistellungsklausel könnte beispielsweise wie folgt lauten:

„Beiden Parteien ist bewusst, dass der Insolvenzverwalter die streitigen Ansprüche möglicherweise auch mit Hilfe von Prozesskostenhilfe durchsetzen könnte. Sollte der Insolvenzverwalter wegen der Inanspruchnahme der Prozessfinanzierung bzw. der unterlassenen Beantragung staatlicher Prozesskostenhilfe durch die Gläubiger erfolgreich auf Schadensersatz in Anspruch genommen werden, stellt der Prozessfinanzierer den Insolvenzverwalter von diesen Ansprüchen frei, einschließlich von den zur Rechtsverteidigung erforderlichen bzw. angefallenen Kosten. Der Prozessfinanzierer behält sich vor, den Insolvenzverwalter auch schon zu einem früheren Zeitpunkt von diesen Schadensersatzansprüchen freizustellen."

VII. Haftungsrisiken des Insolvenzverwalters bei unterlassener Inanspruchnahme von Prozessfinanzierung

Erheblich haftungsträchtiger für den Insolvenzverwalter ist hingegen, wenn er es generell versäumt, gewerbliche Prozessfinanzierung in Anspruch zu nehmen.

1. Problemstellung

Wenn im Falle einer ablehnenden PKH-Entscheidung des erstinstanzlichen Gerichts diese Entscheidung nach 1½ Jahren dann auch noch vom Berufungsgericht bestätigt wird, war bis dahin jegliche Mühe des Verwalters umsonst. Wie bereits mehrfach schon erwähnt, sind in der Regel nämlich weder die Insolvenzgläubiger, noch die Massegläubiger, denen jeweils die (auch anteilige) Finanzierung zugemutet werden soll, nicht bereit, den Prozess zu finanzieren, hier also zusätzliches frisches Geld zu investieren, um letztendlich eine in der Regel nur äußerst geringe Quote zu erhalten. Die Klage kann unter diesen Voraussetzungen im Ergebnis nicht geführt werden. Soweit der Verwalter in diesem Moment die Forderung abschreibt, ohne vorher die Gläubiger auf die Möglichkeit einer Prozessfinanzierung hingewiesen oder gleich den Versuch des Abschlusses eines Prozessfinanzierungsvertrages unternommen zu haben, ergibt sich möglicherweise eine Haftung des Verwalters gegenüber den Gläubigern und dem Gemeinschuldner aufgrund nicht pflichtgemäßer Verwertung der Masse[388].

Grundsätzlich muss man auch im normalen Mandatsverhältnis zunächst den Fall unterscheiden, in denen der Mandant finanziell gar nicht in der Lage wäre, die Prozesskosten aufzubringen, von dem Fall, in dem der Mandant zum Schutze seines eigenen Vermögens das allgemeine Kostenrisiko aufgrund der bestehenden Unterliegensgefahr scheut. Diese Fallkonstellationen sind beim Insolvenzverwalter vergleichbar mit den masselosen bzw. masseunzulänglichen Verfahren und den Verfahren, in denen die vorhandene Masse vor dem Risiko der Prozesskostenlast im Falle des Unterliegens geschützt werden soll.

---

388 *Haarmeyer/Wutzke/Förster*, Handbuch der InsO, Kap. 5 Rn. 462; *Smid* in Kölner Schrift zur Insolvenzordnung, S. 453, 461 Rn. 24.

2. Hinweispflicht auf Prozesskostenhilfe in Verfahren mit unzureichender Masse

a) Normales Mandatsverhältnis Anwalt – Mandant

Im normalen Mandatsverhältnis Anwalt-Mandant sieht das Gesetz bei der PKH eine solche Hinweispflicht vor. Gemäß § 16 Abs. 1 BerufsO[389] ist der Rechtsanwalt verpflichtet, bei begründetem Anlass auf die gesetzlichen Möglichkeiten von Beratungs- und Prozesskostenhilfe hinzuweisen. Eine entsprechende Vorschrift findet sich auch in Ziff. 3.7 der Standesregeln der Rechtsanwälte der Europäischen Gemeinschaft (CCBE)[390].

Die Hinweispflicht soll verhindern, dass die gesetzlichen Mitwirkungspflichten des Anwalts im Rahmen der PKH ins Leere laufen[391]. Diese Vorschriften sollen sicherstellen, dass der finanziell minderbemittelte Rechtssuchende seine Rechte mit Hilfe eines frei gewählten Anwalts verfolgen und durchsetzen kann. Das geht nur, wenn der Rechtsanwalt gehalten ist, dem Mandanten bei der Erlangung von Beratungs- oder Prozesskostenhilfe behilflich zu sein und ihn über deren Voraussetzungen aufzuklären[392]. Diese Hinweispflicht ergibt sich allerdings nicht erst aus dem Gesetz, sondern schon aus dem Anwaltsvertrag. Sie wurde nur deshalb auf die Ebene berufsrechtlicher Pflichten gehoben, um etwaige Verstöße auch berufsrechtlich ahnden zu können. Ist dem Anwalt die schlechte wirtschaftliche Situation des Mandanten erkennbar, besteht seine Pflicht gerade auch in der Wahrnehmung der finanziellen Interessen seines Mandanten hinsichtlich der durch seine Inanspruchnahme entstandenen Kosten mit der Folge, dass er auf die Möglichkeit der PKH hinweisen muss[393]. Unterlässt der Rechtsanwalt den Hinweis auf die Möglichkeit von PKH, obwohl er die schlechte wirtschaftliche Situation des Mandanten kennt, macht er sich schadensersatzpflichtig. Im Einzelfall bestehen weitergehende Ersatzansprüche des Mandanten, etwa wenn er infolge der unterbliebenen Aufklärung seine aussichtsreichen Ansprüche nicht weiter verfolgt hat[394].

---

389 § 16 Abs. 1 BORA lautet: *„Der Rechtsanwalt ist verpflichtet, bei begründetem Anlass auf die Möglichkeiten von Beratungs- und Prozesskostenhilfe hinzuweisen.“*

390 Die CCBE, die Europäische Berufsvereinigung der Rechtsanwälte, verabschiedete bereits im Oktober 1988 die „Standesregeln der Rechtsanwälte der Europäischen Gemeinschaft“ (aktuelle Fassung der CCBE-Standesregeln in AnwBl. 2001, 337 ff.), die die deutsche Anwaltschaft in die BORA integriert hat, vgl. Art. 29 Abs. 1 BORA. Der CCBE hat keine Normsetzungskompetenz, d. h. die Anwaltsorganisationen und die einzelnen Anwälte werden durch die Standesregeln nicht unmittelbar gebunden. Sie entfalten aber Wirkungen für die einzelnen Anwälte, wenn sie in nationales Berufsrecht umgesetzt werden, vgl. hierzu *Feuerich/Braun*, BO, § 29 Rn. 1.

391 Vgl. §§ 48 Abs. 1 Nr. 1, 49 a Abs. 1 BRAO.

392 *Greißinger*, AnwBl. 1982, 288, 289.

393 OLG Düsseldorf, MDR 1984, 937; AG Neuss, AnwBl. 1987, 284; AG Castrop-Rauxel, MDR 1988, 318, 319; *Greißinger*, AnwBl. 1982, 288, 289.

394 Dazu *Greißinger*, AnwBl. 1982, 288, 290; *Vollkommer*, Anwaltshaftungsrecht, Rn. 172.

b) Besondere Hinweispflichten des Insolvenzverwalters

aa) Hinweispflicht des Insolvenzverwalters auf Prozesskostenhilfe

Übertragen auf den Insolvenzverwalter bedeutet dies, dass er den Gläubigern auf deren Quotenschaden haftet, wenn er vorhandene Ansprüche deshalb nicht verfolgt, weil er für die Prozesskosten keine ausreichende Masse hat und die Möglichkeit der Inanspruchnahme von PKH nicht wahrnimmt. Dies dürfte in der Praxis jedoch die Ausnahme sein. Vielmehr ist zu untersuchen, ob diese Maßstäbe auch für die unterlassene Inanspruchnahme von gewerblicher Prozessfinanzierung gelten, wenn dem Insolvenzverwalter keine PKH gewährt wurde und auch kein Gläubiger zur Finanzierung der Klage bereit sein sollte.

bb) Hinweispflicht des Insolvenzverwalters auf Prozessfinanzierung

Soweit man eine Haftung des Insolvenzverwalters bejaht, wenn er in massearmen bzw. masseunzulänglichen Verfahren keine PKH beantragt, obwohl er sie aller Wahrscheinlichkeit nach bekommen hätte, um Ansprüche zur Masse zu ziehen, muss dies auch gelten, wenn er es nach erfolglosem PKH-Antrag unterlässt, gewerbliche Prozessfinanzierung in Anspruch zu nehmen. Diese Pflicht des Insolvenzverwalters folgt mittelbar aus § 159 InsO, das zur Insolvenzmasse gehörende Vermögen unverzüglich und bestmöglich zu verwerten[395]. Unterlässt er somit Handlungen, die erforderlich sind, Ansprüche zur Masse zu ziehen, haftet er den Gläubigern auf den dadurch eingetretenen Schaden. Pflichtverletzungen gegenüber den Insolvenzgläubigern werden häufig zu einem Gesamtschaden führen, bei dem § 92 InsO zu beachten ist. Dennoch sind auch Individualschäden denkbar, insbesondere bei einer Masseverkürzung durch Unterlassen, erreichbare Vermögenswerte zur Masse zu ziehen.[396]

Dabei kann sich die Handlung des Insolvenzverwalters nicht nur auf eine Hinweispflicht der Existenz oder Inanspruchnahmemöglichkeit gewerblicher Prozessfinanzierung beschränken. Die isolierte Hinweispflicht würde bedeuten, dass letztendlich die Gläubiger über die Möglichkeit der Prozessfinanzierung lediglich informiert sind und über die Inanspruchnahme derselbigen nun gesondert entscheiden müssten, wie sich auch der normale Mandant gegenüber seinem Anwalt äußern müsste, allein aufgrund der zu vereinbarenden Erlösbeteiligung. Der „normale“ Mandant kann sich noch überlegen, ob er die Verfahrenskosten anderweitig aufbringt, ohne eine Erfolgsbeteiligung im Obsiegensfalle abgeben zu müssen. Aber auch die Gläubiger haben die Chance, den Prozess, gegebenenfalls auch in anteiliger Höhe, zu finanzieren, mit der Folge, zur Erhaltung des absolut aus der Quote zu erzielenden Betrages später keinen Erlösanteil an den Finanzierer abführen zu müssen. In der Praxis stehen die Gläubiger einer eigenen Finanzierung des Prozesses jedoch eher skeptisch und sehr zurückhaltend gegenüber, da sie ja bereits schon erhebliche Forderungen gegen die Masse haben und nicht noch weitere finanzielle Verluste erleiden wollen.

---

395 Kübler/Prütting-*Onusseit*, InsO, § 159 Rn. 5.
396 BGH, NJW 1973, 1198.

Aus diesem Grund kann in masseunzulänglichen Verfahren die isolierte Hinweispflicht des Insolvenzverwalters auf die Möglichkeit der Prozessfinanzierung praktisch vernachlässigt werden. Auch besteht seitens des Insolvenzverwalters bei fehlender Masse kein Anlass, in Erfahrung zu bringen, ob die Gläubiger mit der Inanspruchnahme eines gewerblichen Prozessfinanzierers zur Durchsetzung der vorhandenen Ansprüche einverstanden wären. Ein derartiges Zustimmungserfordernis ergibt sich bei fehlender Masse weder aus § 160 Abs. 1 S. 1 noch aus Abs. 2 Nr. 3 InsO. Oder anders gewendet: Gibt es kein Zustimmungserfordernis der Gläubiger, entfällt auch die Hinweispflicht.

Die Hinweispflicht des Verwalters reduziert sich somit nur darauf, von den Gläubigern im Wege einer rein informatorischen Befragung in Erfahrung zu bringen, ob sie bereit wären, den beabsichtigten Prozess zu finanzieren. Sollte nämlich im Nachhinein ein Gläubiger dem Verwalter vorwerfen, dass er, der Gläubiger, bei erfolgter Anfrage den Prozess finanziert hätte und die Masse keine Erfolgsbeteiligung hätte zahlen müssen, wäre diese Behauptung durch den Verwalter nur schwer bzw. nicht widerlegbar. Damit reduziert sich eine Hinweispflicht im Ergebnis nur noch auf die rein informatorische Mitteilung an die Gläubiger über eine sich an deren Finanzierungsablehnung anschließende Inanspruchnahme gewerblicher Prozessfinanzierung.

3. Hinweispflicht auf Prozessfinanzierung in Verfahren mit ausreichender Masse

a) Normales Mandatsverhältnis Anwalt - Mandant

Im „normalen“ Mandatsverhältnis zwischen Anwalt und Mandant wird in der Literatur eine Verpflichtung des Rechtsanwalts, seinen Mandanten auf die Möglichkeit der Prozessfinanzierung hinzuweisen, wenn er allein wegen des Kostenrisikos von einer gerichtlichen Geltendmachung seiner Ansprüche absehen möchte, kontrovers diskutiert[397].

b) Besondere Hinweispflichten des Insolvenzverwalters

aa) Hinweispflicht des Insolvenzverwalters auf Prozessfinanzierung

Im Verfahren mit ausreichender Masse, um einen Rechtsstreit mit erheblichem Streitwert zu führen, muss der Insolvenzverwalter gem. § 160 Abs. 2 Nr. 3 InsO die Zustimmung des Gläubigerausschusses bzw. der Gläubigerversammlung einholen, da im Unterliegensfalle das Kostenrisiko die Masse erheblich schmälern kann. Zur Entscheidungsfindung und Risikoaufklärung ist der Verwalter auch gegenüber den Gläubigern verpflichtet, genau wie der Anwalt gegenüber seinem Man-

---

397 Dafür *Rollmann*, BRAK-Mitt. 1998, 203, 204; *Bräuer*, AnwBl. 2001, 112, 113; *van Bühren*, AnwBl. 2001, 537; dagegen *Ströbel*, BRAK-Mitt. 1998, 263, 264; *ders.*, BRAK-Mitt. 1999, 205, 206.

danten verpflichtet ist, diesen vor Schäden zu bewahren[398], ihn im Einzelfall auch über die wirtschaftlichen Gefahren und Kostenrisiken aufzuklären sowie über die Möglichkeiten, wie diese vermieden werden können. Zu diesen Möglichkeiten der Vermeidung von Kostenrisiken gehört neben der staatlichen PKH, die aber bei ausreichender Masse mangels Bedürftigkeit dem Verwalter nicht offen steht, auch die gewerbliche Prozessfinanzierung als Alternative, das Kostenrisiko auf den Finanzierer abzuwälzen, dies jedoch um den Preis der Erlösbeteiligung.

Dieser Preis kann jedoch im Ergebnis günstiger sein, als das Kostenrisiko im Unterliegensfalle. Es ist schwierig, dieses Ergebnis im Rahmen einer rechtsdogmatischen Befassung zu begründen. Hier ist aber die rechtsdogmatische Konsequenz ausnahmsweise aus der forensischen Realität zu ziehen. Denn in der Gerichtswirklichkeit hat eine Prozessführung immer einen unsicheren Ausgang. Jeder Prozess birgt Risiken, sowohl in tatsächlicher als auch in rechtlicher Hinsicht. Der Verwalter muss die Gläubiger auf diese Risiken aufmerksam machen, damit diese die Risiken abwägen können. Stimmen sie der Aufnahme des Rechtsstreits und damit der Übernahme des Kostenrisikos durch die Masse zu, hat sich der Verwalter danach zu richten. Lehnen die Gläubiger die Aufnahme des Rechtstreites ab, ist auch der Verwalter im Interesse der Gläubiger, die er ausschließlich zu vertreten hat, gehalten, gewerbliche Prozessfinanzierung, auch ohne Zustimmung der Gläubiger, in Anspruch zu nehmen. Ohne Zustimmung deshalb, da auch in diesem Fall die Gläubiger von einer Inanspruchnahme der gewerblichen Prozessfinanzierung nur profitieren können. Die vorhandene Masse wird auf Grund der vollständigen Kostenübernahme durch den Finanzierer nicht gefährdet. Die Gläubigerquote kann nur höher werden oder im Unterliegensfalle gleich bleiben, so dass bei einem Unterlassen der Inanspruchnahme einer gewerblichen Prozessfinanzierung der Verwalter für den Schaden der Gläubiger diesen gegenüber haften würde.

Freilich müssten auch hier im Falle des Unterlassens die Gläubiger bzw. der Gemeinschuldner darlegen und beweisen, dass ein Prozessfinanzierungsvertrag zustande gekommen, ein so fremdfinanzierter Prozess erfolgreich geführt worden und die auf die Gläubiger entfallende Quote höher bzw. die Nachhaftung des Gemeinschuldners (§ 201 Abs. 1 InsO) auf Grund der höheren Quote geringer gewesen wäre. Es stellt sich also das Nachweisproblem hinsichtlich des Zustandekommens eines Prozessfinanzierungsvertrages. Die Erbringung dieses Nachweises ist aber schon deshalb möglich, da auch dieser Schadensersatzprozess von einem Prozessfinanzierer finanziert werden kann, der aufgrund der erforderlichen Erfolgsaussicht eine derartige Finanzierungsbestätigung vorlegt.

Bei der Ermittlung des hypothetischen Prozessverlaufs ist nach ständiger Rechtsprechung nicht darauf abzustellen, wie der Vorprozess voraussichtlich geendet hätte, sondern darauf, welches Urteil nach Auffassung des jetzt über den Schadensersatzanspruch erkennende Gericht richtigerweise hätte ergehen müssen[399]. Dabei gelten etwaige günstigere Beweislastregeln des hypothetischen Vorprozesses auch im Regressprozess[400]. Dass der Prozess erfolgreich geführt worden wäre,

---

398 BGH, NJW 1986, 182, 183; VersR 1968, 969; OLG Celle, AnwBl. 1982, 22, 23.
399 BGHZ 133, 110, 112; *Vollkommer*, Anwaltshaftungsrecht, Rn. 488.
400 BGHZ 133, 110, 112; *Vollkommer*, Anwaltshaftungsrecht, Rn. 488.

hat der Verwalter entweder schon im vorgeschalteten PKH-Verfahren oder bei vorhandener Masse bei der Einholung der Zustimmung gem. § 160 Abs. 2 Nr. 3 InsO für die Erhebung des Rechtsstreites selbst behauptet, als er um Zustimmung zur Klageerhebung mit Mitteln der Masse bat. Sich nunmehr bei unterlassener Inanspruchnahme von Prozessfinanzierung gegenüber den Gläubigern im Regressprozess auf eine Erfolglosigkeit der beabsichtigten Klage und damit dem fehlenden Schaden berufen zu wollen, wäre widersprüchlich, zudem unglaubwürdig und sicher wenig erfolgreich.

So gibt es bereits Stimmen in der Literatur, die eine zwingende Pflicht des Anwalts darin sehen, bei finanziellen Schwierigkeiten seines Mandanten zur Aufbringung der Prozesskosten oder dem Scheuen des Prozesskostenrisikos allgemein auch auf das Institut der Prozessfinanzierung zwingend hinzuweisen[401]. Diese Hinweispflicht dürfte auf Insolvenzverwalter in Verfahren mit ausreichender Masse übertragbar sein, die Gläubiger bei eventuell vorhandenen Prozessrisiken auf die Möglichkeit der Prozessfinanzierung aufmerksam zu machen.

bb) Entlastungsmöglichkeit

Auch kann den Verwalter nicht mehr das Argument der Unkenntnis von der Möglichkeit einer Prozessfinanzierung entlasten. Prozessfinanzierung hat in juristischen Fachkreisen und auch bei Insolvenzverwaltern zwischenzeitlich einen gewissen Bekanntheitsgrad erlangt. Neuerungen auf dem Rechtsmarkt braucht der Anwalt nicht schon unmittelbar nach ihrem Erscheinen zu kennen. Setzen sich Wissenschaftler und Praktiker aber wiederholt und in wissenschaftlicher Form in juristischen Fachzeitschriften mit einer solchen Neuerung auseinander, muss sich der Anwalt darüber informieren. Das ergibt sich aus der allgemeinen Fortbildungspflicht des Rechtsanwalts[402], die sich vor allem primär auf die aktuelle Gesetzeslage und die höchstrichterliche Rechtsprechung bezieht, aber nicht darauf beschränkt ist[403].

Aufgrund der Zahl der Anbieter gewerblicher Prozessfinanzierer von zwischenzeitlich ca. einem Dutzend[404] und der zunehmenden rechtswissenschaftlichen Auseinandersetzung mit dem Thema Prozessfinanzierung hat sich dieses Geschäftsprinzip inzwischen so weit etabliert, dass eine Hinweispflicht des Insolvenzverwalters bzw. eine Pflicht zur Inanspruchnahme angenommen werden muss.

4. Ergebnis

Zunächst hat der Insolvenzverwalter in massearmen Verfahren die Pflicht, summarisch zu prüfen, ob PKH erfolgreich beantragt werden könnte. Soweit PKH vo-

401 *van Bühren,* AnwBl. 2001, 537.
402 § 43 a Abs. 6 BRAO.
403 *Vollkommer,* Anwaltshaftungsrecht, Rn. 138 ff.
404 Z.B. FORIS AG, Allianz Prozessfinanzierung GmbH; D.A.S. Prozessfinanzierung AG; Roland ProzessFinanz AG; Proxx AG; Acivo AG; Juragent AG; Rima AG; Gloria GmbH; ProFin Prozessfinanzierung; Juratec; ExActor Forderungsmanagement AG; Jurecon AG.

raussichtlich nicht in Frage kommen oder der PKH-Antrag wider Erwarten abgelehnt werden sollte, sind zwingend die Gläubiger zu befragen, ob diese bereit wären, den Prozess zu finanzieren. Falls auch dieser Versuch scheitert, muss der Insolvenzverwalter zur Vermeidung einer Haftung gewerbliche Prozessfinanzierung in Anspruch nehmen, um über diesen Weg die Ansprüche zur Masse ziehen zu können. Die Pflicht eines Hinweises an die Gläubiger auf Prozessfinanzierung wird durch die Pflicht einer Inanspruchnahme von Prozessfinanzierung ersetzt. Eine Zustimmung der Gläubiger nach § 160 InsO ist mangels vorhandener schützenswerter Masse hierfür grundsätzlich nicht erforderlich. Soweit allerdings nach angezeigter Masseunzulänglichkeit freie Masse verbleiben sollte, die nunmehr gem. § 209 Abs. 1 Nr. 2 InsO vorrangig für Neumasseverbindlichkeiten oder für die quotale Befriedigung der Altmasseverbindlichkeiten zur Verfügung steht, ist eine Zustimmung der Gläubiger bzw. Massegläubiger nach § 160 Abs. 2 Nr. 3 InsO insoweit erforderlich, als der Insolvenzverwalter diese vorhandene Masse für Prozesskosten einsetzen möchte. Lehnen die Gläubiger den Einsatz dieser vorhandenen Masse für die Prozessführung ab, beispielsweise um diese Masse zumindest für ihre quotale Befriedigung zu erhalten, ist für eine sich anschließende Inanspruchnahme gewerblicher Prozessfinanzierung eine gesonderte Zustimmung nicht (mehr) erforderlich. Denn die Massegläubiger können ebenso wie die Insolvenzgläubiger von dem Verfahrensausgang nur noch profitieren, da andernfalls aufgrund ihrer Ablehnung des Einsatzes der noch vorhandenen freien Masse für die Prozessführung die Anhängigmachung einer Klage unterblieben wäre.

VIII. Praktischer Hinweis bei erfolgloser Finanzierungsanfrage und versagter Prozesskostenhilfe

Sollte der PKH-Antrag des Verwalters erfolglos sein, weil es den Gläubigern aufgrund des zu erwartenden Erlöses gem. § 116 ZPO angeblich zumutbar wäre, den Prozess (anteilig) zu finanzieren, sich aber auch kein Gläubiger bereit erklärt, mit den Prozesskosten in Vorlage zu treten und auch durch den gewerblichen Prozessfinanzierer eine Finanzierungsablehnung ergeht, kann der Verwalter als eine Art Notlösung erneut einen PKH-Antrag über die Erhebung einer Teilklage stellen und zwar in Höhe eines Klagebetrages, der gerade dazu ausreicht, die Massekosten zu decken. Dies ist grundsätzlich zulässig, da die ablehnende PKH-Entscheidung nicht in Rechtskraft erwächst[405].

Zwar kann PKH grundsätzlich verweigert werden, wenn eine Partei in Kenntnis eines bevorstehenden Prozesses ihre Bedürftigkeit mutwillig herbeiführt[406]. Die erneute Stellung eines PKH-Antrages für eine Teilklage stellt jedoch keine mutwillige Herbeiführung der Bedürftigkeit dar. Diese ist nach wie vor vorhanden. Lediglich das (zunächst vom Gericht bejahte) Zumutbarkeitskriterium

405 BGH, Beschl. v. 3.3.04, Az. IV ZB 43/03 = NJW 2004, 1805; OLG Nürnberg, Beschl. v. 16.3.04, Az. 4 U 247/04; OLG Nürnberg FamRZ 2004, 1219.
406 BGH, NJW 1959, 884, 885; Zöller-*Philippi*, ZPO, § 115 Rn. 40, 72 m.w.N.

zu Lasten der Gläubiger wird dadurch im Nachhinein beseitigt. PKH müsste nunmehr nach der Rechtsprechung des BGH[407] gewährt werden, da es aufgrund der geringen Klagesumme und der ausbleibenden Quotenverbesserung den Gläubigern nun nicht mehr zumutbar wäre, die Kosten für diese Teilklage vorzustrecken, wenn die Klage nur noch dazu dient, die Massekosten, hier die Gerichtskosten sowie die Vergütungen und Auslagen des vorläufigen Insolvenzverwalters, des Insolvenzverwalters und der Mitglieder des Gläubigerausschusses[408] zu decken.

Mit dieser den Insolvenzverwaltern zumeist noch unbekannten Möglichkeit sichert sich der Verwalter zumindest noch seine eigenen Vergütungsansprüche. Diesen Weg kann er jedoch erst nach ergebnislosen Anfragen bei den Gläubigern, einer ablehnenden Entscheidung des Prozessfinanzierers und einer negativen PKH-Anfrage beschreiten, da sonst die Frage der Zumutbarkeit einer Übernahme der Prozesskosten durch die Gläubiger auf einfache Art und Weise vom Insolvenzverwalter zu Lasten der Gläubiger umgangen werden könnte.

IX. Ergebnis zu Teil C.

Im Rahmen einer summarischen Vorabprüfung des Insolvenzverwalters zur Frage einer möglicherweise in Betracht kommenden PKH-Gewährung hat er zunächst seine eigene Bedürftigkeit anhand der freien Masse zu untersuchen. Ist diese mangels freier Masse zu bejahen, kommt es auf die Zumutbarkeit für die Gläubiger an bzw. nach Anzeige der Masseunzulänglichkeit vorrangig auch auf die Zumutbarkeit der Massegläubiger. Der Gläubigerkreis erfährt eine zahlenmäßige Beschränkung auf maximal 20 Gläubiger, indem nur Großgläubiger zur Prozessfinanzierung herangezogen werden sollen. Das sind Gläubiger, die eine Forderung von mindestens 5% der insgesamt festgestellten und vorläufig bestrittenen Forderungen geltend machen, wobei potentielle Prozessgegner ausgeschlossen sind. Nunmehr erfolgt eine Ermittlung der konkret zur Klageerhebung erforderlichen Prozesskostenvorschüsse und eine anteilige Aufteilung dieser Kosten auf die Großgläubiger entsprechend ihrem anteiligen Verhältnis an den Gesamtforderungen. Anschließend wird der konkrete Betrag für jeden Gläubiger ermittelt, der sich im Fall eines unterstellten Obsiegens aus der Quotenerhöhung ergibt. Dieser Betrag wird dem anteiligen Prozesskostenvorschuss gegenübergestellt. Liegt der vom Verwalter eingeforderte (anteilige) Prozesskostenvorschuss unter oder entspricht er dem Kostenrisiko, dem sich der Gläubiger aussetzt, würde er den auf ihn entfallenden konkreten Quotenbetrag außerhalb des Insolvenzverfahrens selbst einklagen und über zwei Instanzen verlieren, wäre die Aufbringung des (anteiligen) Vorschusses dem Gläubiger zumutbar. Zumutbar ist die Kostentragung aber auch immer dann, wenn der nach fiktiv erfolgreicher Klage sich ergebende konkrete Quotenbetrag dreimal so hoch ist, wie die (anteilig) aufzubringenden Prozesskosten.

Der Abschluss eines Prozessfinanzierungsvertrages gefährdet nicht die Masse, im Gegenteil, er verschafft der Masse Liquidität, diese durch erforderliche Prozess-

---

407 BGH ZInsO 2003, 941.
408 § 54 InsO.

führungen anzureichern. Die damit einhergehende Erfolgsbeteiligung gehört zu den schlichten Verwertungskosten, die auch nur bei einer erfolgreichen Verwertung anfallen. Die Gefahr einer Masseschmälerung, bei deren Vorliegen § 160 InsO den Gläubigern einen Zustimmungsvorbehalt einräumt, existiert im Falle gewerblicher Prozessfinanzierung nicht. Eine Zustimmung zum Abschluss des Prozessfinanzierungsvertrages ist deshalb entbehrlich. Eine Zustimmung ist nur dann erforderlich, soweit freie Masse vorhanden ist, die nunmehr für den beabsichtigten Prozess zur Begleichung der Masse- bzw. Neumasseverbindlichkeiten, hier den Verfahrenskosten, eingesetzt werden müsste. In dieser Konstellation besteht die Gefahr einer Masseschmälerung, deren Realisierung die Gläubiger durch Versagung der vom Verwalter erbetenen Zustimmung verhindern können.

Dieses Zustimmungserfordernis nach § 160 InsO muss nach angezeigter Masseunzulänglichkeit auch in analoger Anwendung für die Massegläubiger gelten. Sind es doch die Massegläubiger, deren vorrangige Befriedigung vor den Insolvenzgläubigern gefährdet wird, soweit der Verwalter nunmehr beabsichtigt, die nach angezeigter Masseunzulänglichkeit frei gewordene Masse für die Begleichung der anfallenden Prozesskosten als Neumasseverbindlichkeiten einzusetzen. Die Schutzwürdigkeit der Massegläubiger, die mit dem Insolvenzverwalter kontrahiert haben, ist deshalb noch höher als die der Insolvenzgläubiger. Den Massegläubigern ist daher ein Zustimmungsrecht in analoger Anwendung des § 160 InsO einzuräumen mit all dem damit verbundenen Procedere der Herbeiführung eines Beschlusses der Gläubigerversammlung.

Aber auch nach einer Ablehnung der Gläubiger oder Massegläubiger, die vorhandene freie Masse für den Prozess einzusetzen, bedarf die Inanspruchnahme gewerblicher Prozessfinanzierung unter Erhaltung der vorhandenen Masse keiner gesonderten Zustimmung der Gläubiger bzw. Massegläubiger. Mit Ablehnung der Kostenübernahme durch die Gläubiger bzw. Massegläubiger ist die alleinige Entscheidungsbefugnis zur Inanspruchnahme gewerblicher Prozessfinanzierung auf den Verwalter übergegangen, dessen Ermessen sich nicht nur auf Null reduziert, sondern in eine Anfrage- bzw. Inanspruchnahmepflicht umwandelt, da die Gläubiger bei einer Zusage des Prozessfinanzierers nur profitieren können.

Vor einer Inanspruchnahme eines gewerblichen Prozessfinanzierers ist zur Vermeidung von Haftungsrisiken die vorherige Befragung der Groß- und Massegläubiger zu deren Finanzierungsbereitschaft zwingend erforderlich. Weitere Haftungsrisiken sind insoweit ausgeschlossen, als sich der Verwalter vorrangig um gewerbliche Prozessfinanzierung bemüht und PKH praktisch unberücksichtigt lässt. Von verbleibenden Haftungsrisiken kann sich der Verwalter vom Prozessfinanzierer freistellen lassen. Dagegen ist eine Haftung des Insolvenzverwalters gegeben, soweit er es unterlässt, gewerbliche Prozessfinanzierung in Anspruch zu nehmen. Dies gilt sowohl in Verfahren mit ausreichend freier Masse, dessen Einsatz für die Prozesskosten dem Verwalter von den Gläubigern untersagt wird, als auch in massearmen bzw. masseunzulänglichen Verfahren, in denen PKH versagt wurde. Die Chancen der Nachweiserbringung durch die Gläubiger, dass gewerbliche Prozessfinanzierung möglich gewesen wäre, sind um ein Vielfaches höher als der Nachweis bewilligter PKH, da der Haftungsprozess wiederum von einem Prozessfinanzierer finanziert werden könnte, der auch die Finanzierung des Klageverfahrens bestätigt.

Der Abschluss eines Prozessfinanzierungsvertrages mit einem vorläufigen (schwachen) Verwalter, dessen Bestellung in der Praxis die Regel ist, kommt nicht in Frage, da das mit dem Finanzierer vereinbarte Erfolgshonorar nur eine einfache Insolvenzforderung nach Eröffnung des Insolvenzverfahrens wäre, die zur Tabelle angemeldet werden müsste. Da sowohl die Eröffnung des Insolvenzverfahrens selbst als auch die Bestellung des vorläufigen Verwalters zum endgültigen Verwalter von Unsicherheiten geprägt ist, z.B. durch Rücknahme des Insolvenzantrages vor Eröffnung oder Wahl eines neuen Verwalters durch die Gläubiger, empfiehlt es sich, im vorläufigen Verfahren lediglich eine, wenn auch noch unverbindliche, so doch aber eine für die Eröffnung des Verfahrens ausreichende Finanzierungsbestätigung einzuholen, um dann nach Verfahrenseröffnung den endgültigen Finanzierungsvertrag abzuschließen. Bei diesen Bemühungen des Insolvenzverwalters für eine Prozessfinanzierung kann sich dieser vom Insolvenzgericht dergestalt unterstützen lassen, dass bereits im Eröffnungsbeschluss Beschlussvorgaben für die erste Gläubigerversammlung vorgegeben werden, die sich sowohl auf die Finanzierungsbereitschaft der Gläubiger als auch auf den Abschluss eines Prozessfinanzierungsvertrages in konkreter Form beziehen.

Auch sollte der Verwalter im eigenen Gebühreninteresse für den Fall abgelehnter PKH aufgrund bejahter Zumutbarkeit und nicht übernommener Finanzierung durch die Gläubiger oder eines gewerblichen Prozessfinanzierers an die Möglichkeit denken, erneut PKH für eine Teilklage zu beantragen.

Teil D. Rechtspositionen des Prozessfinanzierers und des Insolvenzverwalters nach Vertragsschluss

Bisher wurden Fragen und Probleme im Vorfeld des Abschlusses eines Prozessfinanzierungsvertrages mit einem Insolvenzverwalter erörtert. Aber auch nach Abschluss des Finanzierungsvertrages ergeben sich bisher höchstrichterlich noch nicht geklärte Probleme. So enthalten die Verträge beispielsweise Sicherungszessionen, um dem Finanzierer vorrangige Massegläubigerpositionen einzuräumen, eingeschränkte Kostenübernahmeklauseln, Vereinbarungen zu Querfinanzierungen und Finanzierungsandrohungen sowie Kündigungs- und Druckklauseln, deren Wirksamkeit und Rechtsfolgen nachstehend im Einzelnen zu untersuchen sind.

I. Vertraglich eingeräumte Sicherungsrechte

1. Problemstellung

Zwingende Voraussetzung für den Prozessfinanzierer ist, dass er Massegläubiger wird. Massegläubiger gem. § 53 InsO im hier maßgeblichen Sinn sind Gläubiger, deren vermögensrechtlichen Ansprüche, sog. Masseansprüche, nach Eröffnung des Insolvenzverfahrens entstanden sind[409]. Sie sind gem. § 53 InsO vorweg und in voller Höhe aus der Insolvenzmasse zu befriedigen[410]. Erst nach deren Vorabbefriedigung ergibt sich eine bereinigte Insolvenzmasse, die den (anderen) Insolvenzgläubigern zur gemeinsamen Befriedigung ihrer Ansprüche zur Verfügung steht[411]. Diese sich insbesondere aus § 209 InsO ergebende Privilegierung von Masseverbindlichkeiten soll sicherstellen, dass Vertragspartner des Insolvenzverwalters regelmäßig mit einer ungeschmälerten Erfüllung ihrer vertraglichen Ansprüche rechnen können[412]. Insolvenzgläubiger sind dagegen persönliche Gläubiger, die einen bereits zur Zeit der Eröffnung des Insolvenzverfahrens begründeten Vermögensanspruch haben, § 38 InsO. Insolvenzgläubiger müssen ihre Forderungen gemäß §§ 174, 175 InsO zur Insolvenztabelle anmelden, um am Verteilungsverfahren teilzunehmen. Die hierfür zur Verfügung stehende Teilungsmasse ergibt sich nach Vorabbefriedigung der vorgenannten Masseverbindlichkeiten. Insolvenzgläubiger können im Regelfall nur zu einem geringen Prozentsatz ihres Anspruchs befriedigt werden, da die Teilungsmasse in der Regel nicht zur vollständigen Befriedigung aller Insolvenzgläubiger ausreicht.

---

409 Sog. sonstige Massegläubiger gem. § 55 Abs. 1 InsO.

410 Wer sich auf ein Rechtsgeschäft mit einem Insolvenzverwalter einlässt, wird dies in aller Regel nicht aus gemeinnützigen Gründen tun, sondern in Verfolgung eigener wirtschaftlicher Interessen. Dem Umstand, dass dies mittelbar auch den Insolvenzgläubigern zugute kommen kann, hat der Gesetzgeber dadurch Rechnung getragen, dass er die Massegläubiger gegenüber den Insolvenzgläubigern in § 53 InsO ein Recht auf Vorwegbefriedigung eingeräumt hat.

411 MüKo-InsO-*Hefermehl*, § 53 Rn. 5.

412 Hess/Weis/Wienberg-*Weis*, InsO, § 55 Rn. 15.

Der Prozessfinanzierer ist unter Berücksichtigung dieser Unterscheidungskriterien mit seinem Anspruch auf Erfolgsbeteiligung (sonstiger) Massegläubiger nach § 55 Abs. 1 Nr. 1 InsO bzw. Neumassegläubiger nach § 209 Abs. 1 Nr. 2 InsO, falls der Finanzierungsvertrag nach bereits angezeigter Masseunzulänglichkeit abgeschlossen werden sollte. Da die Massegläubiger vorab vor den Insolvenzgläubigern zu befriedigen sind, müssen die fälligen Masseansprüche gegenüber dem Insolvenzverwalter geltend gemacht werden, um diese, sofern sie begründet sind, vor den Ansprüchen der übrigen Insolvenzgläubiger direkt aus der Insolvenzmasse zu befriedigen, ohne dass es wie bei normalen Insolvenzgläubigern eines Verteilungsverfahrens bedürfte[413].

Problematisch gestaltet sich jedoch die Situation, wenn verschiedene Masseverbindlichkeiten vom Verwalter begründet wurden, die Masse aber nur noch zur teilweisen Befriedigung der Massegläubiger ausreicht. Dieses Problem verschärft sich, wenn die finanzierte Klage und der titulierte und auch vollstreckte Anspruch erst die teilweise Befriedigung der Massegläubiger ermöglicht hat und der Prozessfinanzierer sich in die Gruppe der sonstigen Massegläubiger mit seinem Erfolgshonoraranspruch einreihen muss und somit auch nur mit einer teilweisen (quotalen) Befriedigung rechnen kann.

Der Honoraranspruch des Finanzierers wird zusätzlich gefährdet durch das Vorhandensein vorrangigerer Massegläubiger, hier die so genannten Gläubiger der Massekosten gem. § 54 InsO. Massekosten sind die Gerichtskosten sowie die Vergütungsansprüche des Insolvenzverwalters und des vorläufigen Insolvenzverwalters. Innerhalb der Gruppe der Massegläubiger sind die Gläubiger der Massekosten nämlich gem. § 209 Abs. 1 Nr. 1 InsO vorrangig zu befriedigen. Diese Rangfolge des § 209 InsO hat dann praktische Auswirkungen, wenn die Insolvenzmasse im Einzelfall nicht einmal ausreicht, um sämtliche Masseverbindlichkeiten voll zu erfüllen[414], also die Insolvenz der Insolvenz eintritt.

Ziel des Prozessfinanzierers ist es daher, dass seine Ansprüche vorrangig vor anderen Masse- und auch Neumasseverbindlichkeiten und, wenn möglich, auch noch vor den Massekosten bedient werden, also praktisch ein Absonderungsrecht an der Masse selbst zu schaffen. Inwieweit ihm das gelingen kann, ist die zu untersuchende Frage. Für gewerbliche Prozessfinanzierer ist eine Prozessfinanzierung nur dann sinnvoll, wenn sie ihren Anspruch auf Erfolgsbeteiligung gegen die Masse in voller Höhe durchsetzen können.

2. Absonderungsberechtigung gem. § 51 Nr. 1 InsO

Fraglich ist zunächst, ob Sicherungsabtretungen durch den Insolvenzverwalter zulässig und wirksam sind.

Grundsätzlich ist der Insolvenzverwalter nach der Insolvenzordnung berechtigt, Sicherheiten zu bestellen, so wie es im Zusammenhang mit Darlehen in der Geschäftspraxis allgemein üblich

413 *Kilger/K. Schmidt*, KO/VglO/GesO, § 57 KO, Anm. 1; Hess/Weis/Wienberg-*Weis*, InsO, § 53 Rn. 15 m.w.N.
414 MüKo-InsO-*Hefermehl*, § 53 Rn. 6, 11.

ist[415]. Auch im Fall der Prozessfinanzierung findet eine solche Sicherungsübertragung statt. Zur Sicherung seiner Ansprüche wird dem Prozessfinanzierer die zu finanzierende, massezugehörige Forderung durch den Insolvenzverwalter abgetreten[416].

Nach § 51 Nr. 1 InsO[417] sind diejenigen Gläubiger des Insolvenzschuldners absonderungsberechtigt, denen der Insolvenzschuldner zur Sicherung eines Anspruchs ein Recht übertragen hat[418]. Abweichend von diesem Wortlaut nimmt die Sicherungsabtretung beim Abschluss des Prozessfinanzierungsvertrages durch den Insolvenzverwalter jedoch nicht der Insolvenzschuldner, sondern nun der Insolvenzverwalter vor.

3. Absonderungsberechtigung durch Rechtshandlung des Insolvenzverwalters

Fraglich ist daher, inwieweit auch zugunsten des Prozessfinanzierers durch Besicherung der Erlösansprüche als Masseverbindlichkeit durch den Insolvenzverwalter eine Art Absonderungsrecht geschaffen werden kann, ob also die Besicherung von Masseverbindlichkeiten zu einem Absonderungsrecht führt.

Nach § 80 Abs. 1 InsO[419] ist der Insolvenzverwalter rechtlich auch zu Sicherungsabtretungen befugt. Sie sind Verfügungen über Massegegenstände, die der Insolvenzverwalter aufgrund seiner Verfügungsbefugnis wirksam vornehmen kann.

Ob dies aber auch zu einem Absonderungsrecht nach § 51 InsO führt, ist damit nicht gesagt. Durch eine Sicherungszession sollen die Ansprüche des jeweiligen Zessionars gesichert werden. Im Sicherungsfall soll er sich mit seinen Ansprüchen aus der abgetretenen Forderung befriedigen können, ohne dass ein Zugriff anderer Gläubiger auf diese Forderung möglich ist. Trotz dieser Interessenlage, die im Insolvenzverfahren unverändert fortbesteht, spricht auf den ersten Blick der eindeutige Wortlaut des § 51 Nr. 1 InsO gegen ein Absonderungsrecht: Nur Sicherungsabtretungen des Insolvenzschuldners selbst begründen Absonderungsrechte. Dementsprechend geht die überwiegende Ansicht davon aus, dass für das

---

415 *Obermüller*, WM 1994, 1836 und ZBB, 1992, 208; *Wimmer*, Lexikon des Insolvenzrechts, Stichwort „Massekredite"; *Uhlenbruck*, ZBB 1992, 284 ff.

416 So lautet die Klausel der D. A. S. (statt vieler) § 6: *„Zur Sicherung der Erlös- und Erstattungsansprüche der D. A. S. tritt der Anspruchsinhaber hiermit vorrangig die streitigen Ansprüche sowie sämtliche Ansprüche auf Prozesskostenerstattung gegen den Anspruchsgegner und Dritte an die D. A. S. ab. Die D. A. S. nimmt die Abtretung an. Die Sicherungszession dient insbesondere dazu, die gegenüber der D. A. S. eingegangene Masseverbindlichkeit bzw. Neumasseverbindlichkeit vorrangig vor weiter vorhandenen Massegläubigern und Neumassegläubigern sowie auch vor den Gläubigern der Massekosten im Erfolgsfalle zu befriedigen."*

417 Danach sind Gläubiger absonderungsberechtigt, denen der Schuldner zur Sicherung eines Anspruchs eine bewegliche Sache übereignet oder ein Recht übertragen hat. Obwohl Sicherungsübereignung und -abtretung wirtschaftlich der Kreditabsicherung dienen, wählt die Praxis diese Vollrechtsübertragung anstatt der Bestellung eines Pfandrechts.

418 Die §§ 49–51 InsO regeln abschließend weitere Absonderungsrechte. Eine Erweiterung der Absonderungsrechte ist prinzipiell nicht möglich; HK-*Eickmann*, InsO § 49, Rn. 3.

419 Danach geht die Verwaltungs- und Verfügungsbefugnis des Schuldners auf den Insolvenzverwalter über. Er ist zu allen Maßnahmen berechtigt, die sich auf die Insolvenzmasse beziehen.

Entstehen von Absonderungsrechten nach § 51 InsO erforderlich sei, dass die dort aufgeführten Forderungen bereits vor Eröffnung des Insolvenzverfahrens wirksam entstanden seien[420]. Massegläubiger würden schon deshalb nicht zu den Absonderungsberechtigten gehören[421].

Da Masseverbindlichkeiten definitionsgemäß aber stets erst nach Eröffnung des Insolvenzverfahrens entstehen, führt diese Ansicht im Ergebnis dazu, dass ein Absonderungsrecht bei Masseverbindlichkeiten nicht begründet werden könnte. Diese Auffassung wird auch von § 91 Abs. 1 InsO getragen, wonach Rechte an den Gegenständen der Insolvenzmasse nach der Eröffnung des Insolvenzverfahrens nicht wirksam erworben werden können[422].

Dass von dem Zeitpunkt der Eröffnung des Insolvenzverfahrens im Sinne des § 91 InsO auch Absonderungsrechte betroffen sind, verdeutlicht ein Vergleich mit § 15 KO, der Vorgängervorschrift zu § 91 InsO[423]. § 15 KO bestimmte, dass Rechte an den zur Konkursmasse gehörenden Gegenständen sowie Vorzugs- und Zurückbehaltungsrechte nach Eröffnung des Konkursverfahrens grundsätzlich nicht mehr erworben werden konnten. Absonderungsrechte waren Vorzugsrechte in diesem Sinn[424]. Da der Gesetzgeber keine inhaltliche Änderung vornehmen wollte[425], können auch unter § 91 InsO Absonderungsrechte nach Eröffnung des Insolvenzverfahrens grundsätzlich nicht mehr wirksam erworben werden.

Allerdings gilt § 91 InsO nicht für Verfügungen, die der Insolvenzverwalter selbst vornimmt[426]. Das ergibt sich zum einen schon aus der Gesetzesbegründung, wonach Verfügungen des Insolvenzverwalters von § 91 Abs. 1 InsO nicht erfasst sein sollen[427]. Zum anderen ist § 91 InsO in engem Zusammenhang mit §§ 80 ff. InsO zu sehen. Nach § 80 Abs. 1 InsO geht die Verwaltungs- und Verfügungsbefugnis über die zur Insolvenzmasse gehörenden Gegenstände mit Eröffnung des Insolvenzverfahrens vom Insolvenzschuldner auf den Insolvenzverwalter über. § 91 InsO ergänzt in diesem Sinn § 81 und § 89 InsO, keineswegs beschränkt er aber die Verfügungsbefugnis des Insolvenzverwalters[428]. Es würde auch der umfassenden Verfügungsgewalt des Insolvenzverwalters widersprechen, wenn er zwar Sicherungsabtretungen vornehmen dürfte, diese aber nicht die entsprechenden rechtlichen Wirkungen entfalten würden. Sicherungsrechte an Massegegenständen können daher auch bezogen auf Masseverbindlichkeiten wirksam vom Insolvenzverwalter begründet werden.

---

420 Hess/Weis/Wienberg-*Weis*, InsO, § 51 Rn. 1; Nerlich/Römermann-*Andres*, InsO, § 51 Rn. 4.
421 Smid-*Depré*, InsO, § 49 Rn. 19.
422 Vgl. hierzu auch *Gerhardt*, Verfügungsbeschränkungen in der Eröffnungsphase und nach Verfahrenseröffnung in Kölner Schrift, S. 193.
423 § 91 InsO entspricht § 15 KO; Kübler/Prütting-*Lüke*, InsO, § 91 Rn. 1; *Uhlenbruck*, InsO, § 91 Rn. 1; vgl. auch Begr. RegE § 102, abgedr. bei *Balz/Landfermann*, Insolvenzgesetze, S. 307.
424 Vgl. statt vieler *Jaeger/Henckel*, KO, § 15 Rn. 5.
425 Vgl. Begr. § 102 RegE InsO, abgedr. bei *Balz/Landfermann*, Insolvenzgesetze, S. 307.
426 *Hofmann* in Graf-Schlicker, InsO, § 91 Rn. 1.
427 Vgl. Begr. § 102 RegE InsO, abgedr. bei *Balz/Landfermann*, Insolvenzgesetze, S. 307.
428 *Hofmann* in Graf-Schlicker, InsO, § 91 Rn. 1.

Zwar sind die §§ 49 bis 52 InsO, die die Absonderungsrechte regeln, zwingendes Recht und der Kreis der Absonderungsberechtigten ist vertraglich nicht erweiterbar[429]. Dies bedeutet jedoch nicht, dass es dem Insolvenzverwalter unmöglich wäre, neue Absonderungsrechte, beispielsweise durch Sicherungsabtretung massezugehöriger Forderungen, zu begründen. Im Gegenteil spricht auch § 90 InsO für vorrangige Rechte von Massegläubigern, wonach Zwangsvollstreckungen wegen Masseverbindlichkeiten nur dann und auch nur beschränkt auf eine Zeitdauer von sechs Monaten unzulässig sind, wenn diese nicht durch Rechtshandlungen des Insolvenzverwalters begründet wurden[430].

Im Prozessfinanzierungsvertrag erfolgt die Sicherungszession jedoch durch den Insolvenzverwalter, so dass im Umkehrschluss der Prozessfinanzierer als Massegläubiger keinem Vollstreckungsverbot, auch nicht zeitweise, unterliegt. Der Gesetzgeber wollte hier also eine Bevorzugung derjenigen Massegläubiger, bei denen die Masseverbindlichkeiten durch selbstbestimmtes Handeln des Verwalters ausgelöst wurden[431]. Wenn nun schon eine Bevorzugung von einer bestimmten Gläubigergruppe von gewillkürten Masseverbindlichkeiten gewollt ist, muss es auch möglich sein, innerhalb dieser bevorzugten Gläubigergruppe einzelnen Gläubigern wiederum Vorrechte einzuräumen, sich vorrangig vor anderen zu befriedigen.

Dieser Rechtsgedanke der Privilegierung bestimmter Gläubiger findet sich auch in den §§ 264, 265 InsO wieder, wo im Rahmen eines Insolvenzplanes diejenigen Gläubiger vor den übrigen Insolvenzgläubigern bevorzugt werden können, die während der Überwachungszeit dem Schuldner bzw. der Übernahmegesellschaft Sanierungskredite gewährt haben und diese Rangänderung zu ihren Gunsten mit dem Schuldner schriftlich vereinbart haben. Diese Regelungen gelten nicht nur für Neukredite, die nach Aufhebung des Insolvenzverfahrens dem Schuldner gewährt werden, sondern auch für Kredite i.S.d. § 55 Abs. 2 InsO und Darlehen, die nach Verfahrensöffnung aber vor Aufhebung des Verfahrens dem Insolvenzverwalter gewährt worden sind[432]. Die Privilegierung erfolgt also letztendlich dadurch, dass im gestaltenden Teil des Insolvenzplans ein Rangrücktritt der Insolvenzgläubiger mit ihren Ansprüchen gegenüber den Forderungen aus solchen Neukrediten/Altkrediten der Massegläubiger erklärt wird.

Nicht anders verhält es sich bei der Absicherung des Prozessfinanzierers. Die Sicherungszession soll dem Prozessfinanzierer eine weitere Privilegierung einräumen,

---

429 MüKo-InsO-*Ganter*, Vor §§ 49 bis 52 Rn. 14; RGZ 137, 109, 110; HK-*Eickmann*, InsO, § 49 Rn. 3.

430 Um ein Auseinanderreißen der Masse in der Anfangsphase des Verfahrens zu verhindern und dem Insolvenzverwalter ausreichenden Bewegungsspielraum zu verschaffen, ordnet § 90 Abs. 1 InsO ein auf die ersten sechs Monate seit Eröffnung des Insolvenzverfahrens befristetes gesetzliches Vollstreckungsverbot für Massegläubiger an, deren Forderungen nicht durch eine Rechtshandlung des Verwalters entstanden sind, sogenannte oktroyierte Masseverbindlichkeiten, wozu insbesondere solche aus fortbestehenden Dauerschuldverhältnissen gehören (§§ 108, 55 Abs. 1 Nr. 2 Alt. 2 InsO), vgl. auch Begr. RegE, BT-Drucks. 12/2443, S. 138; Begr. Rechtsausschuss zum RegE InsO, BT-Drucks. 12/7302, S. 165.

431 Begr. RegE, BT-Drucks. 12/2443, S. 138; BGH v. 3.4.03, Az. IX ZR 101/02; BGH, ZIP 2003, 914, dazu *Tetzlaff*, EWiR 2003, 651.

432 *Uhlenbruck-Lüer*, InsO, § 264 Rn. 11.

die sich auf der anderen Seite spiegelbildlich zu Lasten der übrigen Massegläubiger auswirkt. Diese Bevorzugung ist auch interessengerecht. Als Massegläubiger ist der Prozessfinanzierer mit seinen Ansprüchen vor den normalen Insolvenzgläubigern zu befriedigen; diesen entstehen dadurch keine weiteren Nachteile. Auch eine Konkurrenz zu sonstigen Aus- oder Absonderungsberechtigten besteht nicht: Deren Forderungen gehören nicht zur Insolvenzmasse; eine Sicherungsabtretung an diesen Forderungen liefe ins Leere, da ein gutgläubiger Forderungserwerb grundsätzlich nicht möglich ist[433]. Aus der Anerkennung eines Absonderungsrechts zugunsten des Prozessfinanzierers durch die erfolgte Sicherungszession können daher nur den übrigen Massegläubigern Nachteile entstehen. Dies ist insbesondere der Fall, wenn die Masse nicht einmal mehr zur Befriedigung sämtlicher Massegläubiger ausreicht und Masseunzulänglichkeit angezeigt werden muss. Gerade diesen Fall soll die Sicherungszession zugunsten des Finanzierers aber absichern, wenn die Auszahlung der Erlösbeteiligung des Finanzierers gefährdet ist, falls die im Klagewege realisierte Forderung zur Befriedigung sämtlicher Massegläubiger nicht mehr ausreichen sollte. Dann ist es aber nur gerecht, dass der Finanzierer vor den anderen Massegläubigern, aber auch Neumassegläubigern, vorrangig befriedigt wird, denn nur durch den Einsatz und die Leistung des Finanzierers ist es dazu gekommen, dass die weiteren Massegläubiger, wenn auch eine nachrangige, so doch überhaupt eine Zahlung erhalten.

Zwar wird ihre Forderung durch die Nachrangigkeit nicht mehr vollständig befriedigt, im Gegensatz zur Forderung des Prozessfinanzierers. Doch hätten sie ohne die Einschaltung des Finanzierers möglicherweise einen vollständigen Ausfall ihrer Forderungen zu tragen, spätestens dann, wenn der Insolvenzverwalter eine eventuell noch vorhandene Masse für den Prozess verwendet hätte und im Unterliegensfalle, gegebenenfalls auch erneut, Masseunzulänglichkeit hätte anzeigen müssen.

Im Interesse der übrigen Massegläubiger, die durch die Sicherungszession praktisch in der Hierarchie eine Stufe unter den Prozessfinanzierer rutschen, ist es auch interessengerecht, vor Abschluss des Finanzierungsvertrages die Massegläubiger zu fragen, inwieweit diese bereit wären, die Prozesskosten vorzuschießen. Letztlich kommt der im Wege des Klageverfahrens erzielte Massezufluss zunächst auch nur vorrangig den Massegläubigern zugute. Dies ist übrigens auch ein weiterer Grund, die Zumutbarkeit der Übernahme der Prozesskosten durch die Insolvenzgläubiger zu verneinen, wenn der Klageerlös zunächst zur Befriedigung der Massegläubiger verwendet wird und die Gefahr besteht, dass die Insolvenzgläubiger leer ausgehen bzw. sich durch die vorrangige Befriedigung der Massegläubiger sich ihre Quote weiter verringert. Deshalb sollten vor Abschluss des Finanzierungsvertrages und der vorzunehmenden Sicherungszession auch die vorhandenen Massegläubiger zu ihrer Bereitschaft der Übernahme der Prozesskosten befragt werden. Soweit diese verneint wird, ist es auch nur recht und billig, den Prozessfinanzierer, der das Kostenrisiko eingeht, mit seiner Erlösbeteiligung im Erfolgsfalle auch vor den übrigen Massegläubigern bevorzugt zu befriedigen.

433 Ein gutgläubiger Erwerb von Forderungen ist grundsätzlich nicht möglich, wie das Fehlen von Normierungen, die den §§ 932 ff., 892 BGB vergleichbar sind, zeigt.

4. Ordnungsfunktion des Insolvenzrechts

Dieses Ergebnis steht auch im Einklang mit der Ordnungsfunktion des Insolvenzrechts: Mittels der Prozessfinanzierung kann eine zur Insolvenzmasse gehörende Forderung überhaupt erst zur Insolvenzmasse gezogen werden, ohne dass der Masse hierdurch ein Kostenrisiko entstünde. Ein solcher die Ordnungsfunktion des Insolvenzrechts unterstützender Finanzierungsvertrag könnte in der Praxis jedoch nicht abgeschlossen werden, wenn die Ansprüche des Prozessfinanzierers nicht auch abgesichert werden könnten. Die Erfolgshonoraransprüche des Prozessfinanzierers sind aber nur dann ausreichend gesichert, wenn auch die Sicherungsabtretung nicht nur eine wirksame Verfügung des Insolvenzverwalters darstellt, sondern daneben zu einem entsprechenden Absonderungsrecht des Prozessfinanzierers führt.

Dieses Sicherungsinteresse tritt übrigens nicht nur bei der Prozessfinanzierung auf, sondern allgemein bei allen Masseverbindlichkeiten. Die Aufnahme eines Kredits oder die Lieferung eines wichtigen Bauteils, die zur Fortführung eines insolventen Unternehmens durch den Insolvenzverwalter zwingend erforderlich sind, ist in der Regel auch nur möglich, wenn der Verwalter in der Lage ist, der Bank oder dem Lieferanten entsprechende Sicherungen zur Verfügung zu stellen. Absonderungsrechte sind daher nicht nur für den Gläubigerschutz im Falle der Insolvenz des Schuldners geeignet und erforderlich, sondern auch zur Absicherung von Masseverbindlichkeiten. Denn gerade nach Eintritt der Insolvenz hat jeder Massegläubiger bzw. auch Neumassegläubiger ein gesteigertes Schutzbedürfnis zur Erfüllung seiner Forderungen, wenn er mit dem Insolvenzverwalter kontrahiert.

Daher ist § 51 InsO, entgegen dem engen Wortlaut, wonach nur der Insolvenzschuldner zur Begründung von Absonderungsrechten Rechte übertragen kann, erweiternd dahingehend auszulegen, dass dies nach Eröffnung des Insolvenzverfahrens ebenso gut der Insolvenzverwalter kann und auch darf. Letztendlich ist der Insolvenzverwalter praktisch an die Stelle des Insolvenzschuldners getreten, so dass § 51 Nr. 1 InsO auch dann erfüllt ist, wenn nicht der Schuldner, sondern der Insolvenzverwalter nach Verfahrenseröffnung ein Recht zur Sicherung eines Anspruchs überträgt.

Im Ergebnis ist der gewerbliche Prozessfinanzierer, der mit dem Insolvenzverwalter über eine massezugehörige Forderung einen Prozessfinanzierungsvertrag abgeschlossen hat und sich diese Ansprüche zur Sicherung seiner Erlösansprüche hat abtreten lassen, nicht nur einfacher Massegläubiger, sondern absonderungsberechtigter Massegläubiger in erweiterter Anwendung des § 51 Abs. 1 Nr. 1 InsO.

Dennoch muss sich der Prozessfinanzierer bewusst sein, dass er trotz erfolgter Sicherungsabtretung möglicherweise hinter den Neumassegläubigern sowie hinter den Gläubigern der Massekosten zurückbleibt.

Nach § 209 Abs. 1 Nr. 1 InsO sind an erster Stelle die Kosten des Insolvenzverfahrens, hier gemäß § 54 InsO die Gerichtskosten für das Insolvenzverfahren sowie die Vergütungen und Auslagen des vorläufigen Insolvenzverwalters, des Insolvenzverwalters und der Mitglieder des Gläubigerausschusses und gemäß Nr. 2 anschließend die Masseverbindlichkeiten zu befriedigen, die nach Anzeige der Masseunzulänglichkeit begründet worden sind, sog. Neumasseverbindlichkeiten.

Daher besteht für den Finanzierer immer noch die latente Gefahr, trotz der Erzielung eines Erlöses in einem von ihm finanzierten Klageverfahren leer auszugehen.

Dies wäre beispielsweise der Fall, wenn eine Klage über € 50.000,00 erhoben und sich mit dem Beklagten aus wirtschaftlichen oder auch aus rechtlichen Erwägungen heraus auf die Zahlung einer Summe von € 15.000,00 unter Kostenaufhebung geeinigt wird. Dann hätte der Finanzierer zunächst einen Kostenerstattungsanspruch aus dem Vergleichsbetrag in Höhe der verauslagten Anwaltskosten des Insolvenzverwalters, hier eine 1,3 Verfahrensgebühr, eine 1,2 Terminsgebühr und eine 1,0 Einigungsgebühr sowie 2,5 Gerichtsgebühren. Dies würde bei dem angenommenen Streitwert von € 50.000,00 eine Kostenerstattungssumme von ca. € 5.500,00 ergeben, die von den liquidierten € 15.000,00 dem Finanzierer vorab als Auslagenersatz zu erstatten wären. Erst vom verbleibenden Zahlbetrag i.H.v. € 9.500,00 stünde dem Finanzierer seine 30%-ige Erfolgsbeteiligung zu, hier knapp € 3.000,00, insgesamt somit € 8.500,00. Wenn nun aber bereits die Kosten des Insolvenzverfahrens den Zahlbetrag von € 15.000,00 erreichen, was nicht selten der Fall ist, oder gar übersteigen oder sogar vorrangigere Neumassegläubiger vorhanden wären, würde der Prozessfinanzierer komplett leer ausgehen, trotz seiner Sicherungsabtretung. Weder würde er seine Auslagen ersetzt bekommen, geschweige denn seinen verdienten Erlösanteil, obwohl sich in der von ihm finanzierten Klage zumindest ein Vergleich erzielt wurde oder beispielsweise keine weiteren Beträge mehr vollstreckt werden konnten und auch die Vollstreckung nur durch die Verauslagung der Vollstreckungskosten durch den Finanzierer überhaupt erst erfolgen konnte.

Dieses Ergebnis kann nicht befriedigen. Der Finanzierer muss daher zur Wahrung seiner Rechte mit der Sicherungsabtretung in der Hierarchie bei der späteren Befriedigung sämtlicher Gläubiger auch noch vor die Gläubiger der Massekosten rücken. Die Sicherungszession muss also nicht nur den Sicherungsfall der Masseunzulänglichkeit umfassen, sondern auch die Sicherungsfälle der Neumasseunzulänglichkeit und der Masselosigkeit, also sogar den Fall, wenn die Masse nicht einmal für die Kosten des Insolvenzverfahrens ausreicht.

5. Absonderungsberechtigung des Finanzierers zu Lasten der Neumassegläubiger und der Massekostengläubiger

Der Prozessfinanzierer vereinbart daher zu Recht die Sicherungszession auch für die Sicherungsfälle, in denen seine Masseforderungen mit denen vorrangiger (Neu-)Massegläubiger und Massekostengläubiger möglicherweise kollidieren können. Er lässt sich vom Verwalter daher vertraglich zusichern, dass die Sicherungszession auch dazu dient, sowohl die Kostenerstattungsansprüche als auch die Erfolgshonoraransprüche sowohl vor anderen Massegläubigern, als auch noch vor den Kosten des Insolvenzverfahrens und vor möglichen Neumassegläubigern bedient werden[434]. Problematisch dabei ist, inwieweit der Insolvenzverwalter die in

434 So lautet die Abtretungsklausel der D.A.S. (statt vieler) in § 6: *„Zur Sicherung der Erlös- und Erstattungsansprüche der D.A.S. tritt der Anspruchsinhaber hiermit vorrangig die streitigen Ansprüche sowie sämtliche Ansprüche auf Prozesskostenerstattung gegen den Anspruchsgegner und Dritte an die D.A.S. ab. Die D.A.S. nimmt die Abtretung an. Die Sicherungszession dient insbesondere dazu, die gegenüber der D.A.S. eingegangene Masseverbindlichkeit bzw. Neumasseverbindlichkeit vorrangig vor weiter vorhandenen Massegläubigern und Neumassegläubigern sowie auch vor den Gläubigern der Massekosten im Erfolgsfalle zu befriedigen.“*

§ 209 InsO normierte Rangfolge zugunsten des Prozessfinanzierers abbedingen oder einfach ändern kann.

Dies ist bei den Kosten des Insolvenzverfahrens, hier zunächst primär bei den Gerichtskosten, fraglich, da der Insolvenzverwalter bzgl. dieser ersten Rangklasse keine Dispositionsbefugnis besitzt. Es ist zwar möglich, das eröffnete Verfahren wegen Massearmut wieder einzustellen und die angefallenen Gerichtskosten niederzuschlagen, falls keine Masse generiert werden konnte, z. B. der einzige Anspruch, der mit Hilfe eines Prozessfinanzierers eingeklagt wurde, vom Zivilgericht verneint oder nach einer Titulierung im Wege der Vollstreckung beim Beklagten nicht beigetrieben werden konnte. Dann können weder die Kosten des Insolvenzverfahrens beglichen werden, noch Ansprüche von Massegläubigern.

Wird jedoch ein Betrag zur Masse gezogen, der lediglich die Gerichtskosten des Insolvenzverfahrens abdeckt, muss der Prozessfinanzierer mit seinen Kostenerstattungsansprüchen gegenüber der Gerichtskostenforderung zurücktreten. Dieses Ergebnis ist letztendlich auch interessengerecht. Wenn praktisch nur Forderungen in Höhe der Gerichtskosten zur Masse gezogen werden können, hat sich das vom Prozessfinanzierer übernommene Ausfallrisiko eines vollständigen Unterliegens im Prozess mehr oder weniger vollständig realisiert. Erreicht jedoch die zur Masse gezogene Forderung eine Höhe, die neben den Gerichtskosten auch noch ausreicht, die weiteren Kosten des Insolvenzverfahrens zu begleichen, hier die Kosten des Insolvenzverwalters und die des vorläufigen Verwalters, steht es im Ermessen des Verwalters, vorrangig von diesem Betrag die Forderungen des Prozessfinanzierers zu begleichen, also damit auch auf seine eigene Vergütung zu verzichten, was in der Regel den Löwenanteil der Kosten des Insolvenzverfahrens ausmacht. Auch wenn der Insolvenzverwalter als Amtsträger handelt und die von ihm verursachten Kosten den Gerichtskosten gleichgestellt[435] und gemeinsam als Massekosten bezeichnet werden, kann der Insolvenzverwalter dennoch für seine eigenen Forderungen eine Art Rangrücktritt erklären, der zur Folge hat, dass der Prozessfinanzierer sowohl mit seinen Auslagen- und Kostenerstattungsansprüchen als auch mit seinen Erlösansprüchen als zusätzlicher Gläubiger neben den Verwalter selbst in die zweite Rangklasse aufgenommen wird. Der Prozessfinanzierer wird dann unmittelbar nach den Gerichtskosten der Rangklasse „1“ als Gläubiger der Rangklasse „2“ befriedigt. Er steht damit auf Rangklasse „2a“, noch vor den Vergütungs- und Auslagenansprüchen des Verwalters, der sich dadurch als Gläubiger der Rangklasse „2b“ behandeln lassen muss.

Dieses Ergebnis ist auch interessengerecht. Es ist nicht einzusehen, dass der Prozessfinanzierer das vollständige Kostenrisiko des Verfahrens übernimmt und von einem, aus welchen Gründen auch immer, lediglich nur geringem Prozesserlös die Vergütung des Insolvenzverwalters oder der Vergütungsanspruch aus seiner Tätigkeit als vorläufiger Verwalter zunächst vorrangig beglichen wird und der Prozessfinanzierer am Ende leer ausgeht. Der Prozessfinanzierer hat nicht das Prozesskostenrisiko übernommen, um die Vergütungsansprüche des Verwalters zu befriedigen, genauso wenig, wie es einem Insolvenzgläubiger nicht zumutbar wäre, die Prozesskosten vorzuschießen für einzuklagende Forderungen, die dann im Falle der Titulierung und Vollstreckung lediglich nur dazu dienen, die Kosten des Insolvenzverfahrens zu bezahlen[436].

---

435 BVerfG, NJW 1993, 2861, 2862.
436 BGH, ZInsO 2003, 941.

Um die Forderungen des Finanzierers vor seiner eigenen Vergütung befriedigen zu können, muss der Insolvenzverwalter deshalb zwingend eine entsprechende Dispositionsbefugnis besitzen.

Sollte er allerdings nicht bereit sein, hiervon Gebrauch zu machen, sondern den Finanzierer darauf verweisen wollen, dass der ausschließlich mit Hilfe des Prozessfinanzierers erzielte Prozesserlös für die Kosten des Insolvenzverfahrens, insbesondere zur Befriedigung seiner Vergütung, benötigt wird und somit weder die Ansprüche des Prozessfinanzierers auf Kosten- und Auslagenerstattung noch auf Erlösauskehr erfüllt werden können, wird er keinen Prozessfinanzierer künftig (mehr) finden, der das Kostenrisiko einer Klage (erneut) übernimmt.

Im Ergebnis muss daher auch der Insolvenzverwalter gegenüber dem Prozessfinanzierer sicherstellen, dass dessen Ansprüche auf Kostenerstattung und Erfolgshonorar wenn schon nach den Gerichtskosten des Insolvenzverfahrens, dann aber zumindest vor den Gebührenansprüchen des Insolvenzverwalters bedient werden, indem er dem Finanzierer die einzuklagende Forderung (sicherungs-)zediert. Die Sicherungszession ist im Ergebnis dafür geeignet und auch rechtlich zulässig. Der rechtfertigende Gedanke hierfür ist aber der Rangrücktritt des Verwalters mit seinen Gebühren- und Auslagenansprüchen gegenüber den Kostenerstattungs- und Erlösansprüchen des Prozessfinanzierers. Der Insolvenzverwalter kann in derartigen Sonderfällen damit Sorge dafür tragen, dass dem Prozessfinanzierer zumindest dessen Auslagen aus dem erzielten Erlös erstattet werden. Der Finanzierer sollte dies auch vom Verwalter einfordern.

6. Abtretbarkeit von Anfechtungsansprüchen

Soweit man eine Abtretungsmöglichkeit grundsätzlich bejaht, stellt sich die Frage, ob auch Anfechtungsansprüche, die einen weit überdurchschnittlichen Anteil der Prozessfinanzierungen für Insolvenzverwalter ausmachen und gem. § 129 Abs. 1 InsO vom Insolvenzverwalter geltend gemacht werden, abtretbar sind.

Nachdem das Reichsgericht in zwei Entscheidungen[437] eine Abtretbarkeit von Anfechtungsansprüchen verneint hat, weil der Anfechtungsgegner das Erlangte zur Konkurs- masse zurückzugewähren hat und das Anfechtungsrecht daher auch nur vom Konkursverwalter ausgeübt werden kann, geht auch die herrschende Ansicht von der generellen Unübertragbarkeit des Anfechtungsrechts des Konkurs- bzw. Insolvenzverwalters aus[438]. Dem Grundsatz, wonach die anfechtbar veräußerten Gegenstände haftungsrechtlich der Masse zugeordnet werden, würde es widersprechen, wenn die Rückgewähr des anfechtbar veräußerten Gegenstandes nicht an die Masse, sondern an den Zessionar erfolgt. Dann würden die zurück zu gewährenden Gegenstände in dessen Vermögen fallen und für die Verbindlichkeiten des Zessionars haften. Die Abtretbarkeit soll ferner schon aufgrund des Inhaltes des Rückgewähranspruchs nach § 399 BGB ausgeschlossen sein[439].

437 RGZ 30, 71 ff.; RG, JW 1909, 657, 658.
438 Nerlich/Römermann-*Nerlich*, InsO, § 129 Rn. 31; FK-*Dauernheim*, InsO, § 143 Rn. 33; *Haarmeyer/Wutzke/Förster*, Handbuch zur InsO, Kap. 5 Rn. 209; *Kilger/K. Schmidt*, KO, § 36 Anm. 2; a.A. *Eckhardt*, KTS 1993, 585, 586; *Braun*, ZIP 1985, 786; *Jaeger-Henckel*, KO, § 37 Rn. 83.
439 *Jaeger-Henckel*, KO, § 37 Rn. 83 m.w.N.

Der BGH hat bisher nicht über die Abtretbarkeit des Anfechtungsrechts entscheiden müssen[440], jedoch hat er immer die untrennbare Verbindung des insolvenzmäßigen Anfechtungsrechts mit dem Amt des Insolvenzverwalters betont[441].

Bei der Forderungsabtretung an den Finanzierer erfolgt jedoch keine echte Abtretung mit der Folge des Übergangs der Forderungen an den Finanzierer. Abgetreten wird vielmehr der einzuklagende massezugehörige Anspruch nur zur Sicherheit, wobei auch erst die rechtskräftige Titulierung der zur Sicherheit abgetretenen Forderungen zum Entstehen des Erfolgshonoraranspruchs des Prozessfinanzierers führt. Allein der Ausgang des Klageverfahrens ist daher entscheidend für den Bestand der sicherungszedierten Forderung, so dass ein Sicherungsfall bei der Sicherungszession im Rahmen der gewerblichen Prozessfinanzierung genau genommen gar nicht eintreten kann.

Zudem übt der Insolvenzverwalter bei der stillen Sicherungszession das Anfechtungsrecht selbst aus, so dass sich hier Probleme mit seinem von der herrschenden Meinung angenommenen Ausübungsprivileg nicht stellen; auch zieht er den sich aus der Anfechtung ergebenden Rückgewähranspruch zur Masse. Dass in der Masse aufgrund der prozentualen Erlösbeteiligung letztendlich ein geringerer Betrag verbleibt, als der objektive Wert des in anfechtbarer Weise weggegebenen Gegenstandes bzw. Geldes, ist hinzunehmen. Dies allein schon aus dem Grund, dass der Masse zumindest ein erheblicher Teil des durch die anfechtbare Handlung verlorenen Vermögenswertes wieder zufließt. Insbesondere dann, wenn mangels Masse die Anfechtungsansprüche gar nicht erst durchsetzbar gewesen wären, ist die Hinnahme des Abschlags in Form des Erfolgshonorars für die Gläubiger interessengerechter, als der endgültige Verzicht auf eine Anfechtung mit der Folge des endgültigen Verlustes der jeweiligen Vermögenswerte für die Masse.

Die Erlösbeteiligung des Finanzierers ist eine mit Abschluss des Vertrages begründete Masseverbindlichkeit im Sinne des § 55 Abs. 1 Nr. 1 InsO, wie sie vom Verwalter mehrfach eingegangen werden, und somit keine Verringerung des Vermögenszuflusses. Der zurück zu gewährende Gegenstand fließt in die Masse auf das Insolvenzanderkonto und nicht in das Vermögen des Prozessfinanzierers; anschließend wird das Erfolgshonorar als Masseverbindlichkeit dem Finanzierer gem. § 53 InsO vorrangig in Form der Erfüllung ausgekehrt.

7. Ergebnis

Eine Sicherungszession der Anfechtungsansprüche ist daher zulässig, die Sicherungszession anderer Ansprüche erst recht unproblematisch. Sie ist insbesondere auch deshalb erforderlich, da die Massegläubiger vor den Insolvenzgläubigern gleichmäßig zu befriedigen sind. Die Verpflichtung zur gleichmäßigen quotalen

---

440 HK-*Kreft*, InsO, § 129 Rn. 87.
441 BGHZ 83, 102, 105; 86, 190, 196; 106, 127, 129; 118, 374, 381.

Befriedigung hätte aber zur Folge, dass die Auszahlung des Erfolgshonorars an den Finanzierer gefährdet wäre. Durch die Abtretung der einzuklagenden Ansprüche zur Sicherheit der Kostenerstattungs- und Erlösansprüche durch den Insolvenzverwalter erlangt der Finanzierer ein vom Verwalter selbst geschaffenes, also gewillkürtes Absonderungsrecht, um gegenüber den anderen Massegläubigern vorrangig befriedigt zu werden. Der Finanzierer sollte mit dem Verwalter auch explizit vereinbaren, dass die Abtretung insbesondere auch die bevorzugte Befriedigung des Finanzierers vor weiteren Neumassegläubigern und vor den Vergütungsansprüchen des Verwalters sichert. Der hierfür rechtfertigende Gedanke liegt in einem mit dem Verwalter vereinbarten Rangrücktritt mit seinen Gebühren- und Auslagenforderungen.

II. Eingeschränkte Kostenübernahmeklauseln

Ist genügend freie Masse zur Führung eines Prozesses vorhanden, kommt allein schon aus Gründen der masseschmälernden Erfolgsbeteiligung eine Prozessfinanzierung in der Regel nicht in Betracht. Soweit der Verwalter die Masse vor dem Prozesskostenrisiko schützen will, handelt es sich meistens um einen Fall, der bereits von Anfang an erhebliche Risiken birgt und die Gefahr eines Unterliegens sehr wahrscheinlich ist. Für Fälle mit derart schlechten Risiken wird der Verwalter aber auch nur in Ausnahmefällen einen Finanzierer gewinnen können, da diese ihr Angebot nach Möglichkeit nur auf Prozesse mit weit überdurchschnittlichen Erfolgsaussichten konzentrieren.

In der Praxis gibt es aber auch Fälle, in denen der Verwalter trotz vorhandener Masse einen Prozessfinanzierer auch für aussichtsreiche Klagen in Anspruch nehmen muss, weil entweder er bzw. die Gläubiger den Verlust der Masse und der bisherigen Quote trotz gegebener Erfolgaussichten keinesfalls riskieren wollen oder der Verwalter die vorhandene Masse beispielsweise zur Fortführung des Schuldnerunternehmens benötigt. In beiden Fällen geht es dann um zwingende Liquiditätserhaltung. Diese Fälle sind jedoch die Ausnahme.

1. Problemstellung

In der Regel müssen Klagen in massearmen bzw. masseunzulänglichen Verfahren finanziert werden, bei denen der Geschäftsbetrieb des Schuldners eingestellt ist, PKH abgelehnt wurde und sich kein Gläubiger bereit fand, die Prozesskosten vorzuschießen.

Die Besonderheit bei Klagen des Insolvenzverwalters in massearmen bzw. masseunzulänglichen Verfahren ist, dass der Verwalter nach Klageabweisung gem. § 208 Abs. 1 InsO Masseunzulänglichkeit[442] anzeigen und für die durch die Klageerhebung entstandenen Masseverbindlichkeiten, hier die Anwaltskosten des Gegners,

---

442 Sind die Kosten des Verfahrens (§ 54 InsO) gedeckt, jedoch nicht die weiteren Masseverbindlichkeiten, spricht man von Masseunzulänglichkeit.

nicht aufkommen muss[443]. Selbst eine Haftung für diese gegnerischen Kosten ist nach gängiger BGH-Rechtsprechung ausgeschlossen[444]. Durch diese rechtliche Möglichkeit des Insolvenzverwalters sieht auch der Prozessfinanzierer verständlicherweise keinen Anlass, die Kosten des Gegners im Unterliegensfalle zu übernehmen, entgegen seines sonst üblichen Kostentragungsmodells.

2. Vertraglicher Ausschluss einer Übernahme der gegnerischen Kosten und der Gerichtskosten in den Rechtsmittelinstanzen

Der Finanzierer profitiert somit von der gesetzlich zulässigen Möglichkeit des Verwalters der Erhebung der Masseunzulässigkeitseinrede im Falle des Unterliegens gegenüber dem obsiegenden Beklagten und reduziert damit sein Gesamtkostenrisiko um ca. $^1/_3$[445], selbst bei mehreren Beklagten auf der Gegenseite[446]. Auch bei den Gerichtskosten bemühen sich die Prozessfinanzierer zwischenzeitlich um eine weitere Kostenreduzierung und Risikominimierung.

a) Eingeschränkte Übernahme der gegnerischen Kosten

Im Finanzierungsvertrag wird daher mit dem Insolvenzverwalter in massearmen bzw. masseunzulänglichen Verfahren explizit vereinbart, dass der Finanzierer die Kosten des Gegners im Unterliegensfalle nicht übernimmt[447].

Deshalb muss der Insolvenzverwalter auch darauf achten, im Unterliegensfalle die Kostenerstattungsansprüche des Gegners durch rechtzeitige Anzeige der Masseunzulänglichkeit bzw. Neumasseunzulänglichkeit wirksam abzuwehren. Rechtzeitig deshalb, da der obsiegende Gegner regelmäßig nach Urteilsverkündung seinen Kostenfestsetzungsantrag bei Gericht einreicht, um einen Vollstreckungstitel gegen die Masse zu erlangen. Der Erlass des beantragten Kostenfestsetzungsbeschlusses durch den Rechtspfleger ist aber unzulässig, wenn zeitlich vorher bereits Masseunzulänglichkeit angezeigt wurde, da mit Anzeige der Masseunzulänglichkeit gem. § 210 InsO ein Vollstreckungsverbot greift und dem obsiegenden Gegner für das Erwirken eines Vollstreckungstitels das Rechtsschutzbedürfnis fehlt[448].

---

443 Nach Anzeige der Masseunzulänglichkeit ist der Erlass eines Kostenfestsetzungsbeschlusses zugunsten eines Altmassegläubigers unzulässig, weil der Antragsteller gegen des in § 210 InsO angeordneten Vollstreckungsverbots – nicht anders als im Klageverfahren – kein Rechtsschutzinteresse für den Erlass eines Kostenfestsetzungsbeschlusses hat, BGH, Beschl. v. 17.3.05, Az. IX ZB 247/03. Dies soll im Falle der Masseunzulänglichkeit auch für Neumassegläubiger gelten, BGH, Beschl. v. 22.9.05, Az. IX ZB 91/05; LAG Düsseldorf, ZIP 2000, 2034 ff.

444 BGH v. 26.1.01, NJW 2001, 3187 nach KO; BGH v. 2.12.04, Az. IX ZR 142/03 nach InsO.

445 Das gesamte Kostenrisiko teilt sich in drei, betragsmäßig ca. gleiche Teile, hier Gerichtskosten und die jeweils außergerichtlichen Kosten der Parteien.

446 Die außergerichtlichen Kosten weiterer Beklagter oder dem Rechtsstreit beigetretener Streithelfer stellen für den Prozessfinanzierer, im Vergleich zu „normalen" Finanzierungen daher kein erhöhtes Kostenrisiko und damit keinen Versagungsgrund dar.

447 So lautet die Klausel der D. A. S. in § 3 Nr. 2: *„Nicht übernommen werden die Kosten des/der Beklagten und Kosten etwaiger Streitverkündeter."*

448 BGH, Beschl. v. 17.3.05, Az. IX ZB 247/03.

Nunmehr häufen sich in der Praxis jedoch Fälle, in denen der Insolvenzverwalter im Prozess unterlag und ihm wenige Wochen später der bereits erlassene Kostenfestsetzungsbeschluss zugestellt wird, dem der Kostenfestsetzungsantrag der Gegenseite in Abschrift beiliegt. Der Insolvenzverwalter wurde mit diesem Beschluss förmlich überrascht. Existiert doch nunmehr ein Vollstreckungstitel gegen die Masse, ohne dass er vorher hiervon unterrichtet wurde und geeignete Gegenmaßnahmen veranlassen konnte. Zwar kann der Insolvenzverwalter spätestens nach Zustellung des Kostenfestsetzungsbeschlusses unverzüglich Masseunzulänglichkeit anzeigen, um die Verbotswirkungen des § 210 InsO auszulösen. Doch ist fraglich, ob er auch in diesem Fall gegen den Beschluss noch erfolgreich sofortige Beschwerde einlegen kann. Dies ist deshalb fraglich, da der Beschluss noch vor der Anzeige der Masseunzulänglichkeit erging, also zu einem Zeitpunkt, in dem das Rechtsschutzinteresse noch gegeben war. Diese Frage ist höchstrichterlich noch nicht geklärt. Einerseits könnte man argumentieren, dass nunmehr der sofortigen Beschwerde des Insolvenzverwalters das Rechtsschutzinteresse an der Aufhebung fehle, da der Kostenfestsetzungsbeschluss aufgrund der nachträglich angezeigten Masseunzulänglichkeit durch das damit verhängte Vollstreckungsverbot gem. § 219 InsO praktisch wertlos sei. Zudem ist der Kostenfestsetzungsbeschluss erlassen worden zu einem Zeitpunkt, in dem das Rechtsschutzinteresse des Gläubigers noch bestand, da eine Vollstreckung vor Anzeige der Masseunzulänglichkeit noch möglich war. Andererseits wurde der Insolvenzverwalter vor Erlass des Kostenfestsetzungsantrages nicht gehört. Der Kostenfestsetzungsantrag lag dem bereits erlassenen Kostenfestsetzungsbeschluss lediglich zur Kenntnis bei.

Damit kann die sofortige Beschwerde erfolgreich auf die Verletzung des rechtlichen Gehörs gem. Art. 103 I GG gestützt werden, da es dem Insolvenzverwalter nicht möglich war, bereits zum Zeitpunkt des Zugangs des Kostenfestsetzungsantrages des obsiegenden Beklagten Masseunzulänglichkeit anzuzeigen, denn ein vorheriger Zugang des Kostenfestsetzungsantrages an den Kläger erfolgte in rechtsfehlerhafter Weise gerade nicht.

Da das Kostenfestsetzungsverfahren der §§ 103 ff. ZPO ein selbständiges gerichtliches Nachverfahren ist[449] und an die erste Instanz angehängt wird[450], muss das Gericht dem Gegner vor einer ihm nachteiligen Entscheidung das rechtliche Gehör gewähren, Art. 103 I GG. Der Rechtspfleger hätte daher dem Insolvenzverwalter die Abschrift der Kostenrechnung des Beklagten schon vor seiner Entscheidung zur Stellungnahme übersenden[451] oder ihn mündlich anhören müssen[452].

Die Verletzung des rechtlichen Gehörs ist hier auch kausal. Hätte der Insolvenzverwalter durch eine vorherige Übersendung des Kostenfestsetzungsantrages davon Kenntnis erlangt, dass der Beklagte beabsichtigt, seine Kosten festsetzen zu lassen, um einen Vollstreckungstitel gegen die Masse zu schaffen, hätte der Verwalter noch im Erkenntnisverfahren, also bereits vor Erlass des Kostenfestsetzungsbeschlusses, Masseunzulänglichkeit angezeigt, mit der Folge, dass der Kostenfestsetzungsbeschluss gar nicht erst hätte ergehen dürfen[453].

Das verbreitete Verhalten der Justiz, den Kostenfestsetzungsbeschluss ohne vorherige Anhörung des Insolvenzverwalters zu erlassen und damit bereits Vollstreckungstitel zu schaffen, die bei rechtzeitiger Kenntnis vom Festsetzungsantrag und damit rechtzeitiger Anzeige der Masseunzulänglichkeit gar nicht erst hätten ergehen dürfen, verbunden mit der offenen Rechtsfrage einer späteren Beseitigung dieses Titels, muss der Insolvenzverwalter zum Anlass nehmen, bereits nach Eingang des klageabweisenden Urteils zeitnah Masseunzulänglichkeit anzuzeigen. Dieses Verhalten hat übrigens auch der Prozessfinanzierer dem Insolvenzverwalter vertraglich auferlegt, um eine Haftung

449 OLG Düsseldorf, MDR 1991, 357; OLG Koblenz, NJW-RR 1997, 1023.
450 OLG Hamm, Rpfleger 1974, 203; OLG Koblenz a.a.O.
451 BayObLG, AnwBl. 1989, 161; OLG München, Rpfleger 1993, 104 je m.w.N.; *Meyer-Stolte*, Rpfleger 1982, 43.
452 *Schneider*, MDR 1991, 124.
453 BGH, Beschl. v. 17.3.05, Az. IX ZB 247/03.

der Masse oder des Verwalters für die gegnerischen Kosten schon im frühzeitigen Verfahrensstadium zu verhindern[454].

Denn der Prozessfinanzierer stellt den Insolvenzverwalter vertraglich wiederum für den Fall frei, dass dieser persönlich für die angefallenen Prozesskosten des Gegners erfolgreich in Anspruch genommen wird[455]. Die persönliche Haftung ist jedoch aufgrund der BGH-Entscheidungen vom 26.1.2001[456] und der Entscheidung vom 2.12.2004[457], eher gering, weshalb der Verwalter auf die Kosten der (obsiegenden) Gegenseite praktisch keine Rücksicht mehr nehmen muss. Für die gegnerischen Kosten haftet der Verwalter nur, wenn er den Gegner in Anlehnung an die Maßstäbe des § 826 BGB in sittenwidriger Weise mit einer von Anfang an aussichtslosen Klage überzieht. Dies dürfte auf Grund der genauen Erfolgsprüfung durch den Prozessfinanzierer in den finanzierten Fällen so gut wie ausgeschlossen sein.

Der Insolvenzverwalter kann somit bei objektiv hinreichenden Erfolgsaussichten ohne eigenes Haftungsrisiko auch mit unzulänglicher Masse, das heißt, wenn diese im Falle der Niederlage nicht zur Erstattung der gegnerischen Kosten ausreicht, ein Klageverfahren in Gang setzen[458]. Er benötigt hierfür lediglich die erforderlichen Gerichtskosten und die Kosten seines Prozessanwalts. Dem Verwalter kommt es daher in masseunzulänglichen bzw. massearmen Verfahren bei der Inanspruchnahme der gewerblichen Prozessfinanzierung primär auf die Finanzierungsfunktion und nicht auf die Versicherungsfunktion für die gegnerischen Kosten an.

b) Eingeschränkte Übernahme der Gerichtskosten in den Rechtsmittelinstanzen

Zwischenzeitlich reduzieren die Prozessfinanzierer ihr Kostenrisiko noch weiter, indem sie für den Fall eines erstinstanzlichen Unterliegens die für die Berufungsinstanz erforderlichen Gerichtskosten ebenfalls nicht übernehmen, da die Zahlung der Gerichtskosten sowohl in der Berufungs- als auch in der Revisionsinstanz keine Verfahrensvoraussetzung ist[459].

---

454 So lautet die Klausel der D.A.S. in § 3 Nr. 2: „*Der Insolvenzverwalter verpflichtet sich bereits jetzt, für den Fall, dass er von den Kostengläubigern persönlich auf Zahlung in Anspruch genommen wird (z.B. aus § 61 InsO), sich unter Ausnutzung des gesamten Instanzenweges gegen die Inanspruchnahme zu verteidigen. Er wird alles Erforderliche unternehmen (z.B. rechtzeitige – ggf. erneute – Anzeige der Masseunzulänglichkeit und rechtzeitige – ggf. erneute – Erhebung der Masseunzulänglichkeitseinrede), um die Ansprüche der Gegenseite auf Kostenerstattung abzuwehren.*"

455 So lautet die Klausel der D.A.S. in § 3 Nr. 2: „*Im Gegenzug wird der Finanzierer den Insolvenzverwalter im Falle der erfolgreichen Inanspruchnahme von den Kosten der Rechtsverteidigung und den Kostenansprüchen der Kostengläubiger freistellen. Der Finanzierer behält sich vor, den Insolvenzverwalter bereits zu einem früheren Zeitpunkt von diesen Ansprüchen freizustellen Sollte zum Zeitpunkt der Geltendmachung von Kostenerstattungsansprüchen des/der Beklagten keine Masseunzulänglichkeit bestehen oder sollte diese später entfallen, dann sind diese Kosten aus der Masse zu erstatten, soweit diese hierfür ausreicht. Soweit diese nicht ausreicht, wird wie bei Masseunzulänglichkeit verfahren.*"

456 BGH, NJW 2001, 3187 – nach der KO –.

457 BGH vom 2.12.2004, Az. IX ZR 142/03 – nach der InsO –.

458 BGH ZIP 2003, 962, 964; BGH ZIP 2001, 1376, 1377; OLG Düsseldorf ZIP 2002, 902, 903; MüKo-InsO-*Brandes*, § 60 Rn. 39; FK-*Kind*, § 60 Rn. 19; MüKo-ZPO-*Wax*, § 116 Rn. 14.

459 § 10 GKG lautet: „*In weiterem Umfang als die Prozessordnungen und dieses Gesetz es gestatten, darf die Tätigkeit der Gerichte von der Sicherstellung oder Zahlung der Kosten nicht abhängig gemacht werden.*" Aus § 12 Abs. 1 S. 1 GKG, der da lautet: „*In bürgerlichen Rechtsstreitigkeiten soll die Klage erst nach Zahlung der Ge-*

Der Bundesrat sieht in dieser Regelung einerseits eine unangemessene Belastung der öffentlichen Haushalte, auch weil nach Beendigung des Rechtsmittelverfahrens der Kostenpflichtige meist kein Interesse mehr habe, so dass es zu Zahlungsverzögerungen und auch zu Gebührenausfällen komme. Zudem wird die Gefahr gesehen, dass die in erster Instanz unterlegene Partei nur Berufung einlegt, um die Vollstreckung des erstinstanzlichen Urteils zu verhindern, ohne dass tatsächlich die Überprüfung der erstinstanzlichen Entscheidung erreicht werden soll. Die obsiegende Partei müsse für den Beginn der Vollstreckung dann Sicherheit leisten, was diese vor Probleme stellen könne. Zukünftig, so die Idee des Bundesrates, soll deshalb auch die Berufungsgerichtsgebühr nach Nr. 1411 KVGKG (4 Gebühren) als Vorschuss gezahlt werden. Für finanziell bedürftige Personen soll es Sonderregelungen geben.[460]

Ob die Vorschläge des Bundesrates tatsächlich so umgesetzt werden, ist allein schon aus parteipolitischen Erwägungen sehr fraglich. Nach derzeit gültiger Rechtslage erhält auch der Insolvenzverwalter wie in jedem anderen Verfahren als Berufungs- oder Revisionsführer nach Einlegung und Begründung des Rechtsmittels die jeweilige Kostenrechnung durch die jeweils zuständige Landesjustizkasse. Dem „normalen" Rechtsmittelführer droht bei Nichtzahlung dieser Kosten die Zwangsvollstreckung durch die Landesjustizkasse. Der Kostenbescheid ist dabei auch sogleich Vollstreckungstitel. Der Insolvenzverwalter haftet für diese Kosten zunächst jedoch nur mit der von ihm verwalteten Masse. Ist diese nicht vorhanden oder unzulänglich, kann er diese Gerichtskosten als Masseverbindlichkeiten bzw. bei Rechtsmitteleinlegung nach bereits angezeigter Masseunzulänglichkeit als Neumasseverbindlichkeiten nicht begleichen. Soweit die Landesjustizkasse auf Bezahlung beharrt, müsste er Masseunzulänglichkeit bzw. Neumasseunzulänglichkeit anzeigen, soweit er dies nicht schon getan hat, mit der Folge eines Vollstreckungsverbots gem. § 210 InsO auch für die Landesjustizkasse. Zwar ist der InsO eine Regelung fremd, wonach der Insolvenzverwalter mehrfach nacheinander die Masseunzulänglichkeit anzeigen und dadurch die entstandene Privilegierung der unter § 209 InsO vereinten Neumasseverbindlichkeiten wieder beseitigen kann. Auch hat der BGH in seiner Grundsatzentscheidung vom 3.4.2003[461] bereits festgestellt, dass eine gesetzliche Regelung für den Fall fehle, dass nach Anzeige der Masseunzulänglichkeit die Masse nicht ausreicht, um alle fälligen Neumasseverbindlichkeiten zu decken, insbesondere § 210 InsO in seinem unmittelbaren Anwendungsbereich lediglich ein Vollstreckungsverbot für Altmasseverbindlichkeiten i. S. v. § 209 Abs. 1 Nr. 3 InsO anordne. Diese Auffassung hat der BGH auch in seiner Entscheidung vom 13.4.2006 noch einmal bestätigt[462]. Dennoch enthält diese Entscheidung für das Rangverhältnis zwischen den erstrangigen Verfahrenskosten und den zweitrangigen Neumasseverbindlichkeiten die eindeutige Aussage, dass aus der entsprechenden Anwendung des § 210 InsO gefolgert werden müsse, dass in Fällen, in denen nicht einmal die Verfahrenskosten vollständig gedeckt wären, auch Neumasseverbindlichkeiten nicht mehr vollstreckt werden dürften und im Erkenntnisverfahren auch nur deren Feststellung verlangt werden könne. Diesen Rechtsgedanken wird der BGH wohl auch auf die bisher von ihm noch nicht entschiedene Frage der Konkurrenz von Neumasseverbindlichkeiten untereinander anwenden.

---

bühr für das Verfahren im Allgemeinen zugestellt werden." ergibt sich im Umkehrschluss, dass die Verfahrensdurchführung in den Rechtsmittelinstanzen nicht von der Einzahlung der Gerichtskosten abhängig gemacht werden darf. Erreicht die Gerichtskostenrechnung der Landesjustizkasse den Insolvenzverwalter als Rechtsmittelführer, kann er unter Hinweis auf die Masseunzulänglichkeit um Rückstellung der Kostenforderung bitten, andernfalls er (ggf. erneut) Masseunzulänglichkeit anzeigen wird.

460 In seiner Sitzung vom 30.3.07 hat der Bundesrat den Entwurf eines Gesetzes zur Einführung einer Vorauszahlungsverpflichtung der Gebühren für das Berufungsverfahren in bürgerlichen Rechtsstreitigkeiten sowie zur Änderung des Justizvergütungs- und -entschädigungsgesetzes beschlossen und dem deutschen Bundestag zugeleitet (BR-Drucksache 86/07).

461 BGH v. 3.4.2003, NZI 2003, 369.

462 BGH v. 13.4.2006, NZI 2006, 392.

In seiner Entscheidung vom 21.9.2006[463] hat der BGH das Vollstreckungsverbot des § 210 InsO im Falle der (angezeigten) Massearmut auch auf Verfahrenskostengläubiger ausgedehnt, die ebenfalls nur die Feststellung der Forderungshöhe betreiben können, wegen der nur möglichen anteiligen Befriedigung jedoch nicht in die Insolvenzmasse vollstrecken dürfen. Soweit die Verfahrenskosten gedeckt sind, jedoch die Neumasseverbindlichkeiten nicht vollständig erfüllt werden können, kann lediglich eine Feststellung der Forderungshöhe erfolgen, jedoch keine Vollstreckung einzelner Neumassegläubiger, da auch insoweit eine Gläubigergleichbehandlung zu erfolgen hat. Ob man dies aus dem allgemeinen Verfahrensgrundsatz der „par conditio creditorum" herleiten mag oder aus einer entsprechenden Anwendung des Vollstreckungsverbots des § 210 InsO, soll an dieser Stelle nicht näher untersucht werden.

Es dürfte somit feststehen, dass eine persönliche Haftung des Verwalters für die Gerichtskosten ebenso unwahrscheinlich sein dürfte, wie die für die Kosten des Gegners. Der Insolvenzverwalter geht nach wie vor davon aus, in den weiteren Instanzen erfolgreich zu sein und die eingeklagten Ansprüche zur Masse ziehen zu können.

Dieses Haftungsprivileg des Insolvenzverwalters macht sich nun auch der Prozessfinanzierer zu Nutze, indem er den Insolvenzverwalter von denjenigen Verbindlichkeiten nicht freistellen möchte, für die der Verwalter gar nicht in Anspruch genommen werden kann. So zeichnet sich der Finanzierer vertraglich von diesen Verfahrenskosten frei, indem er nur die „notwendigen Verfahrenskosten" übernimmt[464]. Notwendig sind die Gerichtskosten aber für den jeweiligen Verfahrensfortgang in den Rechtsmittelinstanzen gerade nicht. Dies begegnet auf den ersten Blick Bedenken.

c) Eingeschränkte Übernahme der Kosten des eigenen Prozessanwalts

Das Kostenrisiko des Finanzierers wird teilweise sogar noch weiter minimiert, indem mit dem Insolvenzverwalter in Prozessen mit schlechteren Risiken gesondert vereinbart wird, dass die Honorarerstattung des vom Verwalter beauftragten Prozessanwalts nicht in voller Höhe erfolgt. Eine derartige Vereinbarung ist insbesondere bei denjenigen Insolvenzverwaltern möglich, die eine eigene Prozessabteilung in ihrer Kanzlei etabliert haben und der (angestellte) Prozessanwalt sowieso jeden Monat vom Verwalter vergütet werden muss. Auch ist die Erlangung der Anwaltskosten zur Führung des Klageverfahrens nicht primäres Ziel der Verwalter, wie sonst bei „normalen" Anwälten, die überwiegend aus den gesetzlichen Gebühren nach dem RVG ihr Einkommen bestreiten. Der Insolvenzverwalter legt insbesondere Wert darauf, Klage einreichen zu können, um die einzuklagenden Forderungen schnellstmöglich zur Masse zu ziehen und nimmt dabei mögliche Honorareinbußen notgedrungen und billigend in Kauf. Erst die erfolgreiche Realisierung der Forderung zur Masse und die Beendigung des Insolvenzverfahrens, verbunden mit der Festsetzung seiner Vergütung, ist das vorrangig wirtschaftliche Ziel des Verwalters. Wie er dieses Ziel erreicht, ist für ihn, nicht zuletzt auch im ei-

463 BGH v. 21.9.2006, NZI 2006, 697.
464 So lautet die Klausel der D. A. S. in § 3 Nr. 1: *„Die D.A.S. trägt die dem Anspruchsinhaber nach Wirksamwerden dieses Vertrages entstehenden notwendigen Kosten der gerichtlichen Durchsetzung der streitigen Ansprüche."*

genen Interesse, unerheblich. Die gewinnbringende Finanzierung seiner Prozessabteilung ist zweitrangig, wobei deren Verluste andererseits wieder aus der Verwaltervergütung aufgefangen werden müssen, was einige der Verwalter veranlasst, die zur Masseanreicherung erforderlichen Prozesse an externe Rechtsanwälte zu vergeben.

Inwieweit die Vereinbarung einer lediglich reduzierten Übernahme der Kosten des vom Verwalter beauftragten Prozessanwalts zulässig ist, ist wegen § 49b Abs. 1 BRAO i.V.m. § 4 Abs. 2 RVG fraglich, wonach eine Unterschreitung der gesetzlichen Gebühren im gerichtlichen Verfahren grundsätzlich verboten ist[465]. Die reduzierte Übernahme dieser Kosten des vom Verwalter beauftragten Prozessanwalts ist aber im Ergebnis keine unzulässige Unterschreitung der gesetzlichen Gebühren, da der Finanzierungsvertrag mit dem Insolvenzverwalter und nicht mit dem Prozessanwalt abgeschlossen wird. Letztgenannter hat einen Vergütungsanspruch ausschließlich gegen seinen Auftraggeber, hier den Insolvenzverwalter, dessen Aufgabe es ist, den von ihm beauftragten Prozessanwalt aus der Masse zu bezahlen. Gelingt ihm das nicht, setzt er sich möglicherweise Schadensersatzansprüchen aus. Dieses ausschließliche Verhältnis zwischen Insolvenzverwalter und Prozessanwalt ist auch der Grund, weshalb in der reduzierten Gebührenvereinbarung zwischen Prozessfinanzierer und Insolvenzverwalter kein Verstoß gegen das Verbot des Erfolgshonorars und der quota litis vorliegt, da beide Verbote nur das Vertragsverhältnis zwischen Anwalt und Mandant, d.h. zwischen Prozessanwalt und Insolvenzverwalter betreffen. Eine Erfolgsbeteiligung wird bei der Prozessfinanzierung aber nur zwischen Anspruchsinhaber, hier dem für die Masse handelnden Insolvenzverwalter, und dem Prozessfinanzierer vereinbart. Dies ist auch keine Umgehung des § 49b Abs. 2 BRAO, da diese Vorschrift nicht auch die finanziellen Interessen des Anspruchsinhabers schützen will, sondern alleine die anwaltliche Unabhängigkeit[466].

Daran ändert sich auch nichts, wenn der Insolvenzverwalter gleichzeitig als Prozessanwalt fungieren sollte. Eine Umgehung würde möglicherweise dann vorliegen, wenn Rechtsanwälte selbst eine Gesellschaft gründen, um Prozesse eigener Mandanten zu finanzieren. Soweit dann der Finanzierer aber, um die Regelung der reduzierten Übernahme der eigenen Anwaltskosten wieder aufzunehmen, beispielsweise nur noch die Gerichtskosten zu finanzieren hat, muss er sich fragen lassen, ob dann eine Erfolgsbeteiligung von 30% tatsächlich noch angemessen erscheint und wirksam ist. Auch der Verwalter ist dann verpflichtet, im Rahmen des ihm bei der Erfüllung seiner Pflichten zukommenden Ermessensspielraums abzuwägen, ob eine Gleichwertigkeit zwischen dem Nachteil (Erfolgsbeteiligung) und dem Vorteil (reduzierte Übernahme des Kostenrisikos) noch besteht. Letztendlich reduziert sich sein Ermessen jedoch spätestens dann auf Null, wenn das gerichtliche Verfahren ohne Prozessfinanzierung überhaupt nicht durchgeführt werden könnte. Würde sich der Verwalter in solch einem Fall dennoch dem Abschluss eines Finanzierungsvertrages verschlie-

---

465 § 49b Abs. 1 S. 1 BRAO lautet: *„Es ist unzulässig, geringere Gebühren und Auslagen zu vereinbaren oder zu fordern, als die Bundesgebührenordnung für Rechtsanwälte vorsieht, soweit diese nichts anderes bestimmt.“*; § 4 Abs. 2 S. 1 RVG bestimmt lediglich: *„In außergerichtlichen Angelegenheiten können Pauschalvergütungen und Zeitvergütungen vereinbart werden, die niedriger sind als die gesetzlichen Gebühren.“* Im Umkehrschluss verbleibt es daher beim Verbot der Gebührenunterschreitung in gerichtlichen Angelegenheiten.

466 *Völtz,* BRAK-Mitt. 3/2004, 103.

ßen, könnte er möglicherweise insolvenzzweckwidrig handeln. Andererseits muss er sich von einem Finanzierer auch nicht derartige, seines Erachtens unangemessene Erfolgsbeteiligungen, aufzwingen lassen, möglicherweise nur dann, wenn andere Konkurrenzfinanzierer ebenfalls keine geringere Erlösbeteiligungsquote ihm anbieten.

Wenn die eingeschränkte Übernahme der eigenen Anwaltskosten des Insolvenzverwalters durch den Prozessfinanzierer zulässig erscheint, regt sich aber bei den vertraglichen Einschränkungen der Kostenübernahme sowohl zu Lasten des Gegners als auch zu Lasten der Landesjustizkasse ein gewisses Unbehagen. Es drängt sich die Frage auf, ob ein derart bewusster Kostenausschluss durch den Prozessfinanzierer wirksam vereinbart werden kann.

d) Wirksamkeit der eingeschränkten Kostenübernahmeklauseln zu Lasten des Gegners und der Landesjustizkasse

Zunächst erscheint es in der Tat unbillig, dass ein Insolvenzverwalter mit dem Finanzierer explizit vertraglich vereinbart, dass der Finanzierer lediglich die erforderlichen Gerichtskosten sowie die außergerichtlichen Kosten des Insolvenzverwalters schuldet, nicht aber die Kosten des Gegners und ebenso wenig die Gerichtskosten in den Rechtsmittelinstanzen. Da auch eine Freistellung des Verwalters für den Fall einer persönlichen Kostenhaftung vereinbart wird[467], ziehen die Parteien das Entstehen dieser Verbindlichkeiten sogar ausdrücklich in Betracht.

aa) Verletzung des Grundsatzes der Waffengleichheit

Da bereits schon das allgemeine Modell der gewerblichen Prozessfinanzierung zu einer Verschiebung des Kostenrisikos im Prozess auf den Finanzierer erfolgt und die Inanspruchnahme dieser Dienstleistung darüber hinaus praktisch auch nur dem Kläger offen steht, wird in der Literatur erörtert, ob der Prozessfinanzierungsvertrag an sich nicht schon sittenwidrig ist, weil er die prozessökonomische Lage so beeinflusst, dass das Prinzip der prozessualen Waffengleichheit verletzt ist[468].

Der Grundsatz der Waffengleichheit der Parteien im Zivilprozess ist eine Ausprägung des Rechtsstaatsprinzips (Art. 20 Abs. 1 GG) und des allgemeinen Gleichheitssatzes (Art. 3 Abs. 1 GG). Er gewährleistet die formelle Gleichheit der prozessualen Rechtsposition der Parteien sowie ihre durch den Richter zu verwirklichende materielle Gleichwertigkeit im Sinne einer prozessualen Chancen-

---

467 So lautet die Klausel der D.A.S. in § 3 Nr. 2: „*Im Gegenzug wird der Finanzierer den Insolvenzverwalter im Falle der erfolgreichen Inanspruchnahme von den Kosten der Rechtsverteidigung und den Kostenansprüchen der Kostengläubiger freistellen. Der Finanzierer behält sich vor, den Insolvenzverwalter bereits zu einem früheren Zeitpunkt von diesen Ansprüchen freizustellen Sollte zum Zeitpunkt der Geltendmachung von Kostenerstattungsansprüchen des/der Beklagten keine Masseunzulänglichkeit bestehen oder sollte diese später entfallen, dann sind diese Kosten aus der Masse zu erstatten, soweit diese hierfür ausreicht. Soweit diese nicht ausreicht, wird wie bei Masseunzulänglichkeit verfahren.*“

468 Fallgruppe der sittenwidrigen Schädigung Dritter, so *Bruns*, JZ 2000, 232, 237; *Grunewald*, BB 2000, 729, 731 f.

gleichheit[469]. Dazu gehört auch die gleiche „Anrufungschance", die eine gleichmäßige Verteilung des Risikos am Verfahrensausgang und der Kostenbelastung erfordert[470]. Gerade das Prinzip der Prozesskostenerstattung des Unterliegenden in einem kontradiktorischen Verfahren ist dabei Ausdruck des gleichen Prozesskostenrisikos: Das BVerfG hat zum Beispiel die Auslegung einer Billigkeitsnorm (§ 77 Abs. 1 GWB) in dem Sinne untersagt, dass der Obsiegende seine außergerichtlichen Kosten im Normalfall selbst zu tragen hat[471].

Darauf läuft aber die vertragliche Regelung zwischen Insolvenzverwalter und Prozessfinanzierer in massearmen bzw. masseunzulänglichen Verfahren gerade hinaus, die außergerichtlichen Kosten des obsiegenden Gegners nicht zu übernehmen.

Da die Grundrechte nicht nur Abwehrrechte gegen den Staat sind, sondern auch Ausdruck einer objektiven Wertordnung, die über die wertausfüllungsbedürftigen Generalklauseln des Privatrechts in das Privatrecht hineinwirken[472], ist ein Rechtsgeschäft, das gegen den verfassungsrechtlichen Grundsatz der Waffengleichheit verstößt, nach § 138 BGB sittenwidrig und damit nichtig.

Grundsätzlich verstößt der „gewöhnliche" Prozessfinanzierungsvertrag ohne eingeschränkte Kostenübernahmeklausel aber nicht gegen das Prinzip der Waffengleichheit im Zivilprozess. Die gleichmäßige Verteilung des Kostenrisikos, die im Kostenerstattungsprinzip ihre Konkretisierung findet, bleibt durch den „normalen" Prozessfinanzierungsvertrag gerade unangetastet, da das gesamte Kostenrisiko, und damit auch die Kosten des Gegners im Unterliegensfalle, vom Finanzierer übernommen wird.

Bei der in massearmen bzw. masseunzulänglichen Verfahren zwischen Verwalter und Finanzierer lediglich vereinbarten Übernahme der Gerichtskosten erster Instanz und der Kosten des Prozessanwalts des Verwalters erfolgt jedoch eine Verschiebung der Prozesskosten zu Lasten des Beklagten. Tragender Gesichtspunkt des möglichen Sittenwidrigkeitsvorwurfs in dieser Konstellation ist dann nicht nur die Verletzung der Waffengleichheit, die das Prinzip der Kostenerstattung schützt, was hierdurch verletzt sein könnte, sondern auch die Gläubigergefährdung, weil der obsiegende Prozessgegner wegen der Mittellosigkeit des Insolvenzverwalters nicht mit einer Befriedigung seines Kostenerstattungsanspruchs rechnen kann.

bb) Gläubigergefährdung

Dem ist jedoch entgegen zu halten, dass andererseits der Verwalter zum Nachteil der Gläubiger mangels finanzieller Mittel zunächst überhaupt nicht hätte klagen können. Diese mangelhafte Masse zu Lasten der Insolvenz- oder Massegläubiger kann dem Gegner nicht zum Vorteil gereichen. Hinzu kommt, dass der Insolvenz-

469 Zöller-*Vollkommer*, ZPO, Einl., Rn. 102.
470 BVerfGE 52, 131, 144; BVerfGE 74, 78, 94.
471 BVerfGE 74, 78, 94.
472 Sog. „mittelbare Drittwirkung" der Grundrechte, vgl. BVerfGE 7, 206; BVerfGE 24, 251; Staudinger-*Sack*, § 134 Rn. 41; Palandt-*Heinrichs*, § 242 Rn. 7.

verwalter auch nur für überwiegend Erfolg versprechende Klagen eine Finanzierung erhält, was vom Finanzierer durch die Schaffung von sog. Zweitprüfungen auch streng gehandhabt wird[473]. Somit ist sichergestellt, dass der Gegner gerade nicht mit einer aussichtslosen Klage überzogen wird und als Gläubiger potentiell gefährdet ist, seine Kosten vom Kläger nicht ersetzt zu bekommen. Vielmehr wird er es voraussichtlich sein, der für das angestrebte Obsiegen der Klage die Kosten des Klägers am Ende zu tragen hat.

Die Bedenken von *Bruns*[474] sind daher unbegründet, der in der Prozessfinanzierung einen Verstoß gegen die Waffengleichheit darin sieht, dass sich der Beklagte angesichts der finanziellen Stärke des Prozessfinanzierers nun auch bei unberechtigten Klagen zu einem sofortigen Nachgeben veranlasst sehen könnte, so dass geradezu ein faktischer Zwang für ihn bestehe, eine Rechtsschutzversicherung vorzuhalten. Dabei übersieht Bruns nicht nur die strengen Zweitprüfungen des Finanzierers, sondern auch die Tatsache, dass die Finanzierung gar nicht offen gelegt wird und der Beklagte von der „finanziellen Stärke" des Klägers somit nichts erfährt. Im Übrigen können für bestimmte Rechtsgebiete, in denen auch Klagen finanziert werden, wie beispielsweise im Erb-, Familien- oder Baurecht, gar keine Rechtschutzversicherungen abgeschlossen werden. Nur in begründeten Ausnahmefällen wird dem Beklagten bewusst mitgeteilt, dass die Klage von einem Prozessfinanzierer finanziert wird, um dem Gegner deutlich zu machen, dass es an den finanziellen Möglichkeiten des Klägers nicht scheitern wird, den Prozess, soweit erforderlich, auch über mehrere Instanzen, zu führen. Nicht selten wird vom potentiell Beklagten im Vorfeld des Klageverfahrens dem Insolvenzverwalter gegenüber kund getan, dass aufgrund mangelnder Leistungsfähigkeit der Masse und abgelehnter PKH einer Klage gelassen entgegengesehen wird. In derartigen Fällen dient die Prozessfinanzierung aber gerade dazu, die Waffengleichheit überhaupt erst wieder herzustellen und dem Insolvenzverwalter in die Lage zu versetzen, die Klage anhängig machen zu können.

Auch ist es mit Offenlegung der Finanzierung nicht selten der Fall, dass der Beklagte nun ernsthaft in Bedrängnis gerät und durchaus der Vergleichsdruck auf ihn erhöht wird, insbesondere dann, wenn ihm noch bewusst gemacht wird, dass sogar im Falle eines eventuellen Unterliegens des Verwalters, eine Erstattung der außergerichtlichen Kosten trotz Einschaltung des Prozessfinanzierers nicht erfolgt.

Die dadurch stattfindende Durchbrechung des Kostenerstattungsprinzips mag dafür (mit-)verantwortlich sein, dass sich die Gegenseite bei einer vermeintlich risikoreichen Klage zu einem etwaigen Vergleichsschluss mehr oder weniger „gezwungen" sieht. Dies ist dann aber vom Gesetzgeber so gewollt. Ungeachtet dieser

---

473 Nachdem der Prozessfinanzierer für die zu finanzierende Klage überwiegende Erfolgsaussichten sieht, durchläuft die Finanzierungsanfrage in der Regel eine sogenannte Zweitprüfung, mit der externe Praktiker und Experten auf dem Gebiet des Insolvenzrechtsrechts beauftragt werden. Hierbei handelt es sich um pensionierte BGH-Richter, um Universitätsprofessoren oder um Insolvenzverwalter und deren Prozessanwälte, die in ihrer täglichen Arbeit ständig mit dem Insolvenzrecht zu tun haben.

474 *Bruns*, JZ 2000, 232, 237.

Möglichkeit, die Kosten der Gegenseite im Unterliegensfalle nicht übernehmen zu müssen, ist davon auszugehen, dass trotz reduziertem Kostenrisiko die beim Finanzierer verbleibenden finanziellen Risiken dennoch ausreichen, den Finanzierer davon abzuhalten, von vornherein aussichtslose Prozesse anzustrengen und auf einen Prozessgewinn allein infolge einer Einschüchterungssituation zu hoffen, von der völlig ungewiss ist, ob sie überhaupt eintritt.

Es mag auch sein, dass sich aufgrund des um ca. $^1/_3$ verminderten Prozesskostenrisikos die Finanzierungsbereitschaft des Prozessfinanzierers erhöht. Das kann aber nicht schaden, da das Finanzierungsverhalten aller Anbieter grundsätzlich sehr vorsichtig ist[475] und von den Verwaltern daher inzwischen zu Recht Kritik erfährt. Das in diesem „Verwaltermodell" reduzierte Kostenrisiko des Finanzierers kann im Übrigen auch durch eine Herabsetzung der Erfolgsbeteiligung[476] wieder kompensiert werden. Eine ungehemmte Prozessierlust der Verwalter in massearmen bzw. masseunzulänglichen Verfahren mit Hilfe der gewerblichen Prozessfinanzierung ist daher nicht zu befürchten.

Die Kostenerstattungspflicht besteht grundsätzlich auch für die Masse. Diese wird aber im Fall ihrer Armut bzw. Unzulänglichkeit vom Gesetzgeber von der Erstattungspflicht befreit. Wie bereits erwähnt, stellt auch die Rechtsprechung den Verwalter von einer persönlichen Haftung für diese Kosten frei[477]. Das Kostenerstattungsprinzip als Ausfluss der Waffengleichheit wird somit offensichtlich bewusst vom Gesetzgeber und der Rechtsprechung zu Lasten des Gegners und zu Gunsten der Insolvenzgläubiger durchbrochen. Weshalb der Prozessfinanzierer die Masse von dieser gesetzlichen Möglichkeit wiederum zugunsten des Beklagten vertraglich befreien soll, ist nicht einzusehen. Es muss beim Abschluss eines Finanzierungsvertrages mit einem Verwalter in einem massearmen bzw. masseunzulänglichen Verfahren gerade nicht um eine Absicherung gegen die Kosten des Beklagten gehen, da sowohl die Masse durch die Anzeige der Masseunzulänglichkeit bzw. die Erhebung der Masseunzulänglichkeitseinrede als auch der Verwalter hiervon sowieso gesetzlich befreit sind. Es geht vielmehr ausschließlich darum, dem Verwalter unter Berücksichtigung und Umsetzung der Ordnungsfunktion des Insolvenzrechts überhaupt eine finanzielle Möglichkeit zu schaffen, mit Hilfe des Gerichts Ansprüche zur Masse zu ziehen. Durch die gewerbliche Prozessfinanzierung wird in massearmen bzw. masseunzulänglichen Insolvenzverfahren die Waffengleichheit überhaupt erst hergestellt.

Übrigens verpflichtet auch § 208 Abs. 3 InsO[478] den Insolvenzverwalter, selbst nach Anzeige der Masseunzulänglichkeit Verwertungshandlungen vorzunehmen, hier also das Klageverfahren bei fortbestehenden Erfolgsaussichten selbst bei Masseunzulänglichkeit auch in der zweiten Instanz weiterzuführen. Diese Vorschrift dient dem Ziel einer zügigen Abwicklung des Verfahrens[479].

---

475 Statistisch gesehen sollen von 10 Finanzierungsanfragen 9 abgelehnt werden; Veröffentlichungen gibt es hierzu nicht.

476 Je nach Verhandlungssituation und -macht Herabsetzung von 30% auf 20%.

477 BGH, NJW 2001, 3187 – nach der KO –; BGH vom 2.12.2004, Az. IX ZR 142/03 – nach der InsO –.

478 § 208 Abs. 3 InsO lautet: *„Die Pflicht des Verwalters zur Verwaltung und zur Verwertung der Masse besteht auch nach der Anzeige der Masseunzulänglichkeit fort."*

479 *Uhlenbruck*, InsO, § 208 Rn. 19; Kübler/Prütting-*Pape*, InsO, § 208 Rn. 20; *Mäusezahl* in Graf-Schlicker, InsO, § 208 Rn. 13.

Durch die Anzeige der Masseunzulänglichkeit soll der Verwalter die Möglichkeit erhalten, das schuldnerische Vermögen zu verwerten und die so erwirtschaftete Masse an die Massegläubiger zu verteilen[480]. Zielrichtung des weiteren Verfahrens ist also die Befriedigung der Massegläubiger, nicht mehr die der Insolvenzgläubiger.

Von einer mittellosen Partei verklagt zu werden, und bei Klageabweisung die eigenen Kosten nicht erstattet zu bekommen, ist zudem ureigenstes Lebensrisiko des Beklagten, selbst wenn § 123 ZPO regelt, dass auch der unterliegende Prozesskostenhilfeempfänger die gegnerischen Kosten selbst tragen muss. Das Ausfallrisiko für den Beklagten bleibt dennoch bestehen. So wie die mittellose Partei im Rahmen der gegnerischen Vollstreckungshandlungen die eidesstattliche Versicherung abgeben kann bzw. muss, hat der Insolvenzverwalter die Möglichkeit bzw. die Pflicht, gem. § 208 Abs. 1 InsO Masseunzulänglichkeit anzuzeigen und im Falle seines Unterliegens die Masseunzulänglichkeitseinrede zu erheben. Weshalb der Beklagte nun bei einem Insolvenzverwalter in einem masselosen bzw. massearmen Verfahren, der auf Grund abgelehnter PKH-Gewährung einen Gläubiger oder eben einen Prozessfinanzierer für die Finanzierung seiner Klage gewinnen konnte, einen besseren Schuldner haben soll, ist nicht einzusehen. Wenn der Beklagte in derart gelagerten Fällen schon keine Befriedigung nach gesetzlichen Vorschriften erlangen kann, kann auch der mögliche Einwand eines unzulässigen Vertrages zu Lasten Dritter nicht verfangen. Es kann keine vertragliche Last entstehen, der der Beklagte auch ohne vertragliche Vereinbarung ausgesetzt wäre. Vielmehr handelt es sich bei dem vertraglichen Ausschluss einer Übernahme der Kosten des Gegners und der Gerichtskosten lediglich um eine Klarstellung zwischen den Vertragsparteien, dass es im Unterliegensfalle bei den gesetzlichen Regelungen verbleibt.

cc) Gemischte Schenkung

Man könnte gegebenenfalls auch an eine teilweise Schenkung denken, wenn der Insolvenzverwalter mit dem Finanzierer eine übliche Erfolgsbeteiligung von 30% vereinbart, das Kostenrisiko im Unterliegensfalle aufgrund der Masseunzulänglichkeitseinrede aber um ca. $^1/_3$ reduziert ist. Nach einhelliger Ansicht sind Schenkungen des Insolvenzverwalters insolvenzzweckwidrig und unwirksam[481]. Hier könnte nun in Höhe von $^1/_3$ der vereinbarten 30%igen Erfolgsbeteiligung eine gemischte Schenkung vorliegen, wenn man das übernommene Kostenrisiko des eigenen Anwalts, der Gerichtskosten und die Kosten des gegnerischen Anwalts dreiteilen wollte, also für jeden Kostenblock 10% Erfolgshonorar veranschlagen würde. Da der Prozessfinanzierer im Falle des Unterliegens entgegen seinem sonst üblichen Risiko die Kosten des Gegners im Vertrag ausdrücklich nicht übernimmt und eine persönliche Haftung des Verwalters für die gegnerischen Kosten aufgrund der BGH-Rechtsprechung so gut wie ausgeschlossen ist, wären dann 10% Erfolgsbeteiligung eine Leistung des Verwalters ohne Gegenleistung.

---

480 Begr. zu § 320 Abs. 1 RegE/§ 208 Abs. 3 InsO, BT-Drucks. 12/2443, S. 219.
481 Vgl. statt vieler: *Jaeger/Henckel,* KO, § 6 Rn. 153.

Eine teilweise Schenkung wird man jedoch nicht generell bejahen können. Dies nur dann, wenn man das Erfolgshonorar tatsächlich für das jeweils übernommene Kostenrisiko so aufteilen wollte. Dies scheitert schon daran, dass sich das Erfolgshonorar bei Erlösen über € 500.000,00 automatisch auf 20% für den die € 500.000,00 überschießenden Betrag reduziert[482]. Zudem ist die Beantwortung einer eventuellen gemischten Schenkung Frage des Einzelfalls, wie sich Leistung und Gegenleistung gegenüberstehen. Es herrscht prinzipiell Vertragsfreiheit zwischen den Parteien. Selbstverständlich wird der Verwalter bereits schon aus wirtschaftlichen Überlegungen heraus und im Interesse der Gläubiger, die er ausschließlich zu vertreten hat, versuchen, die sonst übliche Erfolgsbeteiligung von 30% bis € 500.000,00 bei vermindertem Kostenrisiko entsprechend zu reduzieren. Wenn man jedoch bedenkt, dass mit der vereinbarten Höhe des Erfolgshonorars auch das vom Finanzierer übernommene Vollstreckungsrisiko enthalten ist, keine Zinszahlungen für die Vorschussleistungen verlangt werden und dass auch möglicherweise im Einzelfall schlechtere Risiken aufgrund des geringeren Kostenrisikos finanziert werden, kommt man zu dem Ergebnis, dass selbst bei einer Reduzierung des Kostenrisikos von ca. 1/3 die Beibehaltung des Erfolgshonorars von 30% der erzielten Erlöse nach Abzug der zu erstattenden Kosten durchaus angemessen und damit wirksam ist. Eine gemischte Schenkung scheidet damit aus.

3. Ergebnis

Auch wenn der Prozessfinanzierungsvertrag mit dem Insolvenzverwalter in massearmen bzw. masseunzulänglichen Verfahren das Prinzip der Kostenerstattung verletzt und zu Lasten des Prozessgegners und der Landesjustizkasse verschiebt, weil das Ausfallrisiko sowohl beim Beklagten als auch bei der Justizkasse verbleibt, verstößt der Finanzierungsvertrag nicht gegen den verfassungsmäßig garantierten Grundsatz der prozessualen Waffengleichheit.

Die gewerbliche Prozessfinanzierung bringt weder im „normalen“ Modell eine „neue Qualität an Unausgewogenheit“[483], noch im spezifischen „Verwaltermodell“, wo in masseunzulänglichen bzw. massearmen Verfahren im Unterliegensfalle die Kosten des Gegners nicht mit von der Finanzierung umfasst sind. Im Gegenteil ist davon auszugehen, dass durch die Prozessfinanzierung bestehende Ungleichgewichte zu Lasten der Masse beseitigt werden. Dies deshalb, da es sich in der Praxis vielfach so verhält, dass gerade in masseunzulänglichen bzw. massearmen Verfahren die zu verklagende Partei die wirtschaftlich überlegenere Partei ist, weil diese ihrerseits das Kostenrisiko als Druckmittel benutzen kann, indem sie hofft, dass der Verwalter die Prozesskostenvorschüsse aus der Masse nicht wird aufbringen können und dadurch an der Verfolgung seiner Ansprüche rein aus finanziellen Gründen gehindert ist. Wird dann auch noch der PKH-Antrag wegen

---

482 Vgl. Fn. 15.
483 *Grunewald,* BB 2000, 729, 732.

§ 116 ZPO zurückgewiesen, weil es nach Auffassung des Gerichts den Gläubigern zumutbar sei, als wirtschaftlich Beteiligte die erforderlichen Prozesskosten vorzuschießen, wird die bestehende Unausgewogenheit eklatant. Die beklagte Partei hat damit schon einen ersten Sieg errungen, da sie in der Regel auch nicht davon ausgehen muss, dass sich Gläubiger bereit erklären, die zunächst erforderlichen Prozesskosten vorzuschießen. Insofern ist die Prozessfinanzierung in diesen Fällen ein wirksames Instrument zur Herstellung der Waffengleichheit und unterstützt damit auch die Ordnungsfunktion des Insolvenzrechts.

Das Ausfallrisiko der Justizkasse wurzelt nicht in der vertraglichen Absprache zwischen Insolvenzverwalter und Prozessfinanzierer, sondern in den gesetzlichen Vorgaben selbst, hier einerseits nach dem GKG die Durchführung von Rechtsmittelverfahren nicht von der Einzahlung eines Vorschusses abhängig zu machen und andererseits in der Insolvenzordnung, die dem Verwalter auch bei fehlender Masse das Eingehen von Masseverbindlichkeiten ermöglicht. Gemäß § 208 Abs. 3 InsO wird der Insolvenzverwalter sogar verpflichtet, selbst nach Anzeige der Masseunzulänglichkeit Verwertungshandlungen vorzunehmen, hier also das eingeleitete Klageverfahren auch in die nächste Instanz zu führen.

Auch die reduzierte Übernahme der Kosten des eigenen Prozessanwalts des Insolvenzverwalters ist zulässig und verstößt nicht gegen § 49b Abs. 2 BRAO. Im Ergebnis sind die vertraglichen Klauseln zur reduzierten Kostentragung des Prozessfinanzierers, entgegen ersten Eindrucks, nicht zu beanstanden.

III. Sonstige vertragliche Vereinbarungen

1. Querfinanzierungen

Eine weitere Möglichkeit für den Finanzierer zur Reduzierung seines Kostenrisikos ist die Vereinbarung so genannter „Querfinanzierungen“, bei denen im ein und denselben Insolvenzverfahren gleich mehrere Klagen finanziert werden. Es wird hierzu vereinbart, dass für den Fall des Unterliegens oder einer ergebnislosen Vollstreckung in einem Verfahren und einer Erlöserzielung in einem anderen finanzierten Verfahren die im unterliegenden bzw. erfolglos vollstreckten Verfahren verauslagten Kosten dem Finanzierer aus dem obsiegenden Verfahren zusätzlich erstattet werden[484]. An diese Möglichkeit sollte insbesondere auch der Verwalter denken, um Prozessfinanzierern auch risikoreichere Klagen „schmackhaft“ zu machen und platzieren zu können. Bei derartigen Vereinbarungen in massearmen bzw. masseunzulänglichen Verfahren, die in der Praxis aufgrund fehlender Bekanntheit kaum zur Anwendung kommen, ergeben sich wirtschaftlich identische Folgen, die der Verwalter bei ausreichender Masse erzielt hätte, wenn die dort vorhandene Masse zur Finanzie-

484 So lautet die Klausel der D. A. S. in § 5 Nr. 2: *„Werden in einem oder mehreren Verfahren die notwendigen Kosten nicht durch einen eingehenden Erlös gedeckt, weil z. B. die Klage/n rechtskräftig abgewiesen wird/werden oder der/die Beklagte/n in Vermögensfall gerät/geraten, dann werden diese verauslagten Kosten aus den gegebenenfalls in den anderen Verfahren eingehenden Erlösen entnommen und der D. A. S. erstattet („Querfinanzierung“). Die vorbenannten Kosten werden dabei aus dem Verfahren mit dem höchsten Erlös entnommen, soweit dieser Erlös nicht zur Deckung der Kosten ausreicht auch aus dem Verfahren mit dem zweithöchsten Erlös u. s. w., bis die Kosten vollständig erstattet sind. Die Erlösbeteiligung der D. A. S. in den Verfahren mit Erlöseingang errechnet sich dann aus dem um die vorbenannten Kosten reduzierten Erlösbetrag.“*

rung der jeweiligen Prozesse gleichfalls eingesetzt worden wäre. Verluste in einem Prozess wären durch Gewinne im anderen Prozess wieder ausgeglichen worden. Per saldo würde in der Masse auch nur der endgültig erzielte Überschuss aus allen Verfahren verbleiben. Nichts anderes bezweckt der Prozessfinanzierer mit dieser Vereinbarung. Dies ist eine legitime Zielsetzung.

2. Finanzierungsandrohungen

Wie bereits erwähnt, soll das Prozessfinanzierungsverhältnis weder gegenüber dem Gegner noch gegenüber anderen Dritten offen gelegt werden[485]. Die so genannte „Finanzierungsandrohung" wird von Insolvenzverwaltern insbesondere aber dann als wirksames Instrumentarium eingesetzt, wenn der Gegner zu vorgerichtlichen vergleichsweisen Lösungen nicht bereit ist. Dies ist in der Regel dann der Fall, wenn er weiß, dass der Insolvenzverwalter keine Mittel in der Masse verfügbar hat, um den Prozess zu finanzieren. Davon hat er regelmäßig aus dem vorgeschalteten PKH-Verfahren und der ablehnenden PKH-Entscheidung Kenntnis. Falls er, wie so oft, selbst auch Insolvenzgläubiger ist, bleibt ihm gleichfalls nicht verborgen, dass auch kein anderer Gläubiger bereit ist, den Prozess zu finanzieren.

An dieser Stelle scheint es für Insolvenzverwalter sinnvoll, mit den „Muskeln des Prozessfinanzierers" zu drohen, um den Anspruchsgegner zu der Einsicht zu bewegen, dass er auf ein „Aushungern" oder „Kleinbeigeben" des Anspruchsinhabers bzw. Insolvenzverwalters jetzt nicht mehr hoffen kann. Der Nutzen dieser Finanzierungsandrohung ist beachtlich: Der Insolvenzverwalter erhält relativ schnell einen (Vergleichs-)Betrag in die Masse und der Erlösanteil des Prozessfinanzierers ist zu Gunsten der Gläubiger in der Regel deutlich geringer als im Gerichtsprozess[486]. Der Reduzierungsumfang des Erfolgshonorars ist Verhandlungssache zwischen Verwalter und Finanzierer. Letztgenannter hat bei Erfolg der Finanzierungsandrohung einen schnellen Erlöszufluss ohne überhaupt irgendwelche Liquiditätsabflüsse verzeichnen zu müssen. Diese Möglichkeit der Finanzierungsandrohung könnte eigentlich regelmäßige Vorstufe zur Klageerhebung sein. Dies würde jedoch bedeuten, dass der Gegner und beteiligte Dritte von Beginn an Kenntnis von der Fremdfinanzierung hätten. Da dies in der Mehrheit der Fälle jedoch nicht gewünscht ist, wird diese Möglichkeit zur Massemehrung und zur Herstellung der Waffengleichheit nur eine Ausnahme bleiben.

IV. Vertragliche Mitbestimmungs- und Druckklauseln

Im Laufe des Klageverfahrens kann es zu Situationen kommen, in denen der Verwalter oder der ihn vertretene Prozessanwalt Entscheidungen treffen müssen, die den weiteren Prozessverlauf und das Prozessergebnis beeinflussen können. Hier

485 So lautet die Klausel der D.A.S. in § 11: *„Wird dieser Vertrag bekannt, kann dies erhebliche negative Auswirkungen auf das Ergebnis der Geltendmachung der streitigen Ansprüche sowie auf das Ergebnis anderer durch die D.A.S. finanzierten Prozesse haben. Auch können sowohl der Abschluss dieses Vertrages als auch der Verlauf des damit finanzierten Prozesses eine Insidertatsache im Sinne des Wertpapierhandelsgesetzes darstellen. Der Anspruchsinhaber ist deshalb verpflichtet, über die Tatsache und den Inhalt dieses Vertrages Stillschweigen zu bewahren. Ausgenommen hiervon sind, soweit erforderlich, das Insolvenzgericht und die Gläubiger sowie der anwaltliche Vertreter des Anspruchsinhabers."*

486 Bei erfolgreichen Finanzierungsandrohungen erhält der Finanzierer üblicherweise 5% der Vergleichssumme ohne dem Einsatz eigener Liquidität und dem Risiko eines Verlustes. Mit der prozentualen Beteiligung wird allein das durch den Finanzierer aufgebaute Drohpotential abgegolten.

will der Prozessfinanzierer aufgrund seines finanziellen Einsatzes und Risikos verständlicherweise auf diese Entscheidungen mit Einfluss nehmen. So wird im Finanzierungsvertrag beispielsweise vereinbart, dass Verfügungen über den Streitgegenstand, wie der Abschluss eines unwiderruflichen Vergleichs, ein Verzicht oder eine Klagerücknahme, nur mit Zustimmung des Finanzierungsunternehmens vorgenommen werden können. Diese Regelungen sind aber in der Praxis kaum problembehaftet, da der Finanzierer allein aus wirtschaftlichen Erwägungen einem (auch unwiderruflichen) Vergleich fast ausschließlich positiv gegenüber stehen wird und auch der Verwalter erfahrungsgemäß wirtschaftlich sinnvolle Lösungen favorisiert, um die Masse anzureichern und das Verfahren abzuschließen. Ebenso praxisfern ist die Regelung der Fälle einer Zustimmung des Finanzierers zu einem Verzicht oder einer Klagerücknahme. Derartige prozessuale Handlungen wird der Verwalter aufgrund der erreichten Finanzierungszusage freiwillig kaum vornehmen.

1. Problemstellung

Vielmehr wird es der Finanzierer sein, der nach zwischenzeitlich festgestellter Erfolglosigkeit der Klage (z.B. negative Beweisaufnahme, anderer Sachverhalt u.ä.) den Verwalter aus wirtschaftlichen Erwägungen heraus drängen wird, beispielsweise die Klage zurückzunehmen, um zwei Gerichtsgebühren erstattet zu bekommen, die als absolute Summe bei hohen Streitwerten durchaus beachtlich sein können[487]. Der Verwalter hingegen wird die vom Finanzierer vermeintlich erkannte Erfolglosigkeit verneinen und nach wie vor daran interessiert sein, eine gerichtliche Entscheidung herbeizuführen, gerade wenn ihn bzw. die Masse keine Kosten treffen. Die Probleme ergeben sich in der Praxis also dann, wenn der Finanzierer vom Verwalter ein prozessuales Verhalten fordert, dieser aber den Vorgaben des Finanzierers nicht folgen möchte, entweder, weil er die Vorgaben des Finanzierers für wenig sinnvoll und gangbar erachtet oder die Gläubigerversammlung oder der Gläubigerausschuss diese Maßnahmen nicht billigt.

Die entsprechenden Klauseln in den Finanzierungsverträgen[488] lauten in etwa gleich wie folgt:

„Verpflichtung zur risikobewussten und sparsamen Prozessführung:

Der Insolvenzverwalter verpflichtet sich zu einer sparsamen, wirtschaftlichen und risikobewussten Prozessführung. Unter mehreren gleich erfolgversprechenden Verfahrensarten wird er diejenige wählen, die die geringsten Prozesskosten und -risiken verursacht. Der Insolvenzverwalter verpflichtet sich weiter, den von ihm beauftragten Rechtsanwalt entsprechend anzuweisen.

... Bei einem Verstoß gegen diese Pflichten hat der Insolvenzverwalter den Finanzierer so zu stellen, wie dieser ohne die Pflichtverletzung stände. Der Insolvenzverwalter hat dem Finanzierer jedoch zumindest alle von dieser im Rahmen dieses Prozessfinanzierungsvertrages aufgewandten Kosten zu erstatten. Darüber hinaus ist der Finanzierer zur Kündigung des Prozessfinanzierungsvertrages berechtigt ...“

---

487 Bei einem Streitwert von € 2 Mio. fallen Gerichtskosten i.H.v. € 22.368,00 (3 Gebühren) an.
488 So z.B. im Prozessfinanzierungsvertrag der D.A.S. § 7 Nr. 1. und 5.

Somit steht es dem Verwalter grundsätzlich frei, ob er den Anweisungen des Finanziers Folge leistet oder nicht. Widerruft der Verwalter jedoch den abgeschlossenen Vergleich, entgegen der Empfehlung des Finanzierers oder nimmt er die Klage, entgegen dem Willen des Finanziers, nicht zurück, wird der Finanzierer entsprechend seiner vertraglichen Regelungen den Vertrag kündigen, um nicht mit weiteren Kosten belastet zu werden. Verliert der Insolvenzverwalter am Ende die Klage (wie dies der Finanzierer vorausgesehen hat), will der Prozessfinanzierer nach den vertraglichen Gestaltungen dann so gestellt werden, als ob der Insolvenzverwalter den Empfehlungen des Finanzierers gefolgt wäre, der Vergleich also nicht widerrufen oder die Klage zurückgenommen worden wäre. Hier liegt das eigentliche in der Praxis am häufigsten auftretende Problem vorhandener Interessenkollisionen zwischen den Gläubigern bzw. dem Insolvenzverwalter und dem Finanzierer. Die Frage ist, wer dem Finanzierer für dessen eingetretenen Schaden nun haftet. Entweder die Insolvenzmasse oder der Insolvenzverwalter persönlich oder dessen Prozessanwalt, der die Klage entworfen, z.T. auch die Finanzierungsanfrage gestellt und den Prozess fehlerhaft geführt hat.

Die Haftung der Masse ist aufgrund deren regelmäßiger Mangelhaftigkeit für den Finanzierer äußerst unattraktiv. Haftungszielgruppe des Finanzierers ist daher der Insolvenzverwalter persönlich oder sein Prozessanwalt aufgrund der Bonität, die sich aus der jeweils vorhandenen Haftpflichtversicherung ergibt.

2. Ansprüche des Prozessfinanzierers bei Vertragsverletzungen

a) Gegen die Masse

aa) Vertragliche Ansprüche

Zunächst kommen vertragliche Ansprüche des Finanzierers in Betracht, hier die Verletzung von Regelungen im Finanzierungsvertrag durch den Verwalter.

Der Finanzierer hat einen Anspruch auf Zahlung von Schadensersatz gemäß oben genannter Regelung im Prozessfinanzierungsvertrages als atypischem Vertrag gem. §§ 311 Abs. 1, 241 Abs. 2 BGB.

Der Verwalter hat sich mit Unterzeichnung dieser Vereinbarung zur sparsamen, wirtschaftlichen und risikobewussten Prozessführung verpflichtet[489]. Diese Verpflichtung umfasst auch explizit, das finanzierte Klageverfahren bei Wegfall der Erfolgsaussichten möglichst kostengünstig zu beenden. Der Insolvenzverwalter hätte spätestens nach Mitteilung des Finanzierers, auf Grund der massiven Verschlechterung der Erfolgschancen, den geschlossenen Vergleich nicht zu widerrufen oder die Klage zurückzunehmen, den kostengünstigsten Weg der Prozessführung wählen müssen. Bei dem Vergleichsschluss und der Klagerücknahme hätten sich beispielsweise die Gerichtsgebühren gem. Nr. 1210 der Anlage 1 des Kosten-

489 Vgl. Fn. 488.

verzeichnisses zum GKG von drei Gebühren auf eine Gebühr ermäßigt, die dem Finanzierer zumindest als Auslagen wieder erstattet worden wären.

Soweit die Klage, entgegen der Vermutung des Finanzierers, nach Widerruf des geschlossenen Vergleichs oder trotz nicht erfolgter Klagerücknahme erfolgreich beendet worden wäre, hat zwar der Finanzierer auf Grund seiner Kündigung keine Erlösansprüche mehr, jedoch gemäß vertraglicher Regelung noch Ansprüche auf Erstattung seiner von ihm verauslagten Kosten[490]. Falls sich jedoch die Befürchtungen des Finanzierers bewahrheiten sollten und die Klage abgewiesen wurde, hat der Insolvenzverwalter schuldhaft die Vereinbarungen des Finanzierungsvertrages, den Prozess sparsam, wirtschaftlich und risikobewusst zu führen, verletzt.

Der Insolvenzverwalter wird versuchen, sein Verschulden wegen der vorhandenen Kollision zu verneinen, hier zwischen seinem Interesse, seinen Pflichten aus dem Finanzierungsvertrag nachzukommen und dem von ihm zwingend zu beachtenden Gläubigerinteressen. Der Verwalter versucht seine Handlung möglicherweise damit zu rechtfertigen, dass die vom Finanzierer gewünschte Prozesshandlung gem. § 160 InsO der Zustimmung des Gläubigerausschusses bzw. der Gläubigerversammlung bedurft hätte und der Gläubigerausschuss bzw. die von ihm einberufene Gläubigerversammlung diese Zustimmung verweigert hat. Dieser Einwand kann jedoch nicht verfangen.

Nachdem die Gläubiger dem Verwalter die Zustimmung zum Abschluss des Prozessfinanzierungsvertrages und zur Prozessführung erteilt haben und sie selber nicht bereit waren, den Prozess zu finanzieren, war somit der Verwalter zu allen Handlungen, die der Finanzierungsvertrag vorsieht, von den Gläubigern ermächtigt. Auch ohne die Einholung einer Zustimmung der Gläubiger ist der Verwalter in masseunzulänglichen Verfahren zum Abschluss eines Prozessfinanzierungsvertrages verpflichtet, wie im Rahmen der Haftungsproblematik oben herausgearbeitet wurde. Weil der Prozessfinanzierungsvertrag den Verwalter aber zu kostensparenden, wirtschaftlichen und risikobewussten Maßnahmen verpflichtet, benötigt er schon aus diesem Grund keine Zustimmung der Gläubiger mehr für die Vornahme bestimmter prozessualer Handlungen. Auch müssen in fremdfinanzierten Prozessen die Interessen des Finanzierers über den Interessen der Gläubiger stehen. Immerhin trägt allein der Finanzierer das finanzielle Risiko. Deshalb werden ihm auch wichtige Mitspracherechte eingeräumt, die es zu beachten gilt.

Auch ist für die vom Finanzierer geforderte prozessuale Handlung eine Einberufung und Genehmigung des Gläubigerausschusses gem. § 160 InsO nicht erforderlich, da der Nichtwiderruf eines Vergleichs und die Klagerücknahme keine zustimmungsbedürftigen Rechtshandlungen darstellen, die den Bestand der Masse gefährden könnten. § 160 Abs. 2 Nr. 3 InsO spricht zwar insbesondere von dem Anhängigmachen eines Rechtsstreits mit erheblichem Streitwert, der Ablehnung

---

490 So lautet die Klausel der D.A.S. in § 9 Nr. 3.: „*Der Anspruchsinhaber kann bei Kündigung des Vertrages durch die D.A.S. die Durchsetzung der streitigen Ansprüche auf eigene Kosten weiterverfolgen. Die D.A.S. zahlt die bis dahin entstandenen Kosten in der Höhe, wie sie bei einer unverzüglichen, möglichst kostengünstigen (Teil-)Beendigung des Verfahrens anfallen würden. Fließen dem Anspruchsinhaber Erlöse im Sinne des § 5 Ziff. 1. zu, ist er verpflichtet, der D.A.S. die von dieser nach §§ 3 und 4 erbrachten und die gegebenenfalls aufgrund gesonderter Vereinbarung verauslagten Zahlungen zu erstatten.*“

der Aufnahme eines solchen Rechtsstreits oder dem Abschluss eines Vergleichs oder Schiedsspruchs. Der gewollte Widerruf des geschlossenen Vergleichs fällt sicher darunter, eine Klagerücknahme nach dem Wortlaut jedoch nicht, wobei die Aufzählung in § 160 Abs. 2 InsO nicht abschließend ist[491].

Gleichwohl kann man durch teleologische Auslegung des § 160 InsO aber nicht zu dem Ergebnis kommen, dass diese Vorschrift auch die Zustimmung zu einem Vergleich oder einer Klagerücknahme verlangt, soweit der Prozess von einem Dritten finanziert wird, der sich ebenfalls bestimmte Mitspracherechte vertraglich hat einräumen lassen. Da bei einer Fremdfinanzierung der Klage eine Gefährdung des Massebestandes nicht in Betracht kommen kann, müssen die in § 160 InsO normierten Gläubigerrechte hinter die Mitspracherechte des Finanzierers zurücktreten. Der Finanzierer genießt bei der Interessenabwägung Vorrang.

Nach der vertraglichen Strafklausel hat der Insolvenzverwalter bzw. die von ihm vertretene Masse den Finanzierer so zu stellen, wie dieser ohne die Pflichtverletzung stünde. Der Prozessfinanzierer hat damit als Massegläubiger dem Grunde nach Schadensersatzansprüche gegen die Masse. Die Schadenshöhe ergibt sich daraus, wie der Finanzierer stünde, wenn vom Verwalter die vom Finanzierer empfohlenen prozessualen Handlungen befolgt worden wären. Dann hätte der Finanzierer bei Rechtskraft des Vergleiches die entsprechende Erlösbeteiligung einschließlich der Gerichtskostenerstattung und bei einer Klagerücknahme gem. der Nr. 1211 des Kostenverzeichnisses zum GKG zwei Drittel der Gerichtskosten erhalten.

bb) Bereicherungsrechtliche Ansprüche

Der Finanzierer könnte auch bereicherungsrechtliche Ansprüche gegen die Masse gem. § 812 Abs. 1 S. 2 Alt. 1 BGB haben, hier einen Anspruch auf Rückzahlung der zwei Gerichtsgebühren, die bei einer Klagerücknahme vom Gericht zurückerstattet worden wären.

Voraussetzung hierfür ist, dass die Masse durch Leistung aufgrund eines rechtlichen Grundes etwas erlangt hat, und der rechtliche Grund später weggefallen ist. Der Finanzierer hat drei Gerichtsgebühren und die Rechtsanwaltsgebühren zunächst an den Verwalter bzw. dessen Prozessanwalt gezahlt und somit entweder direkt oder mittelbar an die Masse geleistet. Dies geschah aufgrund des Prozessfinanzierungsvertrages mit Rechtsgrund. Nach der Weigerung des Verwalters zur Klagerücknahme hat der Finanzierer den Vertrag gekündigt, womit der rechtliche Grund im Sinne des § 812 Abs. 1 S. 2 BGB später wieder wegfiel. Der Finanzierungsvertrag enthält im Falle der Kündigung des Finanzierers eine bei den verschiedenen Finanzierungsanbietern eine in etwa gleichlautende Klausel, wonach der Finanzierer nach seiner Kündigung nur noch für die Kosten einsteht, die bei einer möglichst kostengünstigen Beendigung des Verfahrens angefallen wären[492]. Danach steht

---

491 HK-*Flessner*, InsO, § 160 Rn. 13.

492 So lautet die Klausel der D. A. S. in § 9 Nr. 3.: „Der Anspruchsinhaber kann bei Kündigung des Vertrages durch die D. A. S. die Durchsetzung der streitigen Ansprüche auf eigene Kosten weiterverfolgen. Die D. A. S. zahlt die bis dahin entstandenen Kosten in der Höhe, wie sie bei einer unverzüglichen, möglichst kostengünstigen (Teil-)Beendigung des Verfahrens anfallen würden. Fließen dem Anspruchsinhaber Erlöse im Sinne des § 5 Ziff. 1. zu, ist er verpflichtet, der D. A. S. die von dieser der Finanzierer nach seiner Kündigung nur noch für die Kosten ein, die bei einer möglichst kostengünstigen Beendigung des Verfahrens angefallen wären. Das Tatbestandsmerkmal „ etwas erlangt“ ist ebenfalls erfüllt. Aufgrund der Zahlung des Finanzierers an den Insolvenzverwalter hat die Masse zunächst die Summe der Gerichtskosten in voller Höhe erlangt.

Fraglich ist jedoch, ob sich der Verwalter möglicherweise auf Entreicherung der Masse gem. § 818 Abs. 3 BGB berufen kann, da er die erlangte Summe vollständig bei Gericht eingezahlt hat. Ist der erlangte Gegenstand weitergegeben oder verbraucht worden, so besteht eine Bereicherung nur fort, soweit der Empfänger sich damit noch vorhandene Vermögensvorteile geschaffen hat oder soweit er durch Verwendung des Erlangten Ausgaben erspart hat, die er notwendigerweise auch sonst gehabt hätte[493].

Für die Einzahlung der Gerichtsgebühren hat der Verwalter einen Vermögenswert erhalten, mit dem er in die Lage versetzt wurde, für die Masse einen Prozess zu führen, was ohne Einzahlung von Gerichtsgebühren nicht möglich ist. Die Möglichkeit, einen Prozess zu führen, wird durch die Einzahlung der Gerichtsgebühren erkauft und stellt somit einen vermögenswerten Vorteil dar. Diesen Vermögenswert hat die Masse zwar mit Klageabweisung verloren, jedoch haftet die Masse gem. den §§ 818 Abs. 4, 819 Abs. 1 BGB ab Kenntnis des Mangels des rechtlichen Grundes nach den allgemeinen Vorschriften. Auf Wegfall oder Minderung der Bereicherung kann sich der gem. §§ 818 Abs. 4, 819 Abs. 1 BGB nach den allg. Vorschriften haftende Empfänger im Allgemeinen nicht berufen[494]. Nach der Kündigung des Prozessfinanzierers wusste der Verwalter vom Wegfall des rechtlichen Grundes und seiner Verpflichtung zur sparsamen Prozessführung und der möglichen Klagerücknahme, womit er für die Masse keine Entreicherung geltend machen kann.

Der Finanzierer hat gegen die Masse somit einen bereicherungsrechtlichen Anspruch in Höhe von zwei Gerichtsgebühren gem. § 812 Abs. 1 S. 2 Alt. 1 BGB. Der vertraglich geregelte Schadensersatzanspruch geht dem Kondiktionsanspruch jedoch vor.

Diesen Betrag hat der Verwalter dem Finanzierer aus der Masse zu erstatten. Rechtsgeschäftlich handelt der Insolvenzverwalter mit Wirkung für und gegen den Insolvenzschuldner[495]. Verträge schließt er im eigenen Namen und aus eigenem Recht, jedoch mit Wirkung für und gegen die Masse ab[496]. Anders gewendet: Der Insolvenzverwalter handelt im eigenen Namen, wird selbst aber nicht verpflichtet. Ein vom Insolvenzverwalter abgeschlossener Vertrag wirkt unmittelbar für und gegen den Insolvenzschuldner, wenn auch beschränkt auf die Masse[497]. Für vom Insolvenzverwalter begründete Verpflichtungen und vorgenommene Handlungen haftet die Masse. Somit muss die Masse dem Finanzierungsunternehmen den Betrag zahlen, den dieses bei Befolgung der Empfehlungen erhalten hätte. Es würde sich dabei um eine Masseverbindlichkeit handeln, die jedoch bei

---

nach §§ 3 und 4 erbrachten und die gegebenenfalls aufgrund gesonderter Vereinbarung verauslagten Zahlungen zu erstatten.“

493 Palandt-*Sprau*, § 812 Rn. 34.

494 Palandt-*Sprau*, § 818 Rn. 53.

495 *Kilger/K. Schmidt*, KO/VglO/GesO, § 6 KO, Anm. 6a.

496 MüKo-InsO-*Ott*, § 80 Rn. 27 m. w. N.

497 *Jaeger/Henckel*, KO, § 6 Rn. 32; MüKo-InsO-*Ott*, § 80 Rn. 8.

entsprechender Masseunzulänglichkeit bzw. Masselosigkeit, an der sich aufgrund der erfolglosen Klage nichts geändert hat, für den Finanzierer wirtschaftlich wertlos wäre.

Der Prozessfinanzierer hat somit vertragliche Strafklauseln vereinbart, die zwar grundsätzlich greifen, im Ergebnis für ihn aber wirtschaftlich wertlos bleiben. Der Finanzierer wird daher bestrebt sein, den Verwalter persönlich in die Haftung nehmen zu können.

b) Gegen den Insolvenzverwalter persönlich

aa) Haftung aus § 60 Abs. 1 InsO

§ 60 Abs. 1 InsO regelt die Haftung des Insolvenzverwalters. Hiernach ist der Insolvenzverwalter allen Beteiligten[498] zum Schadensersatz verpflichtet, wenn er schuldhaft die Pflichten verletzt, die ihm nach diesem Gesetz, also der Insolvenzordnung, obliegen.

Der Finanzierer muss hierfür somit zunächst Beteiligter sein. Die heute h.M. geht davon aus, dass all diejenigen Beteiligte sind, gegenüber denen dem Verwalter insolvenzspezifische Pflichten obliegen[499]. So könnten dem Verwalter gegenüber dem Prozessfinanzierer deshalb keine insolvenzspezifischen Pflichten (z.B. richtige Masseverteilung; Unterlassen von Forderungseinziehung etc.) treffen, die er verletzt haben könnte, weil er nur an Pflichten aus dem Finanzierungsvertrag, also außerhalb des Insolvenzverfahrens, gebunden ist. Andererseits wird der Prozessfinanzierer durch die vertragliche Vereinbarung des Erfolgshonorars und der bevorrechtigten Auslagenerstattung zum Massegläubiger, so dass der Finanzierer durchaus als Beteiligter des Insolvenzverfahrens angesehen werden muss.

§ 60 Abs. 1 InsO ist für Schadensersatzansprüche des Finanzierers dennoch nicht anwendbar. Schon der Schutzzweck der Norm ist nicht berührt. Schutzzweck der Norm ist eine möglichst weitgehende gleichmäßige Befriedigung der Insolvenzgläubiger und die Pflicht gegenüber dem Schuldner zur sorgfältigen und bestmöglichen Masseverwertung, um auf diese Weise eine größtmögliche Enthaftung oder gar einen Überschuss zu erzielen und so dem Schuldner einen Neuanfang zu ermöglichen[500]. In diesen Schutzbereich hat der Insolvenzverwalter durch sein Handeln nicht eingegriffen. Denn die Insolvenzmasse wird nur belastet, wenn der Rechtsstreit gewonnen und die 30%ige Erlösbeteiligung des Finanzieres fällig wird. Es hat sich jedoch bei der Aufforderung des Finanzierers an den Verwalter, den Vergleich nicht zu widerrufen oder die Klage zurückzunehmen gerade gezeigt, dass die finanzierte Klage erfolglos sein wird, so dass die 30%ige Beteiligung am Erlös, die aus der Masse hätte gezahlt werden müssen, nie objektiv gefährdet war. Der Insolvenzverwalter kann nach § 60 Abs. 1 InsO nicht für ein Verhalten

---

498 Beteiligte im Sinne dieser Norm sind alle, denen gegenüber dem Insolvenzverwalter derartige insolvenzspezifische Pflichten obliegen, BGH, ZIP 2001, 1376, 1377, dazu *Pape,* EWiR 2001, 823.

499 Smid-*Smid*, InsO, § 60 Rn. 9; *Fuchs* in Graf-Schlicker, InsO § 60 Rn. 3; BGH, ZIP 2001, 1376, 1377.

500 *Smid*, Die Haftung des Insolvenzverwalters in der Insolvenzordnung – Kontinuität und Diskontinuität des Rechts der Haftung des Insolvenzverwalters, in: Kölner Schrift, S. 453, 465, Rn. 33.

haftbar gemacht werden, durch das die Insolvenzmasse nicht berührt wird. Insoweit scheidet ein Schadensersatzanspruch gem. § 60 Abs. 1 InsO aus.

bb) Haftung aus § 61 InsO

Gem. § 61 S.1 InsO ist der Verwalter zum Schadensersatz verpflichtet, wenn eine Masseverbindlichkeit, die durch eine Rechtshandlung des Insolvenzverwalters begründet worden ist, nicht voll erfüllt werden kann[501]. Dies soll gem. § 61 Satz 2 InsO nicht gelten, wenn der Verwalter bei der Begründung der Verbindlichkeit nicht erkennen konnte, dass die Masse voraussichtlich zur Erfüllung nicht ausreichen würde. Diese Voraussetzung, für deren Fehlen der Verwalter die Beweislast trägt[502], ist gegeben, wenn der Eintritt der Masseunzulänglichkeit wahrscheinlicher war als deren Nichteintritt[503].

Fraglich ist, ob der Insolvenzverwalter durch den Abschluss des Prozessfinanzierungsvertrages mit Zustimmung des Gläubigerausschusses bzw. der Gläubigerversammlung eine Masseverbindlichkeit begründet hat.

Masseverbindlichkeiten sind gem. § 55 Abs. 1 InsO Verbindlichkeiten, die durch Handlungen des Insolvenzverwalters oder in anderer Weise durch die Verwaltung, Verwertung und Verteilung der Insolvenzmasse begründet werden, ohne zu den Kosten des Insolvenzverfahrens zu gehören und solche aus gegenseitigen Verträgen, soweit deren Erfüllung zur Insolvenzmasse verlangt wird oder für die Zeit nach der Eröffnung des Insolvenzverfahrens erfolgen muss[504].

Eine Verbindlichkeit der Masse könnte darin gesehen werden, dass der Finanzierer aufgrund des Finanzierungsvertrages eine 30%ige Erfolgsbeteiligung an dem Erlös des Prozesses erhält. Gemäß dem Finanzierungsvertrag steht die Verpflichtung der Masse zur Zahlung der 30%igen Erfolgsbeteiligung unter der aufschiebenden Bedingung des Erfolges des Prozesses. Wäre der Prozess gewonnen worden, so hätte die Verbindlichkeit auch erfüllt werden können, da die Masse ja aufgrund des erstrittenen und vollstreckten Titels angewachsen wäre. Somit hat der Insolvenzverwalter mit Abschluss des Finanzierungsvertrages aber noch keine Masseverbindlichkeit begründet, die nicht aus der Masse erfüllt werden konnte. Bei einem verlorenen Prozess entstand schon gar keine Verbindlichkeit, die der Verwalter aus der Masse nicht hätte voll erfüllen können.

Auch der Schutzzweck der Norm ist nicht berührt. § 61 InsO betrifft in der Regel die Fälle, in denen der Verwalter eine Verbindlichkeit eingeht, obwohl die Masse nicht ausreicht, um diese zu begleichen. Durch die Vorschrift soll das Vertrauen der Geschäftsleute zum Abschluss von Verträgen mit Insolvenzverwaltern gestärkt und die Unternehmensfortführung in der Insolvenz erleichtert werden[505]. Im vor-

---

501 Die Vorschrift betrifft einen Individualschaden, der daher während der Dauer des Insolvenzverfahrens von den geschädigten Massegläubigern geltend gemacht werden kann, BGH, ZIP 2004, 1107.

502 OLG Schleswig, DZWIR 2002, 256.

503 Begr. RegE, BT-Drucks. 12/2443, S. 129.

504 *Braun,* InsO, § 55 Rn. 3.

505 BGH, ZInsO 2004, 609, 610; *Fuchs* in Graf-Schlicker, InsO, § 61 Rn. 1.

liegenden Fall wurde jedoch ein Vertrag geschlossen, aufgrund dessen sich die Masse nur bei einem Klage- und Vollstreckungserfolg erhöht hätte, hier um 70% der eingeklagten Summe. Eine Klageabweisung hätte die Masse auf Grund der vertraglichen Kostenübernahme durch den Finanzierer nicht berührt. Dieser hat praktisch von Anfang an mit einem Verlust der von ihm verauslagten Verfahrenskosten rechnen müssen. Das ist das von ihm übernommene Risiko. Der Finanzierer musste aber nicht damit rechnen, dass der Verwalter die prozessualen Vorgaben des Finanzierers nicht befolgt und, entgegen den vertraglichen Vereinbarungen, gerade nicht kostensparend mit dem vom Finanzierer hingegebenen Vermögen umgeht. Hätte der Verwalter die Klage weisungsgemäß zurückgenommen, wäre es zu einer anteiligen Erstattung der Gerichtskosten gekommen, die dem Finanzierer aus der Masse vorrangig im Wege der Auslagenerstattung hätte ausgekehrt werden müssen. Dies hat der Verwalter durch sein Verhalten zu Lasten des Finanzierers vereitelt.

Denkbar wäre daher die Inanspruchnahme des Insolvenzverwalters zumindest auf den Betrag der entgangenen Gerichtskostenerstattung, der aus der Masse nun nicht erfüllt werden kann. Denn durch die Nichtrücknahme der Klage ist gegen die Masse der vertragliche Schadensersatzanspruch des Finanzierers als Masseverbindlichkeit entstanden. Die Masse hat nach § 55 Abs. 1 Nr.1 InsO auch für auf Handlungen des Insolvenzverwalters beruhende Schadensersatzansprüche einzustehen, soweit die Handlungen im Zusammenhang mit der Verwertung der Masse vorgenommen werden[506]. Eine solche Masseverbindlichkeit kann von § 61 InsO jedoch wiederum nicht umfasst sein. Pflichtwidriges, fahrlässiges Handeln des Insolvenzverwalters wird von § 60 InsO umfasst, der aus oben beschriebenen Gründen in diesem Fall nicht anwendbar ist.

§ 61 InsO betrifft nur Masseverbindlichkeiten, die vom Verwalter bewusst begründet wurden. Ansonsten würde Satz 2 des § 61 InsO sinnentleert, nachdem der Verwalter nicht haftet, wenn er bei der Begründung der Verbindlichkeit nicht erkennen konnte, dass die Masse voraussichtlich nicht zur Erfüllung dieser Verbindlichkeit ausreicht. Bei einer fahrlässigen Begründung einer Verbindlichkeit kann der Verwalter nicht schon vorher erkennen, ob die Masse ausreicht, um die Verbindlichkeit zu erfüllen.

Selbst wenn man aber die Erlös- und Kostenerstattungsansprüche des Finanzierers als Masseverbindlichkeiten gem. § 61 InsO qualifizieren wollte, die mit Vergleichsschluss oder Klagerücknahme entstanden wären, nun aber aus der Insolvenzmasse nicht erfüllt werden können, weil, entgegen den Empfehlungen des Finanzierers, der Vergleich widerrufen bzw. die Klage nicht zurückgenommen wurde, käme eine Exkulpation des Verwalters gem. § 61 S. 2 InsO in Betracht, wenn er bei der Begründung der Verbindlichkeit, hier der vom Finanzierer empfohlenen aber unterlassenen Rechtshandlung, nicht erkennen konnte, dass die Masse voraussichtlich zur Erfüllung dieser Ansprüche nicht ausreichen würde. Hier wird sich der Verwalter wohl darauf zurückziehen können, dass er bei Begründung der Masseverbindlichkeit (Schaffung der Erlösbeteiligung des Finanzierers z.B. mit Ab-

506 FK-*Schumacher*, InsO, § 55 Rn. 5.

schluss des Vergleichs und Kostenerstattung bei möglicher Klagerücknahme) bei deren späterer Nichterfüllbarkeit (z.B. durch Widerruf des Vergleichs oder Nichtrücknahme der Klage) wegen anschließend erfolgter Klageabweisung immer davon ausging, dass er die Klage, entgegen der Auffassung des Finanzierers, gewinnen oder anderweitig erfolgreich abschließen wird und damit die Masse zur Erfüllung der Ansprüche des Finanzierers ausgereicht hätte. Auch dürfte ihm das erforderliche Verschulden für eine persönliche Haftung insbesondere dann fehlen, wenn er für seine Handlung zusätzlich noch die Zustimmung der Gläubiger und die Rechtsauffassung seines Prozessanwalts eingeholt hat, deren Entscheidungen der des Finanzierers widersprachen.

Es mag sein, dass bei Fortführung des Klageverfahrens, entgegen den Empfehlungen des Finanziers, und im darauf folgenden Unterliegensfalle die Masse mehrfach belastet wird, hier zum einen mit den Kosten des Gegners, die vom Finanzierer in massearmen bzw. masselosen Verfahren in der Regel gar nicht erst übernommen wurden, und zum anderen mit den Forderungen des Finanziers, so gestellt zu werden, wie wenn seine Empfehlung befolgt worden wäre. Doch diese Gefahr der Mehrfachbelastung ist eher theoretischer Natur, wenn bereits von Anfang an gar keine ausreichende Masse vorhanden ist, diese Masseverbindlichkeiten erfüllen zu können und auch für den Verwalter nicht die Gefahr besteht, für die Nichterfüllung der Masseverbindlichkeiten persönlich zu haften.

cc) Ansprüche aus unerlaubter Handlung

Gegen den Verwalter persönlich käme des Weiteren ein Anspruch auf Schadensersatz gem. § 826 BGB auf Grund des, entgegen der Empfehlung des Finanzierers, erfolgten Vergleichswiderrufs bzw. der nicht erfolgten, aber ebenfalls vom Finanzierer empfohlenen, Klagerücknahme in Betracht.

Der Schaden, hier der entgangene Erlös aus der Vergleichssumme bzw. die anteilige Gerichtskostenerstattung bei Klagerücknahme, ist beim Finanzierer eingetreten. Diese Schädigungshandlung, hier die Nichtbefolgung der Empfehlungen des Finanzierers, geschah auch vorsätzlich, d.h. mit Wissen und Wollen des Insolvenzverwalters. Diese vorsätzliche Schädigung muss darüber hinaus aber auch in einer gegen die guten Sitten verstoßenden Weise i. S.d. § 826 BGB zugefügt worden sein.

Das Tatbestandsmerkmal der Sittenwidrigkeit verweist auf das „Anstandsgefühl aller billig und gerecht Denkenden“[507]. Dabei kommt es nicht auf die Anschauungen der Gesamtbevölkerung, sondern auf diejenigen der konkret betroffenen Verkehrskreise an. Ein Unterlassen verletzt nur dann die guten Sitten, wenn das geforderte Tun einem sittlichen Gebot entspricht. Letzteres soll über vertragliche oder allgemeine Rechtspflichten noch hinausgehen und besondere Umstände voraussetzen, die das schädigende Verhalten wegen seines Zwecks oder wegen des angewandten Mittels oder mit Rücksicht auf die dabei gezeigte Gesinnung nach den Maßstäben der allgemeinen Geschäftsmoral und des als „anständig“ Geltenden verwerflich machen[508].

Im Beispielsfall liegt die schädigende Handlung im Vergleichswiderruf bzw. im Unterlassen der Klagerücknahme. Die Empfehlungen des Finanzierers, den Ver-

---

507 BGH NJW 2004, 2664, 68; Palandt-*Sprau*, § 826 Rn. 2.
508 MüKo-BGB-*Wagner*, § 826 Rn. 7.

gleich nicht zu widerrufen bzw. die Klage zurückzunehmen, müssen somit sittlich geboten gewesen sein. Dies ist nicht der Fall. Die Handlungen des Verwalters, entgegen den Empfehlungen des Finanzierers, stellen lediglich vertragliche Pflichtverletzungen dar. Der Insolvenzverwalter sah sich möglicherweise in einem Interessenkonflikt zwischen seinem Interesse, die vertraglichen Pflichten aus dem Finanzierungsvertrag zu erfüllen und den Interessen der Gläubiger an der weiteren Durchführung des Prozesses und der eventuell erfolgten Zustimmung des Gläubigerausschusses oder der Gläubigerversammlung an der Fortsetzung des Prozesses i.V.m. einer eventuell anderen Rechtsauffassung seines Prozessanwalts.

Die Frage, ob der Insolvenzverwalter die vom Finanzierer geforderten Handlungen auch ohne Zustimmung des Gläubigerausschusses bzw. der Gläubigerversammlung vornehmen konnte, ist nicht einfach zu beantworten. Das Unterlassen einer Handlung, die zunächst auf eventuelle, für den Handelnden nachteilige Konsequenzen geprüft werden muss, kann aber nicht nach dem Maßstab des „anständig" Geltenden als verwerflich angesehen werden. Da es eines nicht unerheblichen Begründungsaufwandes seitens des Finanzierers bedarf, dass die Vornahme der erbetenen Handlungen durch den Verwalter die Gläubigerinteressen nicht beeinträchtigt hätte und es einer Zustimmung des Gläubigerausschusses bzw. der Gläubigerversammlung nicht bedurft hätte, waren die empfohlenen Handlungen nicht sittlich geboten und somit die Handlung des Verwalters kein zum Schadensersatz verpflichtendes Unterlassen i.S.d. § 826 BGB.

dd) *Bereicherungsrechtliche Ansprüche*

Ansprüche aus ungerechtfertigter Bereicherung gegen den Insolvenzverwalter persönlich bestehen nicht, da er sämtliche Zahlungen des Prozessfinanzierers in seiner Eigenschaft als Insolvenzverwalter über das Vermögen der Gemeinschuldnerin empfangen und weitergeleitet hat.

c) Gegen den Prozessanwalt des Insolvenzverwalters

Möglicherweise bestehen aber Ansprüche des Finanzierers gegen den Prozessanwalt des Insolvenzverwalters. Diese kommen jedoch in obigen Fallkonstellationen des Unterlassens vom Finanzierer empfohlener Handlungen nicht in Betracht, da dieses rein vertragliche Rechtsverhältnis nur zwischen dem Finanzierer und dem Verwalter besteht. Denkbar sind aber Fehler des vom Insolvenzverwalter beauftragten Prozessanwalts während der Prozessführung oder auch begangene Fehler im Vorfeld der Klageerhebung, hier bei der Aufarbeitung des Sachverhalts und/oder der rechtlichen Würdigung.

So kann beispielsweise, wie die Praxis zeigt, der Prozessanwalt der Auffassung sein, dass bestimmte Zahlungen in anfechtbarer Weise erfolgten, nach Erhebung der Anfechtungsklage sich aber herausstellt, dass diese Zahlungen gar nicht vom Konto der Gemeinschuldnerin, hier der X-GmbH abgingen, sondern vom Konto einer Einzelfirma des Gesellschafters X, was der Prozessanwalt auch hätte erkennen können. Denkbar ist auch, dass der Prozessanwalt eine bereits eingetretene Verjährung übersieht. Folge dieser Anwaltsfehler ist einerseits ein Unterliegen im Prozess, andererseits aber der beim Finanzierer eingetretene finanzielle Schaden der verauslagten und endgültig verlorenen Prozesskosten, was vermeidbar gewesen wäre.

aa) Vertragliche Ansprüche

Vertragliche Ansprüche des Finanzierers gegen den Prozessanwalt des Verwalters scheitern schon daran, dass zwischen dem Finanzierer und dem Prozessanwalt kein Vertrag zustande gekommen ist. Will der Prozessfinanzierer seinen Schaden unmittelbar gegenüber dem Prozessanwalt geltend machen, steht ihm grundsätzlich nur das Deliktsrecht zur Seite. Ein deliktischer Anspruch hilft ihm aber regelmäßig nicht weiter, da es um den Ersatz eines Vermögensschadens geht, der von § 823 Abs. 1 BGB nicht erfasst wird[509]. Lediglich im Fall der vorsätzlichen Schädigung zu Lasten des Finanzierers, die bei Prozessanwälten des Insolvenzverwalters jedoch so gut wie ausgeschlossen sein dürfte, kann ein Anspruch aus § 823 Abs. 2 BGB i.V.m. § 263 StGB oder aus § 826 BGB bestehen.

bb) Sonstige Ansprüche

In Betracht kommt aber auch eine unmittelbare Haftung des Prozessanwalts auf vertraglicher Grundlage. Unter bestimmten Voraussetzungen verschafft die Rechtsprechung demjenigen, der – insbesondere bei der Abwicklung eines fremden Vertrages – durch einen anderen in seinem Vermögen geschädigt worden ist, eine vertragliche Grundlage für seinen Schadensersatzanspruch, etwa indem der geschädigte Dritte in den Schutzbereich eines fremden Vertrages einbezogen ist oder der Vertragsgläubiger den Schaden des Dritten liquidieren kann.

(1) Haftung aus Vertrag mit Schutzwirkung zugunsten Dritter

Auch ein am Vertrag nicht beteiligter Dritter kann so in den Schutzbereich des Vertrages einbezogen sein, dass er bei einer Verletzung der vertraglichen Pflichten einen eigenen Schadensersatzanspruch erwirbt[510]. Ob der Anwaltsvertrag zwischen Insolvenzverwalter und Prozessanwalt eine solche Schutzwirkung zugunsten des Prozessfinanzierers aufweist, muss durch Auslegung ermittelt werden.

Damit die Haftung des Schuldners nicht uferlos ausgedehnt wird, sind an die Einbeziehung Dritter in den vertraglichen Schutz strenge Anforderungen zu stellen und der begünstigte Personenkreis eng zu ziehen[511]. Das gilt insbesondere für den Anwaltsvertrag, der auf einem Vertrauensverhältnis zwischen Anwalt und Mandant aufbaut und daher vom Inhalt her streng zweiseitig ohne Außenwirkung angelegt ist[512]. Die Leistungspflichten aus einem fremden Vertrag erstrecken sich nur dann auf einen Dritten, wenn dieser bestimmungsgemäß mit der vertraglichen Hauptleistung in Berührung kommt (Leistungsnähe) und deshalb den damit verbundenen Gefahren ebenso ausge-

---

509 BGHZ 41, 127; Palandt-*Sprau*, § 823 Rn. 11.
510 RGZ 91, 24; 102, 232; 127, 222; BGHZ 49, 353; BGH NJW 1984, 356; Palandt-*Heinrichs*, § 328 Rn. 13ff.
511 BGHZ 66, 51, 57; BGH, NJW 1975, 867, 868; MüKo-BGB-*Gottwald*, § 328, Rn. 110; Palandt-*Heinrichs*, § 328, Rn. 16.
512 BGH, NJW 1977, 2073, 2074; OLG Düsseldorf, NJW-RR 1986, 730; *Zugehör*, Handbuch der Anwaltshaftung, Rn. 1411.

setzt ist wie der Gläubiger, dem der Schuldner zur Abwendung dieser Gefahren verpflichtet ist, und wenn – für den Schuldner erkennbar – der Gläubiger den Dritten schützen will (Gläubigernähe)[513]. Das Drittinteresse muss also den Gegenstand des Anwaltsvertrages bilden.

Der Insolvenzverwalter müsste also ein entscheidendes Eigeninteresse an der Wahrung der Drittinteressen des Finanzierers haben und der Prozessanwalt mit der Auftragsannahme zugleich die Wahrung dieser Drittinteressen zusagen[514]. Nicht ausreichend ist, dass sich ein Anwaltsverschulden im Einzelfall im Vermögen des Dritten schädigend auswirkt, ohne dass dem Anwalt gerade die Wahrung des Drittinteresses vertraglich oblegen hätte[515]. So liegt der Fall letztendlich aber beim Anwaltsvertrag eines Prozesses, der fremdfinanziert wird.

Der Prozessfinanzierer ist nicht in der erforderlichen Weise in den Schutzbereich des Anwaltsvertrages einbezogen; ein Schadensersatzanspruch aus einem Vertrag mit Schutzwirkung zugunsten Dritter scheidet aus. Es fehlt schon an der erforderlichen Leistungsnähe des Prozessfinanzierers, weil die geschuldete Leistung des Anwalts inhaltlich nicht drittbezogen ist. Diese ist auf die gerichtliche Geltendmachung der Ansprüche des Insolvenzverwalters gerichtet und dient nicht dem Zweck, die Rechtsposition des Finanzierers zu verbessern. Zwar wirkt sich ein Fehlverhalten des Prozessanwalts wegen der Beteiligung des Finanzierers an diesen Ansprüchen auch auf die Vermögenslage des Finanzierers aus. Das geschieht aber nicht „bestimmungsgemäß" als Folge des Anwaltsvertrages, sondern liegt allein an dem zwischen Insolvenzverwalter und Finanzierer geschlossenen Finanzierungsvertrag. Insofern handelt es sich bei dem Schaden des Finanzierers um eine „reine Reflexwirkung" des anwaltlichen Verhaltens, die einen vertraglichen Schadensersatzanspruch nicht begründen kann[516].

Darüber hinaus fehlt es in all jenen Fällen, in denen ein Rechtsstreit nicht schon von Beginn an finanziert wird, auch an der erforderlichen Erkennbarkeit des Drittinteresses für den Prozessanwalt bei Abschluss des Anwaltsvertrages mit dem Insolvenzverwalter.

(2) Ansprüche gem. § 280 Abs. 1 BGB auf Grund einer Pflichtverletzung des Anwaltsvertrages i. V. m. d. Institut der Drittschadensliquidation

In der Literatur wird im Rahmen von Prozessfinanzierungsverträgen bei einem Fehlverhalten eines Rechtsanwalts auch das Institut der Drittschadensliquidation als Anspruchsgrundlage genannt. Dethloff hat vorgeschlagen, dass der Prozessfinanzierer den ihm im Falle eines infolge anwaltlichen Fehlverhaltens verloren gegangenen Prozesses entstandenen Schaden im Wege der Drittschadensliquidation

513 BGHZ 96, 9, 17; BGH, NJW 1996, 2927; MüKo-BGB-*Gottwald*, § 328, Rn. 111 f.; Palandt-*Heinrichs*, § 328, Rn. 16 f.

514 *Vollkommer*, Anwaltshaftungsrecht, Rn. 70; *Hörmann*, Die zivilrechtliche Haftungssituation des Rechtsanwalts, S. 187.

515 *Vollkommer*, Anwaltshaftungsrecht, Rn. 70; *von Gierke*, Die Dritthaftung des Rechtsanwalts, S. 80: „reine Reflexwirkung seines Verhaltens auf Dritte".

516 BGH NJW 1977, 2073, 2074; *Zugehör*, Handbuch der Anwaltshaftung, Rn. 1390; *von Gierke*, Die Dritthaftung des Rechtsanwalts, S. 80.

geltend machen und ersetzt verlangen kann[517]. Dies ist jedoch fraglich und höchstrichterlich auch noch nicht entschieden.

Die Anwendung der Drittschadensliquidation beruht auf dem Dreiecksverhältnis des Finanzierungsvertrages. Verliert der Insolvenzverwalter als Anspruchsinhaber aufgrund des pflichtwidrigen Verhaltens seines Anwalts den Prozess, den er sonst gewonnen oder bei dessen ordnungsgemäßer und gewissenhafter Vorprüfung gar nicht erst begonnen hätte, so hat ihn dieser so zu stellen, wie er bei pflichtgemäßem Verhalten stünde. Grundsätzlich darf nur der Gläubiger der verletzten Pflicht den entstandenen Schaden ersetzt verlangen; geschädigte Dritte müssen ihren Schaden selbst tragen[518]. In bestimmten Fällen wird dieses Prinzip aber durchbrochen. Das sind die Fälle, in denen der Schaden, den normalerweise der anspruchsberechtigte Vertragspartner erleiden würde, auf Grund besonderer Umstände bei einem Dritten eintritt, etwa aufgrund eines Rechtsverhältnisses zwischen Anspruchsberechtigtem und Dritten. Der Anspruchsinhaber hat zwar einen Anspruch dem Grunde nach, jedoch mangels eigenen Schadens im Ergebnis keine Forderung gegen den Schädiger, während der Dritte den Schaden hat, aber keine Anspruchsgrundlage gegen den Schädiger.

Damit der Schädiger aus dieser Schadensverlagerung keinen ungerechtfertigten Vorteil erlangt, soll der Vertragspartner des Schädigers auch den Schaden des Dritten liquidieren können, nicht aber der Dritte selbst[519]. Anders als beim Vertrag mit Schutzwirkung zugunsten Dritter erlangt der Dritte nämlich keinen eigenen Schadensersatzanspruch gegen den Schädiger. Er ist vielmehr darauf angewiesen, dass der Vertragspartner den Anspruch im Interesse des Dritten geltend macht, bzw. er kann von dem Vertragspartner die Abtretung dieses Anspruchs verlangen[520]. Weil auf diese Weise der Schaden zum Ersatzanspruch gezogen wird und nicht der Anspruch zum Geschädigten wie beim Vertrag mit Schutzwirkung zugunsten Dritter, führt die Drittschadensliquidation auch nicht zu einer Haftungserweiterung des Vertragsschuldners[521].

Die Voraussetzungen der Drittschadensliquidation liegen bei einem Fehlverhalten des Prozessanwalts und einem damit verbundenen verloren gegangenen finanzierten Prozess eines Insolvenzverwalters vor. Wird der zunächst Erfolg versprechende finanzierte Rechtsstreit infolge eines Fehlverhaltens des Prozessanwalts verloren, hat zunächst der Insolvenzverwalter bzw. die Masse einen Anspruch auf Ersatz des hierdurch entstandenen Schadens. Dieser Schaden beschränkt sich aber auf den hypothetischen Erlösanteil, der im Erfolgsfall, nach Abzug der dem Finanzierer zustehenden Ansprüche auf Kostenerstattung und Erfolgshonorar, in der Masse verblieben wäre. Soweit es um den verbleibenden Erlösanteil und um die Prozesskosten geht, ist nicht der Insolvenzverwalter bzw. die Masse geschädigt, sondern der Prozessfinanzierer. Wirtschaftlich tritt der Schaden also auch beim Prozessfinanzierer und nicht nur beim Insolvenzverwalter bzw. der Masse ein. Es kommt zu einer, wie von der Drittschadensliquidation vorausgesetzten, Schadensverlagerung.

Der Grund für diese Schadensverlagerung liegt im Innenverhältnis des Prozessfinanzierungsvertrages zwischen Verwalter und Finanzierer. Im Außenverhältnis schließt der Insolvenzverwalter, handelnd für die Masse, den Vertrag mit dem Pro-

517 *Dethloff,* NJW 2000, 2225, 2229.
518 RGZ 97, 87; Staudinger-*Schiemann,* Vor § 249, Rn. 49.
519 Staudinger-*Schiemann,* Vor § 249, Rn. 62; Palandt-*Heinrichs,* Vor § 249, Rn. 112.
520 Staudinger-*Schiemann,* Vor § 249, Rn. 67; Palandt-*Heinrichs,* Vor § 249, Rn. 114.
521 Staudinger-*Schiemann,* Vor § 249, Rn. 64; *Zugehör,* Handbuch der Anwaltshaftung, Rn. 1426.

zessanwalt im eigenen Namen ab; die Masse wird aus diesem Vertrag berechtigt und verpflichtet. Im Innenverhältnis wird die Klage mittelbar auch für den Finanzierer geführt, der am Gewinn und Verlust beteiligt ist. Die Folgen eines vertragswidrigen Verhaltens des Prozessanwalts treffen dann den Finanzierer als Dritten. Die Schadensverlagerung beruht auf einer entsprechenden Vereinbarung im Innenverhältnis. Der Insolvenzverwalter kann also nicht nur den Schaden geltend machen, den die Masse erlitten hat, sondern auch den Schaden des Finanzierers, der diesem aufgrund des Prozessverlustes in Höhe der entgangenen Erfolgsbeteiligung und der zu erstattenden oder von Anfang an ersparten Prozesskosten entsteht. Der Verwalter müsste für den Finanzierer gegen seinen Prozessanwalt auf Leistung an den Finanzierer klagen. Praxisnäher ist die Alternative, dass der Finanzierer vom Verwalter die Abtretung dieses Anspruchs verlangen wird.

Beruht die Pflichtverletzung auf einer rechtlich falschen Beurteilung des Prozessanwalts, etwa wie eingangs beispielhaft genannt, dass er die bereits eingetretene Verjährung der einzuklagenden Ansprüche übersieht, kommt auch ein Mitverschulden des Prozessfinanziers in Betracht. Schließlich nimmt dieser vor dem Abschluss des Finanzierungsvertrages eine detaillierte rechtliche Prüfung der Erfolgsaussichten vor, so dass er auch selbst hätte erkennen können, dass die streitigen Ansprüche bereits verjährt waren.

Der Annahme eines Mitverschuldens steht nicht entgegen, dass der Finanzierer nicht Vertragspartner des Prozessanwalts ist, denn die Vorschrift des § 254 BGB gilt auch bei der Drittschadensliquidation: Dehnt man einerseits die Ersatzpflicht des Schädigers dadurch aus, dass man seinem Vertragspartner die Geltendmachung des auf den Dritten verlagerten Schadens gestattet, muss andererseits bei § 254 BGB auch die schuldhafte Mitverursachung dieses Dritten berücksichtigt werden[522]. Zweifelhaft ist allerdings, ob dieses Mitverschulden im genannten Beispielsfall der übersehenen Verjährung so hoch einzustufen ist, dass es zum völligen Ausschluss der anwaltlichen Haftung kommt. Hier wäre wegen der beiderseitigen Fahrlässigkeit und gleicher Verursachung sicherlich ein Mitverschuldensbeitrag von 50% angemessen[523]. Diese Frage des Mitverschuldens ist jedoch eine Frage des jeweiligen Einzelfalls.

Theoretisch kann der Finanzierer Ansprüche über das Institut der Drittschadensliquidation somit geltend machen. Voraussetzung bei der Drittschadensliquidation ist jedoch immer ein Anspruch des Insolvenzverwalters gegen seinen Prozessanwalt, bei dem sich der Schaden auf die Seite des Prozessfinanzierers verlagert hat.

Das Hauptproblem des Prozessfinanzierers bei der Anspruchsdurchsetzung liegt jedoch in der Beweisführung, dass der Prozessanwalt eine Pflicht aus dem Anwaltsvertrag gegenüber dem Insolvenzverwalter verletzt hat. Dies deshalb, da in der Praxis der Prozessanwalt entweder aus der eigenen Prozessabteilung der Kanzlei des Insolvenzverwalters stammt oder bei einem externen Prozessanwalt regelmäßig ein vertrauensvolles Verhältnis auf Grund langjähriger gemeinsamer Zusammenarbeit zwischen Verwalter und Prozessanwalt bestehen wird, was die Nachweisführung der Verletzung konkreter Auftragspflichten für den Finanzierer de facto unmöglich erscheinen lässt.

---

522 BGH, NJW 1972, 289; OLG Hamm, NJW 1976, 2077, 2078.
523 Diese Quote wird regelmäßig bei beiderseitiger Fahrlässigkeit und gleicher Ursächlichkeit angenommen, vgl. Palandt-*Heinrichs*, § 254 Rn. 54.

Denn nach gefestigter Rechtsprechung des BGH ist der um eine Beratung ersuchte Rechtsanwalt zu einer umfassenden und erschöpfenden Belehrung seines Auftraggebers verpflichtet, solange dieser nicht eindeutig zu erkennen gibt, dass er des Rates nur in einer bestimmten Richtung bedarf. Der Anwalt muss den ihm vorgetragenen Sachverhalt daraufhin prüfen, ob er geeignet ist, den vom Auftraggeber erstrebten Erfolg herbeizuführen[524].

Entscheidend ist also, ob der Insolvenzverwalter, der in der Regel selbst Rechtsanwalt ist, seinem Kollegen erkenntlich angezeigt hat, dass dieser nur den ihm vorgetragenen Sachverhalt im Hinblick auf die Erfolgsaussichten einer Klage prüfen soll oder nicht. Hat er dies nicht getan, so hätte der Prozessanwalt auch überprüfen müssen, ob der ihm vorgetragene Sachverhalt (mitsamt den Anlagen) geeignet ist, den vom Insolvenzverwalter erstrebten Erfolg herbeizuführen.

Wie die Mandatierung im Einzelnen erfolgte, ist dem Finanzierer regelmäßig nicht bekannt. Der Rechtsanwalt ist für die ihm günstige Tatsache der Beschränkung seiner Pflicht zur Überprüfung des Sachverhalts beweispflichtig. Ein solcher Beweis ist ihm aber auf Grund der geschäftlichen Verbundenheit mit dem Verwalter, ob in eigener Kanzlei oder durch langjährige Zusammenarbeit, sicherlich möglich. Der Finanzierer muss im Rahmen der Risikobewertung seiner Schadensersatzklage gegen den Prozessanwalt aus abgetretenem Recht davon ausgehen, dass der beklagte Prozessanwalt den Insolvenzverwalter, also seinen langjährigen Kollegen, als Zeugen zu diesem Thema benennen wird. Da der als Zeuge benannte Insolvenzverwalter regelmäßig aus dem Lager des Prozessanwalts stammt, und im Falle bestehender Kanzleigemeinschaft im Haftungsfalle auch die gemeinsame Haftpflichtversicherung bemüht werden müsste, ist zu erwarten, dass der Insolvenzverwalter im Sinne des Prozessanwalts aussagen wird, beispielsweise, er habe seinem Prozessanwalt zu erkennen gegeben, dass er als Insolvenzverwalter und Rechtsanwalt den Sachverhalt bereits sorgfältig geprüft habe und sein Prozessanwalt den Sachverhalt daher nicht mehr umfänglich auf Richtigkeit prüfen musste, sondern lediglich den Prozess für ihn führen sollte.

Da Insolvenzverwalter und Prozessanwalt den Inhalt des Anwaltsvertrages selbst bestimmen können, ist es für den Finanzierer praktisch unmöglich, eine Pflichtverletzung des Prozessanwalts beweisen zu können, zumal der Rechtsanwalt auf die Richtigkeit tatsächlicher Angaben seines Auftraggebers oder eines Dritten, dem der Mandant die Unterrichtung seines Anwalts überlassen hat, in der Regel ohne eigene Nachforschungen vertrauen darf[525].

(3) Haftung aus culpa in contrahendo bzw. § 311 Abs. 2, 3 BGB

Praxisrelevant ist auch die Problematik, dass der Prozessanwalt dem Finanzierer vor Abschluss eines Finanzierungsvertrages falsche oder unvollständige Angaben zu den streitigen Ansprüchen erteilt und dem Finanzierer daraus ein Schaden erwächst, weil er bei korrekter Auskunft den Finanzierungsvertrag gar nicht erst geschlossen hätte.

Die vom Prozessfinanzierer vor Vertragsabschluss für die Risikoprüfung benötigten Angaben zu den streitigen Ansprüchen erteilt der Prozessanwalt grundsätzlich nur als Gehilfe des Insolvenzverwalters bei dessen Verhandlungen zum Abschluss eines Prozessfinanzierungsvertrages.

Er kann dennoch auch selbst aus c.i.c. haften, wenn er bei den Verhandlungen zum Abschluss des Finanzierungsvertrages in besonderem Maße persönliches Vertrauen für sich in Anspruch nimmt

---

524 *Bergmann*, NJW 2005, 22ff.
525 *Zugehör*, Handbuch der Anwaltshaftung, Rn. 539.

oder ein hohes Eigeninteresse an dem Vertrag hat[526]. Das besondere Vertrauen ist nur gegeben, wenn der Anwalt über das allgemeine Verhandlungsvertrauen hinaus eine zusätzliche, gerade von ihm persönlich ausgehende Gewähr für die Vollständigkeit und Richtigkeit seiner Erklärungen und damit für das Gelingen des angebahnten Geschäfts bietet[527]. Die anwaltliche Sachkunde allein genügt hierfür noch nicht[528], ebenso wenig, wie das Honorarinteresse des Prozessanwalts schon ein wirtschaftliches Eigeninteresse an dem Vertrag begründen kann[529].

Selbst die Tatsache, dass der Prozessanwalt, der in gleicher Kanzlei wie der Verwalter tätig ist und damit auch mittelbar vom Zustandekommen einer Finanzierung durch die spätere Realisierung der Vergütungsansprüche seines Kollegen profitiert, stellt kein über das Honorarinteresse hinausgehendes wirtschaftliches Interesse dar, das der Prozessanwalt mit der Auskunftserteilung an den Finanzierer verfolgt. Er nimmt auch nicht in dem Maße persönliches Vertrauen in Anspruch, dass sich daraus eine Eigenhaftung rechtfertigen würde. In der Regel macht er nicht mehr, als im Auftrag seines Mandanten, hier des Insolvenzverwalters, den Entwurf einer Klageschrift zu erstellen und dem Finanzierer zur Kenntnis zu geben, eine typische anwaltliche Tätigkeit, für die er seine gewöhnliche anwaltliche Sachkunde einsetzt und demnach nur das normale Verhandlungsvertrauen in Anspruch nimmt, das möglicherweise durch die Kanzleiidentität von Verwalter und Prozessanwalt etwas gesteigert ist. Allein aus seiner Kenntnis davon, dass seine Angaben Grundlage der Vertragsverhandlungen zwischen dem Insolvenzverwalter und Finanzierer werden, kann nicht geschlossen werden, dass er dem Finanzierer eine zusätzliche Gewähr für die Richtigkeit seiner Angaben bieten will.

Im Gegenteil muss der Finanzierer davon ausgehen, nicht immer mit allen erforderlichen Informationen vom Prozessanwalt bedient zu werden, da dieser bekannte Prozessrisiken verständlicherweise nur zurückhaltend offen legen wird, um die begehrte Finanzierungszusage zu erhalten. Der Finanzierer kann daher gar nicht von einem besonderen persönlichen Vertrauen ausgehen, eher von einem gesunden Misstrauen, da ihm bewusst ist, dass der Prozessanwalt als Vertreter des Insolvenzverwalters handelt. Eine Eigenhaftung des Prozessanwalts aus culpa in contrahendo[530], die jetzt auch in § 311 Abs. 2, 3 BGB eine normative Grundlage hat, scheidet daher aus.

3. Ergebnis

Bei Verstößen des Insolvenzverwalters gegen den Prozessfinanzierungsvertrag bestehen vertragliche Schadensersatzansprüche des Finanzierers gegen die Masse.

---

526 BGHZ 56, 81, 83; BGHZ 74, 103, 108; BGHZ 126, 181, 189; BGH, NJW 1997, 1233; *Zugehör*, Handbuch der Anwaltshaftung, Rn. 1533, 1535.

527 BGH, NJW 1990, 506; NJW-RR 1991, 1241, 1242; NJW 1997, 1233; *Zugehör*, Handbuch der Anwaltshaftung, Rn. 1533.

528 BGH, NJW 1990, 506; NJW 1991, 32, 33; *Zugehör*, Handbuch der Anwaltshaftung, Rn. 1540.

529 BGH, NJW 1990, 506.

530 Die Haftung für c. i. c. ist seit langem als Gewohnheitsrecht anerkannt, vgl. BGH NJW 1979, 1983; NJW 1981, 1035.

Diese ist in den fremdfinanzierten Verfahren jedoch immer unzulänglich und für den Finanzierer daher wirtschaftlich wertlos. Eine persönliche Haftung des Insolvenzverwalters bei Vertragsverletzungen ist nicht gegeben.

Soweit dem Finanzierer Vermögensschäden entstehen, weil die finanzierte Klage auf Grund rechtlicher Fehlbeurteilungen oder fehlerhafter prozessualer Handlungen des vom Verwalter beauftragten Anwalts verloren wird, bestehen gegen den Insolvenzverwalter grundsätzlich Ansprüche über das Rechtsinstitut der Drittschadensliquidation, hier einer Abtretung des Verwalters der gegen seinen Prozessanwalt existierenden Haftungsansprüche an den Finanzierer. Diesem wird es bei einer wirtschaftlichen Verbundenheit und/oder langjährigen kollegialen Zusammenarbeit von Verwalter und Prozessanwalt jedoch praktisch unmöglich sein zu beweisen, dass der Prozessanwalt vom Verwalter gerade für diejenigen Handlungen und Pflichten im Rahmen des Mandatsverhältnisses beauftragt war, die er verletzt hat. Soweit der Finanzierer bestimmte Fehler auch im Rahmen seiner Vorprüfung hätte erkennen können, würde sich sein Anspruch um den jeweiligen Mitverschuldensanteil entsprechend kürzen.

Auch ein Vertrag mit Schutzwirkung zugunsten Dritter ist nicht zu konstruieren. Denn der Prozessanwalt selbst bleibt einzig und allein dem Insolvenzverwalter verpflichtet. Zwischen dem Insolvenzverwalter als Gläubiger und dem Finanzierer als Dritten fehlt es zudem an einem von der Rechtsprechung geforderten „personenrechtlichem Einschlag“. Die Nähe zwischen Prozessanwalt und Finanzierer rechtfertigt ebenfalls keine (vor-)vertragliche Haftung des Prozessanwalts aus c.i.c. gegenüber dem Finanzierer.

Aufgrund dieser Ergebnisse birgt der Abschluss eines Finanzierungsvertrages mit einem Insolvenzverwalter für den Finanzierer nicht unerhebliche Risiken. Andererseits sind diese Risiken nicht höher als bei einem „normalen“ Anspruchsinhaber, der den Prozess, entgegen den Empfehlungen des Finanzierers, eigenwillig führt. Auch hierbei handelt es sich um Anspruchsinhaber, die in der Regel unvermögend sind und sich zur Durchsetzung ihrer Ansprüche eines finanzstarken Partners bedienen. Soweit dieser dann Schadensersatzansprüche gegen seinen Vertragspartner aus Vertragsverletzungen haben sollte, muss sich der Finanzierer immer im Klaren darüber sein, diese Ansprüche aufgrund mangelnder Bonität des Anspruchinhabers nicht durchsetzen zu können.

Die vorhandenen Risiken einer Kontrahierung mit einem Insolvenzverwalter werden durch die Vorteile, die die Finanzierung von Klagen der Insolvenzverwalter bringt, jedoch wieder aufgehoben.

Zum einen sind Insolvenzverwalter für den Finanzierer eine interessante „Zielgruppe“. Dies deshalb, da sich gerade bei Verwaltern regelmäßig Verfahren im höheren Streitwertbereich ergeben und sich Insolvenzverwalter somit zu potentiellen „Dauerkunden“ für Finanzierer entwickeln können, die bei entsprechender Zufriedenheit mit den Leistungen des Prozessfinanzierers auch immer wieder neue Fälle antragen werden. Einzelne Verluste des Finanzierers, die auf Grund verloren gegangener Klagen immer entstehen können, werden durch eine langfristige Zusammenarbeit jedoch im Rahmen einer Mischkalkulation wieder ausgeglichen. Eine derartige Chance des Aufbaus einer langen Geschäftsbeziehung hat der Finanzierer bei keiner anderen Gruppe von Anspruchsinhabern als den Insolvenzverwaltern. Auf der Ebene der „normalen" Prozessanwälte gibt es nur wenige, die regelmäßig Verfahren zu bearbeiten haben, die für eine Finanzierung geeignet sind.

Des Weiteren erfreut sich die Finanzierung von Prozessen bei den Verwaltern auch deshalb immer größerer Beliebtheit, da das mit dem Finanzierer zu vereinbarende Erfolgshonorar lediglich eine Masseverbindlichkeit darstellt, die auch nur im Obsiegensfalle bezahlt werden muss und vor allen Dingen als Verwertungskostenposition die eigenen Vergütungsansprüche des Verwalters nicht berührt, im Gegensatz zum „normalen" Anspruchsinhaber, deren Prozesserlöse um den Erlösanteil des Finanzierers gemindert werden und damit ihr eigenes Vermögen betroffen ist. Freilich mindert die Erlösbeteiligung des Finanzierers die Gläubigerquote. Dies ist aber interessengerecht, nachdem die Gläubiger nicht bereit waren, den Prozess zu finanzieren.

Zudem sind die Verwalter eher wirtschaftlich orientiert und je nach Prozessentwicklung auch eher als der normale Anspruchsinhaber geneigt, sich im Prozess zu vergleichen. Dies hat für den Verwalter auch den Vorteil, das Insolvenzverfahren zeitnah abschließen zu können und der Finanzierer kann auch schneller seine Erlöse liquidieren und die von ihm im Verfahren gebundenen Mittel früher zurückführen. Der „normale" Anspruchsinhaber hingegen ist eher darauf bedacht, unter allen Umständen in voller Höhe zu obsiegen und mit Hilfe des Finanzierers im Unterliegensfalle alle Instanzen für die Durchsetzung seiner vermeintlichen Ansprüche zu bemühen. Die im Vertrag zugunsten des Finanzierers verankerten Ausstiegsklauseln werden dabei meistens übersehen.

Der Finanzierer begibt sich bei der Zusammenarbeit mit den Insolvenzverwaltern auch in professionelle Hände, die zum einen durch jahrelange Erfahrungen einen Sinn für das Aufspüren einzuklagender Ansprüche entwickelt haben und sich zum anderen auch hoch spezialisierter Prozessanwälte bedienen, die seit Jahren die Ansprüche der Verwalter erfolgreich durchsetzen. Für den normalen Anspruchsinhaber ist es eher eine Frage des Zufalls, einen wirklich geeigneten Anwalt für die eigene Rechtsproblematik zu finden. Hinzu kommt, dass dieser „normale" Anwalt ausschließlich mit den zu verdienenden Gebühren nach dem RVG wirtschaftet, für die Verwalter jedoch die Erzielung eines Prozesserlöses eher Vorrang hat, da sich danach mittelbar auch ihre Verwaltervergütung richtet.

V. Ergebnis Teil D.

Die vom Insolvenzverwalter vorgenommene Sicherungszession an den Prozessfinanzierer ist wirksam. Da es sich hierbei lediglich um eine Sicherungszession handelt, die erst aufschiebend bedingt für den Fall eines Obsiegens der finanzierten Klage greift, steht auch die grundsätzlich unzulässige Abtretung von Anfechtungsansprüchen der Wirksamkeit der Sicherungsabtretung nicht entgegen. Die Sicherungsabtretung hat zur Folge, dass der Prozessfinanzierer mit seinen Auslagenerstattungs- und Erlösansprüchen vor anderen Masse- und Neumassegläubigern bevorzugt befriedigt wird. Eine Bevorzugung vor den Gläubigern der Massekosten ist nur eingeschränkt möglich, hier im Einvernehmen des Verwalters bzgl. seines Vergütungsanspruchs als Massekostengläubiger. Über diese eigenen Vergütungsansprüche besitzt er die vollständige Dispositionsbefugnis, nicht aber über die Massekostenforderung der Justizkasse. Bei dieser ist die zu ihren Gunsten normierte Rangfolge der Vorabbefriedigung für den Verwalter bindend. Dies ist auch aus der Sicht des Prozessfinanzierers interessengerecht, da im Falle eines Prozesserlöses, der lediglich die Gerichtskosten, nicht aber mehr die Verwaltervergütung deckt, sich das vom Prozessfinanzierer ureigenste von ihm übernommene wirtschaftliche Unterliegens- und Ausfallrisiko realisiert hat. Ihm dann noch Erstattungsansprüche, vorrangig vor den Gerichtskosten einzuräumen, ist abzulehnen. Die Nachrangigkeit der Verwaltervergütung gegenüber den Erstattungsansprüchen des Prozessfinanzierers ist auch aus der Sicht des Verwalters nicht zu beanstanden. Hier greift der Gedanke des zulässigen Rangrücktritts mit seinen eigenen Forderungen gegenüber den Forderungen des Prozessfinanzierers, soweit nicht Gläubiger nachfolgender Rangklassen benachteiligt werden. Diese Risikoverteilung ist auch interessengerecht. Hat sich doch auch die von ihm zunächst angestrebte Massemehrung, die sich auf seine Vergütung ausgewirkt hätte, letztendlich nicht verwirklicht. So tragen sowohl der Insolvenzverwalter als auch der Prozessfinanzierer beide das Unterliegensrisiko.

Die vertraglichen Vereinbarungen zwischen Verwalter und Prozessfinanzierer, in denen letztgenannter in massearmen bzw. masseunzulänglichen Verfahren weder die Kosten der Gegenseite noch die Gerichtskosten in den weiteren Instanzen übernimmt und sogar die Kostenübernahme des eigenen Prozessanwalts einschränkt, sind ebenfalls wirksam. Weder verletzen sie den Grundsatz der Waffengleichheit, noch stellen sie eine Gläubigergefährdung dar. Im Gegenteil, vielmehr stellt der Prozessfinanzierungsvertrag auch mit diesen eingeschränkten Kostenübernahmeklauseln gerade in massearmen bzw. masseunzulänglichen Verfahren die Waffengleichheit grundsätzlich her, ebenso die außergerichtlichen „Finanzierungsandrohungen“. Die vereinbarten „Querfinanzierungen“ reduzieren in zulässiger Weise das Kostenrisiko des Prozessfinanzierers. Die Masse steht dadurch auch nicht schlechter. Sie wird genauso behandelt, als wenn mit ihrer Hilfe sämtliche Prozesse hätten finanziert bzw. geführt werden können.

Ein Verstoß des Verwalters oder dessen Prozessanwalts gegen die vertraglichen Mitbestimmungs- und Druckklauseln lösen zwar Schadensersatzansprüche des Finanzierers gegen die Masse aus, sind aber wirtschaftlich wertlos. Eine persönliche Inanspruchnahme des Insolvenzverwalters scheidet aus. Die Haftung des Prozessanwalts aufgrund einer Pflichtverletzung des Anwaltsvertrages i.V.m. dem Institut der Drittschadensliquidation ist grundsätzlich denkbar. Die erfolgreiche Durchsetzung scheitert aber an den Beweisschwierigkeiten zur inhaltlichen Ausgestaltung des Anwaltsvertrages zwischen Insolvenzverwalter und Prozessanwalt, die in der Praxis häufig, ob in gemeinsamer Kanzlei oder gemeinsamer Haftpflicht miteinander wirtschaftlich verbunden sind. Da im Ergebnis auch Ansprüche gegen den Prozessanwalt des Verwalters ausscheiden, bestehen für den Finanzierer bei Vertragsverstößen des Verwalters oder seines Anwalts nicht unerhebliche Risiken. Diese sind jedoch deshalb zu vernachlässigen, da die aufgezeigten Fälle vertragswidrigen Verhaltens des Verwalters selbst oder eines haftungsträchtigen Verhaltens seines Prozessanwalts Ausnahmecharakter besitzen und die Insolvenzverwalter auf Grund der mehrfachen Möglichkeiten zulässiger Minimierung der Kostenrisiken eine hoch interessante Zielgruppe für Prozessfinanzierer darstellen.

Teil E. Zusammenfassung der gesamten Arbeit

Von den beiden Finanzierungsvarianten der staatlichen PKH und der gewerblichen Prozessfinanzierung kann sich der Insolvenzverwalter in massearmen bzw. masseunzulänglichen Verfahren für eine sofortige Inanspruchnahme von gewerblicher Prozessfinanzierung entscheiden, soweit es sich um die Finanzierung von Klageverfahren im höheren Streitwertbereich ab € 30.000,00 handelt und sich die Insolvenz- oder auch Massegläubiger zur Finanzierung der beabsichtigten Prozesse nicht bereit erklären. Der Insolvenzverwalter kann die Inanspruchnahme staatlicher PKH mit guten Gründen ablehnen. Weder muss sich sein von ihm beauftragter Prozessanwalt auf gedeckelte Gebühren, unzulässige Erfolgshonorare und unzulässige Unterschreitungen gesetzlicher Gebühren verweisen lassen, noch der Insolvenzverwalter sich möglichen Haftungsansprüchen aussetzen und sich zum unzulässigen Einsatz privater Mittel drängen lassen.

Solange der Gesetzgeber untätig bleibt, bestehen bei Inanspruchnahme staatlicher PKH erhebliche Verjährungsrisiken. Hinzu kommen die unüberschaubare und im Ergebnis äußerst restriktive ober- und höchstrichterliche Rechtsprechung zur PKH-Gewährung für Insolvenzverwalter, die das PKH-Verfahren zur langwierigen Odyssee mit unkalkulierbarem Ausgang werden lässt. Die Entscheidung des Verwalters zur sofortigen Inanspruchnahme gewerblicher Prozessfinanzierung wird gestützt von den klaren Reformbestrebungen des Gesetzgebers zur nur noch eingeschränkten PKH-Gewährung und der im Vordringen begriffenen Rechtsprechung, die Entscheidung über den PKH-Antrag eines Insolvenzverwalters in Verfahren mit höheren Streitwerten von der vorherigen Anfrage bei einem oder mehreren gewerblichen Prozessfinanzierern abhängig zu machen. Diese neuere Rechtsprechung, der der Gedanke zugrunde liegt, vor Inanspruchnahme staatlicher Mittel zu Lasten des Steuerzahlers zunächst alle Möglichkeiten auszuschöpfen, die das Insolvenzverfahren aus sich heraus dem Verwalter bietet, Klageverfahren auch in masseunzulänglichen Insolvenzverfahren zu führen, hier beispielsweise die Inanspruchnahme massefremder Drittmittel unter Anfall masseschmälernder Verwertungskosten im Erfolgsfalle, ist konsequent und der allein richtige Ansatz.

Staatliche PKH kommt insbesondere auch dann nicht in Betracht, wenn nach Anzeige der Masseunzulänglichkeit wieder freie Masse vorhanden ist, die anfallenden Prozesskosten als Neumasseverbindlichkeiten vorrangig zu begleichen. Dann fehlt es bereits an der Bedürftigkeit des Insolvenzverwalters i.S.d. § 116 S. 1 ZPO. Die Masseunzulänglichkeitsanzeige ist unter Geltung der InsO gerade kein Indiz für die Bedürftigkeit. Sollte sie dennoch vorliegen, dürfte die PKH-Gewährung spätestens bei der Zumutbarkeitsprüfung der wirtschaftlich Beteiligten aufgrund der in § 209 Abs. 1 Nr. 2, 3 InsO normierten Rangfolge scheitern, da es die vorhandenen Massegläubiger sind, die vorrangig vor den Insolvenzgläubigern von einem Prozesserfolg profitieren und denen aufgrund viel höherer Quoten als denen der Insolvenzgläubiger ein Prozesskostenvorschuss erst Recht zumutbar ist. Die Zumutbarkeit selbst hat sich an dem Gesamtkostenrisiko zu orientieren, dem sich der vernünftige Gläubiger aussetzt, wenn er den im Fall des Klageerfolges zu erwartenden Betrag isoliert selbst einklagen würde. Zumutbarkeit ist jedenfalls immer dann zu bejahen, wenn der zu erwartende Betrag dem dreifachen des vom Verwalter eingeforderten (anteiligen) Betrages entspricht. Die den Massegläubigern auferlegte Zumutbarkeit belastet die Massegläubiger auch nicht mit weiteren Risiken. Denn die zumutbare Vorschussleistung ist, ebenso wie bei den Insolvenzgläubigern, vom Verwalter nicht einklagbar, sondern bleibt der Freiwilligkeit der Gläubiger vorbehalten. Entscheiden sie sich aber gegen die Erbringung der ihnen zugemuteten Vorschussleistung, kann nicht der Steuerzahler hierfür herangezogen werden. PKH ist zwingend zu versagen. Bei konsequenter Anwendung dieser Grundsätze der neuen Insolvenzordnung könnten sich die Insolvenzverwalter in der Mehrheit der Insolvenzverfahren die bisher immer noch weit verbreitete Einleitung von langwierigen PKH-Verfahren sparen. Sie hätten in einer Vielzahl der masseunzulänglichen Verfahren sogar die Pflicht, aufgrund der in § 159 InsO normierten unverzüglichen Verwertungspflicht, zeitnah mit Hilfe gewerblicher Prozessfinanzierung Klage zu erheben, soweit die Gläubiger eine Bevorschussung ablehnen.

Die Einholung einer Zustimmung nach § 160 Abs. 1 S. 1 InsO oder nach § 160 Abs. 2 Nr. 3 InsO ist für den Abschluss eines Prozessfinanzierungsvertrages nicht erforderlich. Die Zustimmung des Gläubigerausschusses bzw. der Gläubigerversammlung nach § 160 Abs. 2 Nr. 3 InsO ist nur dann einzuholen, wenn freie Masse vorhanden ist, die für die beabsichtigte Prozessführung eingesetzt und damit deren Verlust im Unterliegensfall oder im Insolvenzfall des Gegners in Kauf genommen werden soll. Dieses Procedere erfolgt jedoch unabhängig von einer beabsichtigten Prozessfinanzierung mit Hilfe gewerblicher Finanzierer. Zu beachten ist hierbei, dass nach angezeigter Masseunzulänglichkeit die nunmehr wieder frei zur Verfügung stehende Masse für die Neumasseverbindlichkeiten, also ohne Rücksicht auf die Altmasseverbindlichkeiten einzusetzen wäre. Dann kann aber für die (Alt-)Massegläubiger nichts anderes gelten. Diesen, im Vergleich zu den Insolvenzgläubigern, weitaus schutzbedürftigeren Gläubigern muss in analoger Anwendung des § 160 Abs. 2 Nr. 1 InsO erst Recht ein Zustimmungsrecht zustehen, um zu verhindern, dass die zumindest zur quotalen Befriedigung der (Alt-)Massegläubiger vorhandene freie Masse nicht auch noch für Prozesskosten verlustig geht. Wird die Zustimmung zum Einsatz der freien Masse durch die Insolvenzgläubiger oder die (Alt-)Massegläubiger versagt, trifft den Verwalter eine alleinige Entscheidungsbefugnis zur Inanspruchnahme gewerblicher Prozessfinanzierung, da die Gläubiger ohne Riskierung der vorhandenen Masse hiervon nur noch profitieren können. Die 20 bzw. 30%-ige Erfolgsbeteiligung des Prozessfinanzierers ist hinzunehmen, da eine eigene Finanzierungsbereitschaft der Gläubiger nicht bestand. Letztere ist zur Vermeidung von Haftungsrisiken zwingend vom Verwalter zu erfragen, zumindest von den Großgläubigern.

Weitere Haftungsrisiken bestehen bei vorrangiger Inanspruchnahme von gewerblicher Prozessfinanzierung für den Verwalter nicht. Eventuell verbleibende Risiken können durch Haftungsfreistellungsvereinbarungen mit dem Prozessfinanzierer ausgeschlossen werden. Haftungsrisiken können sich aber insbesondere dann verwirklichen, wenn es der Insolvenzverwalter unterlässt, gewerbliche Prozessfinanzierung in Anspruch zu nehmen. Eine mögliche Hinweispflicht auf gewerbliche Prozessfinanzierung gegenüber den Gläubigern wird von der Inanspruchnahmepflicht verdrängt.

Die zwischen Insolvenzverwalter und Prozessfinanzierer vertraglich vereinbarte Sicherungszession und die eingeschränkten Kostenübernahmeklauseln sind wirksam. Ob sie auch in den Anwendungsbereich der Vorschriften zu den Allgemeinen Geschäftsbedingungen gem. §§ 305–310 BGB fallen, wird gesondert im Anhang 2 untersucht. Verstöße des Verwalters bzw. seines Prozessanwalts gegen vertragliche Mitsprache- und Druckklauseln lassen keine Schadensersatzansprüche gegen den Insolvenzverwalter entstehen, wohl aber gegen die Masse und den Prozessanwalt, gegen letzteren nicht direkt, sondern über das Institut der Drittschadensliquidation, wobei die Ansprüche gegen die Masse wirtschaftlich wertlos und die gegen den Prozessanwalt aufgrund schwieriger Beweisführung nur schwer durchsetzbar erscheinen.

Insgesamt ist gewerbliche Prozessfinanzierung für den Verwalter in massearmen bzw. masseunzulänglichen Verfahren zwischenzeitlich zum unverzichtbaren Mittel erforderlicher Verwertungshandlungen geworden. Alle Beteiligten profitieren hiervon: Der Insolvenzverwalter erhält die Möglichkeit, Prozesse zu führen, die er sonst nicht oder nur unter Einsatz privater Mittel hätte führen können. Sein Prozessanwalt erhält die ihm zustehende gesetzliche Vergütung und der Prozessfinanzierer sein Erfolgshonorar unter Übernahme des Kostenrisikos. Gleichzeitig werden die leeren Länderkassen entlastet, ebenso die Gerichte von zusätzlichen und zeitaufwendigen PKH-Verfahren. Die Gläubiger profitieren ebenfalls von gewerblicher Prozessfinanzierung, da mit diesem Instrumentarium die vorhandenen Ansprüche überhaupt erst zur Masse gezogen werden können. Die Erfolgsbeteiligung des Finanzierers zu Lasten der Masse ist der zu akzeptierende Preis ihrer Weigerung zur eigenen Übernahme der ihnen zumutbaren Vorschussleistung.

Anhang 1. Dienstleistungen des gewerblichen Prozessfinanzierers für den Insolvenzverwalter – Vereinbarkeit mit dem neuen Rechtsdienstleistungsgesetz (RDG)

Es ist zu beobachten, dass auf Grund der Entscheidung des Bundesverfassungsgerichts vom 3.8.2004[531] die Anzahl der Verwalter zunimmt und damit tendenziell die Verfahrensanzahl pro Verwalter abnimmt. Folge ist, dass nunmehr die Verwalter auch in masselosen bzw. masseunzulänglichen Verfahren „genauer hinsehen" als es früher der Fall war, um beispielsweise auch vermehrt durch Anfechtungsklagen die Masse anzureichern. Die Tendenz geht also dahin, wenn möglich auch masselosen Verfahren eröffnen zu lassen, nicht nur im Interesse der Ordnungsfunktion des Insolvenzrechts, sondern zuletzt auch im eigenen legitimen Gebühreninteresse des Verwalters. Obwohl die Prüfung des Verfahrens auf vorhandene Anfechtungsansprüche ureigenste Aufgabe des Verwalters ist, bedienen sich diese in masseunzulänglichen bzw. massearmen Verfahren aber zunehmend auch der Unterstützung eines Prozessfinanzierers, der die Akten unentgeltlich und auf reiner Erfolgsbasis auf die Möglichkeit der Erlangung von Prozesskostenhilfe sowie auf eventuell vorhandene einklagbare Ansprüche prüft und sich die Chance eröffnet, derartige Prozesse selbst finanzieren zu können. So nutzt der Verwalter unentgeltlich erhebliches know how eines weiteren Spezialisten einerseits, der Prozessfinanzierer hat andererseits die Chance auf eine Erlöserzielung, die sich wiederum nur realisieren lässt, wenn er die Ansprüche genauestens auf ihre Erfolgswahrscheinlichkeit und Durchsetzbarkeit prüft. Bei der Prüfung einer in Frage kommenden PKH-Gewährung ist die erforderliche Objektivität des Finanzierers hingegen zweifelhaft.

I. Problemstellung

Fraglich ist nun, inwieweit diese Dienstleistung des Prozessfinanzierers bzw. dessen Inanspruchnahme durch den Verwalter nach dem Rechtsberatungsgesetz (RBerG) bzw. dem künftigen Rechtsdienstleistungsgesetz (RDG) zulässig und praktikabel ist.

---

531 BVerfG vom 3.8.2004, Az. BvR 135/00.

II. Rechtsberatungsgesetz (RBerG)

Die geschäftsmäßige Besorgung fremder Rechtsangelegenheiten bedarf nach Art. 1 § 1 RBerG einer behördlichen Erlaubnis. Andernfalls liegt eine unerlaubte Rechtsberatung vor, die ordnungswidrig ist (Art. 1 § 8 RBerG). Hat der Verstoß seine Grundlage in dem Vertragsverhältnis zwischen Rechtssuchendem und Rechtsberater, hier also gemäß des Prozessfinanzierungsvertrages zwischen Insolvenzverwalter und Prozessfinanzierer, führt das außerdem zur Nichtigkeit des Vertrages gem. § 134 BGB[532].

Mögliche fremdnützige Rechtsbesorgungen sind zunächst die Prüfung der Erfolgsaussichten von einklagbaren Ansprüchen vor Vertragsschluss und die Überwachung des laufenden Verfahrens nach Vertragsschluss durch den Prozessfinanzierer. Nach Eingang einer Finanzierungsanfrage, in der Regel durch Vorlage des Klageentwurfs mit Anlagen oder der Einreichung der gesamten Akte des vorher (erfolglos) durchgeführten PKH-Antragsverfahrens, prüft das Finanzierungsunternehmen die Erfolgsaussichten des zu finanzierenden Rechtsstreites. Nach Eingang eines verbindlichen Angebots erfolgt noch eine zweite Prüfung der Erfolgswahrscheinlichkeit durch interne oder externe Gutachter im Auftrag des Prozessfinanzierers.

1. Fremde Rechtsangelegenheiten

Diese Prüfung der Erfolgsaussichten ist nur dann erlaubnispflichtig, wenn damit **Rechts**angelegenheiten besorgt werden, also solche Angelegenheiten, die auf die Verwirklichung oder Gestaltung konkreter Rechte gerichtet[533] und im fremden Interesse sind, also im Interesse eines Dritten erbracht werden.

a) Vorprüfung vor Abschluss eines Finanzierungsvertrages

Das Tatbestandsmerkmal der Rechtsangelegenheit ist zu bejahen, denn die Prüfung der Erfolgsaussichten dient der Frage, ob die Verfolgung einer Angelegenheit Aussicht auf Erfolg bietet und zielt damit auf die Verwirklichung konkreter Rechte[534]. Für die Prüfung der Erfolgsaussichten im Vorfeld des abzuschließenden Finanzierungsvertrages benötigt der Finanzierer aber keine Erlaubnis nach dem Rechtsberatungsgesetz, denn er besorgt im Rahmen seiner internen Risikobewertung eine eigene Rechtsangelegenheit.

Die Fremd- bzw. Eigennützigkeit beurteilt sich dabei nicht nach formal-rechtlichen Gesichtspunkten, sondern ist vom wirtschaftlichen Standpunkt aus zu beurteilen. Maßgeblich ist, in wessen wirtschaftlichen Interesse die Besorgung vorgenommen wird[535].

---

532 BGHZ 37, 258, 262; Staudinger-*Sack*, § 134 Rn. 272.
533 BGH, NJW 2000, 2108; OLG Rostock, BRAK-Mitt. 2001, 239, 243.
534 BGH, NJW 1956, 591.
535 BGHZ 61, 317, 320.

Die dargestellte Risikoprüfung dient der internen Entscheidung, ob ein Verfahren finanziert werden soll und damit den unmittelbaren wirtschaftlichen Interessen des Finanzierers. Grundsätzlich befindet sich die Prozessfinanzierung mit ihrem Kerngeschäft daher nicht im Widerspruch zum Rechtsberatungsgesetz. Eine entsprechende Erlaubnis ist für den Betrieb eines Prozessfinanzierungsunternehmens nicht erforderlich. Auch die mögliche Einflussnahme des Prozessfinanzierers auf den Verfahrensverlauf erfolgt ausschließlich im eigenen Interesse. Der Prozessanwalt des Insolvenzverwalters nimmt letztverantwortliche Rechtsberatung vor.

b) Prüfung der Verwalterakten auf einklagbare Ansprüche

Die aber im Lichte einer umfassenden Rechtsdienstleistung geborene Idee, für den Verwalter in massearmen bzw. masseunzulänglichen Verfahren dessen Akten und Unterlagen unentgeltlich auf einklagbare Ansprüche zu prüfen, könnte gegen das Rechtsberatungsgesetz verstoßen. Dies deshalb, da der Prozessfinanzierer eine dem Insolvenzverwalter obliegende Aufgabe unentgeltlich vornimmt und dem Insolvenzverwalter bzw. der Masse dadurch ein unmittelbarer wirtschaftlicher Vorteil entsteht. Andererseits besteht auch seitens des Finanzierers ein erhebliches wirtschaftliches Eigeninteresse an dieser Dienstleistung, hier nämlich für das eigene Tagesgeschäft Erfolg versprechende Fälle zu generieren. Sind eigene und fremde Interessen gleichermaßen betroffen, liegt ein sog. „Mischtatbestand" vor, bei dem die Rechtsprechung die Fremdheit der Angelegenheit danach beurteilt, wessen Interessen überwiegen[536]. Da der Verwalter in der Regel im Interesse der Masse und auch insbesondere zur eigenen Sicherheit eine ausführliche rechtliche Begründung für die womöglich auch negative Einschätzung des Finanzierers verlangen wird, zumal die Erstellung eines derartigen Gutachtens vom Finanzierer auch angeboten wird, ist von einer Besorgung fremder Rechtsangelegenheiten auszugehen. Eine detaillierte Mitteilung über den Inhalt und das Ergebnis der durchgeprüften Akten dient dazu, den Insolvenzverwalter über die Rechtslage zu informieren und ihm Klarheit hinsichtlich der Erfolgsaussichten und der zweckmäßigsten Vorgehensweise zur Durchsetzung seiner Ansprüche zu verschaffen. Daran hat der Finanzierer allenfalls unter Dienstleistungsaspekten ein mittelbares wirtschaftliches Interesse.

Soweit seine Tätigkeit über die bloße Aktenprüfung, ohne Mitteilung des Ergebnisses, hinausgeht, was die Regel sein dürfte, besorgt er eine Angelegenheit, die im überwiegenden Interesse des in diesem Zeitpunkt noch nicht anwaltlich vertretenen Insolvenzverwalters liegt, und damit eine fremde Angelegenheit im Sinne des Art. 1 § 1 RBerG.

---

536 So ausdrücklich BGH, NJW 1963, 441, 442.

c) Zwischenergebnis

Das Rechtsberatungsgesetz dient drei Zielen: dem Schutz des einzelnen Rechtssuchenden vor unsachgemäßer und unzuverlässiger Rechtsberatung[537], der reibungslosen Abwicklung des Rechtsverkehrs[538] und dem Schutz des Anwaltsstandes vor Wettbewerb mit Personen, die keinen standesrechtlichen, gebührenrechtlichen oder ähnlichen im Interesse der Rechtspflege gesetzten Schranken unterliegen[539].

Die kostenlose Prüfung bzw. Durchsicht der Akten des Verwalters durch den Finanzierer, um den Insolvenzverwalter auf mögliche, im Klageweg durchzusetzende Ansprüche aufzuklären, gefährdet die Interessen des Insolvenzverwalters im Sinne des RBerG und würde somit gegen § 1 Abs. 1 S. 1 RBerG verstoßen, auch wenn die Durchsicht dieser Akten zur Ermittlung derartiger Ansprüche auch mit im Eigeninteresse des Finanzieres liegt, diese selbst ermittelten und für die Masse einzuklagenden Ansprüche finanzieren zu können. Für die angebotene Dienstleistung würde der Prozessfinanzierer eine Erlaubnis nach dem RBerG benötigen.

2. Ausnahmetatbestand gem. Art. 1 § 5 Nr. 1 RBerG

Die Erlaubnispflicht entfiele aber gem. Art. 1 § 5 Nr. 1 RBerG, wenn die angebotene Dienstleistung eine rechtliche Angelegenheit wäre, die mit dem Geschäft der Prozessfinanzierung in unmittelbarem Zusammenhang stünde.

Die Ausübung bestimmter nicht rechtsbesorgender Berufe soll nicht deshalb unmöglich gemacht oder unangemessen erschwert werden, weil mit ihnen nach ihrer Eigenart eine rechtsbesorgende Tätigkeit verbunden ist[540]. So darf etwa ein Grundstücksmakler seine Kunden über die rechtlichen Auswirkungen des beabsichtigten Vertrages beraten, ohne einer Erlaubnis nach dem RBerG zu bedürfen[541]. Diese Befreiung von der Erlaubnispflicht kann nur eingreifen, wenn die Rechtsbesorgung nicht schon zum Hauptgeschäft der Prozessfinanzierung gehörte, sonst fiele das Hauptgeschäft selbst schon unter die Bestimmungen des RBerG, ohne dass für eine Anwendung des Art. 1 § 5 Nr. 1 RBerG Raum wäre.

Das ist aber nicht der Fall. Das Hauptgeschäft des Prozessfinanzierers wird charakterisiert durch die Bereitstellung der zur Rechtsverfolgung erforderlichen finanziellen Mittel und die Übernahme des Prozesskostenrisikos. Die unentgeltliche Durchsicht der Insolvenzakten des Verwalters auf einklagbare Ansprüche gehört nicht dazu, ist also eine Nebentätigkeit.

Diese Nebentätigkeit steht mit dem Hauptgeschäft der Prozessfinanzierung aber nicht in einem unmittelbaren Zusammenhang und ist deshalb auch nicht nach Art. 1 § 5 Nr. 1 RBerG vom Erlaubniszwang befreit.

---

537 BGHZ 15, 315; BVerwG, NJW 1977, 2178.
538 OLG Karlsruhe, AnwBl. 1989, 244.
539 BGHZ 15, 315, 317; BVerwG, NJW 1989, 1175.
540 BGHZ 102, 128, 132; BGH, NJW 1989, 2125.
541 BGH, NJW 1974, 1328; BGHSt 6, 137.

Nach herrschender Auffassung besteht ein unmittelbarer Zusammenhang nur mit Tätigkeiten, die als „notwendiges" Hilfs- oder Nebengeschäft der Ausführung eines bestimmten Berufsgeschäfts dienen. Erforderlich ist allerdings nicht, dass die Berufsausübung ohne die rechtsbesorgende Tätigkeit nicht mehr möglich ist, sondern nur, dass der Beruf ohne die Rechtsbesorgung nicht sachgemäß bzw. sinnvoll ausgeübt werden kann[542]. Hierbei findet die subjektive Erwartung des Kunden, dass der Unternehmer das rechtliche Nebengeschäft mit erledigt, keine Berücksichtigung, da Art. 1 § 5 RBerG als Ausnahmevorschrift eine enge Auslegung verlangt[543].

Für die Finanzierung von Rechtsstreitigkeiten ist es nicht erforderlich, dass der Prozessfinanzierer dem Insolvenzverwalter in massearmen bzw. masselosen Verfahren seine Akten unentgeltlich auf einklagbare Ansprüche prüft und begutachtet. Der Prozessfinanzierer kann den Insolvenzverwalter ohne weiteres darauf verweisen, dass dieser selbst oder ein von ihm beauftragter Rechtsanwalt die Akten auf vorhandene einklagbare Ansprüche prüft, die zur Masse gezogen werden müssen, bevor er überhaupt mit dem Finanzierer in Kontakt tritt. Die Bereitstellung des Kapitals und die Risikoübernahme sind nicht davon abhängig, dass der Finanzierer vorab die zu finanzierende Klage selbst aufbereitet. Diese Dienstleistung des Finanzierers ist allein eine Möglichkeit für diesen, zusätzliche Finanzierungen zu akquirieren und diese dann exklusiv und von Beginn an betreuen zu können. Verknüpft der Finanzierer sein Angebot der Aktenprüfung mit einer sich anschließenden Prozessfinanzierung, beruht das nicht auf der Eigenart des Geschäfts Prozessfinanzierung, sondern allein auf wirtschaftlichen Interessen des Finanzierers. Das genügt nicht für einen unmittelbaren Zusammenhang i.S.d. Art. 1 § 5 Nr. 1 RBerG.

III. Rechtsdienstleistungsgesetz (RDG-E)

Fraglich ist, ob diese Tätigkeit auch nach dem geplanten Rechtsdienstleistungsgesetz unzulässige Rechtsberatung ist, welches das RBerG ablösen soll. Bereits am 6. September 2004 hat das Bundesministerium der Justiz den Diskussionsentwurf eines Gesetzes zur Neuregelung des Rechtsberatungsrechts vorgelegt. Seit dem 14.4.2005 liegt der Referentenentwurf vor[544]. Die Bundesregierung hat am 22.8. 2006 den Entwurf eines Gesetzes zur Neuregelung des Rechtsberatungsrechts beschlossen, der dem Referentenentwurf entspricht und nachfolgenden Ausführungen zu Grunde gelegt wurde.

Das Gesetz über außergerichtliche Rechtsdienstleistungen (Rechtsdienstleistungsgesetz – RDG) soll zukünftig das geltende Rechtsberatungsgesetz (RBerG) aus dem Jahr 1935 ersetzen und voraussichtlich schon Mitte 2007 in Kraft treten. Bereits seit dem MasterPat-Beschluss des Bundesverfassungsgerichts zur Patentgebührenüberwachung aus dem Jahre 1997[545] ist anerkannt, dass nicht jede Tätigkeit auf rechtlichem Gebiet als erlaubnispflichtige Rechtsbesorgung angesehen werden

---

542 BGHZ 102, 128, 134; BGH, NJW-RR 1994, 1081, 1083.
543 BGH, MDR 1994, 1148.
544 Veröffentlicht unter www.bmj.bund.de/media/archive/894.pdf; der Entwurfstext (ohne Begründung) ist abgedruckt in NJW Heft 17/2005, S. XXVIII.
545 BVerfGE 97, 12 = NJW 1998, 3481.

darf. Auch in der jüngeren Judikatur des Bundesverfassungsgerichts macht dieses erneut und mehrfach deutlich, dass das geltende Rechtsberatungsgesetz in vielen Fällen[546] erheblich einschränkend ausgelegt werden muss, um noch als verfassungsgemäß angesehen werden zu können[547]. Das RDG stellt somit eine Reaktion auf die Rechtsprechung des Bundesverfassungsgerichts dar und löst sich nunmehr von den Begriffen des RBerG, von den trotz Rechtsprechungskorrekturen verbleibenden Unklarheiten und Widersprüchen und nicht zuletzt auch von dem Makel seiner Entstehungszeit. Ein weiterer Auslöser für die Reform ist die zunehmende Durchdringung der Gesellschaft mit rechtlichen Belangen.

Weiterhin besteht ein Interesse an Kooperationen zwischen Angehörigen verschiedener Berufe, wie Rechtsanwälten, Mediatoren, Architekten, Ärzten oder Unternehmensberatern, um den Anforderungen der Zeit gerecht zu werden.

1. Anwendungsbereich und Schutzzweck

Das neue RDG regelt nur die außergerichtlichen Rechtsdienstleistungen[548]. Das bedeutet in der praktischen Handhabung: Ist das Gericht Adressat einer rechtsdienstleistenden Handlung, ist das RDG unanwendbar. Adressat der vom Prozessfinanzierer angebotenen Dienstleistung sind Insolvenzverwalter. Damit fällt diese Tätigkeit des Prozessfinanzierers in den Anwendungsbereich des RGD.

Alle vorgerichtlichen Tätigkeiten, wie z.B. die fortlaufende Beratung der Prozessparteien, die Vorbereitung von Schriftsätzen, die Verhandlung mit dem Prozessgegner während laufender Gerichts- oder Vollstreckungsverfahren unterliegen daher dem RDG. Sie sind als Vorbereitungshandlungen nach Maßgabe der Verfahrensordnungen auch nur denen erlaubt, die wiederum nach Maßgabe der Verfahrensordnungen zur Vertretung vor Gericht befugt sind[549]. Das RGD greift den seit je das RBerG legitimierenden Schutzzweck auf und befestigt ihn auch erneut im § 1 Abs. 1 S. 2 RGD-E[550]. Der Zweck des Gesetzes ist also auch hier Schutz der Rechtssuchenden, des Rechtsverkehrs und der Rechtsordnung vor unqualifizierten Rechtsdienstleistungen. Diese Definition folgt den verfassungs- und europarechtlichen Vorgaben[551].

2. § 2 RDG-E

Für die vom Prozessfinanzierer zu erbringende Dienstleistung ist zunächst § 2 RDG-E[552] die fallentscheidende Norm.

---

546 Es entstehen neue Dienstleistungsberufe wie Patentüberwachungsunternehmen, Erbenermittler, Energieberater, Fördermittelberater, Baubetreuer und Mediatoren.

547 BVerfG NJW-RR 2004, 1570 (Inkasso II); NJW 2004, 2662 (Kramer); NJW 2004, 1855 (Medien I, Auto Bild/Sat.1); NJW 2004, 672 (Medien II, RTL „Wie Bitte?!"); NJW 2002, 3531 (Erbenermittler); NJW 2002, 1190 (Inkasso I).

548 § 1 Abs. 1 S. 1 RDG-E lautet: „*Dieses Gesetz regelt die Befugnis zur Erbringung außergerichtlicher Rechtsdienstleistungen.*"

549 *Hamacher*, AnwBl 2006, 788, 789.

550 § 1 Abs. 1 S. 2 RDG-E lautet: „*Es dient dazu, die Rechtssuchenden, den Rechtsverkehr und die Rechtsordnung vor unqualifizierten Rechtsdienstleistungen zu schützen*".

551 Vgl. Entwurf, Begründung S. 48–52.

552 § 2 Abs. 1 RDG-E lautet: „*Rechtsdienstleistung ist jede Tätigkeit in konkreten fremden Angelegenheiten, die nach der Verkehrsanschauung oder der erkennbaren Erwartung des Rechtssuchenden eine vertiefte Prüfung der Rechtslage unter Berücksichtigung der Umstände des Einzelfalls erfordert.*"

a) Begriff der „Rechtsdienstleistung“ gem. § 2 Abs. 1 RDG-E

Um den Schutzzweck zu erfüllen, hält der Entwurf des RDG – dem geltenden Recht folgend – an dem Konzept fest, dass der Rechtsberatungsmarkt reguliert bleibt. Das RDG ist ein Verbotsgesetz mit Erlaubnisvorbehalt. Der Verbotsbereich wird aber gesetzlich auf Fälle echter Rechtsanwendung beschränkt. Der neue Gesetzesbegriff der Rechtsdienstleistung[553] kennzeichnet den Regelungsbereich. Tätigkeiten, die keine Rechtsdienstleistung darstellen[554], unterliegen daher nicht den Beschränkungen des neuen Rechts.

Bei der geplanten Dienstleistung des gewerblichen Prozessfinanzierers für den Insolvenzverwalter müsste es sich daher um eine „Rechtsdienstleistung“ handeln.

Die in § 2 Abs. 1 des Entwurfs vorgeschlagene Legaldefinition für den Begriff Rechtsdienstleistung[555] orientiert sich an der höchstrichterlichen Rechtsprechung, wie sie zum verfassungskonformen Anwendungsbereich des Rechtsberatungsgesetzes entwickelt worden ist. Dennoch verbleibt durch die Aufnahme der Elemente der „Verkehrsanschauung“ und der „erkennbaren Erwartung des Rechtssuchenden“ die Dehnbarkeit dieser Klauseln. Denn Verkehrsanschauungen kann man beeinflussen und Erwartungen kann man wecken. Somit sind diese Begriffe geeignet, den Bereich der Rechtsdienstleistungen zu erweitern oder zu verengen, mit der Folge, dass die Anwendung dieser nur als Generalklausel formulierten Vorschrift somit wiederum der Praxis und Rechtsprechung obliegen wird und der damit verbundenen weiteren Folge auch künftig bestehender Rechtsunsicherheiten.

Gleichwohl werden mit dem einheitlichen Begriff der Rechtsdienstleistung zumindest die im alten RBerG anzutreffenden unterschiedlichen Begriffe wie Rechtsberatung, Rechtsbesorgung, Rechtsbetreuung, Rat und Hilfe in Rechtsangelegenheiten vereinheitlicht. § 2 RDG kommt damit künftig die Aufgabe zu, für jede Einzeltätigkeit die Schwelle zu definieren, ab der eine Tätigkeit „Rechtsdienstleistung“ ist[556].

Nach dem Entwurf sind nur solche Tätigkeiten Rechtsdienstleistungen, die eine vertiefte Prüfung der Rechtslage erfordern.

---

553 Das RBerG kennt keine Definition der von ihm verwendeten Begriffe „Rechtsbesorgung/Rechtsberatung“. Gearbeitet wird derzeit mit von der Rechtsprechung gefundenen Beschreibungen und dem Terminus der Geschäftsmäßigkeit, vgl. *Kleine-Cosack,* Rechtsberatungsgesetz 2004, Art. 1 § 1 Rn. 1, 2, 64ff. Es ist ein Fortschritt des Entwurfs, dass das Begriffspaar „Rechtsdienstleistung“ und „Allgemeine Dienstleistung“ deutlich verwendet wird. Das (noch) geltende System verwendet „erlaubnispflichtig“ und „nicht erlaubnispflichtig“. Die neue Regelung ist daher sinnvoller, macht sie doch deutlich, dass eine allgemeine Dienstleistung eben kein „Recht“ enthält.

554 Sog. „Allgemeine Dienstleistung“, die nach der Definition alles tatsächliche, Tun und Lassen ist, bei deren Abläufen die Beteiligten, obwohl das Ganze vom Recht gesteuert wird, sich dennoch des Rechts nicht bewusst werden, d.h. es gar keine Rolle spielt. Davon kann bei der vom Prozessfinanzierer angebotenen Leistung sicher nicht gesprochen werden.

555 § 2 Abs. 1 RDG-E lautet: *„Rechtsdienstleistung ist jede Tätigkeit in konkreten fremden Angelegenheiten, die nach der Verkehrsanschauung oder der erkennbaren Erwartung des Rechtssuchenden eine vertiefte Prüfung der Rechtslage unter Berücksichtigung der Umstände des Einzelfalls erfordert.“*

556 § 2 Abs. 3 RDG-E definiert zumindest auch, was *keine* Rechtsdienstleistung ist: 1. die Erstattung wissenschaftlicher Gutachten; 2. die Tätigkeit von Schlichtungsstellen, Schiedsrichterinnen und Schiedsrichtern; 3. die Mediation; 4. die an die Allgemeinheit gerichtete Darstellung und Erörterung von Rechtsfragen und Rechtsfällen in den Medien; 5. die Erledigung von Rechtsangelegenheiten innerhalb verbundener Unternehmen (§ 15 AktG).

aa) Vertiefte Prüfung der Rechtslage

Maßgebend ist somit der neue Begriff der „vertieften Prüfung der Rechtslage".

Gegenüber dem vom BGH entwickelten Begriff der Rechtsbesorgung soll der Verbotsbereich auf Fälle substantieller Rechtsanwendung zurückgeführt werden. Abgestellt wird demnach nicht auf die berufliche Tätigkeit in ihrer gesamten Breite, sondern auf die einzelne Dienstleistung, die im Rahmen einer beruflichen oder gesetzlich geregelten Tätigkeit zu erbringen ist. Innerhalb dieser Definition kann die Abgrenzung zwischen Rechtsdienstleistung und allgemeiner Dienstleistung deshalb nicht horizontal, sondern nur vertikal, nämlich anhand der Tätigkeitstiefe, erfolgen.

Eine vertiefte Prüfung liegt wiederum vor, wenn eine spezifisch juristische Subsumtion erforderlich ist. An einer vertieften Prüfung fehlt es andererseits, wenn eine Tätigkeit zwar die Kenntnis und Anwendung von Rechtsnormen erfordert, die Subsumtion aber auch für juristische Laien so selbstverständlich und einfach ist, dass die Rechtsanwendung kein besonderes rechtliches Wissen voraussetzt. Ob eine vertiefte rechtliche Prüfung erforderlich ist, ist nach dem Gesetzentwurf zunächst nach der Verkehrsanschauung, also nach einem objektiven Maßstab zu beurteilen.

Eine Rechtsdienstleistung liegt aber auch dann vor, wenn eine vertiefte Prüfung der Rechtslage nach der erkennbaren Erwartung des Rechtssuchenden, also nach dessen Wünschen, erforderlich ist. Die Beurteilung anhand des subjektiven Maßstabes erweitert den Begriff der Rechtsdienstleistung und den Anwendungsbereich des Gesetzes und erhöht damit den Schutz des Rechtssuchenden. Die Heranziehung eines subjektiven Elements zur Definition des Rechtsdienstleistungsbegriffs ist jedoch kritikwürdig, gerade weil der juristische Laie rechtliche Probleme nicht erkennt und daher vorschnell einen Bagatellfall annehmen kann. Besser wäre, eine „vertiefte Prüfung der Rechtslage" dann zu bejahen, wenn objektiv für die Anwendung des Gesetzes ein spezifischer juristischer Subsumtionsvorgang auf Seiten des Dienstleistenden erforderlich ist. Daher wäre eine Änderung dieser Definition im Gesetzgebungsverfahren wünschenswert.

Rechtsbesorgende Bagatelltätigkeiten werden damit von vornherein aus dem Anwendungsbereich des Verbotsgesetzes herausgenommen.

bb) Bagatellfälle

Bagatellfälle sind nach der Gesetzesbegründung alle Lebensvorgänge, die ohne jede rechtliche Prüfung auskommen, weil sie nach Inhalt, Formen und Rechtsfolgen jedermann derart vertraut sind, dass sie nicht als „rechtliche" Lebensvorgänge empfunden werden[557]. Als Beispiele hierfür werden alltägliche Vorgänge des täglichen Lebens, so z.B. Mitwirkung bei einer Vertragskündigung oder die Geltendmachung der Schadensforderung bei der Haftpflichtversicherung durch eine KfZ-Werkstatt aufgeführt.

b) Rechtsdienstleistung durch den Prozessfinanzierer

aa) Vertiefte Prüfung der Rechtslage

Die vom gewerblichen Prozessfinanzierer dem Verwalter angebotene Dienstleistung zur Durchsicht von Unterlagen in masselosen bzw. massearmen Verfahren

557 Begründung Referentenentwurf, S. 50ff.

auf Ansprüche, die im Klagewege durchgesetzt werden können, erfordert eine tiefgehende Prüfung von komplexen Sachverhalten und deren Subsumtion unter eine Vielzahl in Frage kommender Rechtsnormen. Dies setzt wiederum kompetentes rechtliches Fachwissen des jeweiligen Prüfers voraus und kann keinem juristischen Laien überlassen werden.

Aus guten Gründen sind bei den gewerblichen Prozessfinanzierern hoch qualifizierte Volljuristen tätig, die in der Regel aus der Anwaltschaft und Richterschaft mit mehrjähriger forensischer Erfahrung rekrutiert wurden und sich zwischenzeitlich in einzelnen Referaten auf verschiedene Rechtsgebiete spezialisiert haben, die sich insbesondere für Prozessfinanzierung eignen[558].

Schließlich dürfte auch der Insolvenzverwalter selbst in subjektiver Hinsicht eine umfassende und vertiefte Prüfung der von ihm zur Verfügung gestellten Unterlagen erwarten, so dass der Anwendungsbereich des RDG eröffnet ist, mit der Folge, dass sich die Zulässigkeit der geplanten Dienstleistung nach den §§ 3 ff. RDG-E richtet.

bb) Tätigkeit in „fremden" Rechtsangelegenheiten

Schließlich müsste die vom Finanzierer angebotene Dienstleistung auch die Besorgung einer „fremden" Angelegenheit darstellen. Zum Begriff der Fremdheit soll die Wertung des RBerG unverändert übernommen werden.

Fremd sind nach ganz h.M. Angelegenheiten, die nicht die eigene Rechtsposition des Besorgenden treffen und daher an sich der Sorge eines anderen obliegen. Die Frage der Fremdheit ist vom wirtschaftlichen Standpunkt her zu beurteilen. Das LG Köln hat in seinem Urteil vom 4. Oktober 2002[559] ohne nähere Erläuterung entschieden, dass die Verhandlung eines Prozessfinanzierers mit einem Gegner des Mandanten eine Besorgung fremder Rechtsangelegenheiten darstellt. Das Procedere im Rahmen der Anfrage des Insolvenzverwalters bei einem Prozessfinanzierer läuft grundsätzlich so ab, dass dem Finanzierer ein fertig aufbereiteter Sachverhalt in Form eines Klageentwurfs vorgelegt wird und der Finanzierer allein aus seiner Sicht die Risiken und Erfolgschancen bewertet. Diese völlig eigene und unabhängige Entscheidung ist das Ergebnis seiner auf eigene Kosten durchgeführten Prüfung der Erfolgsaussichten. Diese Prüfungshandlungen erfordern ohne Frage vertiefte juristische Kenntnisse und Subsumtionen, so dass auch mit dieser Tätigkeit Rechtsdienstleistungen vorliegen, die der Finanzierer jedoch im alleinigen Eigeninteresse erbringt. Die Rechtsdienstleistung der umfassenden Prüfung des angetragenen Falls auf seine Erfolgsaussichten werden damit nicht im Interesse des Verwalters erbracht.

Bei der beabsichtigten Dienstleistung des Finanzierers für den Verwalter liegt die Interessenlage jedoch anders. Grundsätzlich geht zwar auch hier der Finanzierer ein eigenes wirtschaftliches Risiko ein (Kosten für Personal, Aktenrecherche, Gutachtenstätigkeit etc.). Auch liegt es letztendlich in der Hand des Finanzierers, ob ein Prozessfinanzierungsvertrag zustande kommt oder nicht und ob er somit die Kosten der Rechtsverfolgung übernimmt oder nicht. Doch bietet der Finanzierer mit dieser Dienstleistung seine umfassende Prüfungstätigkeit dem Insolvenzver-

---

558 So gibt es bei der D. A. S. Prozessfinanzierung gesonderte Dezernate für Insolvenzrecht, Handels- und Gesellschaftsrecht, Öffentliches Recht, Erbrecht, Arzthaftungsrecht, Architekten- und Baurecht sowie für Anwalts-, Notar- und Bankhaftungsfälle, die jeweils von spezialisierten Rechtsanwälten und ehemaligen Richtern betreut werden.
559 LG Köln, Az: 81 O 78/02.

walter an. Soweit der Verwalter diese Dienstleistung in Anspruch nimmt, überträgt er allein ihn treffende Aufgaben auf den Finanzierer. Dieser übernimmt dann Tätigkeiten des Verwalters und erbringt somit Rechtsdienstleistungen auch im Interesse des Verwalters. Der Finanzierer erbringt in diesem Falle sowohl Rechtsdienstleistungen im eigenen als auch im fremden Interesse.

c) Zwischenergebnis

Bei der geplanten Dienstleistung des Prozessfinanzierers handelt es sich somit um die Besorgung einer (auch) fremden Rechtsangelegenheit, die in den Anwendungsbereich des § 2 RDG-E[560] fällt. Das hätte wiederum zur Folge, dass die geplante Dienstleistung nach § 10 RDG-E registriert werden muss[561]. Eine Registrierung wäre hier jedoch ausgeschlossen, da registrierungsfähige Dienstleistungen in § 10 RDG-E abschließend aufgeführt sind und die geplante Dienstleistung unter keine der dort aufgeführten Tatbestände fällt. Die Folge wäre ein Verbot der geplanten Dienstleistung nach § 3 RDG-E[562].

3. § 5 RDG-E

Die geplante Dienstleistung würde aber dann nicht unter die Registrierungspflicht nach § 10 RDG-E fallen, wenn sie nach § 5 RDG-E im Zusammenhang mit einer anderen Tätigkeit erbracht wird[563].

Nach der Erlaubnisnorm des § 5 Abs. 1 RDG sind demnach Rechtsdienstleistungen erlaubt, die eine zum nicht rechtsdienstleistenden Berufs- oder Tätigkeitsbild oder zur vollständigen Erfüllung der

---

560 Bzw. des Art. 1 § 1 RBerG, denn bis zu diesem Punkt ergeben sich keine Unterschiede zur alten Rechtslage.

561 Nach § 10 Abs. 1 RDG-E dürfen natürliche und juristische Personen, die in das Rechtsdienstleistungsregister eingetragen sind (registrierte Personen), aufgrund besonderer Sachkunde Rechtsdienstleistungen in den folgenden Teilbereichen des Rechts erbringen: 1. Inkassodienstleistungen, 2. Rentenberatung, 3. Rechtsberatung in einem ausländischen Recht.

562 § 3 RDG-E lautet: *„Die selbständige Erbringung außergerichtlicher Rechtsdienstleistungen ist nur in dem Umfang zulässig, in dem sie durch dieses Gesetz oder durch oder aufgrund anderer Gesetze erlaubt wird."*

563 § 5 RDG-E lautet:
„(1) Im Zusammenhang mit einer anderen beruflichen oder gesetzlich geregelten Tätigkeit sind Rechtsdienstleistungen erlaubt, die eine zum Berufs- oder Tätigkeitsbild oder zur vollständigen Erfüllung der vertraglichen oder gesetzlichen Hauptpflichten gehörige Nebenleistung darstellen. Ob eine Nebenleistung vorliegt, ist nach Umfang und Inhalt dieser Leistung unter Berücksichtigung der beruflichen Qualifikation zu beurteilen, die für die Haupttätigkeit erforderlich ist.
(2) Stets als erlaubte Nebenleistungen gelten Rechtsdienstleistungen, die im Zusammenhang mit einer der folgenden Tätigkeiten erbracht werden:
1. Testamentsvollstreckung;
2. Haus- und Wohnungsverwaltung;
3. Frachtprüfung;
4. Fördermittelberatung.
(3) Soweit Rechtsdienstleistungen im Zusammenhang mit einer anderen Tätigkeit nicht nach Absatz 1 oder Absatz 2 erlaubt sind, dürfen sie in Zusammenarbeit mit oder unter Hinzuziehung einer Person erbracht werden, der die entgeltliche Erbringung dieser Rechtsdienstleistungen erlaubt ist."

vertraglichen oder gesetzlichen Hauptpflichten gehörige Nebenleistung darstellen. § 5 Abs. 1 RDG-E stellt eine Erweiterung des bisherigen Art. 1 § 5 RBerG dar, der Nebenleistungen lediglich denjenigen Personengruppen erlaubt, die in Art. 1 § 5 RBerG enumerativ aufgeführt sind. Darüber hinaus fällt die bisher in Art. 1 § 5 RBerG zu findende Einschränkung der Notwendigkeit eines unmittelbaren Zusammenhangs mit der Haupttätigkeit weg.

Voraussetzung ist also nicht mehr wie im noch geltenden Recht, dass die andere Tätigkeit ohne die Rechtsdienstleistung überhaupt nicht sachgemäß erledigt werden kann. Vielmehr reicht es aus, dass die Tätigkeit eine zum Tätigkeitsbild oder zur vollständigen Erfüllung der Vertragspflichten gehörige Nebenleistung darstellt. Die Rechtsdienstleistung darf also nach ihrem Gewicht und ihrer Bedeutung nicht im Mittelpunkt des Leistungsangebots stehen und muss zum Berufsbild gehören. § 5 RDG-E erweitert somit einerseits den Bereich zulässiger sog. Annex-Rechtsdienstleistungen im Vergleich mit dem geltenden Gesetzesrecht[564]. Andererseits setzt die neue Vorschrift aber zugleich deutliche Grenzen, die mit denen vergleichbar sind, die in jüngsten Gerichtsentscheidungen in Abkehr von der traditionell überaus restriktiven Rechtsprechung zum geltenden § 5 RBerG entwickelt worden sind, so z.B. vom Bundesverwaltungsgericht aus dem Jahre 2004 zur Tätigkeit des Insolvenzberaters[565].

§ 5 RDG-E ist anders konzipiert als der als Ausnahmeregelung zu sehende heutige § 5 RBerG. Er verlagert einen wesentlichen Bereich dessen, was nach geltendem Recht nicht mehr als unzulässige Rechtsbesorgung angesehen werden kann[566], in den Bereich der zulässigen Nebenleistungen, also in einen Erlaubnistatbestand, der vom Gesetzgeber zugegebenermaßen auch greifbarer und zielgenauer ausgestaltet wurde.

Dennoch stellen sowohl § 5 Abs. 1 RDG-E als auch § 2 RDG-E jeweils nur Generalklauseln dar. Konkretere Regelungen waren dem Gesetzgeber auch nicht möglich, da sie andernfalls die Möglichkeiten im nunmehr geschaffenen flexiblen Zusammenspiel der Begriffe Rechtsdienstleistung und Nebenleistung zu sehr eingeschränkt hätten, insbesondere auch im Hinblick darauf, dass die Vorschrift für alle vielfältigste Berufe gelten soll, auch für solche, die erst noch entstehen.

a) Geplante Dienstleistung – eine Nebenleistung i. S. d. § 5 RDG-E

Nebenleistungen sind zunächst nach § 5 Abs. 1 RDG-E „im Zusammenhang mit einer anderen beruflich oder gesetzlich geregelten Tätigkeit“ erlaubt. Der Wortlaut dieser Norm ist auf den ersten Blick missverständlich. Denn nach der Gesetzesbegründung braucht die beruflich oder gesetzlich geregelte Tätigkeit nicht gesetzlich geregelt zu sein, sondern es genügt, dass es sich um eine fest

---

564 Nebenleistungen anderer Berufsangehöriger können z.B. sein:
- Sanierungs- oder Insolvenzberatung durch Dipl.-Betriebswirte oder Dipl.-Kaufleute;
- Beratung über Fragen des Baurechts oder der Sachmängelhaftung durch Architekten;
- Beratung über Gestaltungsmöglichkeiten bei der Vermögens- oder Unternehmensnachfolge durch Banken;
- Mitwirkung bei der Vorbereitung eines Erbscheinsantrages durch Erbenermittler.

565 BVerwGE 122, 130 = NJW 2005, 1293.

566 BVerfG NJW-RR 2004, 1570 (Inkasso II); NJW 2004, 2662 (Kramer); NJW 2004, 1855 (Medien I, Auto Bild/Sat.1); NJW 2004, 672 (Medien II, RTL „Wie Bitte?!“); NJW 2002, 3531 (Erbenermittler); NJW 2002, 1190 (Inkasso I).

umrissene berufliche Betätigung handelt. Klar ist, dass Rechtsdienstleistungen als Nebenleistungen anderer beruflicher Tätigkeiten zulässig sind, wenn sie zum jeweiligen Berufsbild gehören. Berufsbilder sind jedoch nicht statisch, sondern können sich entwickeln. Daher können auch Angehörige neuer Angebotszweige, wie auch dem der Prozessfinanzierung, zugehörige Rechtsdienstleistungen erbringen. Nicht möglich ist es sicherlich, Rechtsdienstleistungen beliebig mit anderen Dienstleistungen zu verknüpfen. Angebotene Rechtsdienstleistungen müssen sich daher vielmehr in die eigentliche berufliche Tätigkeit einpassen, d.h. zum Ablauf des Hauptgeschäfts typischerweise dazugehören.

Dass es sich bei dem bisherigen Kerngeschäft der Prozessfinanzierer um eine berufliche Betätigung im Sinne dieser Definition handelt, steht außer Frage. Die zentrale Frage ist nun, ob es sich bei dem Kerngeschäft des Prozessfinanzierers um eine Hauptleistung und bei der beabsichtigten Dienstleistung, hier der Aktenprüfung auf einklagbare Ansprüche, um eine Nebenleistung im Sinne des § 5 RDG-E handelt. Die Beantwortung dieser Frage richtet sich nach § 5 Abs.1 Satz 2 RDG-E.

aa) Nebenleistung gem. § 5 Abs. 1 S. 2 RDG-E

Nach dieser Regelung ist eine rechtsdienstleistende Tätigkeit als Nebenleistung solange zulässig, wie sie nicht den Kern und Schwerpunkt der Hauptleistung darstellt. Eine rechtsdienstleistende Tätigkeit als Nebenleistung kommt daher nur in Betracht, wenn die Hauptleistung keine Rechtsdienstleistung nach § 2 RDG-E ist. Es muss sich vielmehr um eine wirtschaftlich geprägte Tätigkeit handeln.

Das bisherige Kerngeschäft der Prozessfinanzierung, die Prüfung der Erfolgsaussichten einer Klage, ist keine Rechtsdienstleistung i.S.d. § 2 RDG-E. Denn die Prüfungen, die im Rahmen des Kerngeschäfts durchgeführt werden, sind Tätigkeiten in ausschließlich eigenen und nicht in fremden Angelegenheiten, weil die eigentliche Rechtsdienstleistung, nämlich die vorprozessuale Aufbereitung des Sachverhalts und die damit einhergehende rechtliche Beratung des Insolvenzverwalters, bereits ein Dritter – sein Prozessanwalt – oder er selbst erbracht hat. Durch die geplante Dienstleistung würde jedoch das traditionelle Kerngeschäft erweitert.

Nach bisheriger Rechtslage wäre dies nicht erlaubt. Art 1 § 5 RBerG setzt voraus, dass der Unternehmer zwei Geschäfte führt, nämlich ein zu seiner eigentlichen Berufsaufgabe gehörendes Hauptgeschäft, das keine Rechtsbesorgung darstellt und ein notwendiges Hilfsgeschäft, das an sich nach § 1 RBerG erlaubnispflichtig ist. Ist die Rechtsberatung hingegen Teil der eigentlichen Berufsaufgabe, so wird keine Annexkompetenz mehr ausgeübt, sondern originäre Rechtsberatung. Genau das wollte § 1 RBerG verhindern.

Nach der Gesetzesbegründung soll der Bereich der Rechtsdienstleistungen, die im Zusammenhang mit einer anderen geschäftsbesorgenden Tätigkeit erlaubt sind, aber weiter gefasst werden als bisher[567]. Entscheidend ist, ob die Rechtsdienstleistung eine die Tätigkeit prägende Leistung darstellt, oder ob es sich lediglich um eine Nebenleistung handelt, die zum Leistungsangebot des gewerblich oder freiberuflich tätigen Unternehmers gehört.

Die aufgeworfene Frage, ob die geplante Dienstleistung eine Nebenleistung darstellt, richtet sich gemäß den eben beschriebenen Vorgaben danach, ob mit der Durchsicht der Akten die Tatsachengrundlage für eine interne Entscheidung des

567 Begründung Referentenentwurf des BMJ vom 14.4.2005, S. 43.

Prozessfinanzierers gefunden werden soll, in einen Fall zu investieren oder ob einem Mandanten die Tatsachengrundlage unterbreitet wird, verbunden mit einer Empfehlung, wie er prozessual am besten vorzugehen hat.

Soweit die geplante Dienstleistung dazu dient, eine Tatsachengrundlage für eine interne Entscheidung zu schaffen, wird der Aspekt der Rechtsberatung nach wie vor in den Hintergrund gedrängt und der Schwerpunkt der Tätigkeit des Prozessfinanzierers liegt weiterhin auf wirtschaftlichem Gebiet, hier der Fremdfinanzierung von Prozessen. Diese Auffassung ist auch mit guten Gründen vertretbar, wenn man die angebotene Dienstleistung des Finanzierers als Nebenleistung qualifiziert, um lediglich als Nebeneffekt zusätzliche Finanzierungsfälle aus dem Kreis der Insolvenzverwalter zu akquirieren und die Finanzierungsentscheidung letztendlich dem Finanzierer nach üblicher Prüfung überlassen bleibt. Nebenleistung muss Nebenleistung bleiben. Sie darf die Tätigkeit insgesamt nicht prägen. Ob dies der Fall ist, richtet sich nach dem Umfang und Inhalt der rechtsdienstleistenden Tätigkeit. Solange die angebotene Dienstleistung nicht als primäres Tätigkeitsfeld des Finanzierers ausgebaut wird, sondern die überwiegende Anzahl der Finanzierungen aus alltäglichen Anfragen von Insolvenzverwaltern resultiert, ist die angebotene Dienstleistung als reine Nebenleistung zu qualifizieren und bleibt damit genehmigungsfrei.

bb) Berücksichtigung der Qualifikation zur Ausübung der – nicht rechtsdienstleistenden – Haupttätigkeit

Sollte sich die angebotene Dienstleistung jedoch im Kreis der Insolvenzverwalter etablieren und der Finanzierer überwiegend seine finanzierten Fälle aufgrund dieser Tätigkeit generieren, dürfte die Tätigkeit nicht mehr unter das Privileg der zulässigen Nebenleistung fallen, insbesondere auch dann, wenn man bei der Prüfung, ob die angebotene Dienstleistung zum Ablauf des Hauptgeschäfts typischerweise dazugehört, auch die Frage, ob eine erlaubte Nebenleistung vorliegt, unter Berücksichtigung der Qualifikation beurteilt, die für die – nicht rechtsdienstleistende – Haupttätigkeit erforderlich ist. Denn auch für diese Haupttätigkeit der reinen Prozessfinanzierung im klassischen Sinne ist eine hochqualifizierte juristische Ausbildung der einzelnen Mitarbeiter erforderlich. Die durchaus vertretbare Einbeziehung dieses Kriteriums wäre dann ebenfalls schädlich bei der Beurteilung einer zulässigen Nebenleistung im Sinne des § 5 RDG-E.

b) Zwischenergebnis

Sollte die vom Finanzierer angebotene Dienstleistung von den Verwaltern künftig derart vermehrt in Anspruch genommen werden, dass über diese Akquisitionsschiene die überwiegende Anzahl von Finanzierungen generiert wird und die Qualifikation der einzelnen Personen, die die Dienstleistung erbringen, genauso hoch ist, wie bei der Erbringung der Haupttätigkeit, wird ein Graubereich erreicht, der die Einstufung der Tätigkeit als zulässige Nebenleistung grenzwertig erscheinen lassen würde.

Zu empfehlen wäre daher zunächst, die angebotene Dienstleistung nicht als Haupttätigkeitsfeld auszubauen. Des Weiteren könnte sich der mit der Prüfung beauftragte Rechtsanwalt des Prozessfinanzierers für die Durchführung der beabsichtigten Dienstleistung zum Rechtsanwalt des Verwalters bestellen lassen, sollte also nicht in seiner Funktion als Finanzierer tätig werden. Denkbar wäre auch, dass der die Prüfung vornehmende Mitarbeiter des Finanzierers die nach Durchführung der geplanten Dienstleistung gefundenen Tatsachen und Anspruchsgrundlagen einem externen Rechtsanwalt, hier beispielsweise dem Prozessanwalt des Verwalters, unterbreitet, der dann seinerseits den Verwalter über das prozessuale Vorgehen weiter berät.

Letztgenannte Variante ist auch in § 5 Abs. 3 RDG-E[568] geregelt. § 5 Abs. 3 RDG-E entspringt der gesetzgeberischen Intention, dass der nichtanwaltliche Dienstleistende auch Rechtsdienstleistungen anbieten darf, die nicht lediglich Nebenleistungen sind, sofern nur der spezifisch rechtsdienstleistende Teil seiner vertraglichen Pflichten durch einen Anwalt ausgeführt wird. Daher bedarf es auch nicht eines gesonderten Vertragsschlusses zwischen dem Verwalter und einem hinzugezogenen Anwalt. Vielmehr darf der Dienstleistende sich eines von ihm selbst auszuwählenden und zu bezahlenden Anwalts zur Erfüllung der von ihm übernommenen Vertragspflichten bedienen. Diese zusätzliche Möglichkeit der Zwischenschaltung eines Rechtsanwalts durch den Finanzierer, der die vom Finanzierer gefundenen Ergebnisse überprüft und dem Verwalter übermittelt, wäre für den Finanzierer sicherlich eine überlegenswerte Alternative, um einen Konflikt mit dem neuen Rechtsdienstleistungsgesetz sicher auszuschließen.

4. § 4 RDG-E

Zu beachten wäre noch die durch § 4 RDG-E[569] bestimmte Grenze, wonach Rechtsdienstleistungen nicht erbracht werden dürfen, wenn sie mit anderen zu erfüllenden Leistungspflichten unvereinbar sind. Die Norm erfasst nicht jeden Fall einer Interessenkollision. Erfasst werden vielmehr nur solche Fälle, in denen eine andere, nicht auf eine Rechtsdienstleistung gerichtete Leistungspflicht bereits besteht oder anders gewendet, wenn die zu erbringende Rechtsdienstleistung deshalb Schaden erleiden kann, weil sie von dem Interesse des Erbringers an der Durchsetzung seiner Hauptleistung gesteuert wird.

Dies ist bei der vom Prozessfinanzierer angebotenen Dienstleistung jedoch nicht der Fall, denn diese soll ja erst zu einer späteren Prozessfinanzierung als „der anderen Leistungspflicht“ und der damit verbundenen Finanzierungspflicht führen. Direkt wäre § 4 RDG-E daher nicht einschlägig, zumal die angebotene Dienstleistung, hier die unentgeltliche Aktenprüfung auf einklagbare Ansprüche, entgegen dem Wortlaut, auch nur mittelbaren Einfluss auf die Leistungspflicht der Haupttätigkeit, nämlich der späteren Finanzierung der gerichtlichen Durchsetzung der ermittelten Ansprüche, hat. § 4 RDG-E soll bei Inanspruchnahme der vom Finan-

---

568 § 5 Abs. 3 RDG-E lautet: *„Soweit Rechtsdienstleistungen im Zusammenhang mit einer anderen Tätigkeit nicht nach Absatz 1 oder Absatz 2 erlaubt sind, dürfen sie in Zusammenarbeit mit oder unter Hinzuziehung einer Person erbracht werden, der die entgeltliche Erbringung dieser Rechtsdienstleistungen erlaubt ist.“*

569 § 4 RDG-E lautet: *„Rechtsdienstleistungen dürfen nicht erbracht werden, soweit sie mit einer anderen Leistungspflicht unvereinbar sind, weil sie unmittelbaren Einfluss auf die Erfüllung dieser Pflicht haben können und hierdurch die ordnungsgemäße Erfüllung der Rechtsdienstleistungspflicht gefährdet wird.“*

zierer angebotenen Dienstleistung verhindern, dass die einseitig auf die Interessen des Verwalters ausgerichtete Erfüllung der sich aus seinem Auftragsverhältnis ergebenden Aufgaben gefährdet wird.

Eine Interessenkollision wäre hier denkbar, da der Finanzierer auch ein hohes Interesse daran hat, aus seiner Prüfungstätigkeit heraus Ansprüche zu bejahen, um sich daraus ergebende Finanzierungen zu generieren. Der Insolvenzverwalter könnte sich aufgrund dieser nicht von der Hand zu weisenden wirtschaftlichen Eigeninteressen des Prozessfinanzierers dann möglicherweise nicht mehr darauf verlassen, vom Finanzierer wirklich unabhängig beraten zu werden. Dieses Argument kann jedoch nicht verfangen, weil eine Fehlberatung des Verwalters durch den Finanzierer ein Unterliegen im Prozess zur Folge hätte, das unmittelbar mit einem wirtschaftlichen Verlust des Prozessfinanzierers einhergehen würde. Der Finanzierer wird also sehr wohl darauf bedacht sein, die Unterlagen mit höchster Sorgfalt auf mögliche und tatsächlich auch Erfolg versprechende Ansprüche zu prüfen. Es besteht daher keine über § 4 RDG-E zu beseitigende Gefahr, dass die vom Finanzierer angebotene Rechtsdienstleistung für den Insolvenzverwalter nicht ordnungsgemäß erbracht wird. Nur beim Bestehen einer solchen Gefahrenlage sind Rechtsdienstleistungen unzulässig. Dies wäre möglicherweise der Fall bei einer vom Verwalter dem Finanzierer, unabhängig vom späteren Erfolg, zugesagten Vergütung der Prüfungstätigkeit.

Auch bei Rechtsschutzversicherern bestünde eine derartige Interessenkollision, wenn es um die Erhebung oder Abwehr von Ansprüchen gegenüber Dritten geht und diese ihre Versicherungsnehmer als Nebenleistung bzw. Rechtsdienstleistung über die Rechtsverfolgung beraten würden. Dies wäre deshalb problematisch, da die Rechtsschutzversicherer, im Gegensatz zum Prozessfinanzierer, zur Übernahme notwendiger Rechtsverfolgungskosten vertraglich verpflichtet sind. Die Rechtsdienstleistung der Rechtsschutzversicherer müsste auf die optimale Rechtsverfolgung gerichtet sein, unabhängig von Kosten, die sie verursacht. Die Rechtsdienstleistung hätte aber auch unmittelbar Auswirkungen auf die Leistung, die der Rechtsschutzversicherer nach dem Versicherungsvertrag erbringen muss. Das Interesse des Versicherers, Kosten der Rechtsverfolgung zu vermeiden, begründet die Gefahr, dass der Rechtsrat nicht sachgerecht erteilt wird, weil die Beratung – auch – im wirtschaftlichen Interesse des Versicherers erfolgen könnte.

Diese Interessenkollision, die § 4 RDG-E unterbinden will, besteht jedoch, wie oben dargelegt, bei der vom Prozessfinanzierer angebotenen Dienstleistung nicht, zumal dieser bzgl. des Vertragsschlusses völlig frei ist. Denkbar wäre hierbei allenfalls noch eine Kollisionsgefahr bei der in der angebotenen Dienstleistung inzident enthaltene Prüfung der Aussichten auf eine mögliche Bewilligung von PKH für den Verwalter. Hier ist die Situation mit dem Rechtsschutzversicherer vergleichbar. Aufgrund des primären Finanzierungsinteresses ist die Objektivität der Einschätzung zur möglichen Erlangung von PKH möglicherweise eingeschränkt, da eine Gewährung von PKH eine Prozessfinanzierung verdrängen würde. Aber auch diese Gefahr ist bei genauerem Hinsehen letztlich nicht gegeben, da der Finanzierer bei einer Fehleinschätzung und einer sich daraus ergebenden möglichen Schadensersatzklage von Gläubigern gegen den Insolvenzverwalter, letzterem aufgrund Fehlberatung haften würde bzw. den Verwalter nach den oben empfohlenen vertraglichen Freistellungsklauseln von diesen Schadensersatzansprüchen frei stellen müsste. Damit wäre dem Prozessfinanzierer mit einer interessenlastigen und finanzierungsorientierten Vorprüfung zur Frage einer PKH-Gewährung somit nicht gedient.

Zudem werden die Nebenleistungen des Prozessfinanzierers durch Volljuristen erbracht, die gleichzeitig auch als Rechtsanwalt zugelassen sind. Die Leistungen werden für eine Zielgruppe erbracht, hier die Insolvenzverwalter, die selbst in der Regel Volljuristen und damit umfassend rechtskundig sind bzw. eine anderweitige wirtschaftlich orientierte Hochschulausbildung haben. Damit können sich auch mögliche Risiken, wie sie insbesondere im Bereich der Nebenleistungen auf Verbraucher zukommen können, nicht realisieren, wo im vermeintlichen Interesse eines umfangreichen Dienstleistungsangebotes die Versuchung für Gewerbetreibende sicher groß ist, Rechtsberatung anzubieten, obwohl die entsprechende Fachkenntnis nicht vorhanden ist. In derartigen Fällen drohen dem rechtssuchenden Verbraucher durch unqualifizierten Rechtsrat irreparable Schäden, die bei normalen Gewerbetreibenden – anders als bei möglichen Fehlern eines Anwalts – auch nicht durch eine entsprechende Haftpflichtversicherung gedeckt sind. Auch diese Gefahr nicht zu realisierender Schadensersatzansprüche ist zumindest bei den großen gewerblichen Prozessfinanzieren, namentlich den 100%-igen Töchtern von Versicherungsunternehmen, aufgrund vorhandener Bonität für die Insolvenzverwalter praktisch ausgeschlossen.

Trotz der Risiken, die die rechtlichen Nebenleistungen durchaus mit sich bringen können, darf nicht unberücksichtigt bleiben, dass die Leistungserbringer selbst wissen müssen, was sie „rechtlich“ riskieren können, ohne die Qualität ihrer (eigentlichen) Hauptleistung nicht in Verruf zu bringen und damit zu gefährden. Dem Schutz der rechtssuchenden Person wird nichts genommen, weil die Rechtsdienstleistung als Nebenleistung stets unabtrennbarer Teil der Hauptleistung ist und bleibt[570]. Die Nebenleistung ist untergeordnet und hat schon qua Wortsinn Beiwerk zu bleiben. Durch die strikte Limitierung der Nebenleistung kann sie nie als selbständiges Produkt am Markt platziert werden, weshalb auch besondere Strafbewehrungen und gesonderte Haftpflichtversicherungen letztendlich gar nicht angezeigt sind.

5. Unentgeltliche Beratung gem. § 6 RDG-E

§ 6 RDG-E[571] erklärt die unentgeltliche Rechtsdienstleistung grundsätzlich für zulässig. Da auch die vom Prozessfinanzierer geplante Dienstleistung für den Verwalter unentgeltlich erbracht werden soll, wäre eine Zulässigkeit nach § 6 RDG-E denkbar.

---

570 A. A. offensichtlich *Römermann,* NJW 2006, 3025, 3028, der hier großes Gefährdungspotential sieht, aber eben verkennt, dass eine Nebenleistung immer ein unselbständiger Teil einer Hauptleistung ist, deren Schicksal sie vollständig teilt und nicht etwa wegen ihrer „Rechtlichkeit“ gesondert zu behandeln wäre.

571 § 6 RDG-E lautet: *„Erlaubt sind Rechtsdienstleistungen, die nicht im Zusammenhang mit einer entgeltlichen Tätigkeit stehen.“*

§ 6 RDG-E betrifft jedoch zum einen nur die Rechtsberatung im Familien- und Freundeskreis und begünstigt zum anderen die altruistische, karitative Rechtsberatung. „Kostenlose“ Serviceangebote des Prozessfinanzierers[572] sind danach nicht unentgeltlich i. S. d. RDG, weil sie im Zusammenhang mit dem (späteren) entgeltlichen Geschäft der Finanzierung des beabsichtigten Prozesses stehen.

IV. Ergebnis Anhang 1

Im Ergebnis ist die geplante Dienstleistung der Prozessfinanzierer nach dem geplanten Rechtsdienstleistungsgesetz im Unterschied zur alten Rechtslage unter dem Rechtsberatungsgesetz nunmehr zulässig. Sollte die angebotene Dienstleistung bei dem Prozessfinanzierer derart Ausmaße annehmen, dass die im Insolvenzbereich zu finanzierenden Prozesse überwiegend über diese Dienstleistungsschiene generiert werden, sollte sich der die Prüfung ausführende Rechtsanwalt des Finanzierers vom Verwalter gesondert mandatieren lassen. Andererseits könnte das Ergebnis der vom Finanzierer erbrachten Dienstleistung auch einem externen Anwalt übermittelt werden, der gegenüber dem Insolvenzverwalter die eigentliche Rechtsberatung übernimmt. Dies kann ein vom Finanzierer beauftragter Rechtsanwalt sein oder auch der für den Verwalter tätige Prozessanwalt.

572 Wie beispielsweise auch etwa die von einer Bank für den – potentiellen – Kunden kostenlos und unverbindlich angebotene Testamentsberatung.

Anhang 2. Der Prozessfinanzierungsvertrag unter Betrachtung der Vorschriften der §§ 305 bis 310 BGB

I. Problemstellung

Ob die Bestimmungen über die Allgemeinen Geschäftsbedingungen gem. §§ 305 bis 310 BGB auf den Prozessfinanzierungsvertrag anwendbar sind, richtet sich nach der vertragstypologischen Qualifikation desselbigen. Hierzu gehen die Meinungen in der Literatur und der Rechtsprechung auseinander. Höchstrichterlich liegt zu dieser Frage noch keine Entscheidung vor.

II. Anwendbarkeit der §§ 305 bis 310 BGB

Gemäß § 310 Abs. 4 S. 1 BGB[573] finden die Vorschriften der Allgemeinen Geschäftsbedingungen grundsätzlich keine Anwendung auf dem Gebiet des Gesellschaftsrechts, da es im Gesellschaftsrecht wegen der häufig bestehenden persönlichen Bindungen der Vertragsparteien an einer für Verbraucher typischen ungünstigen Verhandlungsposition fehlt und darüber hinaus bereits zwingende gesetzliche Regelungen unangemessene Benachteiligungen vielfach verhindern[574]. Da es sich bei dem Prozessfinanzierungsvertrag um einen Gesellschaftsvertrag handeln könnte, ist die Anwendbarkeit der §§ 305 bis 310 BGB fraglich.

1. Meinungsstand

In der früheren wissenschaftlichen Diskussion ist der Prozessfinanzierungsvertrag als partiarischer Darlehensvertrag[575] und als Versicherungsvertrag[576] qualifiziert worden. Das Bundesaufsichtsamt, welches in der Bundesanstalt für Finanzdienstleistungsaufsicht aufgegangen ist, nahm eine Nähe zum Forderungskauf an[577]. Die überwiegende Tendenz im neueren Schrifttum qualifiziert den Prozessfinanzierungsvertrag als eine (stille) Innengesellschaft bürgerlichen Rechts zwischen dem Prozessfinanzierer und dem Finanzierungsnehmer, nimmt also einen Gesellschaftsvertrag an[578].

---

573 Vormals § 23 Abs. 1 AGBG.
574 Ulmer/Brandner/Hensen-*Ulmer*, § 23, Rn. 19; Wolf/Horn/Lindacher-*Horn*, § 23, Rn. 70.
575 *Bruns*, JZ 2000, 232, 238; *Ströbel*, BRAK-Mitt. 1998, 263, 265.
576 *Fritsche/Schmidt*, NJW 1999, 2998, 3001.
577 Beschlusskammer-Entscheidung, VerBAV 1999, 167, 168.
578 *Kochheim*, Die gewerbliche Prozessfinanzierung, 2003, S. 90 ff.; *Maubach*, Gewerbliche Prozessfinanzierung gegen Erfolgsbeteiligung, 2002, S. 95 ff.; *Dimde*, Rechtsschutzzugang und Prozessfi-

Letzterer Auffassung hat sich das LG Köln[579] insoweit angenähert, als es unter Hinweis auf die herrschende Literatur ausführt, dass viel dafür spreche, dass der Prozessfinanzierer stiller Gesellschafter des Finanzierungsnehmers sei, konnte die Frage im Ergebnis aber dahinstehen lassen. Das niedersächsische Finanzgericht[580] nahm in einem Fall der Prozessfinanzierung an, es handele sich um ein partiarisches Rechtsverhältnis. Dies deshalb, da die zweite in Frage kommende Alternative einer Außengesellschaft bürgerlichen Rechts deshalb nicht vorliege, weil ein Gesellschaftsvermögen und eine Gesamthandsführung der Beteiligten fehle[581] und daher nur die erste Alternative in Frage käme, ohne dies näher zu begründen.

2. Rechtliche Qualifizierung des Prozessfinanzierungsvertrages

Von einem Darlehensvertrag kann schon deshalb nicht ausgegangen werden, weil der Kläger dem Finanzierer im Falle des Unterliegens im Rechtsstreit oder bei Uneinbringlichkeit der Forderung die vorgeleisteten Prozesskosten nicht zurückzahlen muss[582]. Einem Versicherungsvertrag fehlt es zum einen an dem Merkmal der Entgeltlichkeit. Denn der Prozessfinanzierungsvertrag enthält das einem Versicherungsvertrag fremde Element, dass der Finanzierer für die Übernahme des Prozesskostenrisikos keine Prämie erhält, obwohl sich dieses Risiko im Falle eines Unterliegens im Prozess jederzeit realisieren kann. Zum anderen hat auch der Versicherer im Hinblick auf den versicherten Vorgang oder das versicherte Geschäft, dessen Durchführung die Risikoübernahme dient, kein eigenes Interesse, der Prozessfinanzierer sehr wohl. Auch liegt der angenommene Forderungskauf nicht vor, weil dem Finanzierer keine Forderung gegen Entgelt endgültig übertragen wird.

Somit spricht in der Tat sehr viel für die Annahme einer Gesellschaft, da die Interessen von Anspruchsinhaber und Finanzierer an einer Durchsetzung und Verwertung der Forderung grundsätzlich übereinstimmen. Fraglich ist nur, ob eine derartige lediglich übereinstimmende Interessenlage ausreicht. Dies ist deshalb fraglich, da ein *Gesellschaftsverhältnis* nach § 705 BGB voraussetzt, dass sich die Beteiligten zur Erreichung eines *gemeinsamen Zwecks* zusammenschließen, zu dessen Förderung sich jeder Gesellschafter in der *im Vertrag bestimmten Weise* verpflichtet[583]. Offen ist hier zum einen die Frage des gemeinsamen Zwecks und zum anderen die vertragliche Verpflichtung, in der dieser Zweck zum Ausdruck kommen soll. Um

---

nanzierung im Zivilprozess, 2003, S. 186 ff.; *Jaskolla,* Prozessfinanzierung gegen Erfolgsbeteiligung, 2004, S. 62 ff.; *Dethloff,* NJW 2000, 2225, 2227; *Grunewald,* BB 2000, 729, 731.

579 LG Köln, NJW-RR 2003, 426, 427.

580 Niedersächsisches FG v. 13.6.2005, Az. 16 K 20366/01 (unveröffentlicht).

581 Dabei hat das FG indes nicht beachtet, dass dem Gesetz – wie die Existenz der stillen Gesellschaft (§§ 230 ff. HGB) zeigt – auch Gesellschaftsformen nicht fremd sind, in denen sich ein Dritter lediglich finanziell an der Unternehmung eines anderen beteiligt und für die das Fehlen eines Gesellschaftsvermögens und eine fehlende Beteiligung an der Geschäftsführung gerade charakteristisch sind.

582 So auch *Kochheim* a. a. O., S. 61; *Maubach* a. a. O., S. 78; *Dethloff* a. a. O.; *Grunewald* a. a. O.

583 Palandt-*Sprau,* § 705 Rn. 20; BGHZ 135, 387; Die Abgrenzung im Einzelfall ist durch eine Gesamtschau des Vertragszwecks und -inhalts sowie der wirtschaftlichen Ziele der Parteien vorzunehmen, OLG Dresden, NZG 2000, 302; Palandt-*Sprau,* § 705 Rn. 9.

einen *Austauschvertrag,* bei dem die Vergütung für die Sach- und Dienstleistung ganz oder teilweise erfolgsabhängig ausgestaltet ist[584], handelt es sich hingegen, wenn die Parteien zwar *gleichgerichteten Interessen* nachgehen, aber eben keinen gemeinsamen Zweck verfolgen.

a) Allgemeine Abgrenzung zwischen gemeinsamem Zweck und gleichen Interessen

Die Abgrenzungslinien zwischen dem gemeinsamen Zweck eines Gesellschaftsverhältnisses und den gleichgerichteten Interessen eines Austauschverhältnisses sind fließend, was daran liegt, dass partiarische Rechtsverhältnisse ein gesellschaftsrechtliches Element in sich tragen, welches aus dem gemeinsamen Interesse an einem möglichst hohen Ertrag resultiert[585]. Dies wird auch in den Vertragspflichten des im Rahmen eines partiarischen Rechtsverhältnisses „geschäftsführenden" Vertragspartners deutlich: Dieser hat den Beitrag des Anderen so einzusetzen, dass den Interessen seines Partners an einem möglichst hohen Ertrag entsprochen wird. Ihn trifft daher hinsichtlich des gemeinsamen Ziels der Ertragsmaximierung eine Förderungspflicht, deren gesellschaftsrechtlicher Einschlag nicht geleugnet werden kann[586]. Man kann daher davon sprechen, dass ein partiarisches Rechtsverhältnis zwar weder gesellschaftlich noch gesellschaftsartig ist, aber doch gesellschaftsähnlich.

Dies macht die Abgrenzung nicht leichter. Für die Einordnung des Prozessfinanzierungsvertrages in ein Gesellschafts- oder Austauschverhältnis reicht es jedoch nicht aus, so aber die herrschende Literatur, primär auf die Verfolgung eines gemeinsamen Ziels abzustellen, zu dessen Förderung sich die Vertragspartner wechselseitig verpflichtet haben. Dies ist zugegebenermaßen für ein Gesellschaftsverhältnis durchaus typisch, gleichwohl aber auch einem partiarischen Rechtsverhältnis nicht fremd. Es ist im Rahmen der Abgrenzung deshalb ergänzend zu fragen, ob die Parteien sich durch den Vertrag zur Erreichung eines gemeinsamen Zwecks verbunden haben und ihre vertraglichen Beziehungen ein gesellschaftliches Element in sich tragen, oder aber, ob die Parteien ohne jeden gemeinsamen Zweck lediglich ihre eigenen Interessen verfolgen und ihre Beziehungen zueinander ausschließlich durch die Verschiedenheit ihrer eigenen Interessen bestimmt wird[587].

Dabei liegt die Verfolgung ausschließlich eigener Interessen auch dann vor, wenn die Parteien gleichgerichtete Interessen verfolgen, diese Interessenverfolgung aber ausschließlich eigennützig fördern. Für die Abgrenzung kommt es mithin entscheidend darauf an, wodurch das jeweilige Rechtsverhältnis geprägt wird: Die Gemeinsamkeit oder die Gegensätze[588].

---

584 Sog. Partiarisches Rechtsverhältnis.

585 BGHZ 127, 176; Ist die Vergütung für die Leistung eines anderen erfolgsbezogen ausgestaltet, besteht sie z. B. ganz oder z. T. in einem anteiligen Gewinn des anderen, ist die Erzielung dieses Gewinns durch den anderen aber nur dessen Angelegenheit und nicht gemeinschaftlicher Vertragszweck, BGH, NJW 1990, 573; NJW 1992, 2696.

586 *Larenz/Canaris,* 13. Aufl., Schuldrecht II 2, § 63 III 2.

587 BGH, NJW 1990, 573, 574; BGH, WM 1965, 1052.

588 BGH a. a. O.

b) Konkrete Abgrenzung im Vertragsverhältnis zwischen Insolvenzverwalter und Prozessfinanzierer

aa) *Gemeinsame Zweckverfolgung*

Grundsätzlich könnte man argumentieren, dass eben die Übereinstimmung der Interessen des Insolvenzverwalters und des Finanzierers an einer Durchsetzung und bestmöglichen Verwertung der vorhandenen und einzuklagenden Forderungen der gemeinsame Zweck ist und zur Annahme einer Gesellschaft führt. So hat auch schon das OLG Hamburg Anfang des vergangenen Jahrhunderts die Auffassung vertreten, dass die finanzielle Beteiligung an den Rechtsverfolgungskosten eines anderen zur Feststellung einer nur diesem zustehenden Forderung zum Vorliegen einer Gesellschaft führt, wenn der Geldgeber an der gerichtlichen Feststellung der Forderung des anderen ein eigenes Interesse hat[589]. Hier besteht der gemeinsame Zweck in der Durchsetzung und Verwertung der der Insolvenzmasse zustehenden Forderung durch den Insolvenzverwalter. Die Gewinnerzielungsabsicht des Prozessfinanzierers stellt die außerhalb des Gesellschaftszwecks stehende Motivation zum Eingehen der Gesellschaft dar[590]. Die Zweckförderung durch den Finanzierer besteht in der Übernahme der Prozesskosten und des Prozesskostenrisikos. Der Insolvenzverwalter stellt seine vermeintliche Forderung in den Dienst der Gesellschaft, ohne dass es zu diesem Zweck zu einer Änderung der Rechtsinhaberschaft kommt[591]. Zur Abtretung der Ansprüche kommt es lediglich zu Sicherungszwecken, insbesondere damit der Finanzierer vorrangig von anderen Massegläubigern befriedigt werden kann, und damit auch mittelbar zur Sicherung des gemeinsamen Zwecks. Darüber hinaus besteht der Beitrag des Insolvenzverwalters in dem Führen des Rechtsstreits und den weiteren zur Verwertung der Forderung erforderlichen Maßnahmen, etwa der Zwangsvollstreckung. Weil der Insolvenzverwalter bei der Verfolgung des Gesellschaftszwecks im Rechtsverkehr allein und im eigenen Namen auftritt, handelt es sich um eine Innengesellschaft[592].

bb) *Eigennützige Förderung der Interessenverfolgung*

Andererseits könnte man wegen der primären Gewinnerzielungsabsicht des Finanzierers und der Tatsache, dass dem Insolvenzverwalter lediglich am Geldfluss des Finanzierers gelegen ist, beim Insolvenzverwalter somit der Charakter des Prozessfinanzierers als notwendiger Dienstleister im Rahmen seiner Verwertungshandlung im Vordergrund steht, einen gemeinsamen Zweck verneinen. Dem Insolvenzverwalter geht es nicht darum, mit dem Finanzierer in gesellschaftsrechtliche Beziehungen zu treten. Er will, dass der Prozessfinanzierer ihn bei der Realisierung der Masseforderung durch die Bereitstellung der hierfür erforderlichen, lediglich in der Masse nicht vorhandenen Mittel unterstützt. Damit ist die

---

589 OLG Hamburg, OLGZ 33, 119.
590 *Kochheim* a.a.O., S. 95 ff.
591 *Frechen/Kochheim,* NJW 2004, 1213, 1215.
592 *Kochheim* a.a.O., S. 90 ff.; *Maubach* a.a.O., S. 95 ff.; *Dimde* a.a.O., S. 186 ff.; *Dethloff* a.a.O., 2227; Palandt-*Sprau,* § 705 Rn. 42.

Interessenlage einer Fremdfinanzierung mit Hilfe einer Bank in Form eines Darlehens ähnlich, nur dass dieser Betrag im Unterliegensfalle nicht zurückgezahlt werden muss, ähnlich einem verlorenen Zuschuss. Für die Übernahme des Ausfallrisikos lässt sich der Finanzierer freilich ein Erfolgshonorar versprechen. Nicht mehr und nicht weniger. Wäre ausreichend Masse vorhanden, gäbe es für den Insolvenzverwalter keinen Anlass, mit dem Finanzierer zu kooperieren und diesen am Erlös zu beteiligen. Er ist vielmehr gezwungen, aus der (Finanz-)Not eine Tugend zu machen. Eine weitergehende Zusammenarbeit wünscht der Insolvenzverwalter nicht.

Auch für den Prozessfinanzierer steht nur seine „Dienstleistung" im Vordergrund: Er finanziert gewerbsmäßig jeweils einzelne, klar umgrenzte Rechtsstreitigkeiten und hofft, aus der Vielzahl aller Finanzierungen im Rahmen einer Mischkalkulation einen Totalgewinn zu erzielen. Sein rein finanzielles Interesse steht dabei im Vordergrund, nicht aber das Interesse des Insolvenzverwalters, die Masse zugunsten der Gläubiger anzureichern. Die wirtschaftlichen Auswirkungen des Prozesses auf das Insolvenzverfahren sind für den Finanzierer von geringem Interesse. Er will mit dem Insolvenzverwalter ebenso wenig in gesellschaftsrechtliche Beziehungen treten wie dieser mit ihm.

Selbst dem Finanzierungsvertrag, in dem der erforderliche gemeinsame Zweck vertraglich manifestiert sein soll, kann man nicht entnehmen, dass der Prozessfinanzierer dem Insolvenzverwalter oder gar der Masse gesellschaftsrechtlich zur Treue verpflichtet sein will. Die gesellschafterliche Treuepflicht ist für ein Gesellschaftsverhältnis charakteristisch und gehört zu den bedeutendsten Pflichten des Gesellschaftsrechts überhaupt[593]. Sie verlangt insbesondere, den Interessen der Gesellschaft regelmäßig den Vorrang einzuräumen gegenüber den eigenen Interessen, welche nur insoweit verfolgt werden dürfen, als Gesellschaftsbelange nicht entgegenstehen[594]. Dafür, dass sich der Prozessfinanzierer derart selbst beschränken will, fehlt es in dem Prozessfinanzierungsvertrag an tragfähigen Anhaltspunkten. Insbesondere der präzise und sehr detailliert gefasste und insgesamt sehr umfangreiche Vertrag macht deutlich, dass sich der Finanzierer, der diesen Vertrag zunächst vorgibt, nicht auf eine Argumentation mit der gesellschaftsrechtlichen Treuepflicht einlassen will[595].

Nachdem die Prozessfinanzierungsverträge der verschiedenen Anbieter standardisiert sind und in ihren wesentlichen Regelungsgegenständen weitgehend übereinstimmen, wird für den Zweck der nachfolgenden Darstellung erneut exemplarisch auf den Musterprozessfinanzierungsvertrag der D. A. S. Prozessfinanzierung AG mit Stand Februar 2007 zurückgegriffen[596].

---

593 Für die stille Gesellschaft z. B. BGH, NJW-RR 2006, 760, 763; BGH, ZIP 1987, 1316, 1319.
594 BGH a. a. O.
595 Vgl. auch *Fritzsche/Schmidt*, NJW 1999, 2998, 3002.
596 Der Vertrag ist im Internet abrufbar unter http://www.das-prozessfinanzierung.de.

(1) Klausel bei Vergleichsabschluss

So steht das Recht des Prozessfinanzierers nicht unter dem Vorbehalt, dass ein abzuschließender Vergleich im Hinblick auf Chancen und Risiken des Rechtsstreits ausgewogen ist. Vielmehr behält sich der Finanzierer vor, allein darüber zu entscheiden, ob er den vorgeschlagenen bzw. vom Verwalter (widerruflich) abgeschlossenen Vergleich für sachgerecht hält oder nicht, um dann die Annahme des Vergleichs bzw. dessen Nichtwiderruf zu empfehlen. Zwar soll der Insolvenzverwalter in seiner Entscheidung diesbezüglich frei sein, doch wird diese Entscheidungsfreiheit praktisch wieder durch ein Sonderkündigungsrecht des Finanzierers und damit verbundener Straf- und Schadensersatzklausel bei Nichtbefolgung der Empfehlungen des Finanzierers beseitigt[597].

Zugegebenermaßen ist diese Druckklausel bei den Insolvenzverwaltern nicht ganz unbeliebt, ermöglicht sie doch dem Verwalter, auch betragsmäßig weit unter der Klageforderung liegende Vergleiche abzuschließen und dies mit der Empfehlung des Finanzierers und der damit verbundenen Schadensersatzklausel gegenüber den Gläubigern und dem Insolvenzgericht zu rechtfertigen. Denn auch der Insolvenzverwalter ist Unternehmer, der darauf bedacht ist, die Insolvenzverfahren zügig abschließen zu wollen. Sein Ziel ist es nicht, mit Hilfe des Prozessfinanzierers jahrelange Prozesse über mehrere Instanzen zu führen, um Rechtsfortbildung zu betreiben. Nein, er sucht vielmehr wirtschaftliche Lösungen. Seine Vergleichsbereitschaft ist daher tendenziell höher, als bei einem „normalen" Anspruchsinhaber. Dabei kommt ihm diese Klausel teilweise sogar zugute. Dieser Umstand ist aber mehr der Zufälligkeit als einer tatsächlichen Absprache geschuldet.

Grundsätzlich dient die Klausel ausschließlich dem Interesse und dem Schutz des Finanzierers, der damit auf den Vertragspartner Druck ausüben kann. Schadensersatzansprüche stehen in der Tat im Raum, wenn der Insolvenzverwalter, entgegen der Empfehlung des Finanzierers, den Vergleich widerruft, anschließend ein klageabweisendes Urteil kassiert und der Finanzierer nun so gestellt werden möchte, wie er stehen würde, wenn der Vergleich, gemäß seiner Empfehlung, nicht widerrufen worden wäre. Auch ist nicht davon auszugehen, dass der Prozessfinanzierer in einem derartigen Fall den Insolvenzverwalter wie einen Mitgesellschafter gem. § 708 BGB in die Haftung nehmen will, nämlich „so wie er ist". Es ist vielmehr davon auszugehen, dass der Insolvenzverwalter dem Finanzierer nicht nur für eigenübliche Sorgfalt, sondern für jede Fahrlässigkeit haften soll[598].

(2) Vertragliche Sicherungsrechte

Gegen ein Gesellschaftsverhältnis, welches – jedenfalls typisierend – durch ein gesteigertes Vertrauen unter den Gesellschaftern, aber – korrespondierend – auch

597 So lautet die Klausel der D. A. S. in § 8: *„Zum Abschluss des Vergleichs über die streitigen Ansprüche ist der Anspruchsinhaber nur mit Zustimmung der D.A.S. berechtigt. Empfiehlt die D.A.S. den Abschluss eines Vergleichs, weil sie diesen unter Berücksichtigung der Sach- und Rechtslage für angemessen hält, ist der Anspruchsinhaber hierdurch in seiner Entscheidung nicht gebunden. Nimmt der Anspruchsinhaber den vom Gericht oder vom Anspruchsgegner vorgeschlagenen Vergleich nicht an, obwohl die D.A.S. dies empfohlen hat, so ist die D.A.S. zur unverzüglichen Kündigung dieses Vertrages berechtigt. Der Anspruchsinhaber hat die D.A.S. in diesem Fall so zu stellen, wie sie bei Abschluss des empfohlenen Vergleiches stehen würde."*

598 Was jedoch, wie gezeigt, gegenüber dem Insolvenzverwalter, der Masse oder gegenüber dem Prozessanwalt des Verwalters praktisch ausgeschlossen ist.

durch gesteigerte Treuepflichten geprägt ist[599], spricht auch das ausgeprägte Sicherungsbedürfnis des Prozessfinanzierers: Neben umfassenden Zusicherungen[600] des Insolvenzverwalters enthält der Prozessfinanzierungsvertrag auch weit reichende Kündigungsmöglichkeiten des Finanzierers[601]. Eine Kündigung des Anspruchsinhabers hingegen ist praktisch ausgeschlossen[602]. Zudem muss der Insolvenzverwalter die streitigen Forderungen und sämtliche Ansprüche auf Verfahrenskostenerstattung an den Finanzierer abtreten[603]. Diese umfassende Absicherung des Finanzierers ist für ein Gesellschaftsverhältnis untypisch und spricht daher ebenfalls als wesentliches Indiz für das Vorliegen eines auf Leistungsaustausch gerichteten (partiarischen) Rechtsverhältnisses.

Nicht isoliert, sondern in diesem Kontext zu würdigen sind die Kontroll-, Informations- und Mitwirkungsrechte des Finanzierers[604]. Diese sind ebenfalls nicht

---

599 LG Bonn, AnwBl. 2006, 851, 854.

600 So lautet die Klausel der D. A. S. (statt vieler) in § 1: *„Der Anspruchsinhaber versichert hiermit, dass 1. alle in den „Angaben zur Prüfung einer Prozessfinanzierung" zu diesem Vertrag enthaltenen Erklärungen richtig und vollständig sind; 2. ihm keine Tatsachen bekannt sind, die der Rechtswirksamkeit oder Durchsetzbarkeit der streitigen Ansprüche entgegenstehen könnten, insbesondere aufrechenbare Gegenforderungen, Zurückbehaltungs- oder sonstige Gegenrechte, soweit sie in den „Angaben zur Prüfung einer Prozessfinanzierung" nicht ausdrücklich aufgeführt sind; 3. die streitigen Ansprüche nicht an Dritte abgetreten, verpfändet oder von Dritten gepfändet oder sonst mit rechten Dritter belastet sind; 4. die Unterlagen, die er selbst oder über den von ihm beauftragten Rechtsanwalt der D.A.S. übergeben hat, den Sachverhalt wahrheitsgemäß und vollständig wiedergeben; 5. zwischen ihm und dem Anspruchsgegner kein anderer Rechtsstreit anhängig ist, war oder zu erwarten ist, der die streitigen Ansprüche berühren könnte; 6. kein vollstreckbarer Titel gegen ihn besteht, aus dem die Zwangsvollstreckung droht; 7. er dem von ihm beauftragten Rechtsanwalt Prozessvollmacht sowie Vertretungsmacht im Zusammenhang mit der Durchführung dieses Prozessfinanzierungsvertrages erteilt hat. 8. Der Anspruchsinhaber erteilt hiermit dem von ihm beauftragten Rechtsanwalt die Vertretungsmacht, Erklärungen der D.A.S. bezüglich des Prozessfinanzierungsvertrages entgegenzunehmen. 9. Er erteilt auch dem von ihm beauftragten Rechtsanwalt Geldempfangsvollmacht."*

601 So hat die D. A. S. Kündigungsrechte, wie folgt (statt vieler) § 7 Nr. 5 b: *„Bei einem Verstoß gegen die unter § 7 Ziff. 1-4 genannten Pflichten* (das sind Pflichten zur risikobewussten und sparsamen Prozessführung und Prozessförderung, weitreichenden Informationspflichten und Pflichten zur Einholung der vorherigen Zustimmung der D. A. S.) *ist die D.A.S. zur Kündigung des Prozessfinanzierungsvertrages berechtigt"* und weiter in § 9 Nr. 1: *„Die D.A.S. kann den Vertrag mit sofortiger Wirkung durch schriftliche Erklärung kündigen und die Finanzierung des Prozesses einstellen, wenn und soweit eine weitere Rechtsverfolgung nicht mehr überwiegend erfolgversprechend erscheint. Dies ist insbesondere der Fall, wenn folgende Umstände eintreten: Gerichts- oder Behördenentscheidungen, mit denen die streitigen Ansprüche ganz oder teilweise abgelehnt werden, gerichtliche Hinweise mit nachteiligem Inhalt für die Erfolgsaussichten, für die D.A.S. neue Tatsachen, neue Rechtsprechung, Gesetzesänderungen, Wegfall von Beweismöglichkeiten, wesentliche Verschlechterung der Vermögensverhältnisse des Anspruchsgegners, eine nachteilig verlaufende Beweisaufnahme, die Weigerung des Anspruchsinhabers das finanzierte Verfahren einzuleiten oder weiterzubetreiben"*.

602 So lautet die Kündigungsklausel für den Anspruchsinhaber im D. A. S.-Vertrag (statt vieler) § 10: *„1. der Anspruchsinhaber ist nur aus wichtigem Grund berechtigt, diesen Vertrag zu kündigen. Im Falle der Kündigung des Vertrages aus wichtigem Grund hat der Anspruchsinhaber der D. A. S. alle nach §§ 3 und 4 geleisteten und die gegebenenfalls aufgrund gesonderter Vereinbarung verauslagten Zahlungen zurückzuerstatten. 2. Die Vertragsparteien schließen ausdrücklich als Kündigungsgrund den Fall aus, dass es dem Anspruchsinhaber nach Abschluss dieses Vertrages gelingt, die Prozessfinanzierung aus eigenen Mitteln, durch Kredit oder Erhalt von PKH sicherzustellen."*

603 So lautet die Klausel der D. A. S. in § 6: *„Zur Sicherung der Erstattungs- und Erlösansprüche der D. A. S. tritt der Anspruchsinhaber hiermit vorrangig die streitigen Ansprüche sowie sämtliche Ansprüche auf Prozesskostenerstattung gegen den Anspruchsgegner und Dritte an die D. A. S. ab. Die D. A. S. nimmt die Abtretung an."*

604 So vereinbart der Prozessfinanzierer mit dem Anspruchsinhaber umfassende Prüfungsrechte zur Sachverhaltsaufklärung, Auskunfts-, Prozessförderungs-, Informations- und Zustimmungs-

Ausdruck einer gesellschaftsrechtlichen Interessenverbundenheit, sondern wurzeln letztendlich in dem Sicherungsbedürfnis des Prozessfinanzierers als Geldgeber[605].

(3) Eingeschränkte Kostenübernahmeklauseln/Risikogemeinschaft

Grundsätzlich verpflichtet sich der Prozessfinanzierer vertraglich zur Übernahme sämtlicher Prozesskosten, also auch die der Gegenseite im Falle der Klageabweisung entstehenden Ansprüche auf Erstattung deren außergerichtlicher Kosten. Gerade diese Verpflichtung der Übernahme des gesamten Kostenrisikos ist es aber, die den „normalen" Anspruchsinhaber bewegt, Prozessfinanzierung in Anspruch zu nehmen und das Wagnis eines Rechtsstreites einzugehen. Wenn dies aber so ist, würde diese Leistung des Finanzierers, wollte man sie gesellschaftsrechtlich als Einlage behandeln, aber nicht den unmittelbaren Rechtsstreit als gemeinsamen Zweck fördern, sondern die Bereitschaft des Anspruchinhabers zur Inanspruchnahme von Prozessfinanzierung, was untypisch für eine Gesellschaft wäre. Die vollständige Übernahme des Kostenrisikos durch den Finanzierer lässt doch eine Risikogemeinschaft entfallen, die aber wiederum typisches Wesensmerkmal einer Gesellschaft ist. Auch dies spricht gegen eine Gesellschaft.

Nun könnte man aber bei der Finanzierung mit einem Insolvenzverwalter möglicherweise anders denken. Dies deshalb, da im Finanzierungsvertrag mit einem Insolvenzverwalter in masseunzulänglichen oder auch massearmen Verfahren nur die zur Führung des Rechtsstreits notwendigen Kosten (Gerichtskosten erster Instanz und außergerichtliche Kosten des Insolvenzverwalters) übernommen werden, nicht aber die Kosten der Gegenseite[606]. So könnte man meinen, dass eine Risikoverteilung geschaffen wurde und es aufgrund fehlender Masse primär um die Erhebung des Rechtsstreites, also um die Finanzierungsfunktion, und weniger um eine Ermunterung zur Inanspruchnahme von Prozessfinanzierung durch Befreiung vom Kostenrisiko, geht, also nicht um die Versicherungsfunktion. Bei näherer Betrachtung ist die Situation jedoch mit der eines „normalen" Anspruchsinhabers identisch: Der Insolvenzverwalter kann mangels vorhandener Masse den Prozess nicht bezahlen bzw. kann die zur Begleichung der vorrangigen Massekosten vorhandene Masse nicht einsetzen bzw. dem Risiko des Verlustes aussetzen. Für den Fall des Unterliegens im Prozess ist er zwar den Kostenerstattungsansprüchen der Gegenseite ausgesetzt, kann aber bei unzulänglicher Masse die Masseunzulänglichkeit bzw. auch Neumasseunzulänglichkeit anzeigen und gegenüber dem obsiegenden Beklagten die Masseunzulänglichkeitseinrede erheben. Weder die Masse noch den Insolvenzverwalter trifft daher ein Kostenrisiko, welches der Finanzierer übernehmen müsste. Die Gläubiger können von der Prozessfinanzierung daher auch nur profitieren, ebenso wie der Insolvenzverwalter. Dieser kann

---

verpflichtungen des Anspruchsinhabers sowie umfassende, aber nur einseitige Mitwirkungs- und Kündigungsrechte zugunsten des Finanzierers.

605 So auch *Fritzsche/Schmidt*, NJW 1999, 2998, 3001.

606 So lautet die Klausel der D.A.S. § 3 Nr. 2: *„Ebenfalls nicht übernommen werden die Kosten des/der Beklagten und Kosten etwaiger Streitverkünder."*

allenfalls den Prozess verlieren, diesen dann aber ohne finanzielle Risiken. Somit existiert auch zwischen dem Insolvenzverwalter und dem Finanzierer trotz dessen eingeschränkter Kostenübernahmeverpflichtung keine echte Risikogemeinschaft, die für eine Gesellschaft sprechen könnte.

Diejenigen Stimmen in der Literatur, die einen gemeinsamen Zweck im Vertragsschluss zwischen Anspruchinhaber und Prozessfinanzierer bejahen und dann als konsequente Folge ein Gesellschaftsverhältnis annehmen, auf das die Vorschriften der §§ 305 bis 310 BGB wegen § 310 Abs. 4 S. 1 BGB nicht anwendbar sind, kommen, wenn auch konsequent, so doch zu dem insgesamt unbefriedigenden Ergebnis, dass eine gesellschaftsrechtliche Inhaltskontrolle bei zweigliedrigen Gesellschaftsverträgen nicht stattfindet. Dieses unbillige Ergebnis versuchen sie dann zu korrigieren, indem sie unter teleologischer Reduktion des § 310 Abs. 4 S. 1 BGB die §§ 305 bis 310 BGB dennoch angewendet wissen wollen[607]. Diese Auffassung begründen sie damit, dass wegen Fehlens der für Gesellschaftsverhältnisse typischen Organisationsstruktur die rein schuldrechtlichen Beziehungen zwischen den Parteien so deutlich überwögen, dass die für die Bereichsausnahme des § 310 Abs. 1 S. 1 BGB sprechenden Gründe demgegenüber in den Hintergrund träten[608]. Zudem verfolgten die Gesellschafter der typischen stillen Gesellschaft regelmäßig keinen über die bloße Gewinnerzielung hinausgehenden eigenständigen Zweck[609], so dass die Gesellschaft keinen derart spezifisch gesellschaftsrechtlichen Gehalt aufweise, der eine Ausnahme vom Anwendungsbereich des AGBG erforderlich erscheinen lasse[610]. Nach *Grunewald*[611] sollen die §§ 305 bis 310 BGB auf den Prozessfinanzierungsvertrag deshalb Anwendung finden, „da es sich um eine Innengesellschaft mit Ähnlichkeiten zu Austauschverträgen handelt“.

Dieser Korrektur über eine teleologische Reduktion des § 310 Abs. 4 S. 1 BGB hat sowohl der BGH[612] als auch die herrschende Lehre[613] eine Absage erteilt. Der Gesetzgeber habe den Begriff der „Verträge auf dem Gebiet des Gesellschaftsrechts“ in § 310 Abs. 4 S. 1 BGB (bzw. zuvor in § 23 Abs. 1 AGBG) bewusst unter Verzicht auf eine eingrenzende Definition in einem umfassenden Sinne verwendet. Ob die Bereichsausnahme eingeschränkt und die stille Gesellschaft den Regeln der §§ 305 bis 310 BGB unterstellt werden könne, müsse danach entschieden werden, inwieweit diese Vorschriften nach der Struktur der stillen Gesellschaft auf diese „passen“[614]. Das sei beim gesetzlichen Leitbild der typischen stillen Gesellschaft nicht der Fall.

Dem ist jedoch zu entgegnen, dass sich nicht allein nach dem gesetzlichen Leitbild entscheiden lässt, ob die rein schuldrechtlichen Beziehungen überwiegen. Denn diese Frage ist nach der Ausgestaltung des jeweiligen Vertrages im Einzelfall zu entscheiden, wie oben anhand des konkreten Prozessfinanzierungsvertrages dargestellt. Lediglich insoweit ist der Mindermeinung zu folgen. Insgesamt ist sie aber abzulehnen, weil sie dem ausdrücklichen Wortlaut des § 310 Abs. 4 S. 1 BGB widerspricht und vor allem Rechtsunsicherheit nach sich ziehen würde, da regelmäßig anhand von Auslegungskriterien zu entscheiden wäre, ob die Bereichsausnahme des § 310 Abs. 4 S. 1 BGB nun greift oder nicht. Entweder liegt ein Gesell-

607 MüKo-BGB-*Ulmer*, § 705, Rn. 106; Ulmer/Brandner/Hensen-*Ulmer*, § 23, Rn. 24a.
608 Ulmer/Brandner/Hensen-*Ulmer*, § 23, Rn. 24a.
609 So ja eben gerade auch beim Prozessfinanzierungsvertrag.
610 Ulmer/Brandner/Hensen-*Ulmer*, § 23, Rn. 24a.
611 Vgl. dazu *van Bühren*, AnwBl. 2001, 537, 543: Wiedergabe eines Vortrags von Grunewald anlässlich des 52. Deutschen Anwaltstages in Bremen 2001.
612 BGH, NJW 1995, 192ff.; BGH, ZIP 1994, 1847, 1849.
613 Erman-*Werner*, § 23 AGBG, Rn. 7; Palandt-*Heinrichs*, § 23 AGBG, Rn. 3.
614 BGH, NJW 1995, 192, 193.

schaftsverhältnis vor, das der Bereichsausnahme unterfällt oder ein Austauschverhältnis, bei dem die §§ 305 bis 310 BGB anwendbar bleiben.

c) Zwischenergebnis

Insgesamt ergibt die Ausgestaltung des Prozessfinanzierungsvertrages, dass der Prozessfinanzierer keinen gemeinsamen Zweck mit dem Insolvenzverwalter verfolgt, sondern der Vertrag allein darauf gerichtet ist, dem Verwalter vorhandene Liquiditätsschwierigkeiten aufgrund unzureichender Masse abzunehmen. Eine darüber hinausgehende Pflicht zur Förderung gemeinsamer Ziele ist weder auf Seiten des Finanzierers feststellbar, noch bei einer Betrachtung des Prozessfinanzierungsvertrages von einer der beiden Vertragsparteien gewollt[615]. Die Gesamtschau aller Umstände des Einzelfalls ergibt vorliegend, dass der Charakter des Prozessfinanzierungsvertrages mit einem Insolvenzverwalter als Austauschvertrag überwiegt. Finanzierer und Verwalter ordnen sich nicht einem gemeinsamen Zweck unter, sondern verfolgen letztendlich – mit Ausnahme der Ertragsmaximierung – unterschiedliche Interessen. Dieses Ergebnis hat wiederum die Anwendbarkeit der §§ 305 bis 310 BGB zur Folge, was auch durchaus interessengerecht ist. Denn dadurch kann der Prozessfinanzierungsvertrag einer Inhaltskontrolle nach den Vorschriften zur Regelung der Allgemeinen Geschäftsbedingungen unterzogen werden. Die Gefahr unangemessener Risikoverteilungen zu Lasten des Insolvenzverwalters wird damit erheblich eingeschränkt.

3. Wirksamkeit einzelner Vertragsklauseln im Prozessfinanzierungsvertrag mit dem Insolvenzverwalter unter Berücksichtigung der §§ 305 bis 310 BGB

a) Notwendigkeit einer Inhaltskontrolle nach den §§ 305 bis 310 BGB

Nachdem herausgearbeitet wurde, dass es sich bei dem Prozessfinanzierungsvertrag mit einem Insolvenzverwalter um einen Austauschvertrag handelt, ist der sachliche Anwendungsbereich der §§ 305 bis 310 BGB grundsätzlich eröffnet. Eine Einschränkung im persönlichen Anwendungsbereich erfolgt nach § 310 Abs. 1 S. 1 BGB[616], wonach die Vorschriften der §§ 305 Abs. 2[617] und 3[618] BGB sowie der §§ 308[619] und 309[620] BGB außer Betracht bleiben, soweit es um AGB geht, die gegenüber einem Unternehmer angewandt werden. Unternehmer ist jede natürliche oder juris-

---

615 Im Ergebnis ebenso *Fritzsche/Schmidt,* NJW 1999, 2998, 3001, allerdings einen Versicherungsvertrag bejahend, LG Bonn a.a.O. für einen Finanzierungsvertrag mit einem „normalen" Anspruchsinhaber.
616 Entspricht dem früheren § 24 AGBG.
617 Entspricht dem früheren § 2 AGBG.
618 Entspricht dem früheren § 10 AGBG.
619 Entspricht dem früheren § 11 AGBG.
620 Entspricht dem früheren § 12 AGBG.

tische Person oder Gesellschaft, die am Markt planmäßig und dauerhaft Leistungen gegen Entgelt anbietet. Auch Freiberufler zählen dazu[621]. Da es sich sowohl bei der Gemeinschuldnerin als auch bei dem Insolvenzverwalter um einen Unternehmer handelt und damit zumindest der Verbraucherschutzgedanke entfällt, ist der Prozessfinanzierungsvertrag lediglich einer eingeschränkten Inhaltskontrolle des § 307[622] unterzogen, wonach Bestimmungen in AGB's unwirksam sein können, wenn sie den Vertragspartner des Verwenders unangemessen benachteiligen und Bestimmungen nicht klar und verständlich sind.

Eine Untersuchung der einzelnen Vertragsklauseln des Prozessfinanzierungsvertrages mit der Vorschrift des § 307 BGB soll an dieser Stelle nicht erfolgen. Hierzu haben sich bereits eine Vielzahl von wissenschaftlichen Abhandlungen befasst[623]. Im Ergebnis dieser Arbeiten ist festzuhalten, dass die wichtigsten und gleichzeitig kritischsten Klauseln der normalen Prozessfinanzierungsverträge zwischen Finanzierer und Verbraucher , hier die Höhe der Erfolgsbeteiligung, das Mitspracherecht des Finanzierers bei Prozesshandlungen und die Kündigungsrechte überwiegend für wirksam erachtet werden. Deshalb dürfte eine Wirksamkeit der Klauseln erst Recht bei einem Finanzierungsvertrag mit einem Insolvenzverwalter, der kein Verbraucher ist, grundsätzlich unterstellt werden.

b) Keine Notwendigkeit einer Inhaltskontrolle nach den §§ 305 bis 310 BGB

Aber auch nach der überwiegend in der Literatur vertretenen Auffassung, dass es sich bei dem Prozessfinanzierungsvertrag um ein Gesellschaftsverhältnis handeln soll, die mit ihrer teleologischen Reduktion der Bereichsausnahme des § 310 Abs. 4 S. 1 BGB am BGH jedoch scheitert, ist der Insolvenzverwalter ebenfalls dem Prozessfinanzierer nicht schutzlos ausgeliefert. Die Angemessenheit der kritischen Klauseln, die nach Ansicht des BGH aufgrund der gesellschaftsrechtlichen Einordnung einer Inhaltskontrolle der §§ 305 bis 310 BGB entzogen wären, kann jedoch mit Hilfe anderer Vorschriften überprüft werden. Auch hier soll die Prüfung anhand anderer Vorschriften nicht weiter vertieft, sondern nur festgehalten werden, dass die gegenwärtig verwendeten Prozessfinanzierungsverträge in Bezug auf die konkrete Ausgestaltung des Prozessfinanzierungsverhältnisses einer Rechtskontrolle nach den §§ 242, 134, 138 BGB standhalten[624].

Insbesondere soll die Einschränkung der Prozessherrschaft des Klägers, der nicht mehr autonom über streitgegenstandsrelevante Prozesshandlungen disponieren kann, nicht zu einer Sittenwidrigkeit führen. Es soll nämlich Ausdruck der materiellen Verfügungsmacht des Anspruchsinhabers

---

621 MüKo-BGB-*Basedow*, § 310, Rn. 4; Palandt-*Heinrichs*, § 310 Rn. 4.

622 Entspricht dem früheren § 9 AGBG, wobei das Transparenzgebot nunmehr dort mit integriert wurde.

623 *Bruns*, JZ 2000, 232ff.; *Fritzsche/Schmidt*, NJW 1999, 2998ff.; *Grunewald*, BB 2000, 729ff.; *ders.*, AnwBl. 2001, 540ff.; *Jaskolla*, Prozessfinanzierung gegen Erfolgsbeteiligung, 2004, S. 140ff.; *Kochheim*, Die gewerbliche Prozessfinanzierung, 2003, S. 186ff.

624 *Frechen/Kochheim*, NJW 2004, 1213, 1216.

sein, dass sich dieser im Innenverhältnis zu dem Prozessfinanzierer hinsichtlich der Art der Rechtsverwirklichung Zustimmungsvorbehalten unterwirft[625]. Die nicht paritätisch ausgestalteten Kündigungsmöglichkeiten sollen wegen des ausschließlich den Finanzierer treffenden Verlustrisikos nicht gegen § 138 BGB verstoßen[626]. Schließlich soll auch die anwaltliche Unabhängigkeit[627] nicht gefährdet sein, soweit sich die Einflussnahmen des Finanzierers über das Weisungsrecht des Klägers gegenüber seinem Rechtsanwalt verwirklichen[628].

Wenn die Stimmen in der Literatur überwiegend zu dem Ergebnis kommen, dass die Regelungen in den standardisierten Prozessfinanzierungsverträgen, die ja überwiegend mit dem normalen schutzwürdigen Verbraucher abgeschlossen werden, sowohl nach den Vorschriften der §§ 305 bis 310 BGB als auch nach den außerhalb dieser Vorschriften geltenden Kontrollnormen Bestand haben, kann eine Untersuchung zu der Wirksamkeit von Vertragsklauseln in einem Prozessfinanzierungsvertrag mit einem weniger schutzwürdigen Insolvenzverwalter mit Unternehmereigenschaften nur schwerlich zu einem anderen Ergebnis kommen, weshalb eine genauere Prüfung der Wirksamkeitsfrage nach außerhalb der §§ 305 bis 310 BGB anwendbaren Normen in dieser Arbeit ebenfalls nicht angezeigt war.

II. Ergebnis zu Anhang 2

Der Insolvenzverwalter und der gewerbliche Prozessfinanzierer verfolgen keinen gemeinsamen Zweck, sondern unterschiedliche Interessen. Prozessfinanzierer und Insolvenzverwalter haben insbesondere kein Interesse an einer gesellschaftsrechtlichen Bindung, sondern jeweils eigene finanzielle Interessen. Der Insolvenzverwalter benötigt lediglich eine Liquiditätshilfe in massearmen bzw. masseunzulänglichen Verfahren, um Ansprüche zur Masse ziehen zu können, wobei der Prozessfinanzierer im Erfolgsfall wiederum über seine Erlösbeteiligung profitiert. Auch aus dem Finanzierungsvertrag lässt sich kein gemeinsamer Zweck entnehmen. Im Gegenteil sprechen die vom Prozessfinanzierer vorgegebenen Klauseln klar gegen ein Gesellschaftsverhältnis. Diesem sind einseitige Mitbestimmungs-, Kündigungs- und Schadensersatzklauseln fremd. Umfassende Sicherungsrechte und die einseitige Risikoübernahme des Finanzierers sind ebenfalls nicht Ausdruck gesellschaftsrechtlicher Verbundenheit, sondern Indiz für ein partiarisches Austauschverhältnis. Die §§ 305–310 BGB sind deshalb auf den Prozessfinanzierungsvertrag anwendbar, wobei die Vertragsklauseln selbst diesen Kontrollnormen standhalten und damit wirksam sind.

---

625 *Kochheim,* Die gewerbliche Prozessfinanzierung, 2003, S. 186.
626 *Frechen/Kochheim,* NJW 2004, 1213, 1216.
627 §§ 1, 43 a Abs. 1 BRAO.
628 *Kochheim,* Die gewerbliche Prozessfinanzierung, 2003, S. 228 ff.; *Grunewald,* AnwBl. 2001, 540, 543.

Anhang 3. Unveröffentlichte Gerichtsentscheidungen

1. Urteil OLG Hamburg vom 5.10.2006, Az. 6 U 91/06, nicht rechtskräftig; Revision beim BGH anhängig unter Az. IX ZR 195/06

HANSEATISCHES OBERLANDESGERICHT
URTEIL
IM NAMEN DES VOLKES

6 U 91/06 (Vorinstanz: 320 O 16/03) verkündet am 5. Oktober 2006

In dem Rechtsstreit

Rechtsanwalt XXX
als Insolvenzverwalter über das Vermögen der XXX GmbH & Co. KG,
XXX
XXX

– Kläger und Berufungskläger –

Prozessbevollmächtigter: Rechtsanwälte XXX
XXX
(103/06 – L – 06 Ka),

gegen

XXX AG,
vertreten durch den Vorstand,
XXX
XXX

– Beklagte und Berufungsbeklagte –

Prozessbevollmächtigte: Rechtsanwälte XXX
XXX
(913/05 M 10g)

hat das Hanseatische Oberlandesgericht Hamburg, 6. Zivilsenat, durch die Richter

Dr. XXX **XXX** **XXX**

nach der am 7. September 2006 geschlossenen mündlichen Verhandlung für Recht erkannt:

Die Berufung des Klägers gegen das Urteil des Landgerichts Hamburg, Zivilkammer 20, vom 24.3.2006 (Az. 320 O 16/03) wird zurückgewiesen.

Der Kläger trägt die Kosten des Berufungsverfahrens.

Dieses Urteil ist vorläufig vollstreckbar. Der Kläger darf die Vollstreckung durch Sicherheitsleistung in Höhe von 110% des aus diesem Urteil vollstreckbaren Betrags abwenden, wenn nicht die Beklagte vor der Vollstreckung Sicherheit in Höhe von 110% des jeweils zu vollstreckenden Betrags leistet.

Die Revision wird zugelassen.

Gründe:

I.

Der Kläger nimmt die Beklagte als Insolvenzverwalter der XXX GmbH & Co. KG aus §§ 130, 131, 143 InsO, 812 BGB in Anspruch.

Mit Beschluss vom 19. September 2001 wurde über das Vermögen der XXX GmbH & Co. KG i.L. das Insolvenzverfahren eröffnet und der Kläger zum Insolvenzverwalter bestellt (Anlage 12).

Mit Schriftsatz vom 23. Juni 2003 – eingegangen beim Landgericht am 25. Juni 2003 – hatte der Kläger Prozesskostenhilfe für die seinerzeit beabsichtigte Klage beantragt. Der Antrag wurde der Beklagten nicht bekannt gegeben. Mit Beschluss des Landgerichts vom 27. April 2004 wurde der Antrag mit der Begründung zurückgewiesen, es sei den am Rechtsstreit wirtschaftlich Beteiligten zuzumuten, die Kosten aufzubringen. Die hiergegen gerichtete Beschwerde des Klägers wurde mit Beschluss des Hanseatischen Oberlandesgerichts vom 14. Februar 2005 zurückgewiesen. Die Klage vom 3. November 2005 ging am 7. November 2005 bei Gericht ein. Die Beklagte hat die Einrede der Verjährung erhoben.

Wegen der Einzelheiten des Sach- und Streitstandes in erster Instanz wird auf den Tatbestand des angefochtenen Urteils Bezug genommen.

Mit Urteil vom 24. März 2006 hat das Landgericht die Klage mit der Begründung abgewiesen, etwaige Ansprüche des Klägers seien verjährt. Der Lauf der am 19. September 2003 endenden 2 Jahresfrist nach Eröffnung des Insolvenzverfahrens sei nicht durch die Einreichung des Prozesskostenhilfeantrages gehemmt worden, weil dieser der Beklagten nicht bekannt gegeben worden sei.

Wegen der Einzelheiten der Begründung der Entscheidung des Landgerichts wird auf die Entscheidungsgründe des angefochtenen Urteils verwiesen.

Der Kläger hat gegen das ihm am 27. März 2006 zugestellte Urteil am 25. April 2006 Berufung eingelegt, die er mit seinem am 23. Mai 2006 eingegangenem Schriftsatz vom 22. Mai 2006 begründet hat.

Der Kläger ist der Auffassung, seine Ansprüche seien nicht verjährt, da der Lauf der Verjährungsfrist durch seinen Prozesskostenhilfeantrag vom 23. Mai 2003 gehemmt worden sei. Im Falle des „Vergessens“ der Bekanntgabe des Prozesskostenhilfeantrages an den Schuldner müsse die Vorschrift des § 204 Abs. 1 Nr. 14 BGB dahin ausgelegt werden, dass die rechtzeitige Einreichung des Prozesskostenhilfeantrages ausreiche, um die Hemmungswirkung eintreten zu lassen.

Der Kläger beantragt,

> unter Abänderung des am 24.3.2006 verkündeten Urteils des LG Hamburgs, AZ.: 320 O 16/03, die Beklagte zu verurteilen, an den Kläger 55.087,46 € nebst 8% Zinsen über dem jeweiligen Basiszinssatz seit dem 18.1.2002 zu zahlen.

Die Beklagte beantragt,

> die Berufung des Klägers zurückzuweisen.

Die Beklagte verteidigt das angefochtene Urteil und wiederholt und vertieft – wie im Übrigen auch der Kläger – ihren Vortrag erster Instanz.

Wegen der Einzelheiten des Parteivortrags wird auf die gewechselten Schriftsätze nebst Anlagen Bezug genommen.

II.

Die zulässige Berufung des Klägers hat in der Sache keinen Erfolg.

Das Landgericht hat die Klage zu Recht abgewiesen. Die von dem Kläger geltend gemachten Ansprüche sind verjährt. Die mit der Eröffnung des Insolvenzverfahrens am 19. September 2001 beginnende 2-jährige Verjährungsfrist (§ 146 InsO a. F.) war zum Zeitpunkt der Klageeinreichung am 7. November 2005 verstrichen. Das Landgericht ist zu Recht zu dem Ergebnis gelangt, dass der Lauf der Verjährungsfrist nicht durch den am 25. Juni 2003 eingegangenen Prozesskostenhilfeantrag des Klägers gehemmt wurde, da dieser der Beklagten nicht bekannt gegeben worden ist.

Der Kläger macht ohne Erfolg geltend, im Fall der zu Unrecht unterlassenen Bekanntgabe des Prozesskostenhilfeantrages müsse die Vorschrift des § 204 Abs. 1 Nr. 14 BGB dem Wortlaut entgegen dahin ausgelegt werden, dass die rechtzeitige Einreichung des Prozesskostenhilfeantrages ausreiche. Denn die Bekanntgabe wurde nicht zur Unrecht unterlassen. Wie der Kläger selbst dargelegt hat, ist nach überwiegender Meinung eine Anhörung des Gegners u. a. dann entbehrlich, wenn Prozesskostenhilfe schon nach dem eigenen Vorbringen des Antragstellers von vornherein zu verweigern ist (vgl. Zöller/Philippi, ZPO, 25. Aufl., § 118 Rn. 3; MünchKommZPO-Wax, 2. Aufl., § 118 Rn. 16; Baumbach/Lauterbach/Albers/Hartmann, ZPO, 64. Aufl., § 118 Rn. 29). Diese Voraussetzung lag hier vor, da es den am Gegenstand des Prozesses wirtschaftlich Beteiligten zuzumuten ist, die Kosten aufzubringen.

Auch die Argumentation des Klägers, im Falle der Abhängigkeit der Verjährungshemmung von dem „unberechenbaren“ Handeln des Gerichts könnten die Gläubiger in Zweifelsfällen die vom Gesetz eröffneten Möglichkeiten kaum nutzen, was zur Folge habe, dass die Interessen des Gläubigers in Prozesskostenhilfeverfahren ohne sachlichen Grund niedriger bewertet würden als bei den übrigen Hemmungstatbeständen des § 204 Abs. 1 BGB, vermag seiner Berufung nicht zum Erfolg zu verhelfen. Der Gesetzgeber hat die Konstellation, dass ein Prozesskostenhilfeantrag deshalb keine Hemmungswirkung entfaltet, weil er wegen von vornherein bestehender Erfolglosigkeit nicht bekannt gegen wurde, durchaus gesehen und hat diese Folge als sachgerecht bewertet (BT-Drucksache 14/604, S. 116f.). Es ist auch nicht Sache des Gerichts, bei jedem Prozesskostenhilfeantrag auf etwaige Verjährungsfristen zu achten, insbesondere dann nicht, wenn – wie im vorliegenden Fall – der Antrag bereits wegen fehlender Bedürftigkeit zurückgewiesen ist. Das Landgericht hat vielmehr zutreffend darauf hingewiesen, dass es Sache des Antragstellers sei, vorab zu prüfen, ob die Bekanntgabe des Prozesskostenhilfeantrages in jedem Fall erfolgen soll und ggf. eine entsprechende Bitte dem Gericht mitzuteilen. Das Gericht könnte dann den Antrag dem Gegner mit dem Hinweis übersenden, dass die Bekanntgabe nur zwecks Auslösung der Hemmungswirkung erfolgt.

Die Kostenentscheidung folgt aus § 97 Abs. 1 ZPO.

Die Entscheidung über die vorläufige Vollstreckbarkeit folgt aus §§ 708 Nr. 10, 711 ZPO.

Die Revision war wegen grundsätzlicher Bedeutung der Rechtssache (§ 543 Abs. 2 Nr. 1 ZPO) und zur Fortbildung des Rechts (§ 543 Abs. 2 Nr. 2 1. Alt. ZPO) zuzulassen. Es ist zu erwarten, dass nach der Neuregelung der Hemmungswirkung eines Prozesskostenhilfeantrages die Frage, ob ein Prozesskostenhilfegesuch, das dem Antragsgegner deshalb nicht bekannt gegeben wurde, weil Prozesskostenhilfe nach dem eigenen Vorbringen des Antragstellers von vornherein zu verweigern war, die Verjährung gemäß § 204 Abs. 1 Nr. 14 BGB hemmt, künftig in einer unbestimmten Zahl von Fällen auftreten wird. Höchst- oder obergerichtliche Rechtsprechung liegt zu dieser Frage nicht vor.

Dr. XXX XXX XXX

2. Beschluss LG Stendal vom 13.9.2005, Az. 22 T 36/05

Landgericht Stendal
Beschluss

22 T 36/05 (Vorinstanz: AG Stendal 3 C 827/05 (3.4))

In dem Prozesskostenhilfebeschwerdeverfahren

Rechtsanwalt XXX
als Insolvenzverwalter über das Vermögen der GbR XXX
XXX Straße 1, XXX

– Kläger, Antragsteller und Beschwerdeführer –

Prozessbevollmächtigter: Rechtsanwalt XXX
XXX

gegen

XXX ,
Inh. der Firma XXX
XXX

– Beklagter und Beschwerdegegner –

Prozessbevollmächtigte: Rechtsanwälte XXX
XXX

hat die Zivilkammer 2 des Landgerichts Stendal
am 13. September 2005
durch

den Richter am Landgericht XXX
als originären Einzelrichter

beschlossen:

Die sofortige Beschwerde des Klägers vom 24. August 2005 gegen den Prozesskostenhilfe versagenden Beschluss des Amtsgerichts Stendal vom 17. August 2005 zur Geschäftsnummer 3 C 827/05 (3.4) wird zurückgewiesen.

Auslagen des Beschwerdeverfahrens werden nicht erstattet.

Die Rechtsbeschwerde wird nicht zugelassen.

Gründe:

Die nach §§ 127 Abs. 2 Satz 2, 567 Abs. 1, 568, 569 Abs. 1 ZPO zulässige Beschwerde ist fristgemäß eingelegt worden und dem originären Einzelrichter infolge der Nichtabhilfe durch das Amtsgericht zur Entscheidung angefallen.

Die Beschwerde hat in der Sache indes keinen Erfolg.

Zu Recht hat das Amtsgericht die Bewilligung von Prozesskostenhilfe nach §§ 114, 115, 116 Satz 1 Ziffer 1 ZPO versagt, weil der Kläger zum Bewilligungszeitpunkt nicht bedürftig im Sinne des Gesetzes ist.

Die Kammer nimmt zunächst zur Vermeidung von Wiederholungen auf die sorgfältige Begründung des angefochtenen Beschlusses in Gestalt des Nichtabhilfebeschlusses Bezug, welche durch das Beschwerdevorbringen im Ergebnis nicht erschüttert wird.

Ergänzend ist auszuführen, dass die Prozesskostenhilfebewilligung für den Insolvenzverwalter stets voraussetzt, dass die liquide Masse, bestehend aus den vorhandenen Barmitteln und Bankguthaben sowie den kurzfristig zu liquidierenden sonstigen Massegegenständen, nicht zur Bezahlung der für das beabsichtigte Verfahren zu bevorschussenden Kosten ausreicht. Soweit liquide Masse vorhanden ist, muss sie allerdings nur insoweit für die Bezahlung der Verfahrenskosten eingesetzt werden, als sie nicht zur Deckung der bisher schon begründeten und unausweislich noch entstehenden Masseverbindlichkeiten (§§ 54ff. InsO) benötigt wird (vgl. hierzu *Philippi,* in: Zöller, ZPO, 25. Aufl., § 116, Rdnr. 4 m.w.N.; OLG Naumburg – 5 W 40/05 –).

Führt daher der Insolvenzverwalter – wie hier – aus einem Insolvenzverfahren heraus mehrere Anfechtungsprozesse, hat er zunächst den frei zur Verfügung stehenden Massebestand zur Führung von Anfechtungsstreitigkeiten zu verwenden. Der Kläger hat indes mit seiner Beschwerde selbst vorgetragen, dass die weiteren Anfechtungsverfahren vor dem Landgericht Berlin und dem Landgericht Halle ebenfalls im Wege eines Prozesskostenhilfeverfahrens anhängig gemacht worden sind. Hieraus kann jedoch nicht gefolgert werden, dass der frei zur Verfügung stehende Massebestand von 3.890,75 € nicht oder nur für ein bestimmtes Verfahren verwendet werden kann. Vielmehr sind diese Geldmittel in das Verfahren einzuschießen, in dem die Kostenanforderung – etwa durch Zurückweisung des Prozesskostengesuches – als Erstes notwendig wird. Dies ist im vorliegenden Falle das streitbefangene Verfahren.

Unabhängig davon wäre der Kläger im Rahmen der Darlegung seiner Bedürftigkeit gehalten gewesen, näher darzulegen, dass eine Bevorschussung des Prozesses durch einen Prozesskostenhilfeversicherer im vorliegenden Falle nicht möglich ist. Denn regelmäßig wird der Anfechtungsprozess allein im Interesse der Gläubiger geführt, sodass der Verwalter vorrangig verpflichtet ist, sämtliche zur Masseanreicherung notwendigen Prozesse aus dem Insolvenzverfahren selbst heraus zu bestreiten.

Eine Kostenentscheidung sowie eine Entscheidung zum Beschwerdewert waren nach §§ 127 Abs. 4 ZPO, KV 1811, 131b Satz 1 KostO, VV 3500 nicht veranlasst (vgl. *Philippi,* in: Zöller, ZPO, 25. Aufl., § 127 Rdnr. 39).

Die Entscheidung über die Nichtzulassung der Rechtsbeschwerde beruht auf § 574 Abs. 1 und 2 ZPO, weil die Rechtssache keine grundsätzliche Bedeutung hat sowie die Fortbildung des Rechts oder die Sicherung einer einheitlichen Rechtsprechung eine Entscheidung des Rechtsbeschwerdegerichts nicht erfordert.

XXX

3. Hinweisbeschluss LG Freiburg vom 13.12.2006, Az. 6 O 299/05

Landgericht Freiburg
6. Zivilkammer

6 O 299/05

Verfügung im Rechtsstreit XXX gegen XXX
Einzelrichter: Richter am Landgericht XXX

I.

Der auf Freitag, 22. Dezember 2006, 12:00 Uhr bestimmte Termin zur Verkündung einer Entscheidung wird wegen Stellungnahmefristen der übrigen Prozessbeteiligten auf den Schriftsatz des Streithelfervertreters vom 8.12.2006 verlegt auf

Freitag, 9. Februar 2007, 12.00 Uhr, Zi. 131/1. OG, Salzstr. 28, im OLG-Gerichtsgebäude.

II.

Den übrigen Prozessbeteiligten wird Gelegenheit zur Stellungnahme zum Schriftsatz des Streithelfervertreters vom 8.12.2006 gegeben bis zum 5.1.2007.

III.

Von Seiten des Gerichts ist beabsichtigt, sodann zunächst über den PKH-Antrag des Klägers vom 20.2.2006 zu entscheiden.

IV.

Der Kläger wird darauf hingewiesen, dass es für beabsichtigte Zivilprozesse mit hohen Streitwerten die Möglichkeit einer Prozessfinanzierung für Erfolg versprechende Prozesse gibt.

Es wird um Mitteilung bis zum 5.1.2007 gebeten, ob eine solche Möglichkeit der Finanzierung des Rechtsstreits vorliegend versucht worden ist.

Der Einzelrichter:
XXX, Richter am Landgericht

Ausgefertigt

XXX, Justizhauptsekretärin
als Urkundsbeamtin der Geschäftsstelle

4. Beschluss AG Mönchengladbach vom 24.8.2001, Az. 32 IN 102/99

AMTSGERICHT MÖNCHENGLADBACH
BESCHLUSS

Über das Vermögen

der im Handelsregister des Amtsgerichts Viersen unter HRB XXX eingetragenen XXX Verwaltungs-GmbH, XXX, 41747 Viersen, vertreten durch die Geschäftsführer Josef XXX, XXX, 41747 Viersen und Thomas XXX, XXX, 41749 Viersen

wird wegen Zahlungsunfähigkeit und Überschuldung heute, am 24.8.2001, um 16:00 Uhr das Insolvenzverfahren eröffnet.

Zur Insolvenzverwalterin wird ernannt Rechtsanwältin XXX, XXX, 47809 Krefeld.

Forderungen der Insolvenzgläubiger sind bis zum 10.10.2001 unter Beachtung des § 174 InsO bei der Insolvenzverwalterin anzumelden.

Die Gläubiger werden aufgefordert, der Insolvenzverwalterin unverzüglich mitzuteilen, welches Sicherungsrecht sie an beweglichen Sachen oder an Rechten der Schuldnerin in Anspruch nehmen. Der Gegenstand, an dem das Sicherungsrecht beansprucht wird, die Art und der Entstehungsgrund des Sicherungsrechts sowie die gesicherte Forderung sind zu bezeichnen. Wer diese Mitteilungen schuldhaft unterlässt oder verzögert, haftet für den daraus entstehenden Schaden (§ 28 Abs. 2 InsO).

Wer Verpflichtungen gegenüber der Schuldnerin hat, wird aufgefordert, nicht mehr an diese zu leisten, sondern nur noch an die Insolvenzverwalterin.

Termin zur Gläubigerversammlung, in der auf der Grundlage des Berichts der Insolvenzverwalterin über den Fortgang des Verfahrens beschlossen wird (Berichtstermin) und Termin zur Prüfung der angemeldeten Forderungen ist am

Montag, 29.10.2001, 10:30 Uhr

im Gebäude des Amtsgerichts Mönchengladbach, Hauptstelle, Hohenzollernstraße 157, 41061 Mönchengladbach, B-Bau, 4. Etage, SS 403.

Der Termin dient zugleich zur Beschlussfassung der Gläubiger über

die Person der Insolvenzverwalterin,

den Gläubigerausschuss,

gegebenenfalls die Zahlung von Unterhalt aus der Insolvenzmasse (§§ 100, 101 InsO) und die in §§ 149, 159 bis 163 Abs. 2, 271 und 272 InsO bezeichneten Gegenstände

und unter Umständen zur Anhörung über eine Verfahrenseinstellung mangels Masse (§ 207 InsO).

In der Gläubigerversammlung soll folgender Beschluss gefasst werden:

„1. Der Insolvenzverwalter wird ermächtigt, im Insolvenzverfahren Prozesse durch einen Prozessfinanzierer finanzieren zu lassen. Es wird darauf hingewiesen, dass der Prozessfinanzierer üblicherweise 30–50 % der realisierten Forderung erhält.

2. Die Ermächtigung gilt nur für den Fall, dass sich bis einen Monat nach Abhalten des Berichtstermins Insolvenzgläubiger nicht bereit erklärt haben, einen Prozesskostenvorschuss zu leisten. Die Bereitschaftserklärung kann wirksam nur gegenüber dem Insolvenzverwalter erfolgen und ist unmittelbar an diesen zu richten.“

Die Insolvenzverwalterin wird beauftragt, die nach § 30 Abs. 2 InsO zu bewirkenden Zustellungen an die Schuldner der Schuldnerin (Drittschuldner) sowie an die Gläubiger durchzuführen (§ 8 Abs. 3 InsO).

Mönchengladbach, 24.8.2001
Amtsgericht

XXX
Richterin am Amtsgericht

Ausgefertigt

XXX
Justizangestellte
als Urkundsbeamtin der Geschäftsstelle

Stichwortverzeichnis

Bei Fragen zur Produktsicherheit wenden Sie sich bitte an:
If you have any questions regarding product safety,
please contact:

Walter de Gruyter GmbH
Genthiner Straße 13
10785 Berlin
productsafety@degruyterbrill.com